현대신학의 신관

현대신학의 신관

발행 2018년 5월 30일

지은이 김석환
발행인 윤상문
디자인 표소영, 박진경
발행처 킹덤북스
등록 제2009-29호(2009년 10월 19일)
주소 경기도 용인시 기흥구 동백동 622-2
문의 전화 031-275-0196 팩스 031-275-0296

ISBN 979-11-5886-134-6 (03230)

Copyright ⓒ 2018 김석환
이 책은 저작권법에 따라 보호받는 저작물이므로 무단전재와 복제를 금지하며.
이 책의 내용의 전부 또는 일부를 이용하려면 반드시 저작권자와 킹덤북스의
서면 동의를 받아야 합니다.

※ 잘못된 책은 구입하신 곳에서 교환하여 드립니다.
※ 책 가격은 표지 뒷면에 있습니다.

 킹덤북스(Kingdom Books)는 문서사역을 통해 하나님의 나라를 확장하고, 한국 교회와 세계 교회를 섬기고자 설립된 출판사입니다.

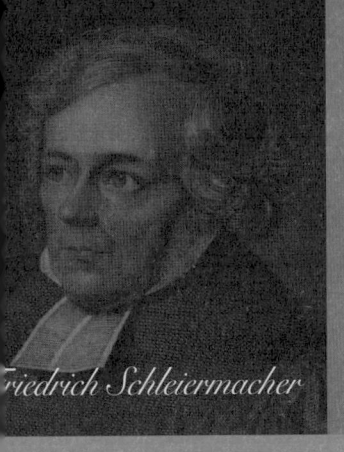

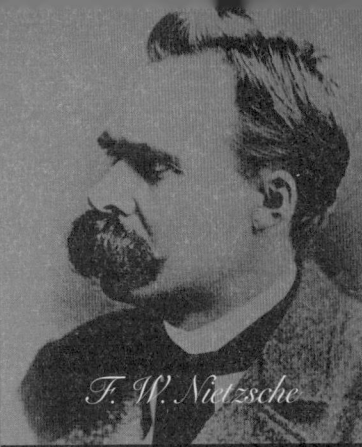

현대신학의 신관

김석환 지음

THE DOCTRINE
OF GOD OF
CONTEMPORARY
THEOLOGY

킹덤북스
Kingdom Books

■ 추천사

이 책은 현대의 걸출한 사상가 8명의 신관 곧 하나님관이 집중적으로 분석되어 있는 책이다. 그 8명의 사상가에 대한 고찰들이 시대 순으로 펼쳐진다. 흔히 현대 신학자를 유명한 순서로 3명만 꼽을 때에는 폴 틸리히, 칼 바르트, 루돌프 불트만을 꼽고, 4명을 꼽을 때에는 이 3명 외에 몰트만을 추가하는데, 이 책에서 루돌프 불트만을 제외한 이유는 그가 '신관'에 대해 권위 있게 얘기할 수 있는 조직신학자가 아니라 신약신학자이기 때문인 듯하다. 그 대신 이 책에서는 신학자의 경우 슐라이어마허와 본회퍼의 신관을 더 다루고 있다. 슐라이어마허는 내재신학자로서 사실상 근현대 신학의 아버지이다. 그에게서 독일 개신교 신학의 뿌리가 놓였고 기초가 잡혔다. 그래서 독일뿐만 아니라 전세계의 현대 신학이 좋은 의미든 나쁜 의미든 다 그에게 빚을 지고 있다. 또 본회퍼는 독일 제2차 세계 대전의 원흉인 A. 히틀러에게 용감히 맞서다가 그 대가로 자신의 피를 전세계에 바친 젊은 천재 신학자이다. 그가 40세가 채 안 되는 만 39세의 젊은 나이에 세상을 떠났기에 그의 사상의 깊이가 비록 완숙한 경지에 이르지는 못하였어도, '온 세상의 주인이신 그리스도'라는 그의 중요한 사상은 오늘날 세계 신학자 대회가 모이는 곳마다 진보와 정통의 구별을 초월하여 오랫동안 높이 평가받고 있다.

그리고 키에르케고어와 니체는 현대 실존철학의 시조이자 대가들이다. 그런데 그들은 모두 신학을 전공하였으며, 또 대대로 내려

THE DOCTRINE
OF GOD OF
CONTEMPORARY
THEOLOGY

오는 목사 집안의 자녀들이었다. '신은 죽었다'라는 니체의 엄청나게 도발적인 선언에 영향을 받아 각국의 현대 철학과 현대 신학, 특히 현대 예술계에서는 가히 폭발적인 대요동이 일어났다. 정말 현대의 사상계에서 지평선이 그 자취를 감추고, 태양이 그 얼굴을 가린 상태가 현재에도 여전히 계속되고 있다. 따라서 그가 왜 그런 선언을 했는지, 또 이제 우리는 정말 어떻게 해야 하는지에 대한 진지한 반성과 고찰이 필요한 시점이 되었다. 그런 점에서 21세기, 새로운 대전환을 맞는 한국 교회에 이 책은 우리의 나아갈 바를 지로(指路)해 주는 역할을 톡톡히 담당하게 될 것이다. 마지막으로 C. S. 루이스 역시 비록 영문학자 출신이지만, '21세기 최고의 기독교 변증가'로서, 또 문필가와 사상가로서 우리에게 기독교의 참된 실체와 우리의 현 좌표를 분명히 인식하게 해 주는 역할을 효과적으로 감당하고 있는 대사상가이다. 무신론자에서 기독교로, 또는 타 종교에서 기독교로 개종하는 사람의 숫자가 누구보다도 C. S. 루이스의 글로 인한 경우가 가장 많은 이 시대에, 그의 사상에 대한 긍정적인 면과 부정적인 면을 동시에 고찰해 본 이 책은 앞으로 한국 교회에 귀한 자산이자 동시에 큰 밑바탕이 될 것이다.

나는 이 책에서 니체에 대한 부분을 가장 재미있게 읽었다. 목사의 아들인 그가 어떻게 '신은 죽었다'라는 발언을 할 수 있었는지, 그것이 제일 궁금했었는데, 마침 좋은 책을 통해 그 내용을 잘 알 수 있게 되어 하나님께 무척 감사한다. '신은 죽었다'라는 발언이 니체의 글들 중에서 주로 어디에 나오는지, 그 문장이 어떤 맥락에서 쓰였는지, 그리고 그 발언을 한 니체의 진짜 의도가 무엇인지에 대해 소상하게 알 수 있는 좋은 계기가 되었기 때문이다. 현대 신학이 원래 딱딱한 분야인데, 이 책은 상당히 흥미롭게 짜여져 있다. 물론 이 책 안에 있는 모든 부분이 다 흥미로운 것은 아니지만, 이 책 여기저기에 현대 신학의 초미한 관심사들이 깊이 있는 성찰과 연구를 통하여 녹아들어가 있음을 발견한다. 그래서 후배 신학자들과 목회자들, 그리고 신학생들과 평신도들에게 자신 있게 이 책을 추천한다. 이 책을 통하여 신관에 대한 어떤 교묘한 생각들이 깃들일 수 있는지, 또 그런 생각들이 왜 위험한지에 대해 명료하게 감지해내는 유익이 있을 것이다. 한국 교회 앞에 귀한 역작을 내놓으신 김석환 박사의 노고를 치하하면서, 이 책을 통하여 '어깨 위의 신학'으로의 발돋움을 꿈꾸는 한국의 모든 후배 신학자들에게 하나님의 풍성한 복 주심이 넘쳐나기를 축원한다.

김근수 박사(칼빈대학교 총장)

    오늘날 '신학'은 수많은 분과들로 분화되어 있지만, 원래 '신학'(theologia)은 신론 (Doctrine of God)에 대한 연구로 시작되었습니다. 하나님을 아는 지식과 나를 아는 지식이 참된 지혜의 핵심이라고 한 칼빈의 말도 있습니다. 수년간 신론 과목을 신학대학원에서 가르쳐본 경험으로는 조직신학의 제 분과들이 각각 난해함을 가지고 있지만, 신론은 그 가운데서도 가장 난해한 주제들과 논쟁들을 포함하고 있음을 잘 알고 있습니다. 더욱이 근대 철학의 유럽 신학에의 유입과 영향으로 인해 근대, 현대 신론의 발전상과 성경적이고 개혁주의적인 관점에서의 평가를 한다는 일은 근면 성실한 베테랑 신학자가 아니라면 도저히 시도도 해 볼 수 없는 일이라고 생각됩니다. 그러나 19-20세기 신론에 대한 개관과 비평적 소개를 위해 김석환 교수께서 오랫동안 지난한 작업을 수행해 주신 것에 찬하를 드립니다.

김석환 교수님은 성실한 학자이자 인격적인 신앙인이기도 합니다. 이십 수년 전 총신대학교 신학대학원에서 같이 수학하던 시절의 기억들이 또렷하게 남아 있습니다. 김 교수님은 총신대학교에서 오랜 기간 수학하며 마침내 "캅바도키아 교부들의 삼위일체론에서 위격과 실체의 관계에 관한 연구"라는 제목으로 박사 학위를 취득하였고, 지금까지 주로 신론에 관한 연구서들을 출간하는 일에 총력을 기울여 온 신론 (특히 삼위일체론) 전문가입니다. 그러한 저자가 본서에서는 현대의 대표적인 사상가들인 슐라이어마허, 키에르케고어, 니체, 폴 틸리히, 칼 바르트, C. S. 루이스, 본회퍼, 몰트만의 신론을 개관하고, 비판하는 작업을 수행했습니다. 저자는 그 관련된 연구서들도 잘 섭렵했지만, 각 신학자들의 기본적인 저서들과 비판적 대화를 통해 저자의 원의를 파악하기 위한 수고를 아끼지 않았다는 것이 지면 곳곳에서 돋보입니다. 수많은 논의와 격론이 끊이지 않는 이 분야에서 역사적 개혁주의의 관점에서 비판서를 써주신 김교수님의 수고에 다시 한 번 감사드리며, 현대 신학자들의 신론 연구에 관심 있는 독자들의 열독을 권합니다.

이상웅 교수(총신대학교 신학대학원 조직신학 교수)

머리말

　이 책에서 다루고 있는 8편의 논문들 중 절반은 『칼빈논단』(칼빈 대학교 학술논문지)에 실렸던 글들을 확장 개편한 글이고, 나머지 절반은 완전히 새로운 글들이거나 또는 전혀 새롭게 재구성한 글이다. 이 책에서 다루어진 8명의 현대 학자들 중에서 키에르케고어와 니체는 엄밀히 말해 신학자라기보다 오히려 철학자이다. 그런데 원래 철학이라는 학문이 진리를 추구하려는 어떤 방향성이 있음은 사실이지만, 그럼에도 불구하고 많은 헛된 것들을 허황되게, 또는 불필요하게 미화하는 경향이 과도하게 있음이 사실이기 때문에, 그 사유하는 것들이 대개 형이상학적이거나 또는 경우에 따라서는 아주 해악적인 것들이 포함되는 것도 사실이다. 그래서 그 많은 철학자들의 사상이나 종교관이 천차만별하여 아주 다양한 중에 본 저자가 이 두 철학자들의 신관을 특별하게 살펴보고자 하는 이유는 그들이 유독 성경 또는 예수 그리스도에 관해서 아주 많은 인용 또는 언급을 하고 있기 때문인데, 현대인들이 예수 그리스도에 관한 이미지를 형성하는 데에 긍정적인 의미에서건 혹은 부정적인 의미에서건 큰 영향을 끼친 이 두 철학자들을 빼놓고서는 현대 신학을 온전히 논할 수가 없기 때문이다.

　다만 본 저자는 이들의 사상을 분석하는 데에 있어서 그들이 사용하였던 철학적 방법론을 덩달아서 함께 사용하지 않고, 오히려

THE DOCTRINE
OF GOD OF
CONTEMPORARY
THEOLOGY

신학적 측면에서, 어쩌면 오히려 더 신앙적 측면에서 접근하고자 노력하였다. 따라서 이 접근 방법이 '신의 존재'의 문제나 '성경의 진리성' 문제에서는 어쩌면 무신론자들에게 '전제적 접근'이라는 비판을 받을 수 있을지도 모르겠다. 그러나 그럼에도 불구하고 본 저자는 '신관'이라는 이 책의 주제가 형이상학적이거나 철학적인 용어로 포장되어 현대인들에게 의미 없이 사용되기보다는, 오히려 우리의 심금에 닿아올 수 있고 또 영혼까지 움직일 수 있는 접근이기를 바라는 마음에서, '섭리' 또는 '은혜', '감사'라는 용어들을 부각시키면서 그들이 이 용어들을 얼마나 중시하였나 하는 관점에서 그들의 신관을 주목해 보고자 하였음을 밝혀 둔다.

또한 C. S. 루이스의 경우에는 그가 신학자가 아니고 엄밀하게 말해 문학가(철학을 전공했던 문학가)이지만, 그를 이 책의 연구 대상에 포함시킨 이유는 그의 수다한 문학작품들 중에서 예수 그리스도에 관해 행한 그의 중요한 진술들 덕분에 많은 사람들이 다시 기독교로 돌아오게 된 데에 그가 중요한 공헌을 하였기 때문이다. 또 그가 신학자들이 미처 하지 못한 영향력을 발휘하여 예수 그리스도에 관한 변증을 효과적으로 감당한 사실을 높이 보았기 때문이다. 다만 그의 글을 분석함에 있어서는 그가 신학자가 아니기 때문에 신학적인 잣대를 엄정하게 갖다 댈 수도 없고, 또 그렇다고 해서 철학적인 잣

대나 문학적인 잣대를 갖다 댈 입장도 아니어서 '개혁신학'이라는 기준으로 본 저자의 논리 전개를 진행시켰음을 독자 제위들께서 양해해 주시기 바란다.

  아무쪼록 이 책을 통해 많은 후배 신학도들과 신앙인들이 현대신학의 신관에 대하여 바른 관점을 섭렵하는 데에 조금이라도 도움을 얻을 수 있기를 바란다. 그래서 성 삼위일체 하나님께도 이 책이 영광과 기쁨이 될 수 있기를 바라는 마음 간절하다.

2018년 3월
엘리야관 연구실에서
저자 김석환

목차

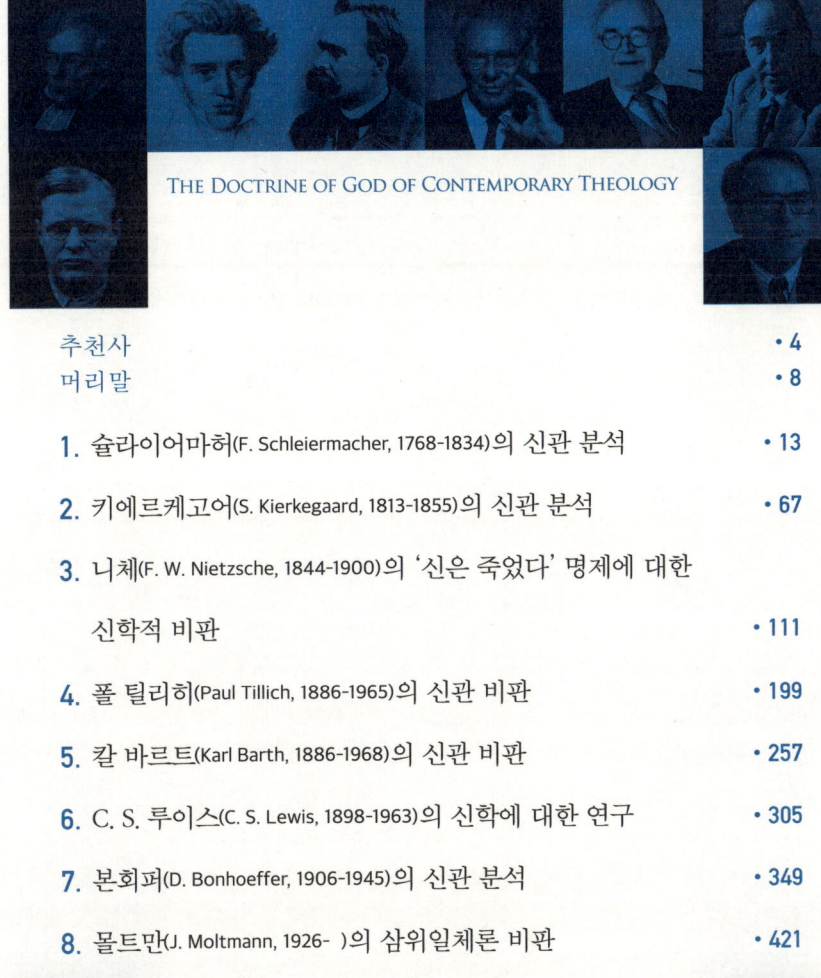

THE DOCTRINE OF GOD OF CONTEMPORARY THEOLOGY

추천사 • 4
머리말 • 8

1. 슐라이어마허(F. Schleiermacher, 1768-1834)의 신관 분석 • 13

2. 키에르케고어(S. Kierkegaard, 1813-1855)의 신관 분석 • 67

3. 니체(F. W. Nietzsche, 1844-1900)의 '신은 죽었다' 명제에 대한 신학적 비판 • 111

4. 폴 틸리히(Paul Tillich, 1886-1965)의 신관 비판 • 199

5. 칼 바르트(Karl Barth, 1886-1968)의 신관 비판 • 257

6. C. S. 루이스(C. S. Lewis, 1898-1963)의 신학에 대한 연구 • 305

7. 본회퍼(D. Bonhoeffer, 1906-1945)의 신관 분석 • 349

8. 몰트만(J. Moltmann, 1926-)의 삼위일체론 비판 • 421

슐라이어마허의 신관 분석
(F. Schleiermacher, 1768-1834)

Friedrich Schleiermacher

1. 슐라이어마허의 신관 분석
(A Critical Analysis on F. Schleiermacher's Doctrine of God)

Ⅰ. 서론

Ⅱ. 본론
1. 슐라이어마허의 신학적 입장
   1) 내재신학 (內在神學)
   2) 주관주의적 체험주의
   3) 범신론적 경향
2. 『종교론』에 나타난 슐라이어마허의 신관
   1) 하나님과 종교
   2) 하나님과 우주
   3) 하나님의 인격성 거부
3. 『신앙론』에 나타난 슐라이어마허의 신관
   1) 하나님의 비공유적 속성
   2) 하나님의 창조와 보존
   3) 기적과 기도에 관한 슐라이어마허의 견해
   4) 삼위일체론에 관한 슐라이어마허의 견해

Ⅲ. 결론

Ⅰ. 서 론

슐라이어마허(F. D. E. Schleiermacher, 1768-1834)는 종교를 '감정'이라고 보았다. 이것은 종교를 '생활'이라고 본 칸트의 입장과 종교를 '사상'이라고 본 헤겔의 입장과 대조되는 개념이다.[1] 슐라이어마허는 칸트와 헤겔의 양간에 나타나서 그들과 대조되는 종교관, 기독교관, 신관을 펼쳤다.

슐라이어마허의 시대적 배경은 18세기 말단이다. 그때에는 칸트의 비판철학이 널리 확산되던 때였다. 그리고 예술 방면에서는 낭만주의가 득세하여 그 전의 합리주의 사상에 치명적인 타격을 가

---

1 박형룡, 『박형룡 박사 저작전집 Ⅷ』(현대신학선평 상권)(서울: 한국기독교교육연구원, 1988), 141.

하고 있던 때였다. 또한 종교계에서는 복음주의 부흥운동이 절정에 달하고 있던 때였는데, 프랑스에서는 정적주의(Quietism)가, 독일에서는 경건주의(Pietism)가, 또 영국에서는 퀘이커주의(Quakerism)가 등장하여 종교개혁 이래 기독교가 가졌던 여러 상투적인 형식주의를 파괴하고, 새로운 신비주의 운동들에서 모라비안파와 웨슬레파의 부흥운동이 시작되던 때였다. 이때 계몽사상은 성경에 대한 고등비평적인 연구로 전향하여 신학은 그 역사적 기초를 새롭게 구할 수밖에 없는 전환기에 이르고 있었다.[2]

그 전환을 슐라이어마허는 희랍적 사고 가운데에서 찾았다. 그는 고전 중에서도 특히 플라톤을 좋아했다. 그는 플라톤처럼 사람과 하나님, 시간과 영원, 현상과 본질을 동일시하는 사상을 수용했다.[3] 그는 슐레겔과 함께 시도했다가 중단된 바 있던 플라톤 전집 번역을 혼자서 진행하기도 했다. 특히 1805년 성탄절을 맞이하여 그가 저술한 『크리스마스 송가』는 플라톤의 『향연』(Symposium)의 방법을 그대로 도입한 것으로서, 기독교의 본질이 감정에 있음을 대화식으로 기술하고 있다.[4]

신학상으로 보면, 그의 신학은 희랍식 신학의 부활이라고 할 수 있다. 그의 신관에는 특히 그가 플라톤에게서 받은 영향이 많이 드러난다. 성 아우구스티누스 이후 여러 세기에 걸쳐 희랍 신학은 라틴 신학 때문에 그 빛을 잃어오고 있었다. 그런데 슐라이어마허의

---

2 박형룡, 『박형룡 박사 저작전집 VIII』, 140.
3 W. Schultz, *Schleiermacher und der Protestantiamus Evangelisches Verlag* (Hamburg: Bergotedt, 1957), 71.
4 박일민, "슐라이에르마허의 기독론 비평 I," 『칼빈논단』(용인: 칼빈대학교, 2004), 45.

혁신운동을 계기로 해서 전 유럽에 희랍식 신학의 개념들과 이상들이 다시 한 번 더 출현하게 된 것이다.[5]

그래서 그는 이전의 구태의연하던 신학적 사고방식에서 탈피하여 새로운 사고방식의 신 기원을 열었다. 한마디로 말해서 그는 근세의 새로운 지식들에 비추어서 기독교를 재해석하고자 열망했던 그 시대 사람들의 공통적인 욕구에 부응하는 새 신학을 열었던 것이다. 그래서 후대의 학자들은 그를 '근세신학의 아버지', 또는 '19세기의 교부'라고 호칭하기도 한다. 리차드 니버(Richard Niebuhr)는 진술하기를, "19세기는 슐라이어마허의 세기이다"라고 진술하였다. 그리고 에밀 브룬너(Emil Brunner)는 진술하기를, "독일 철학자들이 칸트를 전후로 해서 철학의 시대들을 구분하는 것처럼 슐라이어마허를 전후로 해서 신학의 시대들을 구분하는 것은 전혀 이상할 것이 없다"라고 진술했다.[6]

본 논문은 이와 같은 근세신학에서의 슐라이어마허의 위치와 관련하여, 그의 신학에 있어서 특히 그의 신관의 공헌과 문제점을 분석하고, 그가 후대의 신학에 미친 영향을 비평적으로 검토하고자 하는 데에 그 목적이 있다. 이 과정에서 본 논문은 먼저 그의 신학적 입장을 살펴보고, 이어서 그의 『종교론』과 『기독교 신앙론』에 나타난 그의 신관을 분석하고자 한다. 특히 본 논문은 소위 그의 범신론적 경향의 문제, 하나님과 세계의 관계, 하나님의 창조와 보존, 또 삼위일체론에 관한 그의 견해 등을 집중적으로 분석하여 살펴보고

---

5 박형룡, 『박형룡 박사 저작전집 VIII』, 141.
6 E. Brunner, *Die Mystik und das Wort*, 8.

자 한다. 이 연구는 현대신학의 어지러운 사상으로부터 정통 신학을 온전히 지켜내는 데에 특별히 신관 및 삼위일체론의 관점에서 기여가 있을 것이다.

II. 본 론

슐라이어마허는 1799년에 『종교론』을 발표하였고, 1821년에 『기독교 신앙론』(Der Christlische Glaube, 이하 『신앙론』이라 한다)을 발표하였다. 그의 신학은 교양 있는 사회 계급이 대부분 종교에 반항하던 시대, 다시 말해서 종교의 위기의 시대에 나타나서 종교를 그 권위와 세력의 본 위치에 회복시키려는 뜻을 품고, 그 당시의 냉랭했던 철학적 시대를 적극적인 신앙의 시대로 전환케 한 공헌을 가지고 있다.[7] 그래서 그는 그 당시의 지식 계급들을 많이 기독교로 끌어들였다. 그의 새로운 종교 변호는 기독교를 독일 사상계의 최고 위치로 다시 회복시켰다. 그래서 전에는 냉담한 도덕과 생명 없는 교리가 전파되더니, 후에는 새롭고 활력 있는 기독교가 전파되게 하였다.[8]

그러나 그의 신학은 그 기초를 객관적인 계시에 두지 않고 인간 자신의 감정에 둔다. 그래서 그의 신학은 신학이 아닌 인간학의 범주를 벗어나지 못한 채 단지 역사적 예수상을 그리는 수준에만 머무르고 있다. 이 때문에 그의 신학에 비록 남다른 경건주의적 열정

---

7 박형룡, 『박형룡 박사 저작전집 VIII』, 145.
8 박형룡, 『박형룡 박사 저작전집 VIII』, 146.

이 넘쳐나고 있는 것이 사실이긴 하지만, 그럼에도 불구하고 그 열정은 그만 윤리종교적 차원 속으로 용해되고 말았다.[9]

1. 슐라이어마허의 신학적 입장

슐라이어마허는 인간의 종교적 의식 즉 자기의 종교적 의식을 정확히 분석하는 것이 신학이라고 정의하였다. 그는 칸트의 영향 아래 신학을 하였으므로 하나님에게서 혹은 하나님의 말씀에서 출발하지 않고, 인간의 내면 곧 종교적 체험에로 그 출발점을 옮겼다.[10] 이런 신학을 내재신학(內在神學, immanent theology)이라고 한다. 그의 신학이 도달한 결론은 하나님이 아니라 인간이 그 결론이 되었다.

1) 내재신학(內在神學)

칸트 이후에 신학을 한 슐라이어마허는 신학을 감각세계 곧 인간의 종교경험에서 출발하고, 그 종교 체험을 정확하게 분석하는 것을 신학의 임무로 삼았다. 슐라이어마허에 의하면, 종교는 증명이 불가능하므로 지식의 일로 종교를 증명할 수 있는 것이 아니라, 물질세계를 만져서 알 수 있는 느낌으로 신의 세계를 증명할 수 있다는 것이다. 그는 종교를 '절대의존의 감정'이라고 정의한다. 이것은 인격적인 절대자가 있는 것이 아니라 절대의존의 감정, 즉 느낌이 하나님이 되는 귀결에 이르고 만다. 그가 이렇게 종교를 감정의 일로 정의하는 배후에는 칸트의 『순수이성비판』이 있다.[11]

---

9 박일민, "슐라이에르마허의 기독론 비평 II," 『칼빈논단』(용인: 칼빈대학교, 2005), 88.
10 서철원, 『신학서론』(서울: 은혜문화사, 1997), 7.
11 서철원, 『현대신학』(총신대 신학대학원, 1994), 12.

흄의 도식을 받은 칸트는 신은 현상계에 속하지 않고 예지계에 속한다고 하면서 하나님을 인간의 감각 영역 밖으로 내쫓고 지식 영역을 현상계로 국한하였다. 그러면서 내세계적인 주관적인 이야기로는 하나님을 알 길이 없다고 하였다. 왜냐하면 만일 하나님께서 인간의 감각기관으로 접촉과 검증이 가능하다면 그것은 벌써 하나님이 아니기 때문이라는 것이다. 만일 경험되었다면 그것은 단지 내 감정일 뿐이고, 그 감정은 내 속에서 일어난 내재적 사건일 뿐이다.[12] 그 감정이 우리 영역 밖에서 왔다는 증거가 없다는 것이다.

칸트가 그의 『실천이성비판』에서 내린 결론은 신은 예지계에 속하여 우리의 경험이나 과학에 의해 검증될 수 있는 존재가 아니므로, 우리가 전통적으로 믿는 하나님을 무한한 영적 인격적 하나님으로 알 수 없으니 하나님에 관해서는 제껴두어야 한다는 것이다. 즉 하나님을 알 수 없으니 말할 수도 없다 하여 우리 지식의 대상에서 제외시켜야 한다는 것이다.

칸트의 이 결론에 근거하여 슐라이어마허는 종교를 감정, 느낌의 일로 보아 내재신학을 시작하였다. 내재신학이란 우리가 하나님 만나기를 중생의 체험에서 추구하면, 종교 감정 또는 체험에서 하나님을 만난다는 신학이다. 그래서 슐라이어마허는 우리가 하나님 자체(God in Himself)에 대해서는 알 수 없고, 단지 인간이 경험하는 하나님(God in Experience)만을 알 수 있다고 주장했다.[13] 그가 이렇게 내재신학을 인간의 감정에서 출발한 것은 그가 경건주의 운

---

12 서철원, 『현대신학』, 14.
13 목창균, 『슐라이에르마허의 신학사상』(천안: 한국신학연구소, 1993), 34.

동에 가담하여 모라비안파와 접촉하였고, 또 소위 느낌을 강조하는 낭만주의 시인들, 문인들, 철학자들과 많이 어울렸기 때문이다. 이렇게 해서 그의 신학이 내재신학이 되자, 그것은 하나님 중심의 신학이 아니라 인간 중심의 종교학이 되고 말았다. 그리고 하나님이 없어지게 되고 그 대신 하나님의 자리에 절대의존의 감정(Absolutes Abhängigkeitsgefühl)만 남게 되었으며, 교회가 아닌 종교 공동체와 단지 종교 체험만 그 자리에 남게 되었다.[14]

내재신학에서 예수 그리스도께서 우리의 구주시라고 할 때, 그 의미는 전통적인 견해와 전혀 다르다. 슐라이어마허는 예수 그리스도를 존재론적인 면에서 초자연적으로 선재해 계신 하나님의 아들, 즉 삼위일체 하나님 중 제2 위격으로서 하나님의 아들이라고 말하지 않고, 다만 예수에게 신의식 또는 종교적 체험이 무한하다는 측면에서 그가 하나님의 아들이시라고 한다. 또 그가 우리의 구주시라고 할 때, 그 의미는 그리스도께서 가지시는 그 무한한 신의식이 우리가 그를 믿을 때 우리에게 전달되어 온다는 의미에서 그가 구주시라고 한다.[15] 그러나 이것은 전통적인 믿음인 그리스도께서 선재해 계시던 하나님의 아들로서 성육신하시어 십자가에서 우리를 위하여 대신 죽으심으로 우리를 구원해 주신 큰 역사를 이루신 이시기 때문에 우리의 구세주라고 하는 전통적인 믿음에 대치되는 개념이다.

---

14 서철원, 『신학서론』, 8.
15 서철원, 『현대신학』, 18-19.

2) 주관주의적 체험주의

슐라이어마허 신학의 또 다른 특징은 그가 심리적 주관주의자(Subjectivist)라는 사실이다. 그는 인간의 감정을 종교의 영역으로 간주하고 종교적 경험에서 신학의 가능성을 모색했기 때문에, 하나님이 단지 신자의 경험에서만 알려질 수 있다고 주장했다. 그가 이렇게 주관주의적인 원리를 수용하여 신자의 경험을 교리적 명제들을 판단하는 기준으로 삼은 것은 현대신학의 토대를 쌓은 것으로 평가된다.[16] 반면에 그가 주관주의적인 경험을 중시하면서 객관적 계시를 등한시한 사실은 그가 정통 신학의 객관적인 토대를 무너뜨리고 하나님에 대한 객관적인 지식의 가능성을 포기한 것으로 비판받고 있다.[17]

슐라이어마허는 객관적 실재로서의 하나님보다 주관적 내재로서의 하나님 개념을 주장한다. 그래서 그는 '경건한 감정'(Pious Feeling)이 사실상 하나님이 된다고 주장한다.[18] 그는 초월적인 하나님(Transendent God)을 부정하고 인간의 '절대의존 감정'에 의해 규정되어지는 하나님 개념을 말한다.[19] 따라서 그에 의하면, 신은 종교에서 모든 것이 아니라 일부분에 지나지 않는다. 그러나 우주는 그 이상의 것이라고 한다. 그는 인간이 하나님을 '자기 자신' 안에서 찾아야 한다고 강조한다. 여기에서 '자기 자신'이라는 말은 곧 감정

---

16 C. W. Christian, *Friedrich Schleiermacher* (Wao: Word Books Publisher, 1979), 47.
17 Van A. Harvey, "A Word in Defense of Schleiermacher's Theological Method," *The Journal of Religion*, Vol. XIII (1962), 152.
18 H. R. Mackintosh, *Types of Modern Theology: Schleiermacher to Barth*, 51.
19 Louis Berkhof, *Systematic Theology* (Grand Rapids, Michigan: William B. Eerdmans Publishing Company, 1974), 24.

을 의미한다. 이런 하나님 개념이야말로 철저한 주관주의에서 나온 것이 아닐 수 없다. 그는 하나님과 신자의 감정을 '공동결정체'(Co-determinant)로 보고 우리가 그것을 토대로 우리 존재를 설명해 가야 한다고 주장한다.[20] 그런데 그렇게 되면, 객관적 계시인 성경보다 인간 자신의 의식 자체가 더 중시되게 된다. 뿐만 아니라 인간의 의식이 하나님보다 더 중시되게 된다.[21]

슐라이어마허에 의하면, 도덕, 형이상학, 지식, 이념, 원칙, 양심, 의지, 교리, 신조, 기적, 계시, 또 영감 등의 종교적 동기가 기독교 신앙에서 '절대의존 감정'에 해당한다고 말한다. 이 '절대의존 감정'을 좀 더 구체적으로 설명하면, 이 감정(Gefühl)은 자기의식으로 하나님의 임재를 느끼는 그것 자체에 있으면서 바로 그것에 관계된다고 한다.[22] 슐라이어마허에게 있어서 하나님께서는 신뢰하는 감정에 객관적으로 응답하시는 '실재'시다. 그는 불가항력적인 존재시요, 만물과 우리를 존재케 하시는 근원이시다. 그리고 하나님에 관한 교리는 우리 자신의 감정을 기술한 것에 불과하다. 그러므로 하나님에 관한 교리는 하나님 안에서가 아니라 오히려 우리 자신 안에서의 어떤 특수한 것을 가리킨다.[23]

인간 안에 있는 '하나님 의식'이 모든 종교의 생명적 진수가 된다는 것이 그의 사상의 핵심적인 내용이었다. 그에 의하면, 그리스도

---

20 F. Schleiermacher, *The Christian Faith*, trans. H. R. Mackintosh and J. S. Stewart (Edinburgh: T. & T. Clark, 1928), 16-17.
21 이성주, 『현대신학』(서울: 문서선교 성지원, 1994), 191-92.
22 F. Schleiermacher, *Der Christliche Glaube nach den Grundsätzen der evangelischen Kirche im Zusammenhange dargestellt*, 7th ed., 2 Vols., ed. Martin Redeker (Berlin, 1960), 164.
23 H. R. Mackintosh, *Types of Modern Theology*, 김재준 역, 『현대신학의 선구자들』(서울: 대한기독교서회, 1987), 80.

께서는 하나님 의식을 절대적으로 온전히 가지고 계신데, 그리스도께서 기독교인들의 친교 안에서 각 사람 안에 있는 이 하나님 의식을 보편적으로 독특하게 발전시키고 계시며, 교회는 다시 그의 정신을 계속 전달, 진행한다는 것이다. 이런 조건 밑에서 인간의 하나님 감각은 무한히 진화하여, 개인으로나 공동생활로나 점점 더 큰 안정성과 명백성을 향하여 전진한다는 것이다.[24]

그리스도의 신 의식(God-Consciousness)과 관련하여 슐라이어마허는 그리스도께서 우리와 동일한 인간성을 가지셨지만, 신 의식의 무한한 능력을 가지고 계시다는 점에서 우리와 구별되신다고 주장한다. 그래서 이 신 의식 때문에 그리스도께서는 무죄하실 수 있었으며, 또 매 순간들을 이 신 의식으로 지배하고 결단케 하심으로써 그가 하나님으로 여김받으실 수 있었다고 한다. 즉 그리스도께서 다른 사람들이 도저히 능가할 수 없는 탁월한 신 의식을 가지고 계셨기 때문에, 이런 의미에서 그리스도를 '타자'(他者, der Andere)라고 부른다는 것이다.[25]

또한 슐라이어마허는 그리스도의 신 의식을 단번에 완성된 것이 아니라 그의 성장과정 전체를 통해서 점진적으로 이루어진 것으로 본다. "그의 신성에 대한 진정한 계시는 그 공동체를 건설한 그의 활동과 같이 고립된 어느 한 순간에 형성된 것이 아니라 그의 생애 전 과정을 통해서 형성되었다"는 것이다.[26] 그래서 그리스도의 신 의식과 우리들의 신 의식은 본질적으로 다를 것이 없다. 다만 다른

---

24 H. R. Mackintosh, 『현대신학의 선구자들』, 101.
25 *The Christian Faith*, 94:2; 박일민, "슐라이에르마허의 기독론 비평 II," 61.
26 *The Christian Faith*, 93.

점이 있다면, 그리스도의 경우에는 신 의식의 씨앗이 자신의 자아 의식 속에 숨어 있던 감각적인 요소들을 지배하여 완전한 신 의식을 성취하게 했다는 사실뿐이다. 그래서 그는 말하기를 "우리는 구주의 모범적인(vorbildlich, exemplary) 신성만을 인정해야 하고 관념적인(urbildlich, ideal) 신성, 즉 절대적 완전성을 그에게 돌려서는 안 된다"고 한다.[27]

3) 범신론적 경향

슐라이어마허에 대한 비판의 핵심을 이루는 것은 소위 그의 범신론이다. 그는 『종교론』 초판(1799)의 출판 이후 끊임없이 범신론 혐의를 받아 왔다. 특히 그의 교회 상급자였으며 『종교론』의 검열관이었던 작크(Sack)는 『종교론』에서 '범신론에 대한 열렬한 변호와 스피노자 사상 체계의 제시' 이외의 것을 발견할 수 없었다고 한다.[28] 그의 비판가들은 그가 하나님의 초월성을 반대한 스피노자의 견해에 동정적이었으며, 하나님과 세계의 관계를 실체와 그 양태의 관계로 간주한 스피노자의 신론을 반영함으로써 범신론에 빠지게 되었다고 주장한다. 그래서 슐라이어마허는 만년에 자기의 초기 입장을 상당히 수정하였다. 그러나 그의 수정에도 불구하고, 그는 적지 않은 후대 학자들로부터 범신론자라는 비난을 계속해서 받아 왔다. 벤더(W. Bender), 프뤼케(F. Flucker), 브란트(R. B. Brandt), 매킨토쉬(H. R. Mackintosh) 등이 바로 그들이다. 가령 쉬스킨트(Hermann Süskind)는

---

27 *The Christian Faith*, 93; 박일민, "슐라이에르마허의 기독론 비평 II," 62.
28 F. Schleiermacher, *Aus Schleiermachers leben in Briefen*, Vol. I (Berlin: Druck und Verlag von Georg Reimer, 1860-63), 276; 목창균, 『슐라이에르마허의 신학사상』, 33.

『종교론』에 제시된 '다양성으로서의 우주'와 '통일성으로서의 하나님'이 동일하다는 사실에 근거하여 그를 범신론자로 취급했다.[29] 그를 관대하게 취급한다고 할지라도, 철저한 스피노자주의에 비하여 유한한 개체에 좀 더 풍부한 생명력을 부여했다는 것 이상의 차이가 없다고 하였다.[30]

1806년에 출판된 『종교론』의 2판에서는 스피노자의 사상을 반영한 범신론적 경향이 비교적 줄어들었다. 초기에 그가 사용하였던 하나님 '개념'은 하나님과 세계를 분명히 구분하고자 하는 그의 노력의 일환으로 '신성자'(The Divine), '하나님'(God), 또는 '신격'(Godhead)으로 변했다. 그러나 그는 여전히 세계를 떠난 존재로서의 '인격적인 하나님'의 개념이 종교와는 관계가 없다고 주장했다.[31] 그는 신학자로서 전체와 부분의 구별의 문제를 극복하지 못하고 말았다. 그래서 브루너(E. Brunner)는 슐라이어마허의 신학 기반이 범신론적 경향들(Pantheistic Tendencies)에 의해 형성되었다고 비판했다.[32] 슐라이어마허의 『신앙론』 46장과 47장에서는 하나님의 행동과 자연의 인과 관계를 물리적으로 동일화하려는 그의 입장이 확연하게 드러나 있는데, 이것이 그가 여전히 범신론적 경향에 기울어져 있었다는 중요한 실례가 된다.[33]

---

29 Hermann Süskind, *Der Einfluss Schellings auf die Entwicklung von Schleiermachers System* (Tübingen: Mohr, 1909), 32.
30 목창균, 『슐라이에르마허의 신학사상』, 101.
31 Mackintosh, *Types of Modern Theology*, 51.
32 Emil Brunner, *The Christian Doctrine of God*, trans. by Olire Wyon (Philadelphia: The Westminster Press, 1960), Vol. I, 167.
33 Mackintosh, 『현대신학의 선구자들』, 86.

2. 『종교론』에 나타난 슐라이어마허의 신관

슐라이어마허가 『종교론』[34]을 저술한 목적은 '종교의 형이상학으로부터의 독립을 기술하고 확립하려는 것'이었다고 한다.[35] 이것은 그의 저술 목적이 단순히 범신론을 옹호하거나 또는 스피노자의 사상 체계를 제시하려는 것이 아니었다고 하는 그의 변명도 포함하는 저술 목적이다. 『종교론』은 5개의 강연으로 구성되어 있다. '첫째 강연'은 계몽주의적 종교 비판으로부터 종교를 옹호하는데 바쳐진다. 종교가 잊혀졌던 그 시대에 그는 자기가 어떻게 해서 '종교와 같이 잊혀진 것에 대해 강연하게 되었나?'라는 주제로 강연을 하기 시작하였다. 종교는 교양인들의 체계적인 개념의 틀 속에 갇힐 수 없으며, 오히려 이것을 체험하는 사람의 내면 가운데서 생동적으로 작용한다.

'둘째 강연'은 이 책의 가장 중요한 부분인데, '종교의 본질'을 규명한다. "종교는 우주의 영원하고 이상적인 내용과 본질에 대한, 또 '무한자'와 시간적인 존재 가운데 있는 '영원자'에 대한 경건한 직관이며 느낌이다"라고 말함으로써, 그는 하나님을 '무한자'와 '영원자'로 진술한다. 종교만의 고유한 영역은 인간의 심정이 무한자의 적극적인 활동에 전적으로 사로잡히게 됨으로써 형성된다. 그런데 이런 사로잡힘과 감동은 이성이나 의지의 몫이라기보다 오히려 직관과 감정의 일이다. 그는 다음과 같이 진술한다.

---

34 『종교론』은 슐라이어마허가 1799년에 발표하였다. 이 책의 원제는 *Über die Religion. Reden an die Gebildeten unter ihren Verächtern* 이다. 슐라이어마허는 이 책 외에도 후기의 대표작인 『기독교 신앙론』과 『독백』, 『성탄 축제』, 『신학연구서술』 등을 발표했으며, 그의 강의록인 『변증법』, 『해석학』, 『윤리학』, 『심리학』, 『미학』 등은 유고로 출판되어 철학 및 신학의 역사에 심대한 영향을 끼쳤다.

35 F. Schleiermacher, *Aus Schleiermachers leben in Briefen*, Vol. III, 282-84.

"인간이 자신의 직관 가운데 신을 소유하는 여부는 그의 상상력(Phantasie)의 방향에 달려 있다. … 바라건대 신에 대한 믿음이 상상력의 방향에 달려 있다는 사실을 불경스러운 것으로 간주하지 말라. 상상력이야말로 인간 가운데 있는 최고의 것이자 가장 근원적인 것이며, 이 이외의 것은 모두 이것에 대한 반추에 지나지 않는 것임을 여러분은 알게 된다. 여러분은 자신의 상상력이 여러분을 위해 세계를 창조한 존재임을 알게 되며, 세계 없이는 신을 소유할 수 없음도 알게 된다."[36]

"신은 종교 속에 있는 전체가 아니며 하나에 불과하다. 우주가 신보다 더 많은 존재인 것이다. 여러분은 우주를 의지의 힘으로 믿거나 위안과 도움을 위해 우주가 필요함을 원하기 때문에 믿을 수 없다. 여러분은 우주를 필요로 해야 하기 때문에 믿을 수 있는 것이다. 불멸성은 그것이 먼저 여러분에 의해 해결된 과제가 아니라면 소망일 수 없다. 유한성의 한 복판에서 무한자와 하나가 되고 순간 가운데 영원인 것이야말로 종교의 불멸성이다."[37]

결국 그에 의하면, 신은 통상 생각되는 것처럼 세계 바깥에, 또 세계 배후에 계시는 유일한 존재이시다. 신의 이념은 단지 '영원자'를 표상하는 하나의 형식에 불과하다. 이 형식의 선택이나 배제는 우리의 자의나 요구에 있는 것이 아니다. 이것은 우리 자신의 내적 방식에 의해 부여되거나 금해진다. 불멸성에 대해서는 영원한 존재만

---

36 F. Schleiermacher, *Über die Religion*, 최신한 역, 『종교론: 종교를 멸시하는 교양인을 위한 강연』(서울: 대한기독교서회, 2002), 115.
37 Schleiermacher, 『종교론: 종교를 멸시하는 교양인을 위한 강연』, 118.

이 물어야 하는 것이다.[38]

'셋째 강연'은 종교의 형성 가능성과 종교 교육에 대해 묻는다. 종교의 형성이나 종교 교육은 교의적인 가르침을 통해 이루어질 수 없으며, 오로지 무한자에 대한 감각 능력의 개방에 근거한다. '넷째 강연'은 종교의 외적, 사회적 현상인 교회와 성직에 대해 천착한다. 그리고 '다섯째 강연'은 역사적으로 현상한 개별 종교를 분석하고 이로부터 진정한 종교의 이상을 제시한다.

슐라이어마허는 『종교론』에서 신관의 문제를 체계적으로 다루지 않았다. 오히려 그는 형이상학과 도덕으로부터 구별된 종교의 독자적인 영역을 확보하는 데에 더 큰 관심이 있었다.[39] 따라서 『종교론』에서의 그의 신관을 파악하려면, 다음과 같은 문제들에 대한 해명이 우선적으로 고찰되어야 한다. 하나님과 종교는 어떤 관계에 있는가? 종교의 대상인 우주란 무엇인가? 하나님의 인격성을 거부한 슐라이어마허에게 하나님께서는 어떤 존재이신가?

1) 하나님과 종교

슐라이어마허에 의하면, 종교란 하나님을 감각함이다. 그리고 이 감각을 소유한 자가 곧 종교가이다. "실천은 예술이고 사변은 학문인 반면, 종교는 무한자에 대한 감흥과 맛이다."[40] 그러니까 종교는 하나님께 절대적으로 의존하는 감정이다. 종교는 세계에 대한 형

---

38 Schleiermacher, 『종교론: 종교를 멸시하는 교양인을 위한 강연』, 118.
39 목창균, 『슐라이에르마허의 신학사상』, 90.
40 F. Schleiermacher, *Reden über die Religion* (Braunschweig: C. A. Schwetschke, 1879), 51.

이상학적인 해석도 아니요 도덕적인 율법도 아니다.[41] 그러나 그렇다고 해서 감정에 의한 경험만이 종교생활의 전부를 구성하는 것은 아니다. 종교란 감정으로 경험될 뿐만 아니라, 이지(理智)로 사유되는 것이며, 또한 의지로 실행되는 것이다. 이에 대해 찰스 핫지(Charles Hodge)는 이렇게 말하였다. "성경이 의미하는 신앙은, 다시 말하면 구원을 위하여 요청되는 신앙은 전 영혼의 동작 즉 오성과 심정과 의지의 동작이다."[42] 그런데 많은 현대 신학자들이 슐라이어마허의 방식을 따라 경험의 권위를 구실로 하여 교리를 무시하고 심지어 성경까지 무시하기를 그대로 따라 하는 것이 현 신학계의 실정이다.[43]

슐라이어마허는 『종교론』에서 인간이 신을 발견하는 방법을 이런 순서로 설명해 나간다. 인간은 우주의 많은 행위들을 직관하면서 수없이 많은 힘과 요소들이 통일 없이 작용하는 것을 발견하게 된다. 그런데 이 수없이 많은 힘과 요소들에게 인간이 특별한 종교의식을 투입시킬 때 수많은 신의 개념이 성립된다고 본다. 그리고 그 다음 단계에 들어가면, 수없이 많은 신의 개념들이 혼돈 속에서 질서를 찾아 통일된 힘의 단일체계로 우주를 직관하게 된다고 한다. 여기까지 이르게 되면 하나님 개념을 가지게 되며, 이 개념이 우주의 정신을 소유하게 될 때, 인간의 상상력에 의해 신을 가질 수도 있고 또 자기 마음대로 신을 가지지 않을 수도 있다고 그는 말한

41　박형룡, 『박형룡 박사 저작전집 VIII』, 146.
42　Charles Hodge, *Systematic Theology*, 1873, vol. III, 91.
43　박형룡, 『박형룡 박사 저작전집 VIII』, 147.

다.[44]

슐라이어마허는 당시의 하나님의 개념에 대해 비판적이었다. 그 당시 대부분의 사람들은 하나님을 '인간성의 천재'로 간주한 반면, 인간을 '하나님의 원형'으로 취급했다.[45] 따라서 인간성이 그들의 모든 것이었다. 그는 이런 신개념을 거부했다. 왜냐하면 인간 존재로부터 이끌어낸 신개념이 자신의 종교에서 가장 높은 것이 될 수 없기 때문이다. 그에게는 인간성이 모든 것이 아니라 우주가 모든 것이었다. 그러므로 그는 "나의 종교는 우주를 추구한다"라고 선언했다.[46]

뿐만 아니라 그는 하나님을 '지고의 자연' 혹은 '우주의 영'으로 간주하는 신개념도 거부했다. 왜냐하면 종교가 그런 개념에 의존하는 것이 아니기 때문이다.[47] 그는 심지어 하나님께서 종교에서 불필요한 것처럼 이야기하기도 했다. "하나님 개념이 우주에 대한 개별적인 직관에 적용된다는 것을 부정할 수 없다면, 하나님 없는 종교가 하나님 있는 종교보다 더 낫다는 것 또한 인정하지 않으면 안 된다."[48]

그런데 사실 이 진술은 계몽주의의 종교관에 대한 그의 비판이다. 슐라이어마허는 『종교론』에서 하나님의 필요성을 거부한 것이 아니라, 당시의 하나님 개념을 거부한 것이다. 그는 하나님의 존재를 거부한 것이 아니라 오히려 어떤 면에서 그것을 전제했다. 그가

---

44 이성주, 『현대신학』, 174.
45 Schleiermacher, *Reden über die Religion*, 94.
46 Schleiermacher, *Reden über die Religion*, 94.
47 Schleiermacher, *Reden über die Religion*, 95.
48 Schleiermacher, *Reden über die Religion*, 95.

거부했던 것은 하나님에 대한 형이상학적인 개념이었다. 이것은 종교가 오직 직접적인 경험으로부터 존재한다는 그의 신념으로부터 기인되었다. 이 입장은 그의 후기 저서인 『신앙론』에서도 그대로 유지되었다. 그는 종교를 멸시하는 교양인들의 선입견과 거부감을 피하려는 의도에서 그의 초기 저서인 『종교론』에서 종교의 대상을 '우주', '세계', '무한자', '세계정신' 등으로 다양하게 표현했다.[49]

슐라이어마허는 1801년에 그의 『종교론』의 신관을 신랄하게 비판하는 작크(Sack)의 다음과 같은 편지를 받았다: "우주를 하나님으로 오해하는 설교자에게 종교는 우주에 대한 직관에 불과하다 … 그는 보이지 않으시며 영원히 살아계신 보호자에 대한 감사를 알려고 하지 않는다. 그런 설교자는 얼마나 가엾은 사람인가?"[50]

이 편지에 대한 답장에서 슐라이어마허는 자기가 『종교론』에서 인격적인 하나님에 대한 신앙을 거부하거나 무시하지 않았다고 답변하는 한편, 종교란 어떤 신 개념, 심지어 하나님의 인격성의 개념에도 의존하지 않는다고 주장했다.[51] 그러면서 그는 하나님의 개념을 종교의 주요소로 간주하지 않았다. 왜냐하면 그는 종교를 하나님의 개념과 거의 상관없는 것으로 보았기 때문이다. 그에 의하면, 종교는 단지 '직접적인 지각' 또는 '직접적인 의식'으로부터 존재한다.[52]

---

49 목창균, 『슐라이에르마허의 신학사상』, 92.
50 Schleiermacher, *Aus Schleiermacher's Leben in Briefen*, vol. 3, 277; 목창균, 『슐라이에르마허의 신학사상』, 94.
51 목창균, 『슐라이에르마허의 신학사상』, 94.
52 F. Schleiermacher, *On Religion: Speeches to its Cultured Despisers* (New York: Harper & Row publishers, 1958), 93; 목창균, 『슐라이에르마허의 신학사상』, 94.

2) 하나님과 우주

슐라이어마허는 『종교론』에서 우주를 종교의 대상으로 간주했다. 그가 종교를 '우주에 대한 직관과 감정'으로 정의한 것이 이것을 입증한다. 그래서 그에게는 우주가 모든 존재와 생성의 통일체이다.[53] 그에게 있어 종교를 가진다는 것은 곧 우주를 직관하는 것을 의미하며, 하나님의 개념은 개별적인 종교적 직관 방식에 불과하다.

그는 『종교론』에서 '하나님'이라는 말 대신 '우주'라는 용어를 종종 사용하였는데, 그것 때문에도 그는 하나님과 세계를 구별하지 않았다는 비판을 받는다. 그가 '하나님'이라는 용어를 잘 사용하지 않은 이유는 그가 기독교의 전통적인 신론을 재해석하려 했기 때문이다. 그는 교양 있는 독자들의 감성을 각성시키려는 의도에서 신학적인 용어 대신에 수사학적인 언어를 사용했다. 하나님에 대한 성경의 칭호 대신, '우주' 또는 '무한자'와 같은 낭만주의의 언어를 사용하기를 좋아한 것이다. 그러나 후기에 그는 『신앙론』에서 범신론적이라는 혐의를 벗기 위해 하나님을 더 이상 '무한자' 또는 '전체'로 기술하지 않고, '제1 원인', '만물의 창조자와 보존자'로 진술하였다.[54] 그러므로 그에게 있어 '하나님'이라는 용어는 '절대의존의 근원', '절대적인 원인'에 대한 표현으로서만 의미가 있다. 그에게 하나님께서는 대상이 아니라 '절대의존 감정의 원인'이시다.

또한 그는 우주를 '혼돈'으로, '다수'로, 또는 '다원 속의 통일'로

---

53 이 점도 슐라이어마허가 스피노자와 유사성을 갖는 부분이다. 스피노자에게는 지고의 궁극적인 실재가 바로 우주였다. 그러나 슐라이어마허와 스피노자 사이에 유사성이 있는 것은 사실이나, 스피노자의 실체(Substance)로서의 신 개념이 하나님과 세계의 무한한 질적 차이를 정당하게 다루지 못하기 때문에, 슐라이어마허가 그 점을 거부한 사실도 함께 고려하여야 한다: Robert R. Williams, *Schleiermacher the Theologian* (Philadelphia: Fortress Press, 1978), 97.
54 목창균, 『슐라이에르마허의 신학사상』, 105.

직관하는 방식으로 물신 숭배, 다신론 및 유일신론을 설명했으며, 신의 개념을 우주에 대한 직관 형식으로 간주했다. 그는 이런 우주의 직관 가운데 우리가 어떤 것을 취하느냐 하는 것은 우리의 감각에 의존한다고 보았다. 그럼에도 불구하고, 우주는 종교에 있어서 직관되며, 인간에게 본원적인 행동을 하는 것으로 설정되었다. 그리고 그에 따르면, 우주는 인간 정신의 영역에서, 특히 역사 연구를 통하여 가장 중요하게 직관될 수 있다. 따라서 역사는 종교를 위한 최고의 대상이 된다. 왜냐하면 역사는 우주의 행위에 대한 이해이기 때문이다.[55]

이와 같이 슐라이어마허에게는 하나님과 세계에 대한 구별이 형식적이다. 빌헬름 벤더(Wilhelm Bender)에 따르면, 슐라이어마허에게 있어서 하나님과 세계는 '동일한 존재의 두 다른 존재형식'에 불과하다.[56] 인간의 의식과 지식은 본성적으로 하나님에 대한 관념을 가지게 되는데, 지식과 의지를 선행하는 요소가 감정이므로 하나님 관념의 본거지는 감정에 있다고 슐라이어마허는 말한다. 그래서 그는 존재와 사유라는 두 관점의 공통점을 '하나님'이라고 하고, 또 다른 표현으로 그것을 '세계'라고 한다. 그러므로 하나님과 세계는 밀접한 관계를 가지고 있으며, 어느 하나를 제외하고는 양쪽 모두에 그 존재가 성립될 수 없다고 주장한다.[57]

슐라이어마허에 의하면, 우리는 하나님 자체에 대한 객관적인 지

---

55 Schleiermacher, *Reden über die Religion*, 80.
56 Wilhelm Bender, "Schleiermachers theologische Gotteslehre," *Jahrbücher für deutsche Theologie*, XVII (Gotha: Rudolf Besser, 1871), 688.
57 이성주, 『현대신학』, 172.

식을 가질 수 없고, 단지 우리 자신 및 세계와의 관계에서만 하나님에 대한 지식을 가질 수 있다. 우리는 하나님을 만날 때 단지 세계 내에서의 하나님의 활동을 통해서만 하나님을 만난다. 그는 『신앙론』 2판에서 근원의 개념과 절대의존의 본질에 근거하여 하나님과 세계를 구별하기는 한다. 세계는 존재인 반면, 하나님께서는 존재가 아니시다. 오히려 하나님께서는 존재의 근거이시다.[58] 그에게 있어 '하나님'이라는 말의 의미는 모든 유한한 존재의 근원이시다. 이것은 세계와는 다르다. 하나님께서는 자기의식 속에 원인으로 나타나신다.[59] 그러나 그는 결국 하나님께서 본질에서는 세계와 다르시나, 그 범위에서는 서로 동일하다고 진술한다. 절대의존 감정이 지향하는 절대적 인과율은 자연질서의 내용과 구별되며 그것과 대립되지만, 그 범위에서는 서로 동일하다는 것이다. 그러나 사실 우주는 유한하고 하나님께서는 무한하신데, 하나님과 세계가 그 범위에서 동일하다고 하면, 이것은 범신론의 혐의를 벗어날 수 없는 진술이다. 하나님과 세계는 그 범위에서 동일하지 않으며, 또 하나님께서는 자연과 대립하지도 않으신다.

3) 하나님의 인격성 거부

슐라이어마허는 자기의 신관이 범신론적이라는 비난을 의식하여 후기에 쓴 그의 『신앙론』 2판(1830-31)에서 하나님과 세계를 구별하였는데, 절대의존의 개념에 근거하여 그렇게 구별했다. 즉 절대의

---

58 F. Schleiermacher, *The Christian Faith* (Philadelphia: Fortress Press, 1976), 126.
59 목창균, 『슐라이에르마허의 신학사상』, 115.

존 감정이 세계에 대한 의존 감정이 아니라 하나님에 대한 의존 감정이라는 사실을 분명히 함으로써 하나님을 세계로부터 구별한 것이다. 그런데 사실 그가 범신론 혐의를 받게 된 것은 그가 하나님과 세계를 구별하지 않았기 때문이라기보다 오히려 그가 하나님에게 인격성을 부여하기를 거부한 때문이었다. 그는 세계의 모든 것들을 유일한 실체이신 하나님의 양태들(modes)로 간주했다. 그가 하나님과 세계를 구별한 것은 하나님의 본질을 '절대적인 영성'으로 정의하면서 세계의 모든 것들을 하나님의 양태들로 볼 때에 그렇게 한 것이다. 그가 이렇게 하나님의 인격성 관념을 거부한 것은 하나님의 초월적인 생명과 그의 인격적 존재라는 생각 사이에 남게 되는 해결하기 어려운 어떤 긴장성을 너무 과장해서 생각한 때문일 것이다.[60] 또 니버에 의하면, 그는 신인동형동성설(Anthropomorphism)을 두려워한 나머지 하나님에게 인격성을 부여하지 않았다고 한다.[61] 또한 슐라이어마허는 하나님의 인격성을 부정했을 뿐만 아니라, 인격성의 본질적인 요소인 자유의지도 부정했다.[62] 이것은 결국 그의 신관에 있어서의 범신론적인 특징과 연결된다.

그가 말하는 하나님은 우주 안에 있는 어떤 특별한 실재나 우주 전체를 의미하는 것이 아니라, 모든 현상의 배후에서 실재의 의미와 통일을 나누어 주는 능력이다.[63] 따라서 이 하나님과의 인격적인 관계는 있을 수 없다. 하나님은 오직 절대요, 나누어질 수 없는 단일

---

60 Mackintosh, 『현대신학의 선구자들』, 82.
61 Niebuhr, *Schleiermacher on Christ and Religion*, 16; 목창균, 『슐라이에르마허의 신학사상』, 34.
62 F. H. Foster, "Schleiermacher's Absolute Feeling of Defence and Its Effects on His Doctrine of God," *Bibliotheca Sacra* 40 (1883), 551-52.
63 Schleiermacher, *The Christian Faith*, 54.

체이며, 또 모든 것의 저 편에, 모든 것의 근저에 있을 뿐이다.[64]

이와 같이 그는 하나님의 인격성을 인정하지 않을 뿐만 아니라 그리스도의 신 의식의 출처도 밝히지 않는다. 그래서 그에게 있어 하나님은 인격적 존재로서의 '그 이'(Him)가 아니라, 무인격적인 '그 것'(It) 또는 '영성'(Spirituality)이라고 불리워야 할 존재이다. 그러나 이런 하나님은 우리에게 단지 감정의 공동 결정요소(Co-Determinent)로서만 의미가 있을 뿐이다.[65]

그가 말하는 하나님은 '절대의존 감정'에 대해 일치하는 실재(Realität)를 말한다. 이 실재를 좀 더 구체적으로 설명하면, 인간과 만물을 존재하게 하는 근원, 절대 원인, 또는 모든 것들이 이 실재 안에서 흡수되는 포용력을 가진 근원을 말한다. 이런 그의 견해는 플라톤의 관념론에서 많은 영향을 받은 것으로 판단된다.[66] 그래서 그는 인간의 감정과 별개인 객관적이고 인격적인 하나님에 대하여 부정적인 반응을 보였다. 그에게 있어서는 인격적인 하나님을 믿는다고 해서 꼭 경건한 것이 아니며, 또 인격적이 아닌 하나님을 믿는다고 해서 꼭 경건성을 상실한 것은 아니다[67]: "인격적인 하나님을 믿는다고 해서 반드시 진정한 경건을 의미하는 것이 아님과 마찬가지로, 인격체 아닌 하나님을 믿는다고 해서 반드시 경건에서 배제되는 것도 아니다."[68]

그러니까 『종교론』에 나타난 하나님에 대한 그의 관심은 객관적

---

64 Schleiermacher, *The Christian Faith*, 53; 박일민, "슐라이에르마허의 기독론 비평 I," 54.
65 Mackintosh, *Types of Modern Theology*, 69; 박일민, "슐라이에르마허의 기독론 비평 I," 55.
66 Mackintosh, *Types of Modern Theology*, 76.
67 이성주, 『현대신학』, 175.
68 Mackintosh, 『현대신학의 선구자들』, 57.

실재로서의 하나님보다 오히려 주관적 내재로서의 하나님에 더 큰 관심이 있었다. 그는 자주 '경건한 감정'이 사실상 하나님이 '된다' (be God)라고 거의 단언하곤 하였다. 그래서 그는 하나님께서 너무나 가까이 계시기 때문에 하나님을 객관적으로 명상한다는 것이 어려우며 때로는 거의 불가능하다고 늘 느끼고 있었다.[69] 이와 같이 그는 '인격'이라는 말이 하나님의 본성을 표시하는데 부적당하다고 주장했을 뿐만 아니라, 무엇이건 하나님께서 현실로 그러하신 그대로를 객관적으로 표현한다고 단언하면, 그것은 다 부당하다고 하였다. 그러면서 그는 어떤 객관적인 것을 새롭게 창조하시는 하나님의 그 어떤 행위도 거부했다. 그래서 매킨토쉬는 그의 이런 견해를 '기독교적 자연주의'라고 비판한다.[70]

3. 『신앙론』에 나타난 슐라이어마허의 신관

슐라이어마허는 그의 후기에 『신앙론』을 출판하였다. 그 초판은 1821-22년에, 2판은 약 9년 후인 1830-31년에 출판되었다.[71] 『신앙론』은 그 전의 『강의용 신학개론 문답』[72]을 발전시킨 것으로서, '독일 내에서 개혁파 신학자들과 루터파 신학자들 사이에 생긴 신학적

---

69 이성주, 『현대신학』, 178.
70 Mackintosh, 『현대신학의 선구자들』, 87.
71 F. Schleiermacher, *Kritische Gesamtausgabe*, Bd. 7, *Der Christliche Glaube nach den Grundsätzen der evangelische Kirche im Zusammenhange dargestellt*(1821-22)(Berlin: Walter de Gruyter, 1980). 최근에는 세 권으로 구성된 『신앙론』이 출판되었는데, 초판의 내용을 포함하고 있는 제1권과 제2권은 1980년에, 초판에 대한 난외주와 부록을 포함하고 있는 제3권은 1984년에 출판되었다: 목창균, 『슐라이에르마허의 신학사상』, 107.
72 이 책의 원 제목은 *Kurze Dorstellung des Theologischen Studium zum Behuf ein Lesteude Verlesungen Entwarfer*이다. 이 책은 슐라이어마허가 베를린 대학교 창설의 중심 멤버로 가담하여 신학과 주임 교수로 지내면서 구약을 제외한 모든 분야의 강의를 맡았을 때 그 강의 내용을 중심으로 출판했던 책이다.

차이를 조화시키기 위한 의도'에서 쓰여진 책이다.[73] 이 책은 우리가 과거에 무엇을 믿었는가 하는 문제나 또는 현재에 무엇을 믿고 있는가 하는 문제보다 우리가 계시 안에서 하나님의 말씀을 받은 자로서 무엇을 믿어야 할 것인가에 대한 문제에 최대의 관심을 보이고 있다. 매킨토쉬는 이 책에 대해 평가하기를, "이 책을 무시하고서는 현대신학 사상의 계통을 도저히 이해할 수 없을 것이다. 그 공헌도 많고 과오도 많지만, 현대 신학계에 있어서 그 위치는 마치 현대 생물학계에서의 찰스 다윈과 비슷하다고 할 것이다"라고 말한 바 있다.[74]

슐라이어마허는 그의 『신앙론』 초판이 뵈메(Christian F. Böhme)의 『신앙론에 대한 비평』(Rezension von dem Christliche Glaubenslehre)에서 비판받자, 그에 대응하여 그 책의 개정을 시도하였다. 그 결과 2판에서는 하나님과 세계의 구별이 보다 더 분명해졌다. 그래도 그의 사상은 그 내용이 달라졌다기보다 오히려 계속성을 지닌 채 더 발전하고 진보하였다고 보는 것이 더 정확할 것이다.[75]

그의 『신앙론』을 잘 설명해 주는 저서들 중에 빼놓을 수 없는 것들로 그가 뤼케(Luecke)에게 보낸 편지와 두 난외주들이 있는데, 슐라이어마허는 뤼케에게 보낸 편지에서 자기가 『신앙론』을 쓰게 된 이유에 대하여 진술하기를, 요한복음 1장 14절(말씀이 육신이 되어 우리 가운데 거하시매 우리가 그 영광을 보니 아버지의 독생자의 영광이요 은혜와 진리가 충만하더라) 말씀을 주석하기 위함이었다고 진술한 바 있다. 그

---

73 Schleiermacher, *The Christian Faith*, viii.
74 Mackintosh, *Types of Modern Theology*, 65; 박일민, "슐라이에르마허의 기독론 비평 I," 41.
75 목창균, 『슐라이에르마허의 신학사상』, 108.

만큼 그는 그리스도를 기독교 신앙의 중심 위치에 올려놓기 위하여 온 심혈을 기울였다. 그 결과 그는 19세기의 '예수전'(Life of Jesus) 운동과 20세기 바르트 이후의 '그리스도 중심 신학'의 전개에 그 발판을 마련해 주는 계기가 되었다.[76]

1) 하나님의 비공유적 속성

슐라이어마허는 그의 『신앙론』 제1부 제2절에서 '종교적 자기의식과 관련되는 신적 속성들'에 대하여 진술한다. 종교적 자기의식은 하나님과 세계 사이의 일반적인 관계를 표현한다고 하면서, 그는 하나님의 신적 속성으로 '영원성', '편재성', '전능성', '전지성' 등을 열거하고, 먼저 그 속성들에 대하여 차례로 고찰해 가기 시작한다: "하나님께서는 영원하시다. 하나님께서는 편재하신다. 하나님께서는 전능하시다. 하나님께서는 전지하시다. 기타 다른 신적 속성들."

이 속성들은 어떤 면에서 하나님과 세계의 관계를 제시하는 하나님의 속성들이다. 슐라이어마허는 하나님의 속성을 '하나님 안에 있는 어떤 특별한 것'이 아니라 '절대의존 감정이 하나님과 관계를 맺는 방법에 있는 어떤 특별한 것'을 지칭하는 것으로 정의했다. 이 과정에서 그는 하나님의 속성론에 대해 어떤 근본적인 개정을 가하지는 않았으나 교의학적인 용어들을 쇄신했다. 가령 그는 초판에서 하나님의 '영원성'을 '전능한 영원성'으로 정의했던 데 반해, 2판에서는 그것을 하나님의 '절대 무시간적인 인과율'로 변경했다. 또한 초판에서 하나님의 '편재성'을 '전능한 존재'로 정의했던 데 반해, 2

---

76 박일민, "슐라이에르마허의 기독론 비평 II," 60.

판에서는 그것을 '절대 무공간적인 인과율'로 변경했다.[77]

먼저 '영원성'과 '편재성'은 하나님의 절대적인 '본성'으로서, 슐라이어마허에 의하면, 시간과 공간 자체를 결정하는 신적 인과율이다. 영원성과 시간과의 관계는 편재성과 공간과의 관계와 동일하다.[78] 그런데 슐라이어마허는 편재성에 대한 시적인 기술들을 검토한 후, "하나님께서는 자신 안에 존재하신다"는 표현을 선호했다. 왜냐하면 이 표현이 일체의 공간적 요소들을 제거하며, 하나님의 자기원인적 존재의 영향이 어느 곳에나 있다는 사실을 분명하게 하기 때문이다.[79]

편재에 대한 그의 기본적인 개념은 하나님의 현존이 무공간적이기 때문에 어느 곳에서나 같다는 것이다. "우리는 하나님의 편재를 단지 전능성으로 간주해야 하며, 어느 곳에서나 동일한 것으로 이해해야 한다."[80] "하나님의 편재는 완전히 무공간적인 것으로 생각되어야 하며, 장소에 따라 크거나 작은 것으로 생각되어서는 안 된다."[81] 이 때문에 차이는 하나님의 현존에 있는 것이 아니라 단지 인간의 수용성에 있다.

그는 『신앙론』 2판에서 하나님 자신에게 관련된 비활동적인 속성으로서의 편재성과 세계에 관련된 활동적인 속성으로서의 편재성을 구별하는 것을 거부했다. 그런 구별은 신적 인과율의 본질적인 자기 정체성을 파괴하고, 두 가지 유형의 편재성, 즉 창조 전의 편재

77　목창균, 『슐라이에르마허의 신학사상』, 129.
78　Schleiermacher, *The Christian Faith*, 206.
79　Schleiermacher, *The Christian Faith*, 209; 목창균, 『슐라이에르마허의 신학사상』, 135.
80　이 개념은 『신앙론』 양판에서 동일하다.
81　Schleiermacher, *The Christian Faith*, 208.

와 창조 후의 편재를 가정한다는 것이다: "비활동적인 속성으로서의 하나님의 편재와 활동적인 속성으로서의 하나님의 편재의 구별은 거의 불가피하게 신적 인과율의 본질적인 자기 정체성을 파괴하고 혼란만을 야기할 뿐이다. 가령 하나님 자신과 관련되는 경우의 하나님의 편재와 피조물과의 관계에서의 편재를 구별한다면, 창조 전에는 첫 번째 종류의 편재만이 있었을 것이고, 그 후에 두 번째 종류의 편재가 추가되었을 것이다."[82]

다음에 '전능성'과 '전지성'은 하나님의 절대적인 '활력'으로서 하나님께서 그 범위에서 세계와 같다는 사실을 나타내는 하나님의 속성들이라고 한다. "하나님의 전능의 개념은 두 가지 것을 포함한다. 첫째로, 모든 공간과 시간 속에서 자연의 전체 체계가 신적 인과율에 기초하고 있다. 영원하며 편재하는 신적 인과율은 모든 유한한 인과율과 대립되어 있다. 둘째로, 절대의존 감정에서 표현된 신적 인과율은 유한한 존재의 전체에서 완전히 나타난다. 따라서 생산력이 있는 만물들이 하나님 안에 실제로 존재하며 소멸하게 된다."[83]

슐라이어마허는 전능성의 구분에 대한 논증에 근거하여, 『신앙론』 양판에서 자유로운 하나님의 의지와 필연적인 하나님의 의지, 절대적인 의지와 조건적인 의지, 그리고 활동적인 의지와 비활동적인 의지에 대한 전통적인 구별을 거부했다: "하나님의 전지성은 … 단순히 하나님의 전능 자체의 영성이다. 하나님의 전능성의 절대적

---

82 Schleiermacher, *The Christian Faith*, 209-10; 목창균, 『슐라이에르마허의 신학사상』, 135.
83 목창균, 『슐라이에르마허의 신학사상』, 136.

영성은 하나님의 전지성에 의해 이해해야 한다."[84]

그는 이렇게 『신앙론』 양판에서 전지성이 전능성에 절대적인 살아 있는 인과율의 자격을 부여할 뿐만 아니라, 전능성과 동일한 것이라고 주장했다. 왜냐하면 하나님의 의지와 하나님의 지식은 같기 때문이라는 것이다.[85]

그밖의 하나님의 여러 속성들에 대하여 그는 은혜, 선하심, 거룩함, 정의, 사랑, 또 지혜 등 지고자(至高者)의 여러 속성들을 말하였다. 그리고 그의 말년에는 오직 사랑만이 하나님의 본질적인 속성이라고 말하기까지에 이르렀다. 그러나 사실 그가 말하는 '하나님'은 '만물의 생명적 근원' 또는 '원천'에 불과하다.[86] 그렇다면 그가 비록 '사랑'이 하나님의 유일한 속성이라고 주장한다 할지라도, 그 사랑의 의미는 곧 '신적 원천'이 우리 생명 안에 최고도로 유입하는 현상을 상징적으로 표현하는 이름에 불과하게 된다.[87]

신성은 구별을 허용하지 않는다. "하나님 안에 차이를 용납한다는 것은 사색적인 이성의 요구에 일치되지 않는다." 거룩함, 지혜, 사랑 등은 다만 우리의 '하나님 의식' 또는 '하나님 각성'에서 보이는 그림자나 제약에 불과하다고 하였다. 그러나 신앙과 신학에서 첫째 되는 관심은 하나님에 있지, 우리 자신의 마음 문제에 있지 않다. 그는 '하나님께서 전능하시다', '전지하시다', '의로우시다', '사랑이시다' 등의 표현들이 마치 여러 가지 색유리를 통해 물체를 보

---

84 목창균, 『슐라이에르마허의 신학사상』, 137.
85 Schleiermacher, *The Christian Faith*, 222.
86 Mackintosh, 『현대신학의 선구자들』, 101-2.
87 Mackintosh, 『현대신학의 선구자들』, 102.

는 것과 같이 우리 자신의 어떤 특수한 시각 때문이요 하나님의 실재적인 본성을 기술하는 말들은 아니라고 주장하는데, 이것은 전통적인 기독교 계시관과 완전히 어긋나는 생각이다.[88]

2) 하나님의 창조와 보존

하나님의 창조와 보존 교리는 슐라이어마허의 저서『신앙론』에서 가장 먼저 다루어지는 교리이다. 그는 직접적인 자기의식을 창조와 보존에 관한 토의의 출발점으로 삼았다. 그는 "세계는 항상 하나님에 대한 절대의존에서만 존재한다"는 개념을 창조와 보존 교리를 통해 전개했다. 그러면서 그는 하나님의 행위와 자연의 관계를 물리적으로 동일화하려고 시도하였다. 이런 시도는 그의 저서인『신앙론』제46 명제와 제47 명제에 확연히 드러나 있다.[89]

그는 창조론과 보존론의 분리 취급을 전통적인 교의학의 오류로 지적하고, 그것들을 함께 취급하여 그 관계적인 발전을 제시하는 것을 자신의 과제로 삼았다. 그에 의하면, 창조론과 보존론의 분리는 종교적인 의식에 근거한 것이 아니라, 단지 후대에 추가된 것에 불과하다고 한다. 왜냐하면 신조 문서들에 나타난 정의들이 이 사실을 입증하기 때문이라는 것이다. 그래서 그는 세계의 기원을 단지 특정한 때에 일어난 하나님의 창조 활동으로 기술해 온 전통적인 창조론에 반대하였다. 그러면서 그는 창조를 계속적인 하나님의 활동으로 정의하고, 이에 근거하여 창조론과 보존론을 동등시했

---

88 Mackintosh,『현대신학의 선구자들』, 80.
89 이성주,『현대신학』, 178.

다.[90]

하나님께서 세계를 창조하셨다. 그리고 하나님께서는 세계를 보존하신다.『신앙론』2판에서 그는 이런 전통적인 분리를 단호히 거부했다. 이런 분리가 종교적인 의식에 근거한 것이 아니라는 것이다.[91] 그에 의하면, 이 두 진술들은 상이한 교의학적 가치를 갖는다. 창조에 관한 진술이 자기의식에 대한 직접적인 기술이 아니라는 것이다.[92] '존재의 시작에 대한 의식'을 우리가 갖지는 않는다. 창조에 관한 물음은 종교적인 관심보다 오히려 사변적인 관심으로부터 나온다는 것이다.[93] 그러나 이와 같이 창조를 사변적인 관심의 산물이라고 주장하는 그의 입장은 플라톤 철학의 산물이지 성경의 입장이 아니다. 또한 그는 '하나님' 개념에 있어서 평생동안 스피노자 철학사상의 영역을 완전히 벗어나지 못했다. 이런 그의 관점은 하나님의 창조가 우리의 의식으로 진실이 아니라 하나님의 말씀으로 진실이라는 성경의 말씀을 도외시한 것이다.

슐라이어마허가 '하나님' 개념을 말할 때, 그가 의식적으로 회피한 표현들이 몇 가지 있다. 그것들은 하나님께서 우주 만물을 창조하셨다던가, 하나님께서 무엇이든 하실 수 있다던가, 하나님께서 무엇을 계획하고 계시다던가, 또 하나님께서 모든 것을 섭리하신다는 등의 표현들이다. 만일 그가 이런 표현들을 사용했다면, 객관적으로 존재하시는 인격적인 하나님의 실재를 인정하게 됨으로 그가 이런

---

90 목창균,『슐라이에르마허의 신학사상』, 154.

91 Schleiermacher, The Christian Faith, 143; 목창균,『슐라이에르마허의 신학사상』, 145.

92 반면에 그는 보존에 관한 진술은 자기의식에 대한 직접적인 기술이라고 주장한다: Schleiermacher, The Christian Faith, 148.

93 Schleiermacher, The Christian Faith, 148-49; 목창균,『슐라이에르마허의 신학사상』, 144.

표현들을 회피하게 되었을 것이다. 그래서 그는 현재 존재하는 사실이 바로 '하나님'이며, 하나님 자신이 이미 존재해 있는 세계 이외에 다른 무엇을 창조하실 수 있는 존재가 되지 못한다고까지 생각했다.[94] 이것은 스피노자의 관점과 별 다를 바가 없는 관점이다.

그는 성경에 기록된 창세기의 창조에서 시간 개념을 거부했다. 그 이유는 시간 개념이 창조 행위를 도식하게 되면, 신관이 세계보다 먼저 존재하는 것이 되기 때문이다. 그래서 그는 창조와 시간의 관계에 대해서는 별 관심이 없었다.[95] 이렇게 그는 창세기에 기록된 창조론을 거부하고, 또 창조 기사의 역사성마저 부인했다. 가령 그는 창세기 1장 1절의 말씀을 부인하는 대신에, 하나님과 우주가 분리되지 않게 진술된 사도행전 17장 24절(우주와 그 가운데 있는 만유를 지으신 신께서는 천지의 주재시니 손으로 지은 전에 계시지 아니하시고)의 말씀을 인용하여 신의 개념에서 하나님과 세계가 동일하다는 내용과 같은 주장을 한다. 그래서 그는 정통주의 신학에서 말하는 창세기의 6일 창조를 사실상 거부하고 말았다.[96]

슐라이어마허의 이와 같은 창조론은 성경 본문보다 오히려 종교적인 자기의식을 그 출발점과 토대로 삼은 것이다. 그래도 그는 신약 성경의 사도행전 17장 24절, 로마서 1장 19-20절과 히브리서 11장 3절을 창조론에 관한 토의의 근거로 삼았다. 왜냐하면 이 구절들이 세계의 하나님에 대한 절대적 의존을 충실히 표현하고 있기 때

---

94 이성주, 『현대신학』, 177.
95 이성주, 『현대신학』, 180.
96 이성주, 『현대신학』, 179.

문이다.[97] 그가 이 세 구절들을 창조론의 성경적인 토대로 선택한 것은 그가 종교적인 자기의식을 그 출발점으로 삼은 사실을 잘 증명한다.

슐라이어마허는 하나님의 말씀에 의한 창조를 인정했다. 그러나 그에 의하면, 하나님의 창조는 결코 인간의 활동과 같은 것으로 간주될 수 없다. 또 그것은 시간적인 사건이 아니다. 그는 창세기의 창조 이야기가 특이한 방식으로 진술된 비유적인 기술이거나 아니면 역사적인 기술로 해석될 수 있다고 하였다. 그런데 창세기의 이야기가 만일 비유적인 것이라면, 교의학은 그것을 배제해도 무방하다. 왜냐하면 비유적인 것은 사변적인 것이므로 교의학이 그런 것을 포함할 필요가 없기 때문이다. 또 한편 만일 창세기의 이야기가 역사적인 것이라면, 그 신뢰성은 과학의 발전에 의해 계속 떨어질 것이다. 따라서 그는 창세기에 기록되어 있는 창조에 관한 모세의 이야기를 문자적으로 받아들이지 않았고, 또 그 말씀들의 역사성을 부인하였다. 창세기에는 두 가지의 다른 창조 이야기들이 있기 때문이라는 것이다. 자기는 "6일간의 창조에 대해 말하기를 원하지 않는다"라는 그의 진술이 그 사실을 단적으로 증명해 준다.[98]

그는 창조를 시간적인 사건이 아닌 것으로 보았다. 시간이 세계에 앞서 존재했으리라는 가정이나 또는 시간이 세계와 함께 시작했으리라는 가정, 즉 창조가 시간을 점유했으리라는 가정을 다 부인했다. 오히려 그는 하나님의 '무시간적인 창조' 개념을 받아들였

---

97 목창균, 『슐라이에르마허의 신학사상』, 149.
98 Schleiermacher, *The Christian Faith*, 151.

다.[99] '무시간적인 창조'는 하나님의 무시간적인 활동의 산물이다. 난외주에서 그는 모세의 연대기가 무시간적인 창조와 일치한다고 주장했다. 그러면서 그는 하나님의 '영원한 창조' 개념에 보다 더 적극적인 태도를 보였다. 그 근거는 잠언 8장 22절과 23절의 말씀들이 시간적인 창조를 증명하는 것이 아니라, 오히려 '영원한 창조'에서 하나님의 지혜가 사물의 형성 이전에 놓여 있어야 한다는 사실을 확립시키기 때문이라는 것이다.[100]

또한 '무로부터의 창조'에 대하여 그는 비판적인 시각을 가졌다. "무로부터의 창조에 대한 정의는 인간의 솜씨와 유사한 것이 무의식적으로 도입되지 않는다는 의미로 내려져야 한다", 이와 같은 입장이 후기의 신조 문서들에서 이미 제시되었다고 그는 주장하였다. 그리고 그는 하나님께서 자유로운 작정(free decree)을 통해 세계를 창조하셨다는 사실을 인정하였다.[101] 왜냐하면 만물이 절대적으로 의존하는 하나님께서는 절대적으로 자유로우시기 때문이다. 그러나 하나님의 그 자유로운 결정이 '선택이 수반되는 선행적인 숙고'를 의미하거나, 또는 그 신적 자유가 하나님께서 세계를 창조하시지 않을 수도 있었다는 사실을 의미하는 것은 아니라고 하였다.

한편 그는 『신앙론』에서 창조론의 교의학적 위치를 격하시킨 반면, 보존론의 위치를 격상시켰다. 왜냐하면 하나님의 창조는 직접적으로 경험할 수 없는 반면, 하나님의 보존은 직접적으로 경험할 수 있기 때문이다. 그는 보존론의 경험적인 성격을 강조한 것이다. 존

---

99 Schleiermacher, *The Christian Faith*, 154.
100 목창균, 『슐라이어마허의 신학사상』, 151.
101 Schleiermacher, *The Christian Faith*, 153; 목창균, 『슐라이어마허의 신학사상』, 152.

재의 시작에 대한 질문은 종교적 관심이 아니라 단지 사변적인 관심 또는 호기심의 결과로 일어난다는 것이다. 창조론은 절대의존 감정의 순수한 표현에 모순되는 것들이 교의학에 들어오는 것을 단지 막기만 하는 소극적인 역할을 하는데 반해, 보존론은 절대의존 감정을 완전히 제시해 주는 적극적인 역할을 한다는 것이다.[102]

그래서 그에게 있어서는 절대의존 감정이 보존론에서 비로소 완전하게 제시된다. 그런데 그는 하나님의 신적 섭리를 보존(preservation), 협동(cooperation), 통치(government)로 구분하는 전통적인 방법을 위험스러운 것으로 간주했다. 오히려 보존의 개념이 세 다른 개념으로가 아니라 세 동등한 개념으로 토의되어져야 한다고 그는 주장했다.[103]

3) 기적과 기도에 관한 슐라이어마허의 견해

슐라이어마허는 전통적인 기적의 개념을 거부했다. 그는 절대적인 기적이 종교에 필요하다고 생각하지 않았다. 오히려 교의학적인 정의들이 절대적인 기적을 포함하면 할수록, 더욱더 종교적인 감정의 표현으로부터 멀어지면서 진정한 교의학적 내용을 상실하게 된다고 주장했다.[104] 이와 같이 슐라이어마허가 기적들과 그리스도의 신성을 소홀히 취급한 것은 기본적으로 그가 칸트와 맥을 같이 하고 있기 때문이다.[105] 그리고 그가 기적의 가능성을 부인하고 절대적

---

102 목창균, 『슐라이에르마허의 신학사상』, 148.
103 Schleiermacher, *The Christian Faith*, 175; 목창균, 『슐라이에르마허의 신학사상』, 153.
104 Schleiermacher, *The Christian Faith*, 181; 목창균, 『슐라이에르마허의 신학사상』, 153-54.
105 Louis Berkhof, *The History of Christian Doctrine* (London: Banner of Truth Trust, 1969), 119.

인 기적의 교리에 반대하는 이유들 중에 하나는 그런 모든 기적들이 전체의 자연질서를 파괴할 것이라는 것도 그 안에 포함된다.

사실 하나님의 내재성만 인정되고 그 초월성이 부인되면, 하나님과 자연의 동작이 결국 동일하게 간주되니 자연에 대한 밖으로부터의 간섭은 상상할 수 없는 일이 되고 만다. 만일 기이한 사변이 있다면, 그것은 자연에 내재한 세력의 소위일 것이다. 그러므로 그의 견해에 따르면, 복음서에 기재된 객관적인 기적의 보도는 다만 그 기적이 있던 당시의 지식에 비상하게 보이는 어떤 사변의 발발을 의미하는 것뿐이다. 그래서 그의 범신론적 경향이 그로 하여금 하나님의 인격 관념을 무시하게 했을 뿐만 아니라, 또한 기적과 영생의 교리에도 의문을 일으키게 한 것이다. 그는 영혼의 영생을 전혀 부인하지는 않았으나 불필요한 교리로 여겼다. 원래 범신론에 인격적 영생이란 허용될 수 없는 사상이기 때문이다.[106]

그는 선을 삶의 '진보'로, 악을 삶의 '장애'로 정의하고, 선과 악을 삶의 두 가지 양식들로 간주했다. 또한 선뿐만 아니라 악도 하나님께서 작정하셨으며, 그것들이 모두 다 절대의존의 감정 안에 포함된다고 주장했다.[107] 그러나 이 정의는 악에 대한 잘못된 정의이다. 악은 단지 삶의 '장애'에 불과한 것이 아니라, 하나님께 대한 적극적인 불순종에서 기인한다. 이것을 우리 인간은 마땅히 다스려야 한다. 그리고 하나님께서는 결코 악을 작정하지도 않으시고 또 악을 만들지도 않으신다.

---

106 박형룡, 『박형룡 박사 저작전집 VIII』, 149.
107 Schleiermacher, *The Christian Faith*, 184.

일반적으로 어떤 사람의 진정한 신학적 입장을 이해하려면, 기도에 대한 그의 견해를 고찰하는 것보다 더 확실한 것은 없을 것이다. 그런데 하나님 관념에 있어서의 슐라이어마허의 범신론적 색채가 이 기도에서 뚜렷이 드러난다. 기도에 대한 그의 정의는 미약하고 실망스럽다. 그는 기도가 우리의 하나님 의식과 관계된 결핍감으로써 미래를 지향하는 것이라고 하였다. 여기에서 그는 우리가 기도로 하나님께 영향을 미친다는 관념을 분명히 반대할 뿐만 아니라, 우리가 기도를 통하여 하나님 아버지와 교통한다는 사상도 전혀 거론하지 않았다. 그것은 피조물과 창조주 사이에는 행동의 교류가 있을 수 없다는 그의 견해 때문이다. 그에 의하면, 지고자(至高者) 앞에서 우리가 가질 수 있는 유일한 태도는 감사하거나 또는 인종(忍從)해야 하는 것뿐이다. 즉 과거에 이미 받은 것들에 대하여 감사하든지, 아니면 하나님께서 우리에게 시키시는 모든 것들을 묵묵히 받아들이든지, 이 둘 중에 어느 하나일 뿐인 것이다. 교회가 그 기도에서 무엇을 달라고 간구한다는 것은 있을 수 없는 일이다. 또 우리가 기도하였기 때문에 어떤 일이 그렇게 되었다고 말할 수도 없는 것이다. 왜냐하면 하나님에게 있어서는 인간의 기도 때문에 하나님 자신의 신적 행동이 제약받을 수 없기 때문이라는 것이다.[108]

그러나 신구약 성경은 그렇게 말씀하지 않는다. 기독교인의 심정 가운데서 만일 간구하는 기도가 없어진다면 그 자리를 명상이 차지하게 될 텐데, 그것은 곧 신자가 하나님과 더불어 대화한다는 성경의 진리를 도외시하는 것이다. 그러니 기도에 대한 그의 견해가 그

---

108 Mackintosh, 『현대신학의 선구자들』, 97.

리스도의 교훈에 근거하고 있지 않다는 것이 확실하다. 성경에 의하면, 우리 주님께서 기도하신 기도는 단지 순수한 감사와 순박한 인종뿐만이 아니었다. 거기에는 어떤 간구, 즉 어떤 구체적인 사물들을 하나님께 구하는 내용도 분명히 포함된다. 주님께로부터 기도를 가르침 받은 사도들도 역시 그러하였다. 또한 우리 역시 우리의 모든 심정들을 거리낌 없이 다 하나님께 고할 수 있다. 원하는 것들과 감사하는 것들, 또 모든 것들의 결과를 다 하나님께 맡기는 심정으로 기도할 수 있다. 바로 이것이 인격적인 종교의 요점이다.[109]

그런데 슐라이어마허는 '어린아이와 같은 심정으로 아버지 하나님을 신뢰하는' 태도에 대해 이상하게도 싫어했으며 또 잘 깨닫지도 못하였다. 그의 저서들을 처음부터 끝까지 다 읽더라도 우리는 주님께서 가르쳐 주신 기도나 로마서 8장에서와 같은 강력한 말씀을 발견하지 못한 채 그냥 지나가게 된다.[110] 그는 신약 성경에서보다 오히려 심리학에서 더 많은 영향을 받았다고 볼 수 있는 그의 논문의 한 구절에 이렇게 썼다. "믿음이란 것은 그리스도로 말미암아 우리의 정신적 요구에 만족을 느끼는 첫 경험에 불과하다." 그러니 매킨토쉬는 슐라이어마허가 우리에게 보여준 것이 우리 생명과 우리 구원의 하나님을 향한 신자의 인격적인 신뢰를 가르치려는 것이 결코 아니었다고 정당하게 그를 평가한다.[111]

---

109 Mackintosh, 『현대신학의 선구자들』, 98.
110 Mackintosh, 『현대신학의 선구자들』, 102.
111 Mackintosh, 『현대신학의 선구자들』, 102-3.

4) 삼위일체론에 관한 슐라이어마허의 견해

슐라이어마허는 삼위일체 교리에 대해 별로 관심이 없었다. 그는 삼위일체론에 대한 진술을 『신앙론』의 제일 마지막 절에서 다분히 상징적으로 진술하였다. 그는 삼위일체론을 기독교 교리의 '최후의 보루'라고 말한다. 그러나 그가 삼위일체에 대해 말할 때, 그가 비록 그 용어를 사용하기는 하지만, 그 의미는 더 이상 이전과 같은 의미가 아니다. 그는 삼위일체 교리가 우리의 내적 경험을 기술한 것이 아니라, 기독교가 이교로부터 많은 개종자들을 얻고 있을 때 이교적인 바탕 위에서 '하나님의 복수성'을 말할 필요가 절실했기 때문에 생겨난 것이므로 이제는 그 지위를 인정할 수 없다고 주장한다.[112] 그러나 이것은 하나님에 대해 진술할 때 성경이 말씀하는 바를 토대로 하지 않고 인간의 내적 경험을 토대로 하기 때문에 생기는 문제점인데, '하나님의 복수성'이라는 표현은 전통적인 기독교 신학에서 인정하지 않는 이교적 표현이다.

그는 "실체의 단일성과 위격의 삼위성에 관하여 이원론적으로 말하는 것을 피해야 한다"라고만 말함으로써 삼위일체론의 핵심적인 문제를 벗어 나가고 있다.[113] 그에 의하면, 삼위일체 교리 그 자체는 기독교인의 자기의식에 관한 직접적인 언설(an immediate utterance)이 아니다. 왜냐하면 그것은 기구화한 교회에서 기독교인의 의식 중 이것 저것을 주워 모아 교회법적으로 형성한 것이기 때문이라는 것이다. 그래서 삼위일체 교리는 단지 그런 몇 가지 언설들의 한 조합

---

112 Schleiermacher, *The Christian Faith*, 172; 박일민, "슐라이에르마허의 기독론 비평 I," 54.
113 Schleiermacher, *The Christian Faith*, 739.

(a combination)일 뿐이라고 한다.[114]

> "이와 같이 우리 문단의 두 번째 부분은 삼위일체의 정통 교리가 기독교인의 자기의식에 관한 어떤 직접적인 언설 또는 심지어 언설들의 어떤 필요한 조합으로 간주되어야 한다는 의미로서 꼭 이해되어야만 하는 것이 아니라는 것이다. 반면에 그 중간 단계가 영원한 것으로 간주되어져 왔다. 하나님의 존재 자체와 인간 본성과의 연합을 가능하게 만드는 하나님의 존재가 서로 분리된 채(in separation) 말이다."[115]

삼위일체 교리의 본래 의미는 "그리스도 안에 계시고 또 그리스도 교회 안에서 교회의 통일 정신으로 머물러 있는 것은 하나님 자신이요, 그 이하의 것이 결코 아니라는 사실을 확언하기 위하여 생겨난 것이다"라고 그는 진술하였다.[116] 성부 하나님께서는 그리스도와 교회 안에 계시는 통일된 정신이시다. 그리스도께서는 인간 본성의 동일성 때문에 모든 인간들과 같다. 그러나 그리스도께서 인간들과 구분되시는 것은 '그의 하나님 의식의 항구적인 능력'(the constant potency of His God-consciousness) 때문에 인간들과 구분되신다. 그의 하나님 의식은 그 안에 있는 하나님의 '한 진정한 실존'(a veritable existence)이었다.[117]

성령께서는 '기독교 공동체의 공통 정신'(the common Spirit)이시다.

---

114 Schleiermacher, *The Christian Faith*, 738.
115 Schleiermacher, *The Christian Faith*, 740.
116 Mackintosh, 『현대신학의 선구자들』, 82-83.
117 Schleiermacher, *The Christian Faith*, 385.

성령께서는 신자들의 삶에 공통적으로 활기를 주시는 공통 정신의 형식 안에서 신적 본질(the Divine Essence)이 인간 본성(human nature)과 연합하시는 연합(the union)이시다.[118] 그는 성령께서 '기독교 공동체의 공통 정신'이라는 자기 진술이 한 민족이나 계급이 가지는 공통 정신과 같은 의미라고 설명하였다. 그런데 만일 그렇다면, 그것이 과연 성경에서 말씀하는 성령 하나님과 동일하다고 말할 수 있을까? 그것은 곤란하다.[119]

그는 삼위일체 교리가 프로테스탄트 신조로는 아직도 확정된 양식을 갖고 있지 못하다고 보았다. 프로테스탄트 지도자들이 종교개혁 시대에 이 교리가 수정되어야 한다는 문제를 제기하기 전에 그만 단순하게 그대로 받아들인 것이 문제라고 그는 보았다. 그러나 그는 이 교리를 포기하려고는 하지 않았다. 다만 그는 삼위일체 교리가 그 본질에 있어서 종교적이 되려는 것 외에 다른 아무 것도 없는 교리라고 보았다. 그러면서 그는 이 교리 형식이 너무 삼신론에 가깝다고 보았다.

그래서 삼위일체에 관한 그의 견해가 적어도 아리우스적이지는 않다. 그런데 그의 견해가 과연 사벨리우스적이지도 않은가? 그렇지는 않다. 만일 그가 삼위일체 교리를 수정하려 하였다면, 그는 과연 어떤 형태의 삼위일체론을 목표로 하였을까? 그것은 아마 정체된 '사벨리안주의'(Sabellianism)에 가까운 형태였을 것이다. 삼위일체 내의 '동등성'과 관련하여 그는 다음과 같이 말한다:

---

118 Schleiermacher, *The Christian Faith*, 569.
119 Mackintosh, 『현대신학의 선구자들』, 82-83.

"세 위격들 모두 안에서 '신적인 것'(the divine)의 '동등성'과 또 한 단일성으로서의 최고 존재(the Supreme Being)와 각 위격 안에서의 '신적인 것'의 '동등성' 이라는 이중의 '동등성'의 의미가 반드시 뒤따라져 나와야 한다. 만일 세 위격들 모두 안에서의 신성이나 능력이나 영광이 함께 한 단일성으로 인식되는 '최고 존재' 안에서의 그것들보다 더 작다면, 세 위격들은 '최고 존재' 안에 있는 것이 아니라 '최고 존재' 아래 있게 될 것이다. 그 경우에 그 위격들 안의 '신적인 것'은 단지 부적절하게 '신적'이라고 불리기만 하게 될 것이다. 그리고 우리의 그리스도와의 살아 있는 교제 역시 우리의 성령에의 참여와 마찬가지로 하나님과의 교제가 되지 못할 것이다. 만일 위격들 자신 안의 '신적인 것'이 '같은 것'(the same)이 아니라면, 그 결과는 같을 것이다.[120] 또 만일 그렇다면, 단지 성부 안의 '신적인 것'만이 참으로 적절하게 신적이라고 말할 수 있을 뿐이고, 그리스도 안의 '신적인 것'과 성령 안의 '신적인 것'은 그만 비실재적이고(unreal) 예속적인 것이 되고 말 것이다."[121]

또 슐라이어마허에 의하면, 삼위일체 안에서 제2 위격과 제3 위격은 심지어 세계의 창조 때에도 공히 관련되어졌다. 제2 위격께서는 구약 성경의 모든 신현들(theophanies) 이후에도 주체이셨다. 그리고 구약 성경의 전체 예언자적인 운동이 그 추진력을 받은 것은 제3 위격에게서였다. 그렇다면 이 진술들이 우리 기독교인의 의식에

---

[120] The result would be the same if the divine in the Persons themselves were not the same. 이것은 '양태론적 표현'이라고 공격당할 수 있는 소지가 있는 진술이다.
[121] Schleiermacher, *The Christian Faith*, 742.

대한 언설들이라는 사실로부터 더욱더 멀어진다.[122]

그에 의하면, 교회법적 교리의 주된 요점들은 그리스도 안에서의 하나님의 존재와 기독교 교회 안에서의 하나님의 존재가 삼위일체 교리에 독립적이라고 한다.[123] 그리고 그는 '최고의 존재'(the Supreme Being)에 대한 영원한 구분을 하는 것이 종교 의식에 관한 언급 속에 있지 않다고 하며 다음과 같이 주장한다:[124]

> 교회법적인 삼위일체 교리는 그 세 위격들의 각각이 신적 본질과 동등하고, 그 역도 역시 마찬가지이며, 또 그 세 위격들의 각각이 다른 위격들과도 동등하다고 우리가 생각해야 할 것을 요구한다. 그럼에도 불구하고 우리는 한 위격이나 다른 위격을 구분할 수 없고, 단지 어떤 등급 안에서(in a gradation) 그 위격들을 기술할 수 있을 뿐이다. 그래서 신적 본질의 단일성을 묘사하거나 또는 세 위격들이 서로 못하지 않음을 기술할 수 있을 뿐이다.

이와 같이 슐라이어마허는 삼위일체에 관한 정통적인 교리를 기각하고 사벨리안적인 삼위일체론을 진술하여 하나님께서 자신 안에서는 성부시요, 그리스도 안에서는 성자시요, 교회 안에서는 성령이시라고 하였다.[125] 그래서 삼위일체 교리에 관한 그의 방식은 위격의 구분을 인정하지 않는 유니테리안(Unitarian)의 형식으로 나가게

---

122 Schleiermacher, *The Christian Faith*, 741.
123 Schleiermacher, *The Christian Faith*, 741.
124 Schleiermacher, *The Christian Faith*, 739, 742; Colin Brown, *Philosophy and the Christian Faith*, 문석호 역, 『철학과 기독교 신앙』(서울: 기독교문서선교회, 1999), 134.
125 박형룡, 『박형룡 박사 저작전집 VIII』, 149.

된다.[126] 그가 하나님을 믿는 이유는 하나님께서 우리가 의존을 느끼는 이시기 때문이다. 그러나 그에 의하면, 성자께서는 하나님 의존 의식을 최고 상태로 맛본 인간일 뿐이요(성자의 신성 부인), 또 성령께서는 하나님에 대한 경험을 교회 안에서 실제로 우리들에게 묘사하는 하나의 참된 방편일 뿐이라고 한다(성령의 신성 부인).[127] 이런 슐라이어마허의 관점을 폴 틸리히(P. Tillich)는 단일신론의 한 형태에 불과한 것으로 평가하고 있다.[128]

한편 그리스도의 양성 문제에 관하여 슐라이어마허는 이것을 삼위일체적 관점에서 해결하려는 시도가 불가능하다고 주장한다. 왜냐하면 삼위일체론에 의하면, '본성의 단일성'(Einheit der Natur)이라는 말을 피해야 하고 '본질의 단일성'(Einheit des Wesen)이라는 말을 사용해야 하는데,[129] 이 '본질'이라는 용어도 그리스도의 신성과 삼위의 본질적 단일성을 설명할 수 없기 때문이라는 것이다. 그래서 그는 그리스도의 신성과 인성의 관계를 설명할 때, 다분히 심리적 용어인 '능동'과 '수동'이라는 표현을 도입한다. 신성은 자기교통의 본질로서 온전히 능동적임을 의미하는 표현이지만, 반면에 인성은 온전히 수동적임을 의미하는 표현이다.[130] 그런데 그가 말하는 그리스도께서는 다른 인간들과 동일한 자였으나 단지 스스로의 노력으로 점차 무죄하고 능력 있는 완전한 신 의식에 도달함으로써 하

---

126 유니테리안은 성부 한 위격만 인정하는 양태론이다. 이것은 칼 바르트가 결국 성자 한 위격만 지나치게 중시하였던 '그리스도 중심적' 양태론의 성격을 띤 사실과 대조되는 부분이다.
127 Schleiermacher, *The Christian Faith*, 738-51; Brown, 『철학과 기독교 신앙』, 134.
128 P. Tillich, *Perspective on 19th and 20th Century Protestant Theology* (London: SCM Press, 1967), 138.
129 Schleiermacher, *The Christian Faith*, 96:1; 박일민, "슐라이에르마허의 기독론 비평 II," 64.
130 Schleiermacher, *The Christian Faith*, 97; 박일민, "슐라이에르마허의 기독론 비평 II," 65.

나님으로 여김 받은 사람일 뿐이다. 그래서 벌콥은 슐라이어마허가 그리스도의 절대적인 신성과 인격적으로 하나님 되심을 부정했다고 지적했다.[131] 그는 실재적이고 절대적인 의미에서의 그리스도의 인격적인 신성과 인격적인 인성을 논하지 않은 것이다.

어떤 점에서 슐라이어마허는 도케티즘(Docetism)에 몹시 가깝다. 따라서 그리스도의 참 인간성에도 암영을 던지고 있다. 그는 예수 그리스도를 초감정적인 이로 묘사할 뿐만 아니라, 그가 받은 시험의 현실성도 명백히 부인하며, 또 그의 도덕적인 경험도 노력이나 극복의 결단 등의 요소를 갖지 않는 내용 없는 것으로 간주한다. 마치 하나님께서 세계의 온갖 차별을 초월하여 계신 것 같이, 예수께서도 인간 영혼의 충돌과 투쟁을 초월하여 부동의 태세로 계시다는 것이다. '시험'(Temptation)이라는 용어가 그의 『신앙론』에 딱 한 번밖에 나오지 않는 것은 우연한 일이 아니다. 그리스도께서 광야에서 시험받으신 이야기는 역사적으로나 심리적으로나 그럴듯한 점이 하나도 없다고 그는 말한다.[132] 그래서 인간 안에서 하나님을 찾으려고 시도한 것이 그의 신관의 핵심이다. 그것은 마치 보이는 자연을 통해 보이지 않는 정신을 설명하려고 하는 것과 마찬가지이다.[133]

---

131 Berkhof, *Systematic Theology*, 32.
132 Mackintosh, 『현대신학의 선구자들』, 94.
133 이성주, 『현대신학』, 177.

III. 결론

슐라이어마허는 경험을 최고 지위에 옹립하여 경험으로써 종교의 최고 권위를 삼았다. 이것은 그 당시의 영국에서 이신론(理神論)이 활개를 치고 독일에서 유리주의(唯理主義)가 중생하지 못한 이성을 종교의 최고 지위에 높이 올렸던 것과 대조된다. 그러나 그러는 중 그는 성경의 권위를 낮추었으며, 온갖 교리를 다 그 시대 인간들의 마음에 환영받도록 개조하였다.[134]

슐라이어마허와 폴 틸리히와 존 로빈슨(J. A. T. Robinson)[135]은 모두 다 '의존의 관념'을 사용하여 하나님을 설명한다는 점에서 공통점을 가지고 있다. 그들은 기독교 유신론에서 말하는 하나님에 대한 이해들, 즉 하나님께서 스스로 완전하시며, 만물의 창조주시요 인도자시고, 세상 안에 계시면서 모든 일들에 활동적으로 관여하시지만,[136] 그러나 동시에 이 세상을 초월하여 계신다고 하는 사실에 대해서는 더 이상 언급하지 않는다. 슐라이어마허가 그 당시의 사람들에게 하나님께서 신자들의 '절대의존 의식'의 근원이라고 설명한 데 이어, 틸리히는 하나님께서 '존재의 심연'이나 '존재의 근거'라고 설명함으로써 현대 인간들에게 하나님에 대한 의미성을 성경과 다르게 제시하고 있다. 또 틸리히는 하나님에 대해 진술하되, 세상을 초월하여 존재하시는 이가 아니라 '존재 그 자체'(Being Itself) 또는 '존재의 근거'라고 말하고 있다. 이것은 슐라이어마허의 신관의 연

---

134 박형룡, 『박형룡 박사 저작전집 VIII』, 146.
135 존 로빈슨 (J. A. T. Robinson)은 *Honest to God* (『신에게 솔직히』)의 저자이다.
136 Schleiermacher, *The Christian Faith*, 39.

장선상에 있는 입장이다. 그리고 또 로빈슨도 역시 마찬가지로 그 연장선상에서 논하기를, 하나님께서는 인간이 그로부터 소외되고 있는 '궁극적 관심의 대상'이라는 맥락에서 하나님을 설명하고 있다.[137]

결국 슐라이어마허에게서는 삼위일체론이 뒷전으로 밀려나고, 구약 성경은 옛 유대인의 지나간 율법으로 취급되어 추방되고 만다. 그가 전통적인 삼위일체 교리에 대해 아쉬움을 가지면서 설명해 보려고 애쓴 삼위일체 교리는 오히려 사벨리우스의 견해에 가까운 것이다. 그가 전통적인 삼위일체 교리를 주장하지 않은 것은 그것이 현대인의 신앙에 장애가 된다고 생각했기 때문이다. 그의 신관은 비인격적인 범신론의 경향을 보이며, 그의 기독론은 헤겔에게서 받은 영향으로 채색되어 있다. 가령 그는 헤겔처럼 "그리스도께서는 최초로 자아의식을 통해서 하나님을 발견한 자"[138]라고 진술함으로써 헤겔에게서 받은 흔적을 남기고 있다.[139]

그래서 그에게서 그리스도께서는 온전한 신도 아니요 온전한 인간도 아닌 모습으로 귀착되고 만다. 신학은 본래 하나님으로부터 시작하는 것이 원칙이지만, 슐라이어마허부터는 인간의 '감정'으로부터 시작하게 되었다. 인간 예수에게서 시작하여 그리스도를 가치 판단에 의해 하나님의 아들로 인정하는 소위 '밑에서 위에로의 기독론'(Aufstiegschristologie, 상승기독론)이 슐라이어마허에게서부터 그 본격적인 체제를 갖추기 시작한 것이다. 그리하여 18세기 이래 현대

---

137 Brown, 『철학과 기독교 신앙』, 135.
138 Schleiermacher, *The Christian Faith*, 94.
139 박일민, "슐라이에르마허의 기독론 비평 I," 45.

신학은 하나님을 향한 진정한 목표를 잃어버리고 계속 방황하게 되었다.

참고문헌

[해외 및 번역 서적]

Bavinck, H. 이승구 역. 『개혁주의 신론』. 서울: 기독교문서선교회, 1992.

Bender, Wilhelm. "Schleiermachers theologische Gotteslehre", *Jahrbücher für deutsche Theologie*, XVII. Gotha: Rudolf Besser, 1871.

Berkhof, Louis. *Introduction to Systematic Theology*. Grand Rapids, MI.: Baker, 1988.

_____. *Systematic Theology*. Edinburgh: The Banner of Truth Trust, 1974.

_____. 권수경·이상원 역. 『벌코프 조직신학 (상)』. 서울: 크리스챤 다이제스트, 1991.

_____. *The History of Christian Doctrine*. London: Banner of Truth Trust, 1969.

Bray, Gerald Lewis. *The Doctrine of God(Contours of Christian Theology)*. InterVarsity Press, 1993. 김재영 역. 『신론』. 서울: IVP, 1999.

Brown, Colin. *Philosophy and the Christian Faith*. 문석호 역. 『철학과 기독교 신앙』. 서울: 기독교문서선교회, 1999.

Brunner, Emil. *The Christian Doctrine of God*. vol. I. trans. by Olire Wyon. Philadelphia: The Westminster Press, 1960.

_____. *Die Mystik und das Wort*.

Calvin, John. *Institutes of the Christian Religion*. ed. by John McNeill.

Philadelphia: Westminster Press.

Christian, C. W. *Friedrich Schleiermacher*. Wao: Word Books Publisher, 1979.

Chul Won, Suh. *The Creation- Mediatorship of Jesus Christ*. Amsterdam: Rodopi, 1982.

Dilthey, W. *Leben Schleiermachers*. Bd. 1. Berlin, 1966.

Foster, F. H. "Schleiermacher's Absolute Feeling of Defence and its Effects on his Doctrine of God". *Bibliotheca Sacra* 40. 1883.

Harvey, Van A. "A Word in Defense of Schleiermacher's Theological Method". *The Journal of Religion*. Vol. XIII. 1962.

Hodge, Charles. *Systematic Theology*. vol. II. Grand Rapids: Eerdmans, 1977.

Mackintosh, H. R. *Types of Modern Theology(Schleiermacher to Barth)*. 김재준 역. 『현대신학의 선구자들』. 서울: 대한기독교서회, 1987.

Rahner, Karl. Bemerkungen zum dogmatischen Traktat 'De Trinitate.' in *Schriften zur Theologie IV*.

Schleiermacher, F. *Der Christliche Glaube nach den Grundsätzen der evangelischen Kirche im Zusammenhange dargestellt*, 2 vols., ed. Martin Redeker. Berlin: Walter De Gryter & Co., 1960.

_____. *The Christian Faith*, tr. H. R. Mackintosh and J. S. Stewart. Edinburgh: T. & T. Clark, 1928.

_____. *Über die Religion: Reden an die gebildeten unter ihren Verächtern*. Braunschweig: C. A. Schwetschke, 1879.

_____. *On Religion: Speeches to its Cultured Despisers*. New York:

Harper & Row publishers, 1958.

_____. *Über die Religion*. 최신한 역.『종교론: 종교를 멸시하는 교양인을 위한 강연』. 서울: 대한기독교서회, 2002.

_____. *Aus Schleiermachers leben in Briefen*. vol. I. Berlin: Druck und Verlag von Georg Reimer, 1860-1863.

_____. *Brief Outline on the Study of Theology*, tr. by Terrence N. Tice: Richmond: John Knox Press, 1966.

_____. *The Life of Jesus,* ed. by Jack C. Verheyden, tr. by M. Gilmour, Philadelphia: Fortress Press, 1975.

_____. *Kritische Gesamtausgabe*, Bd. 7. *Der Christliche Glaube nach den Grundsätzen der evangelische Kirche im Zusammenhange dargestellt*(1821-22). Berlin: Walter de Gruyter, 1980.

Schultz, W. *Schleiermacher und der Protestantiamus Evangelisches Verlag.* Hamburg: Bergotedt, 1957.

Süskind, Hermann. *Der Einfluss Schellings auf die Entwicklung von Schleiermachers System.* Tübingen: Mohr, 1909.

Thielicke, Helmut. *The Evangelical Faith. vol. 2: The Doctrine of God and of Christ.* trans. and ed. Bromiley, Geoffrey W. Grand Rapids: Eerdmans, 1991.

Tillich, P. *Perspective on 19th and 20th Century Protestant Theology.* London: SCM Press, 1967.

_____. 송기득 역.『19-20세기 프로테스탄트 사상사』. 서울: 한국신학연구소, 1980.

_____. 김경수 역.『조직신학 III상』. 서울: 성광문화사, 1986.

Weber, Otto. *Foundation of Dogmatics*. vol. 2. trans. Guder, Darrell L. Grand Rapids: Eerdmans, 1983.

Williams, Robert R. *Schleiermacher the Theologian*. Philadelphia: Fortress Press, 1978.

[국내 서적]

간하배(Conn, Harvie M.). 『현대신학 해설』. 서울: 개혁주의신행협회, 1992.

김광식. 『조직신학 I』. 서울: 대한기독교서회, 1993^4.

김균진. 『헤겔 철학과 현대신학』. 서울: 대한기독교서회, 1987.

목창균. 『슐라이에르마허의 신학사상』. 천안: 한국신학연구소, 1993.

박아론. 『현대신학연구』. 서울: 기독교문서선교회, 1989.

_____. 『현대신학 속의 보수신학』. 서울: 기독교문서선교회, 1999.

박일민. "슐라이에르마허의 기독론 비평 I." 『칼빈논단』. 용인: 칼빈대학교, 2004.

_____. "슐라이에르마허의 기독론 비평 II." 『칼빈논단』. 용인: 칼빈대학교, 2005.

박형룡. 『박형룡 박사 저작 전집 VIII (현대신학선평 上)』. 서울: 한국기독교교육연구원, 1988.

서철원. 『기독론』. 서울: 은혜문화사, 1997.

_____. 『신학서론』. 서울: 은혜문화사, 1997.

_____. 『현대신학』. 총신대 신학대학원, 1994.

이성주. 『현대신학』. 서울: 문서선교 성지원, 1994.

이장식. 『기독교 신조사』. 서울: 컨콜디아사, 1979.

조성노 편. 『현대신학 개관』. 서울: 현대신학연구소, 1994.

[논문집 외 기타]

서철원. "현대신학의 동향." 『총신대 신학대학원 심령수련회』, 1995.

Elwell, Walter A. ed. *Evangelical Dictionary of Theology*. Grand Rapids, Michigan: Baker Book House, 1994.

키에르케고어의 신관 분석
(S. Kierkegaard, 1813-1855)

2. 키에르케고어의 신관 분석
(An Analysis on S. Kierkegaard's Viewpoint of God)

I. 서론

II. 키에르케고어와 하나님과의 관계
  II.1 저주를 들으시는 하나님
  II.2 그의 소명 의식
    (1) 단독자로 부르신 하나님
    (2) 그 시대의 희생물
  II.3 키에르케고어 저술의 특징
    (1) 모든 권위를 파괴하는 방식으로 진리 제시
    (2) 그의 저술활동에서 하나님의 섭리의 역할

III. 신앙에 관한 키에르케고어의 견해

III.1 극단적 개인주의 신앙
III.2 역설적인 하나님
III.3 교사와 구원자로서의 하나님
III.4 하나님의 불변성과 기도

IV. 키에르케고어 신관의 문제점
  IV.1 하나님과 인간 사이의 철저한 이원론
  IV.2 부정적 성격의 하나님의 속성
  IV.3 삼위일체 하나님관의 문제점

V. 결론

I. 서 론

쇠얀 키에르케고어[140](Søren Aabye Kierkegaard, 1813-1855)는 19세기 덴마크의 기인(奇人)으로서 실존철학을 형성한 철학자이다. 그는 고독하고 비극적인 삶을 살았던 바, 흔히 '시름의 사람', '우수(憂愁)의 사람'이라고 불린다. 왜냐하면 그가 타고났던 우수가 가히 세인들의

---

140 본고에서는 'Søren Kierkegaard'를 '쇠얀 키에르케고어'로 표기하고자 한다. 왜냐하면 한국 키에르케고어학회 (초대 회장: 표재명 명예교수)에서 그의 이름을 '키에르케고어'라고 부르기로 하고, 오랫동안 그런 노력을 해 왔기 때문이다. 'Kierkegaard'라는 그의 성 (姓)은 나라마다 그 표기가 달라 '키에르케고르', '키에르케골', '키르케고르', '키엘케골', '킬케골' 등 여러 형태들로 발음되고 있는 것이 사실이다. 우리나라에서는 그동안 '키에르케고르'라는 이름으로 가장 많이 불리워 왔다.

상상을 초월했기 때문이다. 그는 사람들에게 시인, 예언자, 철학자, 신학자 등 다양한 모습으로 비춰졌다. 본고는 그의 신학적 정체성을 밝히기 위한 목적에서 시작되었다. 특히 본고는 그가 가지고 있었던 신관을 집중적으로 분석하면서 그와 하나님과의 관계, 신앙에 관한 그의 견해, 그의 신관의 문제점 등을 살펴보고자 한다. 흔히들 어렵다고만 하는 그의 작품 세계에서 그의 참 의도는 무엇이었는가? 그의 소명 의식은 무엇이었으며 또 그것이 그의 저술활동과 어떤 관계를 가지고 있는가? 하나님의 섭리가 그의 사상과 삶에 어떤 영향을 미쳤는가? 이 점들을 살펴보면서 현대의 신앙인들에게 주는 그의 메시지를 그가 주장했던 소위 '주관적으로'가 아니라 '객관적으로' 평가해 보고자 하는 것이 본고의 연구 목적이다.

II. 키에르케고어와 하나님과의 관계

1832년에서 3년간에 걸쳐 키에르케고어의 가정에 알 수 없는 불운이 계속되기 시작했다. 어머니 안나와 다른 형제들이 차례로 죽고,[141] 남은 사람이라곤 늙은 부친과 맏형 페터, 쇠얀 셋만 남게 되는 기이한 일이 계속되었다. 그 당시 야릇하고 무시무시한 괴기가 감도는 자기 집안에 대해 몸서리쳤던 그가 도덕적으로 '파멸의 길'을

---

[141] 그의 한 형은 1819년 12살 때 학교에서 장난을 치다가 자기 머리로 다른 아이의 머리를 받고 머리를 다치는 바람에 죽었고, 둘째 형은 1833년 25살 때 미국에서 객사하고 말았다. 누나 셋 중 하나는 어려서 죽었고, 하나는 1822년 경련 때문에 24살의 나이로 죽었으며, 또 다른 누나는 죽은 애를 낳고 34살 나던 1832년에 죽었다. 맏형 페터만이 후에 목사가 되었지만, 그도 역시 자기 직책에 갈등이 많았다.

달린 것은 1835년에서 1836년 사이가 그 절정이었다. '기독교는 광기다'라는 그의 일기 중 한 구절을 찾아볼 수 있는 것도 1835년의 일기 속에서이다.[142] 그 무렵 키에르케고어가 그렇게나 방탕한 생활을 하게 된 중요한 계기가 되었던 사건들 중 하나는 그가 자기 부친의 비밀을 알게 된 것이었다. 그는 그 3년 후의 일기에서 당시를 회고하면서 그것을 '큰 지진'이라고 표현할 정도였다.[143]

1. 저주를 들으시는 하나님

키에르케고어의 유년 시절의 신앙에 마침표를 찍게 된 경험으로 추측되는 '큰 지진'이란 무엇을 가리키는가? 그는 22번째 생일 무렵 자기 『일기』[144]에서 다음과 같이 '큰 지진'이라는 단어를 언급하고 있다: "큰 지진이 일어난 것은 그때였다. … 또 내가 아버지에게서 우리 중의 누구보다도 오래 살아야 하는 불행한 사람을 보고 자신의 온갖 소망을 무덤 위에 세운 음침한 십자가를 보았을 때, 나는 죽음의 침묵이 내 주위에 짙어가는 것을 느꼈다. 죄가 우리 온 집안 위에 서려 있음이 틀림없다. 하나님의 벌이 그 위를 덮고 있음이 틀림없다. 이 가족은 소멸해야만 하고, 하나님의 전능하신 손에 의해 말살되어야만 하며, 성공 못한 실험처럼 일소되어야만 한다고 생각

---

142 또 1836년 (23세 때) 여름에는 그의 자살미수 사건이 있었다.
143 임춘갑, '키르케고르 소전 (小傳)', 『키르케고르 사상의 열쇠: 키르케고르 사상의 변증법적 구조』(서울: 다산글방, 2006), 181.
144 12년의 짧은 기간 동안 그의 펜 끝에서 21권의 훌륭한 책들이 쏟아져 나왔다. 더하여 그는 8,000 페이지가 넘는 방대한 『일기』(*Papirer*, 1834-54)를 유고로 남기고 죽었다. 일반적으로 인용되는 그의 『일기』(*Journals*)는 드루 (Alexander Dru)가 편집한 『일기』(*Papirer*)의 초역인데, 이 초역 부분만 현재 독일어, 영어, 이탈리아어, 일본어 등으로 번역되어 있고, 나머지 대부분은 아직도 덴마크어의 복잡성 속에 그대로 파묻혀 있다. 덴마크 사람들 중에서도 이 『일기』를 다 읽었다고 장담할 사람은 드물다: Howard A. Johnson, 임춘갑 역, 『키르케고르 사상의 열쇠: 키르케고르 사상의 변증법적 구조』(서울: 다산글방, 2006), 서문 16.

하였다."¹⁴⁵

키에르케고어의 삶에 '큰 지진'을 일으켰던 그 비밀이라는 것은 어쩌면 그의 부친이 양치기 소년 시절 유트란드 언덕 위에서 하나님을 저주한 사실이었을 수도 있고,¹⁴⁶ 또 아니면 그의 부친이 첫 번째 아내가 죽은 후 하나님께 대한 격한 반항심 때문에 두 번째 아내이자 그의 자녀들의 어머니가 된 여종을 겁탈했던 사실이었을 수도 있다. 그 어느 쪽이던 간에 아들이 그 사실을 알게 된 것은, 그 아들로 하여금 전 가족이 저주 아래서 살고 있다는 느낌을 부친과 함께 공유하게 만들었다. 즉 하나님에 대한 저주가 그 가족에 대한 하나님의 저주를 불러왔다는 인식이 바로 그것이었다. 그 인식은 아들의 우수를 키우는데 기여했다. 그런 경험들로 말미암아 키에르케고어는 자기가 정상적인 삶을 살거나 또는 다른 사람들과의 친교를 통해 자신의 폐쇄성으로부터 탈출하는 것이 불가능하다고 믿게 되었다.¹⁴⁷

2. 그의 소명 의식

키에르케고어의 소명 의식의 발전은 그가 '자신과 하나님과의 관계'라고 부른 보다 깊고 보다 내적인 움직임을 반영한다. 이런 움직

---

145 Walter Lowrie, *A Short Life of Kierkegaard*, 임춘갑 역, 『키르케고르: 생애와 사상』(서울: 종로서적, 1979), 87.
146 1846년 2월, 키에르케고어는 『일기』에 다음과 같은 구절을 기입하고 있다: "일찍이 어린 시절에 유트란드의 거친 들판에서 양을 지키며 고생을 하다가, 굶주리고 얼어서 떨며 산마루에 올라 하나님을 저주한 어떤 사내의 무서운 운명 ⋯ 이 사내는 그가 82살이 되었을 때까지도 이 사실을 잊어버릴 수가 없었다.": Lowrie, 『키르케고르: 생애와 사상』, 92-93.
147 페리 D. 르페브르 편, *The Prayers of Kierkegaard*, 이창승 역, 『키에르케고르의 기도』(서울: UCN [기독교연합신문사], 2004), 206.

임을 키에르케고어 자신의 용어로 말한다면, '그리스도인이 되어 가는 것'(becoming a Christian)의 과정으로 묘사할 수 있다. 그러니까 그의 하나님과의 관계 및 그리스도인이 되어 감이야말로 그의 삶에서 중심적인 움직임이었던 것이다. 그는 철학이 해답이 되지 못한다는 사실을 확신하게 되면서, 다른 사람들이 자기들의 삶을 헛되이 낭비하지 않도록 그들을 일깨워 주는 삶을 살기로 결심하였다. "나는 진리를 섬기고 … 기독교의 가치를 높이고, 가능하다면 모든 사람들에게 그 요구 사항들이 무엇인지를 속삭여 주기로 결심했다."[148] "나의 보잘 것 없는 임무는 사람들을 깨닫게 만드는 것이다. 나는 감히 다른 어떤 것도 하려고 하지 않는다. 나는 경고의 외침이다."[149]

이것과 관련하여 그는 기독교가 '회심 즉 절망의 도약'을 요구한다고 보았으며, 이를 위해 자기가 하나님 앞에서 '크고 잘 훈련된 사냥개'처럼 되어야 한다고 생각하였다. 그래서 그는 자기가 말해야 할 때가 왔다고 판단되었을 때, 자기가 말해야 했던 것을 결정적으로 또 명확하게 말하게 되었던 것이다.

> "오오 루터여, 그대는 99개의 제목을 가지고 있었다. 무서운 일이다! 그러나 깊은 의미에서 본다면, 제목이 많으면 많을수록 무서운 점도 적어지는 법이다. 오늘날 상황은 훨씬 더 무섭다. 나는 단 하나의 제목만을 가지고 있을 뿐이다. 그것은 바로 '기독교는 이미 존재하지 않는다'라는 제목이다."[150]

---

148 르페브르 편, 『키에르케고르의 기도』, 198; Journals, 660, 704.
149 르페브르 편, 『키에르케고르의 기도』, 198; Journals, 1192.
150 Lowrie, 『키르케고르: 생애와 사상』, 309.

1) 단독자로 부르신 하나님

키에르케고어는 그의 글들에서 '대중' 또는 '군중'을 무성격적인 존재로 규정하고 있다. 그리고 이에 맞서는 '단독자' 또는 '외톨이'의 개념을 자신의 것으로 심화시켰다.[151] 하나님과의 관계에 있어서는 '대중'이란 존재하지 않는다. 하나님 앞에서는 단독자가 존재할 뿐이다. 만일 기독교에서 이 '단독자' 개념을 말살해 버리면, 기독교는 존재하지 않는다고 그는 말한다. 왜냐하면 이 '단독자' 개념이 말살되면, 그때 인간은 하나님과 인격적인 만남이나 관계를 가질 수 없는 제3자로 전락하게 되고, 하나의 추상적인 존재가 되고 말기 때문이라는 것이다.[152] 우리는 각기 고립된 개체로서 외로운 영혼으로서 하나님과 대면한다. 여기에 다른 사람이 끼어들 수는 없다. 우리의 유일한 의무는 자기 생명을 지고자에게 바치는 일이다. 그에게 거부당하든지 멸절당하는 한이 있다 할지라도 절대로 무조건적으로 헌신하는 복종만이 있을 뿐이다.[153]

그래서 키에르케고어는 '단독자'라는 단어를 '신 앞에 선 고독자'라는 의미로 강조하였다. 그에 의하면, 모든 사람은 결국 고립된 '단독자'이다. '단독자로서의 인간'이야말로 종교성의 첫 번째 요건이기 때문에, 바로 이 '단독자' 사상이 기독교에는 흥망에 관한 문제이며 또 영원한 가치를 지닌 사상이다. 그래서 '단독자'라는 이 범주가

---

151 키에르케고어는 1848년에 쓴 『나의 저술활동에 대한 관점』의 부록으로 자기가 이전에 쓴 두 개의 비망록들을 수록해 놓았는데, 이 책은 그가 죽은 후 1859년에 출판되었다. 그는 그 비망록들에 '단독자'라는 이름을 사용하였다.
152 Søren Kierkegaard, *Sickness unto Death*, 임춘갑 역, 『죽음에 이르는 병/관점』(서울: 다산글방, 2007), 463-64.
153 Hugh Ross Mackintosh, *Types of Modern Theology*, 김재준 역, 『현대신학의 선구자들: 쉴라이에르마허로부터 바르트까지』(서울: 대한기독교서회, 1987), 219.

바로 범신론적인 혼란에 대항할 수 있는 확고한 거점이라는 것이다.[154]

인간은 '단독자'일 때 하나님께 순종하는 일에 문제가 없어진다. 독단적인 인간들이나 혼탁한 마음을 가진 군중들에게 '인류'나 '대중'이나 '공중' 등에 대항하는 대역죄로 보이는 것이 오히려 하나님께서 최고로 보시는 것이 될 수도 있다.[155] 그러므로 순종하는 그는 '단독자'로서 전세계 안에서 혼자이고 하나님 앞에서 혼자이다. 그래서 키에르케고어는 "설혹 내가 나 자신의 묘비명을 스스로 택한다고 해도, 나는 '저 단독자'라는 말 이외의 것을 원하지 않을 것이다"라고 썼다.[156] 그리고 그는 당시에 키워드였던 소위 '체계'라는 용어에 대하여 다음과 같이 언급하였다: "체계 속에 있는 한 점에서 체계를 공격한다는 것은 불가능하다. 그러나 체계 바깥에 참으로 씨앗 같은 하나의 점이 있다. 윤리적으로 종교적으로 잉태되었고, 또 실존적으로 강조된 '단독자'가 바로 그것이다."[157]

2) 그 시대의 희생물

그러니 키에르케고어에게 문제는 자기 자신이 '단독자'로서 그 시대의 '희생물'이 되어야 한다는 것이었다. 그가 하나님의 심판석 앞에서 주장할 수 있었던 확신은 그 시대의 문학적, 사회적, 정치적

---

154 Kierkegaard, 『죽음에 이르는 병/관점』, 454.
155 Kierkegaard, 『죽음에 이르는 병/관점』, 455-56.
156 Kierkegaard, 『죽음에 이르는 병/관점』, 446.
157 키에르케고어는 자기를 '가명의 저자'라고 호칭하면서 자기 작업에 대해 다음과 같이 의미 부여를 한다: "국내에서 너도 나도 모두가 말끝마다 '체계! 체계!' 하고 있던 당시에, '가명의 저자'는 '단독자'라는 이 범주를 가지고 '체계'에 일격을 가하려고 하고 있었다": Kierkegaard, 『죽음에 이르는 병/관점』, 447.

인 상황이 한 사람의 예외자(例外者)를 요구하고 있다는 사실과, 또 이 문제에 있어서 자기 말고 이 과업에 적합한 인간이 이 땅에 그 누구도 있을 수 없다는 확신이었다. "내게 결핍되어 있는 것은 육체적인 힘이다. 내 정신은 잔잔하다. 나는 항상 내가 희생될 것이 틀림없다고 생각해 왔다."[158]

이렇게 그는 자기가 희생물이 되도록 운명을 타고났다고 간주하는 의식을 가지고 있었다. "어떤 방법으로든지 남을 위해 희생되어야만 하는 운명을 지닌 사람들이 세상에는 있다. … 나는 내가 퍽 젊어서 죽으리라고 생각해 오고 있었다."[159] 그래서 그는 자기가 보편적이라고 부른 것, 즉 사회와 통합하는 일에는 끝내 성공하지 못하고, 최후까지 국외자(outsider)로 남아 있었다. 그것은 교회와 국가와 심지어 가족에 대해서까지 하나의 예외자(an exceptional person)로 남는 것이었다. 그는 자기의 이질성(異質性)을 몹시 슬퍼하였다. 그러나 그는 자기 자신을 사람들이 좇아야 할 본보기와 원형으로 간주하지 않고, 오히려 자기가 예외자로서 '교정약'(矯正藥)이며 하나의 '희생물'이라는 생각으로 자신을 위로할 수 있었다. 왜냐하면 그는 자기의 희생이 헛된 희생이 아니라 '남을 위한 희생'이라고 이해하고 있었기 때문이다.

> "여기에서 하나의 인간이 희생되어야만 한다. 그는 나머지 것에 각별한 맛을 주기 위하여 필요하다. 이런 것들이 조화제(調和劑)이다. 만일 조화제

---

158 Lowrie, 『키르케고르: 생애와 사상』, 235.
159 Kierkegaard, *Journals*, 1853년 10월 13일.

를 가미할 목적으로 사용된 사람이 인내하지 못하여, 조화제를 다른 사람들을 위한 규격제(規格劑)로 만들려고 한다면, 그것은 화 있을 과오이다. … 하나님께서는 희생물이 되는 그것을 그에게는 하나의 복락으로 바꾸어 주신다. 이리하여 수많은 사람들이 제멋대로 같은 말을 각양각색의 음색으로 표현하는 음성 속에서도 그의 음성을, 진실로 깊은 곳에서 우러나오는 그의 음성을 특별히 들어 주실 것이다. "하나님은 사랑이시다"라는 그 말을 … 이 모든 소프라노 밑에서, 마치 베이스 음이 그러하듯이, 이 모든 소프라노를 떠받들며 그 희생된 자가 부르는 "하나님은 사랑이시다"라는 깊은 소리가 울려올 것이다."[160]

3. 키에르케고어 저술의 특징

1) 모든 권위를 파괴하는 방식으로 진리 제시

키에르케고어는 자기 인생의 목적을 '모든 가능한 권위를 파괴하는 방식으로 … 진리를 제시하는 것'이라고 말한 바 있다.[161] 자기가 그런 식으로 진리를 섬겨야 한다는 그의 소명의식과 그래서 독자들로 하여금 그들 스스로 어떤 결정적인 입장을 취하게 함으로써 진리를 깨닫게 한다는 전략은 그의 일생동안 계속되었다. 그가 요구한 것은 그 당시 덴마크 교회의 기독교가 인간의 나약성에 맞춰 관대하게 조절된 것에 불과하다는 사실을 교회가 수석 감독의 입을 통해 인정해야 한다는 것이었다. 그는 만일 교회의 지도자가 그

160　Lowrie, 『키르케고르: 생애와 사상』, 336-37.
161　르페브르 편, 『키에르케고르의 기도』, 197; *Journals*, 432.

렇게 하면, 약간의 성실성이 교계에 도입될 것이고, 또 사람들은 자기 자신의 나약성을 자각하게 되어 하나님의 은총에 의지하는 것을 배우게 될 것이라고 생각하였다.[162] 그러나 덴마크 교회가 그 제안에 전혀 반응을 보이지 않자, 그는 덴마크 교회의 수석 감독인 뮌스터(J. P. Mynster, 1775-1854) 목사와 나중에 그 직책을 물려받은 마르텐센(Martensen, 1808-1884) 교수를 공격하기 시작하였다.[163] 특히 뮌스터 감독이 세상을 떠나자, 그는 자기 자신의 언어로 교회를 강력하게 비난하기 시작하였다.

1845년 말에 발생한 '코르사르' 사건도 그의 그런 입장을 부추긴 하나의 강력한 요인이 되었다. '코르사르'(the Corsair)는 덴마크에서 최대의 발행 부수를 차지하고 있던 풍자신문이었다. 그런데 1845년 12월 22일 경에 '코르사르'의 익명의 편집자들 중 하나였던 P. L. 묄러가 게아(Gaea)라는 이름의 『심미적인 연보(年報)』를 만들어서 내놓았는데, 거기에는 키에르케고어의 『인생길의 여러 단계』에 대한 건방진 비평뿐만 아니라 분명히 키에르케고어를 개인적으로 모욕할 셈으로 쓴 구절이 포함되어 있었다. '코르사르'의 공격은 한 개인을 웃음거리로 만드는 방식을 취했고, 키에르케고어는 곧 대중의 조롱거리가 되었다. 아무도 그를 변호해 주지 않았다. 그래서 키에르케고어는 이에 즉석에서 응수하였다.[164] '코르사르'의 박해는 그로 하여금 이전보다 더 강렬하게 자기의 '단독성'과 '이질성'을 느끼게

162　Lowrie, 『키르케고르: 생애와 사상』, 284.
163　그의 일기에서는 그들이 대개 '고위 성직자'와 '교수'로 나타난다.
164　그는 자기의 여덟 가명들 중 하나인 '후라터 타키투아누스' (Frater Taciturnus)라는 이름으로 '소요하는 심미가의 활동 및 향연에 대한 그의 대금 지불 방법'이라는 제목으로 「조국」이라는 신문에 긴 편지를 게재하였다: Lowrie, 『키르케고르: 생애와 사상』, 230.

하였다. 그래서 그 사건 후에 키에르케고어는 자신이 '예외적 존재'라는 것을, 다시 말해 자기는 평범한 사람이 추구하는 것들에 대해 철저하게 차단되어 있다는 사실을 이전보다 더 강하게 느꼈다. 그러면서 그는 그런 고난 중에서도 합력하여 선을 이루시는 하나님의 은혜를 생각하며 감사했다. "저술가로서 나는 내 악기에다 새로운 줄 하나를 얻었다. 나는, 만일 그런 일이 없었더라면, 꿈에도 생각하지 못했을 음을 낼 수 있게 될 것이다."[165] 결국 '코르사르' 사건은 그를 주눅 들게 만든 것이 아니라, 오히려 그의 저술에 새로운 방향의 활력을 제공해 준 하나의 전환점이 되었다.

2) 그의 저술활동에서 하나님의 섭리의 역할

키에르케고어는 1848년에 저술한 『나의 저술활동에 대한 관점』 (The Point of View for my Work as an Author)을 자기의 '결산보고서'라고 지칭하면서, 그동안 자기의 저술활동에 있어서 하나님의 섭리의 역할에 관해 심도 있게 서술하고 있다.[166] 여기에서 그는 자기의 초기 심미적인 여러 저술들이 비록 그의 체험에서 우러나온 어쩔 수 없는 제작 의욕에서 비롯된 것이기는 하였지만, 사실은 모두 다 하나님의 섭리에 의한 것이었다고 말한다: "이제 나는 하나님께 감사한다. 이제 나는 자유롭게 숨을 쉰다. 이제 나는 생각하고 말하는 것이 헤아릴 수 없으리만큼 즐거운 경지에 도달한 것이다. 그러므로 나

---

165 Lowrie, 『키르케고르: 생애와 사상』, 241.
166 그는 그 책의 부제를 '직접적인 진술: 역사에 대한 보고 (報告)'라고 붙였다. 그리고 그 책을 자기가 죽은지 4년 후에 자기 형 페터가 출판하도록 했다. 그는 이 책 제3 장의 소제목을 '나의 저술활동에 있어서 하나님의 섭리의 역할'이라고 명명하였다: Kierkegaard, 『죽음에 이르는 병/관점』, 372-73.

의 이 하나님 관계야말로 여러모로 고통스럽고 불행하였던 나의 삶에 있어서의 행복한 사랑이라 하겠다."[167]

그는 저술활동의 전 과정에 걸쳐 자기 일을 하청 받은 듯이 단순하게 할 수 있기 위해 항상 하나님의 도움을 간구하였다. 그는 매 순간마다 주역을 담당하고 있는 이가 자기가 아니며, 자기는 단지 주님을 따를 뿐이라는 사실을 자각하였다. 그는 하나님께서 그의 전능하심과 키에르케고어 자신의 무력함을 알려 주셨을 때, 두렵고 떨리는 심정으로 그 사실을 감지하였으며, 또 하나님의 일이라고 생각되는 일을 하였을 때 찾아오는 형언할 수 없는 희열을 느꼈다. 자기에게 위임된 비상한 천품이라는 것이, 만일 그가 순종하지 않을 경우에는, 도리어 그것이 그를 쓰러뜨리도록 탄력성 있게 예방책으로 강구되어 있다는 사실 앞에서 그는 늘 변증법적인 긴장을 느꼈다. 그래서 그는 자기의 저술활동에서 섭리의 동참에 대한 증거를 자기가 받아 온 기독교 교육과 관련시켜 이렇게 고백한다:

"나는 하나님과 직접적인 관계를 맺었다고 주장할 수는 없다. 또 나는 하나님께서 직접적으로 나에게 사상을 주입시키셨다고 말할 수도 없다. 나의 하나님에 대한 관계는 반추적인 관계이고, 반추에 있어서의 내면성이다. 반추는 나라고 하는 인간의 특징이다. 나의 기도에서도 이런 감사가 강하게 나타난다. … 나의 저술활동 전체는 그리스도인이 되는 문제에 집중된다. 나 자신이 그렇게 교육을 받아 왔다. 그것도 애당초부터 그것을 의식하였고 그렇게 교육을 받아 왔다는 사실이 바로 섭리가 나의 저술활동에

---

167 Kierkegaard, 『죽음에 이르는 병/관점』, 361-62.

동참하고 있다는 표시이다."[168]

III. 신앙에 관한 키에르케고어의 견해

1. 극단적 개인주의 신앙

'참된 그리스도인이 되는 것'을 자기 일생의 과업으로 생각하였던 키에르케고어에게는 참으로 귀하고 바꿀 수 없는 존재가 바로 '개인'이었다.[169] 개별자가 민족보다 덜 중요하다는 생각, 개별자가 하나의 표본에 불과하다는 생각은 개별자가 하나님의 형상으로 지음 받았다는 성경의 관점, 즉 개별자가 민족보다 더 우월하다는 생각과 상충된다.[170] 그러니까 성경에서 '개인'에 대한 강조는 헤겔 철학의 그것과 전혀 판이하다. 그의 생각에 헤겔이 주장하는 '신적 국가'란 전적으로 이 세상의 것이었다. 위로부터 하나님께서 오시는 결과로 나타나는 것이 아니라, 내재적 목적으로 말미암아 역사적 과정 안에서 서서히 나타나는 것이었다. 그런데 그것은 사실 시간적 경과 이외에 아무 것도 아니다. 그보다 오히려 세계의 역사는 하나님의 자서전이어야 한다고 생각하면서, 그는 헤겔을 강하게 증오하였다.

키에르케고어는 국가를 절대라고 하며 개인으로서의 국민은 국

168　Kierkegaard, 『죽음에 이르는 병/관점』, 366-67, 399.
169　Lowrie, 『키르케고르: 생애와 사상』, 41.
170　그가 '개인'을 강조할 때, 그것은 에클레시아에 반대되는 '개인'이 아니라, 무리 즉 사람 (das Man)에 대립하는 '개인'을 말한다: 르페브르 편, 『키에르케고르의 기도』, 224; *Postscript*, 307, 315.

가의 명령에 절대적으로 복종하지 않는 한 무(無)와 다름없다는 사상이 헤겔의 철학 속에 내재되어 있음을 간파하였다. 헤겔 학파가 국가를 높이고 개인에 대해 절대적 지배권을 갖는 것이 그에게 윤리적으로는 해롭고 종교적으로는 모독이라고 생각되었다.[171] 만일 신이 정말 존재하고 그 신이 성경에 기록된 하나님이시라면, 국가를 일체라 하는 헤겔식의 국가 신화(神化)는 우상 숭배이고 대역(大逆, lese majeste)이다. 오히려 기독교의 하나님께서는 각 사람의 이름을 아시고 그들의 머리카락까지 세시며, 불순종 때문에 비참한 상태에 빠져 있는 각 사람을 구하시기 위해 그리스도 안에서 사람이 되셨고, 역사의 종말에 한 사람 한 사람을 각각 심판하실 이시다.[172]

키에르케고어가 간파한 것과 같이, 헤겔식 신의 난점은 그 신이 자유를 소유하고 있지 못하다는 사실이다. 그 신은 개인과의 관계로 들어올 수 없다. 이 경우에 신은 그 초월성과 주권을 박탈당하고 있는 것이다. 그 신은 이미 역사의 주인이 아니며, 문화와 더불어 비판적으로 관계하는 심판주도 아니다. 오히려 그 신은 문화와 전적으로 동일시되면서 야릇한 의미에서 역사과정의 한 혼이 된다. 이에 대해 키에르케고어는 매서운 해학을 써 가면서 다음과 같이 비판한다: "이런 상태에서 신으로 존재한다는 것은 그야말로 견디기 어려운 일일 것이다."[173]

그래서 20세기 헤겔의 세속적인 후계자들이 마르크스주의자들이라면, 헤겔에게 반대했던 키에르케고어의 세속적인 후계자들은 실

---

171 Johnson, 『키르케고르 사상의 열쇠: 키르케고르 사상의 변증법적 구조』, 56.
172 Johnson, 『키르케고르 사상의 열쇠: 키르케고르 사상의 변증법적 구조』, 57-58.
173 Johnson, 『키르케고르 사상의 열쇠: 키르케고르 사상의 변증법적 구조』, 60; *Postscript*, 139f.

존주의자들이다. 키에르케고어는 1850년 자기의 일기에 이렇게 썼다: "헤겔이 근본적으로 인간들을 야만인으로, 즉 이성을 부여받은 동물의 한 부류로 만들어 버린 것을 나는 얼마나 종종 말해 왔던가! 왜냐하면 동물의 세계에서는 '개인'이 언제나 종족보다 덜 중요시되기 때문이다. 그러나 인류의 특수성이란 바로 '개인'이 하나님의 형상으로 창조되었기 때문에 종족보다 더 우선된다는 것이다. … 그러니 기독교는 어느 정도 헤겔이 멈추는 곳에서 시작된다."[174]

헤겔이 진리를 전체에서 찾은데 반해, 키에르케고어는 진리를 개체적 단독자에서 찾았다. 따라서 그에게 강조되는 것은 '나'라는 존재자에 있다. 이때 '나'라는 존재자는 전체 중 하나의 계기가 아니라, 유일회적이고 고유한 나이다. 나 없는 전체, 나 없는 진리란 이미 무의미한 것이다. 키에르케고어가 "진리는 주관이다"라고 말했을 때, 그는 결단 없는 인격적 기독교란 빈 말에 불과하다는 것을 사람들로 각성케 하려 한 것이었다. "현대의 입장에서 볼 때, 고립된 '주관성'이 약하다는 것은 전적으로 옳다. 그러나 이에 대응하는 자유로서의 '객관성'은 결코 좋은 것이 아니다."[175] 여기에서 그가 말하려는 요점은 냉혹한 객관성은 그 자체만으로는 아무 가치가 없다는 것이다. 냉담하고 방관적인 분위기에서는 결코 성경에서 말씀하는 믿음을 가질 수 없다. 오직 중요한 것은 주관적인 선택, 곧 신앙의 비약(Leap of Faith), 달리 말하면 불합리한 것에로의 위탁이다.[176]

174　Colin Brown, *Philosophy & The Christian Faith*, 문석호 역, 『철학과 기독교 신앙』(서울: 기독교문서선교회, 1999), 187-89.
175　Mackintosh, 『현대신학의 선구자들: 쉴라이에르마허로부터 바르트까지』, 221; *Journals*, 184.
176　Brown, 『철학과 기독교 신앙』, 153.

키에르케고어는 인간이 참된 자기가 되고자 하는 과정을 '실존'이라고 보았다. 그는 이 과정을 세 단계로 분류한다. 이 각 단계에서 사람을 한 차원으로부터 다른 차원으로 비약하게 하는 것은 각 사람의 배후에 계신 하나님의 역사로 말미암는다. 그 중 세 번째 단계[177]인 '종교적 단계'(religious level)는 그가 'A 종교'와 'B 종교'라고 부르는 것으로, 즉 '내재의 종교'와 '기독교'로 나누어진다. 'A 종교'와 'B 종교'는 종교적 지향의 유형들이지, 제도적 종교의 유형들이 아니다. 그의 유명한 "주체성이 진리이다"(Subjectivity is truth)라는 말이 의미하는 것은, 'A 종교'의 수준에서 사는 사람들에게는 그가 자기의 '내면성' 안에서 하나님과 맺는 관계야말로 하나님과의 참되고 정당한 관계라는 것이다. 이것은 무한한 포기, 고통, 죄책감 등에 의해 형성될 수 있다.[178]

그런데 키에르케고어에게 있어서 'B 종교'(기독교)는 'A 종교' 안에 있는 사람에게 주체성이 진리라는 의미를 부정한다. 하나님께서 사람의 내면적 삶 속에서는 발견되지 않으시며 사람의 영과 하나님 사이에는 일치하는 것이 없다는 사실을 깨달을 때, 'A 종교'는 실패한다. 이런 확신은 사람이 자기가 죄인이라는 것, 또 자기와 하나님 사이에는 넘을 수 없는 무한한 질적 차이가 있다는 사실을 깨달을 때 생긴다. 사람은 이것을 자기 내부로부터 알게 되지 않는다. 그것은 곧 주체성이 진리가 아니라는 사실을 의미한다. 사람은 이것을 오직 계시와 역설을 통해서만 깨닫게 된다. 이성을 공격하는 이 역

---

177 그는 실존의 첫 단계를 '심미적 단계'(aesthetic level)로, 그 두 번째 단계를 '윤리적 단계'(ethical level)로 보았다.
178 르페브르 편,『키에르케고르의 기도』, 230-31.

설의 극치는 영원하신 하나님께서 시간에 속한 한 특별한 개인 (예수) 안에서 성육신하셨다는 사실이다.[179]

사람은 이 성육신을 오직 신앙의 기초 위에서 결단의 행위 즉 '도약'(a leap)에 의해서만 역사적 사건으로 받아들인다. 예수의 본성이나 그 생애의 역사적 사건들에 관한 지식을 아무리 많이 쌓을지라도, 그것은 개별자를 신앙인으로 만들지 못한다. 사람은 오직 믿음으로 즉 의지의 행위이며 동시에 하나님의 선물인 믿음으로써만 성육신을 믿는다. 믿음이란 '그 부조리'(the Absurd)가 정말로 일어났으며, 우리 모두가 같은 신앙의 '도약'을 이루어야 한다고 확신하는 것이다. 그러니까 그리스도인이 된다는 것은 실존의 이런 영역에 도달하는 것을 의미한다. 또 개별자, 죄인, 하나님 앞에 홀로 섬, 역설을 믿음으로써 구원을 얻는다는 의미에 대한 궁극적인 의식을 계속해서 유지하는 것을 의미한다.

2. 역설적인 하나님

매킨토쉬(Hguh Ross Mackintosh)는 1936년에 출판된 『현대신학의 제유형』(Types of Modern Theology)에서 키에르케고어의 신학을 '역설의 신학'(Theology of Paradox)이라는 주제로 다루었다.[180] 키에르케고어의 역설의 교리가 가장 극명하게 나타나는 부분은 기독론에서이다. "예수 그리스도, 그 사람 안에 하나님께서 인격적으로 임재하신다." 또는 더 짧게 루터의 말을 인용한다면, "그 사람이 하나님이시다"

---

179 르페브르 편, 『키에르케고르의 기도』, 231-32.
180 반면에 매킨토쉬는 헤겔의 신학을 '사변적 합리주의 신학'(Speculative Theology)이라고 명명하였다: Mackintosh, 『현대신학의 선구자들: 쉴라이에르마허로부터 바르트까지』, 214.

라는 고백으로 우리는 이 역설 또는 신비를 가장 잘 표현할 수 있을 것이다.[181] 라틴 교부 터툴리안(Tertullianus)이 일찍이 표명하였던 "나는 불합리하기 때문에 믿는다"(Credo quia absurdum est)라는 명제가 기독론의 핵심을 찌르고 있는 것이 사실이다. 영원하신 하나님께서 예수 그리스도 안에서 시간 안에 들어오셨다는 진리야말로 최고의 역설이 아니고 무엇이겠는가? 이성의 견지에서 볼 때, 영원하신 하나님께서 시간 안에서 한 개별자가 되셨다는 것은 부조리(不條理)하다. 그리고 영원하신 이가 하나의 공간과 하나의 시간 안에 계신다는 것은 키에르케고어에게 있어서 부조리의 수준을 넘어 절대적인 역설(an absolute paradox)이다.

역설이 어떻게 진리에 이를 수 있는가? 키에르케고어는 역설의 구체적인 예로 구약 성경에 나오는 아브라함의 경우를 예로 든다. 아브라함에게 주어진 역설은 그의 사랑하는 아들인 이삭을 죽이라는 하나님의 명령으로부터 시작된다. 이삭은 하나님께서 아브라함에게 약속하신 아들인데, 그렇다면 이삭을 죽이라는 하나님의 명령은 이삭을 통해 자손을 번창시키시겠다는 하나님 자신의 약속을 파기하는 행위처럼 보인다. 이 역설은 하나님께서 하나님 자신을 부인하는 명령을 내리고 계시는 역설이며(신적 역설), 인간 아브라함으로서는 하나님과 아들 그 어느 것도 포기할 수 없는 역설이다(인간적 역설).[182]

키에르케고어는 인간이 처한 심각한 '실존적 위험성'을 '죽음

---

181 Mackintosh, 『현대신학의 선구자들: 쉴라이에르마허로부터 바르트까지』, 245-46.
182 최상욱, "헤겔과 키에르케고르에 있어 신앙의 본질," 『신학논문총서』(종교철학 2권, 학술정보자료사), 897.

에 이르는 병'이라고 표현한다. '죽음에 이르는 병'은 실존의 절망 (despair)을 뜻하는 것으로 실존의 한계를 지시하며, 또 동시에 그 극복을 가능케 하는 요소이다. 그렇기 때문에 절망은 이미 그 자체로 역설적인 성격을 갖는다. 절망은 인간을 그 비본래성으로부터 본래성에로 비약을 가능케 하지만, 또한 동시에 한 인간으로 하여금 그 비본래성에로 더욱 몰입하도록 만들기도 한다. '절망'으로서 '죽음에 이르는 병'은 실존적 죽음을 죽으면서도 결코 죽을 수 없는, 따라서 죽음을 죽는 그런 병이다. 개인적 실존을 위한 절망의 중요성은 그의 일기에 기록된 다음의 진술을 통해 잘 설명된다: "사람은 오직 절망에 이를 정도의 불안을 통해서만 최고 상태에 이를 수 있다는 말은 전적으로 옳다. 비록 많은 이들이 그 치료 도중에 넘어지지만, 사람이 그 정도로 거칠게 다루어지는 것은 유익한 일이기도 하다."[183]

키에르케고어는 인간의 불가능을 넘어서는 하나님의 전능하심을 종교성 B라고 불렀다. 이 종교성 B의 변증법을 인간이 알게 되기 전에, 우선 먼저 종교성 A가 개인 안에 있어야 한다. 그가 처음에 『이것이냐 저것이냐』를 썼을 때에, 그는 사람들에게 '쾌락'과 '책임 있는 행위' 중 하나를 선택할 것을 제시한 셈이었다. 쾌락은 사람을 절망이라는 파멸로 이끌어 가고, 책임 있는 행위는 사람을 승리로 이끌어 간다. 그러나 윤리적 입장이 최후 승리를 얻을 수 있는 것은 아니다. 그가 『인생길의 여러 단계』를 쓸 무렵, 그는 그의 최초 저술인 『이것이냐 저것이냐』에 의해 윤리적 입장을 취하도록 설득된 사

---

183 르페브르 편, 『키에르케고르의 기도』, 235; *Journals*, 1158.

람들이 자기에게 윤리적 과제를 수행할 힘이 없다는 사실을 발견하기에 족한 충분한 시간이 경과하였기를 바라고 있었다. 그래서 이번에는 윤리적 입장에 고질처럼 깃들어 있는 절망에 대한 유일하고 가능한 방어책이 바로 종교적 입장이라고 선언해야 할 때였다.[184]

이 새로운 '이것이냐 저것이냐'가 바로 종교성 A냐 종교성 B냐 하는 것이다. 이 사상의 전개는 그의 후기 저술에서 더 분명하게 드러나는데, 특히 그의 『철학적 단편들』과 『결론적인 비학문적 후서(後書)』 이후의 저술들에서 확연하게 제시된다. 그는 다음과 같이 말한다: "하나님이냐 아니면 … 이 뒤에 따르는 것이 무엇인가는 문제가 되지 않는다. 사람이 무엇을 선택한다고 해도, 그가 하나님을 선택하지 않을 때에, 그는 '이것이냐 저것이냐'를 잃었거나 또는 자기의 '이것이냐 저것이냐'와 함께 멸망해 버렸거나 그 둘 중 하나이다. 그렇다면 결국 남는 것은 하나님만 남는다."[185]

3. 교사와 구원자로서의 하나님

키에르케고어의 신앙은 확실히 예수 그리스도의 신성을 고백하는 신앙이었다. 이것은 그 당시의 많은 신학자들이 예수 그리스도의 신성을 부인하였던 전반적인 분위기에 비추어 볼 때 매우 고무적인 사실이다. 특히 그는 예수 그리스도를 '교사와 구원자로서의 하나님'으로 보았는데, 이것은 초대 교부들 이래 많은 성경학자들과 신학자들이 중시해 온 관점이다. 그는 1844년에 출판된 『철학적 단

184　Johnson, 『키르케고르 사상의 열쇠: 키르케고르 사상의 변증법적 구조』, 162-63; *Postscript*, 493f.
185　*Christian in Discourses*, 333.

편들』의 앞 부분에서 다음과 같이 진술한다:

"신은 자신을 이해하도록 도와주는 제자를 필요로 하지 않는다. 그러면 무엇이 신을 이 땅에 나타나시도록 움직일 수 있는가? 그는 정녕 스스로 움직이셔야만 한다.[186] … 만일 그가 스스로 움직이신다면, 또 어떤 외부의 요구에 의해 움직이시는 것이 아니라면, 사랑 외에 무엇이 그를 움직이시도록 하는가? 사랑에 의해 움직여진 신은 자신을 드러낼 것을 영원히 결단하신다. 사랑이 동인(動因)인 것처럼, 또한 사랑이 목적이다. 왜냐하면 비등(非等)한 것이 동등하게 되는 것은 오직 사랑으로만 가능하기 때문이다."[187]

하나님께서는 인간과 달리 자신을 이해하도록 도와 줄 제자를 필요로 하지 않으신다. 그럼에도 불구하고 사랑의 교사되시는 예수 그리스도께서는 이 일을 위해 자신을 굽히셔서 친히 이 땅에 내려오기로 결심하셨다. 하나님께서 진정으로 진리의 교사이시기 위해서는, 하나님께서 스스로 진리를 배우는 학생의 입장에 서셔야만 한다. 이런 하나님의 결단을 키에르케고어는 '사랑'이라고 한다. 하나님께서는 그 본질상 사랑이시기 때문에, 또 이 사랑은 하나님의 자기 내부에서의 사랑이기 때문에, 이러한 사랑으로서의 하나님의

---

[186] 그의 이런 주장은 아리스토텔레스의 명제인 '스스로는 움직이지 않으면서 모든 것을 움직이시는 이'(Unmovable Mover)라는 명제를 반박하면서 동시에 성경적 신관인 하나님의 운동성 개념을 찾아가는 그의 방향성을 잘 보여주는 주장이다.

[187] S. Kierkegaard, 윤성범 역, "철학적 단편 및 단편의 철학,"『세계기독교사상전집 2』(서울: 신태양사, 1983), 36. 이 작품은 원래 Johannes Climacus 라는 그의 가명으로 출판되었다: Johannes Climacus, *Philosophical Fragments or A Fragment of Philosophy*, responsible for publication Søren Kierkegaard, tra. David F. Swenson, Princeton University Press, 1936; 1957, sixth printing.

결단은 이미 시간 이전에, 즉 창조 전부터 존재해 왔다. 하나님께서는 사랑이시며, 또 진리에의 사랑이시기에, 이 세상으로 내려오시기를 영원히 결단하시지 않을 수 없다.[188]

4. 하나님의 불변성과 기도

기도의 효능과 관련하여, 키에르케고어는 그것이 하나님을 변화시키는 데에 있지 않다고 주장한다. 기도는 하나님을 변화시키지 못한다. 왜냐하면 하나님께서는 변하지 않는 분이시기 때문이다. 오히려 기도는 사람을 변화시킨다. 기도는 기도하는 사람의 내적 변화를 가능하게 만든다. 그래서 기도의 효능은 기도가 그 기도하는 사람에게 가능하게 만드는 것 안에 있다. 기도는 변하는 것으로 심지만, 변하지 않는 것으로 거둔다. 그래서 키에르케고어는 기도가 세상에 대해 효력이 있지 않다고 말한다. 하나님께서 외적 방법으로 역사하신다고 믿는 것은 미신일 뿐이라는 것이다.[189] 그러나 성경은 그의 이런 견해에 동의하지 않는다. 기도가 하나님을 변화시키는 것이 아니라는 사실은 옳지만, 그렇다고 해서 기도가 세상에 대해 효력이 없지는 않다(약 5:15-18). 비록 시간이 걸리더라도 결국 세상을 변화시키는 것이 믿음이고 또 기도가 아닌가? 기도를 통해서 자연까지도 굴복시킬 수 있지 않은가? 비를 오게 할 수도 있고 비를 멈추게 할 수도 있는 기도의 능력에 대해서 키에르케고어가 좀 더 발전적으로 접근해야 할 필요가 있겠다.

188　최상욱, "헤겔과 키에르케고르에 있어 신앙의 본질," 900.
189　르페브르 편, 『키에르케고르의 기도』, 288; *Papirer*, II, A, 537; IV, A, 145; IV, A, 171.

그럼에도 불구하고 우리는 키에르케고어의 주장대로 '하나님의 불변성'을 바르게 이해해야 한다. '하나님의 불변성'[190]은 그의 성실하심이며 그의 사랑이다. 하나님께서는 변치 않으시기에 무한히 신실하시다. 사람이 무엇을 하든 말든, 하나님께서는 사람과의 관계에 있어서 성실하시다. 사람은 어떤 주어진 시간 속에서는 하나님의 성실하심을 제대로 이해하지 못할 수도 있다. 그러나 키에르케고어가 그의 전 생애 동안 거듭 발견했던 것처럼, 하나님께서는 변함없이 성실하시다. 하나님의 사랑은 변하지 않는다. 하나님께서는 사람에게 일어나는 모든 일들에 있어서, 또 그 일들을 통해서 역사하신다.[191] 그러니 우리는 늘 하나님의 신실하심에 근거하여 변치 않으시는 하나님의 선의를 신뢰해야 한다는 것이 키에르케고어의 확신이었다.

포사이스(P. T. Forsyth)는 그의 유명한 책 『기도의 정신』(The Soul of Prayer)에서 키에르케고어의 『이것이냐 저것이냐』 중 배신당한 한 여자가 자기를 유혹한 남자에게 쓰고 있는 편지를 인용한다. 이것은 포사이스가 키에르케고어를 언급하지 않고서는 참된 기도의 삶을 논할 수 없음을 감지하고 있었음을 보여주는 한 논거로 제시될 수 있다. 그러나 포사이스는 뒤이어 다음과 같은 사실도 함께 언급한다: "하나님과 결합하려고 하는 영혼의 모든 경향이 비운만을 가져온다고 생각해서는 안 된다. 하나님을 우리의 심판으로 하는 기도

---

[190] 『하나님의 불변성』(God's Unchangeableness)이라는 강화가 그가 죽기 3달 전, 덴마크 국가 교회에 대한 그의 공격이 한창일 무렵 나왔다. 그래서 전부 합쳐 86개의 '강화들'이 되었다. 오늘날 그것들은 영역판 7권으로 출판되어 있다: Lowrie, 『키르케고르: 생애와 사상』, 254-55.
[191] 르페브르 편, 『키에르케고르의 기도』, 290-91; Papirer, X4, A, 297.

가 있는 것처럼, 하나님을 우리의 기쁨으로 하는 기도도 또 분명히 있다."[192] 이것은 키에르케고어의 신관 내지는 기도관에 대해 포사이스가 키에르케고어에게 충고 또는 격려해 주고 싶은 내용이었을 것으로 판단되는 부분이다. 하나님과 결합하는 영혼이 기도 중에 심판에 대한 두려움보다 기쁨으로 충만할 수 있는 가능성을 키에르케고어가 적극적으로 누리지 못했음이 틀림없다.

키에르케고어는 기도가 아주 어렵다고 느꼈다. 기도의 어려움을 알게 될수록, 그는 어떤 의미에서 유일한 참된 기도는 기도할 수 있는 힘을 달라는 기도라는 사실을 깨닫게 되었다. 그리고 그때의 기도는 모든 것을 하나님께 내맡기는 침묵이 된다고 한다. 그래서 그는 다음과 같이 썼다: "지금 나의 기도는 침묵 가운데 모든 것을 하나님께 맡기는 것이다. 왜냐하면 내가 어떻게 기도해야 할지가 분명하지 않기 때문이다."[193] 우리가 울다가 탈진할 때가 있듯이 기도하다가 탈진상태에 이르게 되면, 그때는 오직 '아멘'만이 남는다. 그는 그런 경험과 관련하여 다음과 같이 썼다: "나는 '아멘'이라는 말 외에는 단 한 마디도 더 할 수가 없다. 왜냐하면 내게 이루어진 하나님의 섭리에 대한 감사가 나를 압도하기 때문이다. … 나는 하나님의 말로 다할 수 없는 은혜와 도우심을 통해 나 자신이 되었다."[194] 여기에서 키에르케고어의 섭리관과 하나님을 향한 감사의 정신이

---

192 P. T. Forsyth, *The Soul of Prayer*, 한모길 역, 『기도의 정신』(서울: 성광문화사, 1981), 106-8.
193 르페브르 편, 『키에르케고르의 기도』, 276-77; *Journals*, 1287. 여기에서 우리는 키에르케고어가 통성기도의 중요성에 대해서는 깊이 공감하고 있지 않았음을 확인할 수 있다. 그러나 침묵기도가 유효할 때도 있고, 또 소리 내서 하는 기도가 유효할 때도 있다. 주님의 은총에 조용히 자리를 내맡기기 위한 기도가 꼭 침묵기도만으로 한정되어야 할 필요는 없다.
194 르페브르 편, 『키에르케고르의 기도』, 272-73; *Papirer*, IX, A, 65.

잘 드러난다.

그런데 키에르케고어는 행운이나 성공을 위해서는 감히 기도할 수 없었다. 왜냐하면 하나님께서 진정으로 사랑하셨던 모범적인 사람들은 모두 다 이 세상에서 고난을 받았다고 생각했기 때문이다. 그래서 그는 하나님께 모든 기도를 다 드렸으나 오직 한 가지, 자기를 깊은 고통으로부터 벗어나게 해 달라는 기도는 드릴 수 없었다. 왜냐하면 그것은 마치 "오 하나님, 이제 저를 그만 사랑해 주옵소서," 또는 "이제 제가 주님을 그만 사랑하게 해 주옵소서"라고 간청하는 것과 같다고 생각되었기 때문이다.[195] 그래서 그는 1852년부터는 더 이상 기독교의 의미에 관한 지적인 문제들에 관심이 없었다. 이제 그는 교리를 위해 고난 받기 원했다. 그는 "이제 나에게 필요한 것은 그리스도를 본받는 것이며, 나는 다른 사람들과 다르게 됨으로써 나 자신이 되어야 한다"라고 썼다. 그런 생각들은 그로 하여금 이런 기도를 드리게 했다:

> "오 나의 하나님, 제가 오랜 고뇌의 시간 동안 다른 사람들과 같이 됨으로써 성장을 멈추는 죄를 짓지 않도록 저를 붙잡아 주신 이는 바로 주님이셨습니다. … 아아, 하오나 저는 결코 다른 사람들과 같아짐으로써 얻게 되는 안전함을 찾지 않을 것입니다. 아닙니다, 저는 주님과 함께 있겠습니다. 그리고 진실로 저는 그 행복을 압니다."[196]

---

195 르페브르 편, 『키에르케고르의 기도』, 276-77; *Journals*, 1287.
196 르페브르 편, 『키에르케고르의 기도』, 274-75; *Journals*, 1252.

이와 같이 키에르케고어의 기도에서는 온갖 고난들 중에서도 형언할 수 없는 기쁨과 만족을 누리면서 고난 받는 것 때문에 오히려 하나님께 감사하는 그를 발견할 수 있다. 키에르케고어에 의하면, 우리는 기도를 통해 우리가 어떠하든지 간에 하나님께서 여전히 우리를 돌보시고 사랑하신다는 사실을 배운다. 또 우리는 이보다 더한 사실도 알게 되는데, 즉 하나님께서 우리와 함께 고난 받으신다는 사실도 알게 된다고 그는 말한다: "무한한 사랑이시여, 주님께서는 주님의 사랑 안에서 저와 함께 고난을 받으시되, 저보다 더 고통을 당하십니다. 그러나 주님께서는 그것 때문에 변하실 수 없습니다."[197]

그런데 키에르케고어의 이런 기도에는 정통 신학적 입장에 비추어 보아 동의할 수 없는 부분이 있다. 왜냐하면 '하나님의 고난'이라는 용어는 함부로 마구 쓸 수 있는 용어가 아니며, 또 '고난 받으시는 하나님'이라는 개념은 정통적인 개념이 아니기 때문이다. 후대에 몰트만(Jürgen Moltmann)은 삼위일체 하나님께서 십자가에서 함께 고난당하셨기 때문에, '하나님의 고난'이라는 표현이 신학적으로 유효하다고 진술한 바 있다.[198] 그러나 정통 신학은 예수 그리스도의 인성의 수난으로 말미암아 신성이 고난을 위격적으로 감수하시기는 하지만, 그렇더라도 하나님의 본성은 고난에 종속하시지 않는다고 가르친다. 만일 하나님의 본성이 고난에 종속하시면, 하나님께서 변

---

197 르페브르 편, 『키에르케고르의 기도』, 294-95; *Papirer*, XI1, A, 382.
198 Jürgen Moltmann, *Der gekreuzigte Gott: Das Kreuz Christi als Grund und Kritik christlicher Theologie* (München: Kaiser Verlag, 1972); 김균진 역, 『십자가에 달리신 하나님: 기독교 신학의 근거와 비판으로서의 예수의 십자가』(서울: 한국신학연구소, 1979), 239-47.

화에 종속하시는 것이 되어,[199] 신성의 불변성을 말할 수 없게 되기 때문이다. 물론 구약 성경에서 하나님의 백성 때문에 겪으시는 주님의 눈물과 통곡에 대해 묘사하는 구절이 있기는 하지만(렘 13:17), 그렇더라도 신성이 인성의 고난에 동참하시지 않는다는 '신성의 비수난성'(The Impassibility of Divine Nature) 관점이 정통 신학의 기본적인 입장이다. 이와 같은 맥락에서 키에르케고어의 신관에는 수정받아야 할 부분들이 있다.

IV. 키에르케고어 신관의 문제점

1. 하나님과 인간 사이의 철저한 이원론

인간 존재의 어떤 국면에 대한 키에르케고어의 이해는 정통주의자들을 포함한 그 누구보다도 훨씬 더 심원하다. 왜냐하면 그는 보통의 철학자들의 관심 밖이었던 삶의 중요한 국면에 대해 아주 구체적으로 파악하였기 때문이다. 그러나 그럼에도 불구하고 그는 종종 복음의 중요한 점들을 간과하는 것처럼 보인다. 특히 그의 후기 사상의 경향인 하나님과 인간, 영원과 시간 사이의 철저한 이원론은 그로 하여금 사도들이 중시했던 사회적 측면 또는 친교적 측면을 경시하게 만들었다. 가령 그는 기독교인의 책임을 하나님과의 친교로 인한 삶의 성화를 통해 죄를 정복하는 것으로 생각하지 않고, 단지 인간 내면 욕구의 억제(금욕) 정도로만 생각한다. 그의 『결

---

199 서철원, 『기독론』(서울: 은혜문화사, 1997), 83.

론적인 비학문적 후서』에는 이런 구절이 있다: "하나님 개념, 또는 사람의 영원한 복락이 인간에게 미치는 영향이 무엇인가 하면, 그것은 사람이 자기의 전 존재를 거기에 따라 재형성하게 되는 것이다. 그러나 이 재형성으로 말미암아 사람은 그 즉시로 죽는다."[200] 이것은 그가 복음을 복된 초청으로 보지 않고 단지 지엄한 명령만으로 보는 데에 그 원인의 일부가 있다고 말할 수 있다.

키에르케고어는 신앙은 절망의 비약이라고 말한다. 여기에서 절망이란 고독과 외로움 때문에 믿음의 피난처를 찾으려고 방황하는 것을 의미한다. 이런 절망 안에서 아브라함은 이삭을 도로 찾을 수 있었다. 그래서 그의 실존은 참 자아가 하나님 앞에 서 있다는 인식으로부터 출발한다. 그것은 참회자가 아무도 없는 공간에서 홀로 절대자 앞에 대면하는 상태를 말한다. 그러니까 신앙은 역설(paradox)이다. 이렇게 그는 극단적인 개인주의를 주장함으로 실존철학을 확립하여 전통적인 기독교 신앙을 받아드리기 어렵게 만들었다.[201]

또한 그의 사상은 어느 정도 과격하고 비틀어져 있어서, 신약의 하나님 개념과 그 자녀들이 살아갈 삶의 바른 길이 일면적으로만 제시되는 경향이 있다. 가령 그의 개인주의는 너무 극단적이어서 실제적인 종교를 이해할 수 있는 여지를 거의 상실할 지경이다. 그는 믿음은 한 사람에게서 다른 사람에게 옮겨 갈 아무 의의가 없다고 단정한다. 그래서 친교는 아무 가치 없는 것이 되고 만다. 그는

200　Mackintosh, 『현대신학의 선구자들: 쉴라이에르마허로부터 바르트까지』, 256.
201　Wilfrid Werbeck, *Die Religion in Geschichte und Gegenwart*, III. Band, 1270.

인간이 홀로 절대자 앞에 서서 죄의 용서를 기다리며 묵묵히 하나님의 심판을 기다리는 수밖에 다른 방법이 없다고 생각했다. 그는 심지어 신약 성경에서 오순절 이후 사도들이 수 천 명에게 세례를 줌으로써 소위 '대중회개'를 통해 미숙한 사람들을 조급하게 그리스도인으로 받아들인 것은 사도들이 당초부터 과오를 범한 것이 아닌가 하고 문제를 제기하였을 정도이다.[202]

그는 신앙이 이 사람에게서 저 사람에게 전달될 아무 의미가 없을 뿐만 아니라, 교회와 가정도 경건의 산실이 될 수 없다고까지 주장했다. 이런 맥락에서 그는 믿음의 전달 의미를 과소평가하면서, 교회에서나 가정에서 여러 사람들이 연합해서 예배하는 것을 반대했다. 왜냐하면 그런 혼합적인 예배는 그의 실존론에서 부정되기 때문이다.[203] 그러니까 그는 교회나 가정까지도 순전히 외적인 모양 이외에 경건의 내적 능력에는 아무 관련성을 가지고 있지 않다고 생각하였다. 그러나 이 경우 그리스도의 기사(騎士)는 마치 돈키호테처럼 고독한 탐구를 향해 혼자서 말을 달리게 된다. 이런 형식으로 그는 가끔 논증이 가장 취약한 곳에서 가장 큰 소리를 치고 있다는 인상을 풍기기도 한다.

2. 부정적 성격의 하나님의 속성

키에르케고어가 진술한 하나님의 속성의 형식은 현저히 부정적(否定的)인 성격의 것이다. 그에게 있어서 하나님께서는 '절대 불가

202　Mackintosh, 『현대신학의 선구자들: 쉴라이에르마허로부터 바르트까지』, 253.
203　이성주, 『현대신학』(제 1권)(서울: 성지원, 1994), 152.

지', '전혀 형용할 수 없는 존재', 단순한 '제한'(limit)으로 표현되었다. 이런 용어들은 우리가 수긍할 수 없는데, 다분히 범신론적 신비주의의 용어들과 비슷하기 때문이다. 하나님을 이렇게만 진술한다면, 엄격한 의미에서는 존재 관념까지도 하나님에게 적합하게 적용할 수 없게 된다. 물론 하나님께서 감히 헤아려 알 수 없는 이시라는 것은 참된 신학의 기본 명제이지만, 하나님께서 '절대 불가지' 하시다는 사상을 성경은 지지하지 않는다.[204] 왜냐하면 우리 인간에겐 하나님의 자기 계시가 주어져 있기 때문이다. 오히려 개혁신학은 삼위일체 하나님을 인간이 완해(完解)할 수는 없지만(incomprehensible) 계시를 통하여 알 수 있으며, 그런 지식은 비록 부분적이긴 하지만 그래도 참되고 온전한 지식이라고 우리에게 가르쳐 준다.[205]

키에르케고어는 하나님의 초월 교리를 너무 극단적으로 주장했기 때문에, 중세 수도원적인 잘못된 견해의 가장자리에 떨며 서 있는 격이 되었다. 그것은 마치 세상이 하나님께 버림받았기 때문에, 우리가 사막으로 도망해야 한다는 격이다. 그러나 성경은 예수 그리스도 안에서 사랑으로 계시된 것이 하나님의 전 본성에 해당한다고 말씀한다. 물론 하나님께서는 우리 인간들이 감히 가까이 하지 못할 빛 가운데에 계신 것이 사실이다. 그러나 하나님께서 친히 그리스도 안에서, 우리 죄인들이 있는 곳으로 가까이 오시지 않았는가? 그러니 하나님께서 먼 데 계시면서 동시에 또 가까이에도 계신다는 사실을 염두에 두어야 할 것이다. 키에르케고어가 그렇게나

---

204 Mackintosh, 『현대신학의 선구자들: 쉴라이에르마허로부터 바르트까지』, 235.
205 박형룡, 『박형룡 박사 저작전집 II』(신론)(서울: 한국기독교교육연구원, 1988), 72-74.

과격한 표현을 사용한 본의는 아마도 당시 덴마크 국가 교회로 하여금 안전 제일주의의 사고방식을 떠나 참된 믿음의 겸허하고 감사한 확신 안으로 들어오게 하려는데 있었을 것이다. 그러나 그가 사람들의 약점을 폭로하는 데 지나치게 열심이었기 때문에, 그리스도의 속죄적 능력의 영광을 드러낼 마음의 여유를 가지지 못했을 수도 있다.[206]

키에르케고어에 의하면, 하나님의 성실하심은 사람과의 관계에서 속임수처럼 보이는 것 안에, 또는 실제로 속임수 안에 숨겨져 있다고 한다. 키에르케고어에게는, 루터나 사보나롤라에게 그렇듯이, 이 속임수조차 가변성 또는 불성실의 표식이 아니다. 그보다 오히려 하나님과의 참된 관계에 들어가는 모든 사람들은 다음과 같이 외쳐야 하는 때에 이르게 된다고 한다.

> "오 하나님, 주님께서 저를 속이셨습니다. 그러나 주님께서는 저의 유익을 위해 그렇게 하셨습니다. 주님께서는 저에게 진리를 알려 주시기 위해 그렇게 하셨습니다. 성실하신 주님, 주님께서는 저를 속이셔서 진리 안으로 이끌어 가셨습니다. 주님께서는 저를 속이지 않아 제가 주님의 성실하심에 대한 가정된 관념을 갖고 살아갈 뿐, 절대로 주님과의 관계 속으로 들어가지 않게 하시기에는 너무 은혜로우시고 너무 성실하십니다."[207]

---

206 Mackintosh, 『현대신학의 선구자들: 쉴라이에르마허로부터 바르트까지』, 255.
207 르페브르 편, 『키에르케고르의 기도』, 290-91; *Papirer*, X4, A, 297.

그러나 이것은 적절하지 않은 견해이다. 주님께서 성실하셔서 인간을 속이셔야 한다는 이런 논리는 성경의 지지를 받지 못한다. 이런 논리는 마치 고대에 오리겐(Origen)이 가졌던 사상과 흡사하지만, 정통적인 관점은 아니다. 사람은 이런 이해에 직면하게 될 때, 하나님께서 영원히 동일하시며 우리를 구원하시기 위해 동일한 사랑으로 우리를 영원히 돌보신다는 사실을 기억해야 한다. 하나님의 영원한 사랑이 시간 안에서 드러날 때, 그것을 키에르케고어는 '순간'이라고 부른다. 이 '순간'은 하나님과 인간의 영원한 차이가 역설적으로 연결되는 '존재론적 순간'이다. 그런데 하나님과 인간의 이런 만남이 가능하려면, 동등함에 이르기 위해 하나님께서 스스로를 낮추시는 방식을 택하셔야 한다.[208] 그런데 이런 하나님의 사랑은 하나님의 수난으로 드러나며, 이 수난을 통해 하나님께서는 자신의 사랑의 무한함을 인간에게 보이신다. 그리고 이런 무한한 사랑과 수난이라는 역설을 통해 하나님께서는 신으로서, 또 인간은 단독적 실존자로서 만나게 된다는 것이다.[209] 그러나 이런 '하나님의 수난' 개념 역시 정통 신학에서 벗어난 몰트만적 성향의 개념임에 대하여는 이미 앞에서 언급한 바와 같다.

매킨토쉬는 『현대신학의 제 유형』(*Types of Modern Theology*)에서 키에르케고어의 신학에 대해 비교적 객관적으로 다루면서도 다음과 같은 과격한 평가를 병기하기도 한다:

208　Kierkegaard, "철학적 단편 및 단편의 철학," 37.
209　최상욱, "헤겔과 키에르케고르에 있어 신앙의 본질," 901.

"하나님의 아들이시고 동시에 사람의 아들이신 그리스도 안에 주어진 계시가 영원자에 대한 우리의 온갖 생각을 다스리며 지도해야 한다는 것을 주장하면서, 동시에 그와 그 자녀와의 관계는 신약의 신앙과는 완전히 다른 빛 가운데서 보아야 한다고 '꾸부러진 고집'을 계속하는 데는 우리로서 동의할 수 없다. 이것이 곧 옛 말에 있는 바 주께서 슬프게 하지 아니하신 자를 슬프게 한다는 것이다. 이것은 그 엄격함이 얼마나 큰 범위에까지 퍼져 있는가에 대해 감히 하나님을 가르치려는 것이며, 또 하나님의 사람들을 향한 말할 수 없는 은혜의 길에 개선을 가해 보려는 노력이다. 이런 과오의 근본 원인은 그의 하나님 개념이 어쩔 수 없이 역설적이라는 사실에 있기보다는, 오히려 비상한 지력(知力)과 '병적인 상상력'을 가진 사람이라고 일컬어지는 키에르케고어 자신의 '변태 심리'에 있다고 볼 것이다. 그러나 동시에 그에게 있어서도 그리스도 안에 있는 하나님 아버지의 사랑에 대한 확실성이 그 중심점이 되었다는 사실을 의심할 수는 없다."[210]

    논자는 매킨토쉬의 이 평가에 대해 일면 동의하면서도 또 동시에 유감을 표시하지 않을 수 없는데, 왜냐하면 이 평가에 다분히 감정적 논조의 구절들이 포함되어 있기 때문이다. 가령 '병적인 상상력', '변태 심리' 등의 표현은 키에르케고어의 정신세계를 너무 일방적으로 매도하는 표현이며, 또 특히 '꾸부러진 고집' 운운 하는 표현은 당시 척수병을 앓고 있던 그에 대해 지나치게 모멸적인 표현이기 때문이다. 이런 표현들이 당시 히히덕거리면서 그의 짧은 다리

---

210   Mackintosh, 『현대신학의 선구자들: 쉴라이에르마허로부터 바르트까지』, 256-57. 인용 문구들 중 작은 따옴표 표시는 논자가 한 것이다.

와 바지를 조롱하였던 당대 언론들의 이죽거림과 과연 무엇이 다르단 말인가? 그리고 또 그의 '정신세계'가 사실 그의 '영적 세계' 내지 '기도 세계'라는 표현이 더 정확할 정도로, 그가 하나님과 자신과의 관계를 그렇게나 중시하였던 사실을 긍정적으로 고찰할 때, 후학도로서 좀 더 진중한 고려와 배려적 표현이 아쉽다 하겠다.

3. 삼위일체 하나님관의 문제점

키에르케고어의 삼위일체 하나님관은 큰 문제가 없다고 말할 수 있다. 특히 그는 예수 그리스도의 신성을 확실히 고백하였다. 다만 그가 이 고백을 하기 위해 진술한 문장들 중에 신학적으로 정확하지 않은 표현들이 포함되어 있기는 하다. 가령 그는 다음과 같이 말했다: "나는 그것이 객관적으로 확실하다고는 어떤 방법으로도 말할 수 없지만, '전능하신 하나님께서 예수와 같으신 분'이라는 사실이 성경의 기술과 일치하는 유일한 해석이라는 사실에, 나는 내 생명과 내 영원한 복락을 걸겠다."[211]

그런데 이와 같이 그가 '전능하신 하나님께서 예수와 같으신 분'이라고 표현한 것은 신학적으로 옳지 않은 표현이다. 왜냐하면 성부 하나님과 성자 하나님께서는 서로 다르시지도 않지만, 또 같으시지도 않기 때문이다. 단지 성부 하나님의 실체나 영광, 권능 등이 성자 하나님의 실체나 영광, 권능 등과 같다고 표기될 뿐이기 때문이다.[212] 이렇게 '전능하신 하나님께서 예수와 같으신 분'이라고 표

---

211 Johnson, 『키르케고르 사상의 열쇠: 키르케고르 사상의 변증법적 구조』, 134.
212 김석환, 『성경과 삼위일체 하나님』(용인: 킹덤북스, 2014), 229-77.

현하게 되면, 세 위격들 사이의 구별에 실패하게 되어 고대의 사벨리우스(Sabellius) 이단인 양태론과 같은 표현을 사용했다는 혐의를 받게 된다. 그런데 그는 또 다음과 같은 진술도 남기고 있다:

"종교성 B는 우리에게 세계를 창조하신 하나님, 별 사이의 공간을 지탱하시는 하나님, 도덕적 질서를 지키시는 하나님, 우리의 시작이고 나중이신 하나님, 그 하나님께서 바로 예수와 같으신 분이라고 하는 사실을 믿으라고 강요한다. 예수 안에서 우리는 하나님의 근본적인 핵심과 본질을 발견하게 된다."[213]

이 진술 역시 엄밀하게 말하면 양태론적 진술이라고 공격 받을 수 있다. 그러나 아마 이것은 키에르케고어가 고대의 양태론자였던 사벨리우스와 같은 견해를 가진 때문이라기보다, 오히려 진술상의 실수에서 비롯된 가벼운 오류에 해당한다고 보는 것이 더 적합할 것이다. 사실 고대로부터 현대에 이르기까지 삼위일체 하나님과 관련하여 항상 100% 정확한 진술들만을 구사해 온 사람들이 그렇게 많지는 않다. 오히려 이보다 더 고무적인 사실은 키에르케고어가 예수 그리스도의 부활을 진정으로 믿었고,[214] 그 신성을 확실히 고백하였으며, 또 그가 신인(神人)이신 예수 그리스도를 분명히 '하나님'으로 불렀다는 사실이다.[215] 이것은 당시 유럽의 대부분의 자유주의 사상가들이 성자의 인성을 강조한 나머지 그 신성을 부인하였던 사

213　Johnson, 『키르케고르 사상의 열쇠: 키르케고르 사상의 변증법적 구조』, 121.
214　르페브르 편, 『키에르케고르의 기도』, 147; *For Self-Examination*, 77.
215　Kierkegaard, "철학적 단편 및 단편의 철학," 45-47.

실과 대조해 볼 때, 긍정적으로 평가될 수 있는 부분이다.

또한 성령 하나님과 관련한 진술에 있어서도 당시 유럽의 대부분의 자유주의 사상가들이 가졌던 '성령의 비인격성'이라는 문제를 키에르케고어는 가지고 있지 않다. 오히려 그는 성령 하나님을 '생명을 주시는 성령', '올바른 정신을 주시는 성령'이라고 바르게 고백한다. 특히 후자와 관련하여 그는 베드로전서 4장 7절의 말씀[216]을 근거로 이렇게 기도한다:

"하늘에 계신 아버지, 주님께서는 영이시니 예배하는 자가 신령과 진정으로 예배해야 합니다. 그러나 우리가 아무리 노력할지라도 정신이 올바르지 않다면, 우리가 어떻게 신령과 진정으로 예배할 수 있겠습니까? 그러니 우리 마음에 주님의 영을 보내 주옵소서. 아, 우리가 그토록 자주 주님의 영을 찾는 것은 용기와 생명과 능력과 힘을 얻기 위해서입니다. 오, 무엇보다도 우리가 그 영을 통해 정신을 차리게 해 주옵소서! 진실로 이것이 다른 모든 것들의 조건이며, 그래야만 다른 것들이 다 우리에게 유익이 됩니다."[217]

성령 하나님과 관련하여 그가 진술한 문장들이 많지는 않지만, 그것들을 분석해 보면, 그에게 삼위일체 하나님관과 관련하여 어떤 특징적인 문제가 있었다고 보기는 어렵다.[218] 다만 그가 가지고

---

216 "만물의 마지막이 가까왔으니 그러므로 너희는 정신을 차리고 근신하여 기도하라"(벧전 4:7).
217 르페브르 편, 『키에르케고르의 기도』, 162; For Self-Examination, 113.
218 키에르케고어가 성령을 어떻게 고백하고 있는가에 관해서는 그의 For Self-Examination, 93-106에 있는 "It is the Spirit that giveth Life"라는 강화를 참조하라.

있던 부정적 성격의 일반적인 신관 때문에 성령 하나님에 대한 고백에 있어서도 약간 균형을 상실한 듯이 보이는 흔적들이 그의 진술들 중에 간혹 나타나는 것은 사실이다. 가령 그 예를 들면, 다음과 같다: "조소하는 자들이나 자유사상가들이 대담하게 단언하듯이, 또는 어중간한 경험을 가진 자가 절망적으로나 반항적으로, 한숨을 내쉬며 떠들썩하게 말하듯이, 사람이 불러내기만 하면 인간을 전적으로 재창조하시고 새롭게 하시고 자기부인을 위한 힘을 주시는, 즉 온갖 가능한 자기부인을 위한 힘을 부여하시는 그런 성령께서 존재하시지 않는다는 것이 아니다. 그런 성령께서 실제로 존재하신다. 그러나 이런 실정을 잘 알고 있는 사람에게는 이 성령을 불러낸다는 것이 하도 무서운 일이기 때문에, 그는 감히 성령을 불러내지 못한다. 특히 아이 때부터 은총의 사랑을 받고 만사가 다 자비라는 말만 듣고 버릇없이 자란 사람의 경우에는 더욱 그렇다."[219]

여기에서 우리는 어린아이 때부터 하나님을 두려워해 온 그의 잠재의식적 인식이 성령 하나님을 향해서도 똑같이 두려워하는 인식으로 무의식중에 자리 잡고 있는 사실을 확인할 수 있다. 그러나 신약 성경은 가르치기를, 사람이 고난 중에서도 즐거워할 수 있게 하시려고 성령께서 오실 것이라는 점을 가르치기도 한다.[220] 그리고 또한 성령 하나님께서 믿는 자들로 하여금 고난 중에만 즐거워할 수 있게 해 주시는 것이 아니라, 항상 기뻐할 수 있게 해 주시는 이시라는 사실도 함께 언급될 수 있으면 보다 더 균형 잡힌 시각이 될 수 있겠다.

219　Lowrie, 『키르케고르: 생애와 사상』, 306.
220　르페브르 편, 『키에르케고르의 기도』, 293-94.

V. 결 론

키에르케고어는 헤겔의 절대적 관념론을 대신한 실존철학의 시조이다. 그런데 그는 헤겔과 마찬가지로 어린 시절 가정에서 성장할 때부터 경건한 가정에서 교육을 받았지만, 신학을 다룰 때 신학을 철학에 예속시킴으로써 신앙의 순수성을 파괴시키고 말았다.[221] 어린 시절 그의 부친의 교육은 신학적으로 정통적인 것은 아니었다. 그러나 그것은 훗날 그 아들이 보여주게 될 삶과 기독교에 대한 관점을 형성하는 데에 매우 강력한 힘을 발휘했다. 그는 결국 20세기의 사상과 신학에 큰 불을 저지른 거대한 폭탄이 되었다. 그런데 그는 죽은 지 100년이 넘었음에도 불구하고 이제야 비로소 그 고매한 사상에 대한 평가가 이루어지고 있는 실정이다.[222]

특히 그는 제1차 세계대전 후에 칼 바르트(Karl Barth), 에밀 브루너(Emil Brunner) 등의 변증법적 신학자들에 의해 주목을 끌게 되었고, 현대 실존주의 사상에 큰 영향을 끼치게 되었다. 그가 참으로 집중했던 문제는 '참된 그리스도인이 되는 것'과 '개인적 실존을 실현하는 것'이었다. 그는 인간이 단독자로서 "어떻게 하면 참된 그리스도인이 될 수 있는가?"를 세상에 밝혀 주기 위해 혼자서 혼신의 힘을 다해 싸웠다. 이것은 곧 역설을 역설로서 받아들이라는, 또 그런 역설 속에서 하나님과 자기 자신의 단독적 실존을 충격적으로 이해할 수 있기를 결단하라는 요청이다. 이런 그의 열정은 현대 사회에서

221　이성주, 『현대신학』(제1권), 150.
222　Brown, 『철학과 기독교 신앙』, 147.

도 절실히 요청된다고 하겠다. 다음의 글은 그가 이 일을 위해 청년 시절부터 하나님 앞에서 맹세하고 서원한 사실이 있었음을 보여 주는데, 이 글 중에 서려 있는 그의 비장한 결심 앞에 코끝이 사뭇 찡해짐을 느끼지 않을 수 없다.

> "까마득한 옛날부터 내가 헌신해 온 일은, 비록 내가 그리스도인이 되는 목표를 달성할 수 없을망정, 나의 시간과 나의 노력을, 적어도 기독교란 무엇이며, 또 기독교에 있어서의 혼란이 어디에 개재하고 있는가를 밝히는 일에 동원하겠다고 하나님 앞에서 맹세한데 근거를 두고 있다. 그것이 청년 시절 초기부터 내가 굳게 다짐한 일이었다. … 현대가 나를 이해하려 들지 않는다면, … 좋다, 그때는 내가 역사에 속하게 될 것이다. 나는 역사 속에서 내가 차지할 자리가 있다는 사실과 또 그것이 어떤 자리인지를 확실히 알고 있다. 또한 나는 그 사실을 침묵 속에 숨겨둘 것이 아니라, 그것을 공표하는 것이 나의 결정적인 의무라는 것을 알고 있다. 왜냐하면 만일 무엇인가를 거만하고 자만스럽게 주장하는 것이 하나님의 빈축을 사는 일이라면, 거짓된 겸손으로 자신을 비하하는 인간들의 비겁한 공포 역시 그 이상으로 하나님의 빈축을 사는 일이겠기 때문이다."[223]

인간적으로 말한다면, 그것은 확실히 고상한 결심이었다. 이런 결심은 대부분 부친에 대한 그의 관계의 표현들로부터 시작되었다. 이렇게 볼 때, 키에르케고어는 단순히 심미적인 작가가 아니라 참된 기독교를 위한 일에 헌신해 온 작가였다. 이 일에 그는 전력투구

---

223   Kierkegaard, 『죽음에 이르는 병/관점』, 406-8.

하였다. 그런데 그것은 그가 원해서 그렇게 된 것이 아니라, 하나님의 섭리의 부르심으로 그렇게 된 것이었다. 그 사실을 그는 알고 있었다. 그 사실에 그는 기쁨에 겨워 하나님께 감사할 수 있었다. 진정 그는 실존철학의 시조였으면서도 당시 세인들로부터 조롱과 악평을 당하는 중에 감사를 알았으며, 자기 영혼을 위해 몸부림쳤던 진지한 신앙인이었다.[224]

키에르케고어 그는 참된 피조물 의식을 우리에게 깨우쳐 주었다. 그래서 우리로 하여금 피조물로서 떨리는 마음으로 예배하게 하며, 또 모든 입으로 하나님 앞에서 잠잠하게 한다. 하나님께서는 거룩하시고 우리는 죄인이다. 우리는 유한하게 만들어진 피조물일 뿐만 아니라, 하나님의 뜻을 밀쳐버리고 그 면전에서 그를 거부한 죄인이라고 그의 펜은 불을 뿜는다. 설혹 이것이 일방적인 주장이라고 하더라도, 그가 지적하는 것에는 놓쳐서는 안 될 진지하고 엄숙한 그 무엇이 있다. 마지막 운명하는 순간까지 그 입술로 '할렐루야'를 부르면서 감사기도를 드렸던 키에르케고어, 그를 논자는 '참 진리를 위해 처절하게 몸부림쳤던 신앙인'이라고 호칭하면서, 그가 대중이라는 숫자에 굴하지 않는 참 용기를 가지고 있었던 사실 앞에 삼가 옷깃을 여미고 고개를 숙이지 않을 수 없다.

---

224 르페브르 편, 『키에르케고르의 기도』, 5.

참고문헌

김석환.『성경과 삼위일체 하나님』. 용인: 킹덤북스, 2014.
_____.『교부들의 삼위일체론』. 서울: 기독교문서선교회, 2001.
박아론.『현대신학연구』. 서울: 기독교문서선교회, 1989.
박형룡.『박형룡 박사 저작 전집 II (신론)』. 서울: 한국기독교교육연구원, 1988.
_____.『박형룡 박사 저작 전집 VIII (현대신학선평 上)』. 서울: 한국기독교교육연구원, 1988.
서철원.『기독론』. 서울: 은혜문화사, 1997.
_____.『현대신학』. 용인: 총신대 신학대학원, 1994.
이성주.『현대신학』. 서울: 문서선교 성지원, 1994.
임춘갑. '키르케고르 소전 (小傳)'.『키르케고르 사상의 열쇠: 키르케고르 사상의 변증법적 구조』. 서울: 다산글방, 2006.
최상욱. "헤겔과 키에르케고르에 있어 신앙의 본질."「신학논문총서」. 종교철학 2권. 학술정보자료사.
Bavinck, H. 이승구 역.『개혁주의 신론』. 서울: 기독교문서선교회, 1992.
Brown, Colin. *Philosophy and the Christian Faith*. 문석호 역.『철학과 기독교 신앙』. 서울: 기독교문서선교회, 1999.
Brunner, Emil. *The Christian Doctrine of God*. vol. I. Translated by Olire Wyon. Philadelphia: The Westminster Press, 1960.
Calvin, John. *Institutes of the Christian Religion*. edited by John McNeill. Philadelphia: Westminster Press.
Climacus, Johannes. *Philosophical Fragments or A Fragment of Philosophy*.

Responsible for Publication Søren Kierkegaard. Translated by David F. Swenson. Princeton University Press, 1936; 1957, sixth printing.

Diem, H. *Kierkegaard's Dilectic of Existence*. Translated by H. Night. Oliver & Boyd, 1959.

Forsyth, P. T. *The Soul of Prayer*. 한모길 역.『기도의 정신』. 서울: 성광문화사, 1981.

Jaspers, K. "The Importance of Kierkegaard." *Cross Currents*. II. No. 3. Spring, 1952.

Johnson, Howard A. 임춘갑 역.『키르케고르 사상의 열쇠: 키르케고르 사상의 변증법적 구조』. 서울: 다산글방, 2006.

Kierkegaard, Søren. *Sickness unto Death*. 임춘갑 역.『죽음에 이르는 병 / 관점』. 서울: 다산글방, 2007.

_____. 임춘갑 역.『공포와 전율 / 반복』. 서울: 다산글방, 2007.

_____. 임춘갑 역.『이것이냐 / 저것이냐』(제 1부). 서울: 다산글방, 2008.

_____. 임춘갑 역.『이것이냐 / 저것이냐』(제 2부). 서울: 다산글방, 2008.

_____. 임춘갑 역.『순간 / 현대의 비판』. 서울: 다산글방, 2007.

_____. 임춘갑 역.『불안의 개념』. 서울: 다산글방, 2007.

_____. 임춘갑 역.『그리스도교의 훈련』. 서울: 다산글방, 2005.

_____. 윤성범 역. "철학적 단편 및 단편의 철학."『세계기독교사상전집 2』. 서울: 신태양사, 1983.

_____. 임춘갑 역.『사랑의 役事 (상)』. 서울: 종로서적, 1979.

_____. 임춘갑 역.『사랑의 役事 (하)』. 서울: 종로서적, 1979.

르페브르, 페리 D. 편. *The Prayers of Kierkegaard*. 이창승 역.『키에르케고르의 기도』. 서울: UCN (기독교연합신문사), 2004.

Lowrie, Walter. *A Short Life of Kierkegaard*. 임춘갑 역.『키르케고르: 생애와 사상』. 서울: 종로서적, 1979.

Mackintosh, H. R. *Types of Modern Theology- Schleiermacher to Barth*. 김재준 역.『현대신학의 선구자들』. 서울: 대한기독교서회, 1987.

Moltmann, Jürgen. 김균진 역.『십자가에 달리신 하나님 (기독교 신학의 근거와 비판으로서의 예수의 십자가)』. 서울: 한국신학연구소, 1979.

Swenson, David F. *Something about Kierkegaard*. Minneapolis: Augsburg Publishing House, 1945.

Thielicke, Helmut. *The Evangelical Faith*. vol. 2: *The Doctrine of God and of Christ*. Translated and edited by Geoffrey W. Bromiley. Grand Rapids: Eerdmans, 1991.

니체의 '신은 죽었다' 명제에 대한 신학적 비판

(F. W. NIETZSCHE, 1844-1900)

3. 니체의 '신은 죽었다' 명제에 대한 신학적 비판
(A Theological Critique on F. Nietzsche's 'Gott ist tot')

Ⅰ. 들어가는 말

Ⅱ. '신은 죽었다'는 문장이 나오는 문헌들과 그 배경

　Ⅱ.1 1882년 이전
　Ⅱ.2 『즐거운 학문』(1882)
　Ⅱ.3 『차라투스트라는 이렇게 말했다』(1883-1885, 1892)
　Ⅱ.4 『선악의 저편』과 『도덕의 계보』
　Ⅱ.5 니체의 자서전들

Ⅲ. '신은 죽었다' 명제에 대한 분석과 비판
　Ⅲ.1 그 문장이 유의미한가?
　Ⅲ.2 니체의 현실 비판이 적절한가?
　Ⅲ.3 니체의 대안 모색이 적절한가?
　　(1) 가치의 전도　(2) 위버멘쉬 (초인)
　　(3) 권력에의 의지　(4) 영원 회귀
　Ⅲ.4 니체에 대한 긍정적 입장
　Ⅲ.5 니체에 대한 부정적 입장

Ⅳ. 나오는 말

Ⅰ. 들어가는 말

1831년에 헤겔이 사망하고 그 이듬해 괴테가 죽고 나자, 19세기의 유럽 사상계가 급격하게 요동하기 시작하였다. 그중 특히 '의심의 학파'[225]로 불리우는 세 사람이 그동안 헤겔이 강조해 왔던 이성 위주의 사상에 반대의 목소리를 내기 시작하였는데, 그들은 바로 마르크스, 니체, 프로이드이다.[226] 칼 마르크스(Karl Marx, 1818-1883)

---

[225] 니체는 스스로 자기를 '악마의 적절한 변호인'으로 호칭하기도 하였는데, 이 과정에서 또한 자기를 '깊은 의심'의 소유자라고 진술하였다: 일찍이 어느 누구도 '악마의 적절한 변호인'으로서 뿐만 아니라 신학적으로 말해서 '신의 적'이자 '신을 소환하는 자'로서 이렇게 '깊은 의심'을 품고 세상을 바라보았다고 실제로 나 스스로도 믿지 않는다:『인간적인, 너무나 인간적인』, 1886. 이는 자기를 스스로 '의심의 학파'(school of suspicion) 또는 '경멸의 학파'라고 표현한 것이다.

[226] 마르크스, 니체, 프로이드를 한데 묶어 거론한 것은 푸코(Michel Foucault, 1926-1984)와 리쾨르

는 생산관계에서 헤겔의 절대이성을 의심하고 물질을 중시하여 근대 유물론 사상의 원조가 되었다. 프리드리히 니체(Friedrich Wilhelm Nietzsche, 1844-1900)는 이성보다 의지, 특히 권력의지를 중시하고, 삶의 의미의 문제에 집중하였으며, 모든 가치를 탈가치하였다. 그리고 지그문트 프로이드(Sigmund Freud, 1856-1939)는 이성과 함께 의식을 의심하여 무의식, 충동, 본능 등 인간 내면의 목소리를 심층심리학으로 분석하였다. 이들의 공통점은 당시 기독교를 비판하면서 신의 존재에 회의적이던 포이에르바하(Ludwig Andreas von Feuerbach, 1804-1872)의 유명한 책 『기독교의 본질』(1841)과 신의 창조를 부인하던 찰스 다윈(Charles Darwin, 1809-1892)의 『종의 기원』(1859)에 다 같이 크게 영향을 받았다는 점이다. 그리고 그 결과 니체가 선언한 '신은 죽었다!'라는 명제에 다 함께 깊이 공감하였다는 사실이다.

원래 목사 집안의 7대 후손이었던 니체[227]는 김나지움 학생 시절에 이미 포이에르바하의 책을 읽고 기독교 신앙을 잃어버리게 되었다. 또 프로이드는 인격신을 믿는 기독교란 부모에 대한 소아적 의존상태를 성인이 되어서도 반복하는 것에 지나지 않는 것으로 보았다. 그것은 마치 산타클로스의 존재를 성인이 되어서도 여전히 믿

(Paul Ricoeur, 1913-2005)가 처음일 것이다. 리쾨르는 이들을 '의심의 세 대가'로 불렀고, 이들의 회의주의를 데카르트적 회의와 비교하였다: P. Ricoeur, *De l'interprétation: essai sur Freud*(Paris: Seuil, 1965), 40-44, 61. 그래서 자기의식의 불확실성과 기만성을 묻는 물음에서 마르크스, 니체, 프로이드가 함께 모인다. 이들과 더불어 철학은 의식 외적 사물에 대한 회의, 즉 데카르트적 회의로부터 의식 자체에 대한 회의로 이행하게 되었다: 김상환, "새로운 해석학의 탄생", 김상환 외, 『니체가 뒤흔든 철학 100년』(서울: 민음사, 2002), 159.

227 니체는 친할머니 쪽으로 보면, 목사 집안의 7대 후손이었다. 니체는 1844년 10월 15일 독일 중동부 뢰켄(Röcken)의 목사였던 카를 루드비히 니체(Carl Ludwig Nietzsche)와 그 이웃 고장 목사의 딸 프란치스카 욀러(Franziska Oehler) 사이의 첫 아들로 태어났다. 니체의 친할아버지는 루터 교구의 김독직을 맡고 있었으며, 친할머니는 5대조 선조부터 목사였던 목사 집안의 딸이었다: 백승영, "철학자 니체의 삶", 김상환 외, 『니체가 뒤흔든 철학 100년』, 18.

는 것과 같다는 것이다. 인간은 이른바 '전능한 존재'로서의 신을 꾸며내어 신에게 의지하게 되었다는 것이 포이에르바하의 중요한 논점인데, 그 연장선상에서 프로이드는 인간이 완전한 성인이 되기 위해서는 이런 종교적 의존상태에서 벗어나지 않으면 안 된다고 보았고, 니체는 인간이 자립적이고 강한 존재가 되기 위해서는 '신의 죽음'이 선행되어야만 한다고 보았던 것이다.[228]

그래서 니체는 '신은 죽었다!'라고 선언함으로써 19세기의 '시대정신'(Zeitgeist)을 '의심의 시대' 또는 '신의 죽음의 시대'로 표현하였다. 그러면서 그는 의미와 가치가 상실된 현 시대의 무서운 허무주의를 끌어안으면서 그동안 2000년 이상 유지되어 온 유럽의 사상을 이제까지 그 누구도 생각하지 못한 형태로 변형시켰다. 니체가 제기했던 근대 및 서양 형이상학의 극복이라는 과제는 철학의 형질 변화와 학문의 탈바꿈을 요구하고 있다. 좋게 말해 니체는 그동안 인식론이나 학문 방법론으로 전락했던 근대 철학에 다시 문명사적 계획의 과제를 부과하였고, 또 실증주의와 분과적 단절의 늪에 빠져 있던 학문에 이론, 실천, 예술(즉 진선미의 가치)이 재편되고 통합되는 지점을 보여주었다고 평가된다.[229]

이렇듯 니체를 찬양하는 문맥에서 니체는 흔히 '루터 이래 독일 언어의 최고의 천재'[230], '디오니소스적 긍정의 철학자'[231], '실험적 사

---

228 박찬국, 『하이데거의 '신은 죽었다'는 니체의 말 읽기』(서울: 세창미디어, 2016), 36-37.
229 김상환 외, 『니체가 뒤흔든 철학 100년』, 6.
230 F. W. Nietzsche, 이덕희 역, 『니체 최후의 고백: 나의 누이와 나』(서울: 작가정신, 1999), 21.
231 백승영, 『니체, 디오니소스적 긍정의 철학』(서울: 책세상, 2006), 표지.

유와 극단의 사상가'[232], '영원 회귀와 차이의 철학자'[233], '망치를 든 철학자'[234]라고 칭송된다. 또한 니체 자신의 글에서 니체는 자기를 '나폴레옹으로부터 하나님에 이르기까지 모든 유명한 사람들을 한 줄에 꿰듯이 전부 자신과 동일시하면서 자기 신분을 끌어올렸다 내렸다 하는 코믹한 교수님'[235], "여자는 기껏해야 한 마리 암소에 불과하다고 통박하던 극단적인 여성경시주의자"[236] 등으로 표현하기도 한다. 즉 칸트는 산만하고, 피히테는 거드름을 빼며, 또 헤겔은 무감동한 폭군인데 반해서, 쇼펜하우어(Arthur Schopenhauer, 1788-1860)와 자기는 '방황하고 아파하는 젊은 지성을 위한 아포리즘(Aphorism)의 대가'로서 손색이 없는 존재라는 것이다.[237]

그러면 과연 그러한가? 니체가 과연 이런 극찬을 받기에 합당한 존재인가? 이 사실을 검증하기 위하여 본 논문은 우선 그의 유명한 명제인 '신은 죽었다!'라는 선언에 대한 신학적 분석과 검토를 행하고자 한다. 그 명제가 과연 유의미한지, 또 만일 유의미하다면 어떤 의미에서 그러한지를 살필 것이며, 그 검토 과정에서 니체의 현실 비판이 적절한지, 그리고 그가 강조하였던 '위버멘쉬', '권력에의 의지' 등 그의 대안 모색이 과연 합당한지에 대하여 본 논문은 분석할 것이다. 이 작업을 행함에 있어 본 논문은 주로 니체 자신이 쓴 글들을 참고로 하여 그 전후문맥과 상호 모순 관계 등을 밝힘으로써

---

232 이진우, 『니체, 실험적 사유와 극단의 사상』(서울: 책세상, 2009), 표지.
233 진은영, 『니체, 영원 회귀와 차이의 철학』(서울: 그린비, 2008), 표지.
234 백승영, 『니체, 디오니소스적 긍정의 철학』, 20.
235 Nietzsche, 『니체 최후의 고백: 나의 누이와 나』, 32.
236 Nietzsche, 『니체 최후의 고백: 나의 누이와 나』, 73.
237 Nietzsche, 『니체 최후의 고백: 나의 누이와 나』, 120.

연구를 진행해 나갈 터인데, 분석에 들어가기 전에 먼저 『즐거운 학문』과 『차라투스트라는 이렇게 말했다』 등 '신은 죽었다!'라는 문장이 나오는 문헌들을 중심으로 그 명제가 사용된 배경과 당시 니체의 심경 등을 살펴본 후에, 그 해당 명제의 유의미성, 그의 현실 비판의 적절성 등에 대하여 논하게 될 것이다.

II. '신은 죽었다'는 문장이 나오는 문헌들과 그 배경

1. 1882년 이전

'신의 죽음'에 대해 언급한 인물을 말한다면 니체가 최초는 아니었다. 그 전에 낭만파 시인 장 폴(Jean Paul, 1762-1825)은 그의 "우주 꼭대기에서 죽은 그리스도에 대한 강화: 신은 존재하지 않는다"에 포함된 '일곱 개의 치즈'(Siebenkäs, 1796-97)에서 이미 '신의 죽음'의 전조를 울린 바 있었다.[238] 그 시인은 신이 없는 우주의 고독성과 의미성을 생각하였다. 또 젊은 헤겔(G. W. F. Hegel, 1770-1831)은 『믿음과 지식』이라는 논문(1802)의 끝에서 "새로운 시대의 토대는 신 자신이 죽었다는 감정이다"라고 진술한다. 또한 헤겔은 『정신현상학』(Phenomenology of Mind, 1807)에서도 '신의 죽음'에 관해 언급한 바 있다.[239] 헤겔은 자기의 사상을 기독교 신학의 언어로 포장하고 있는

---

[238] 또한 그전에 파스칼 (B. Pascal, 1623-1662)이 플루타르코스로부터 인용한 "위대한 빵은 죽었다 (Le grand Pan est mort)"라는 말도, 비록 반대의 이유에서이기는 하나, 같은 영역에 속하긴 한다: F. W. Nietzsche & M. Heidegger, 강윤철 역, 『니체의 신은 죽었다』(서울: 스타북스, 2013), 215.

[239] G. W. F. Hegel, Phenomenology of Mind, 1807, 1841 영어번역판, 780f.

데, 그러면서도 실제적인 성육신에 대해 말하고 있고, 또한 동시에 '신의 죽음'을 통해 신적 존재 자신이 필요 없는 '신의 조사'에 대해서도 말하고 있다.[240] 헤겔의 이 진술들은 니체가 그의 말 속에서 생각하였던 것과는 사뭇 다르다. 그렇긴 하지만 이 양자 사이에는 모든 형이상학의 본질 속에 숨어 있는 하나의 본질적인 연관이 있기도 하다.[241]

니체의 경우에는 '신의 죽음'과 '신들의 사망'이라는 사상이 이미 젊은 시절부터 그에게 친숙하였다. 니체는 1869년 만 25세가 채 되기 전에 바젤 대학에 고전어와 고전문학의 촉탁교수로 위촉되고 1년 후에 정식 교수가 되었는데, 그 무렵 그의 처음 저서인 『비극의 탄생』[242]의 초고를 완성할 즈음에 그의 '노트'에 다음과 같이 쓴다: "모든 신들은 죽지 않으면 안 된다라는 원시 게르만적인 말을 나는 믿는다." 또한 1878년에 출판된 『인간적인, 너무나 인간적인 Ⅱ』[243]에 나오는 '간수의 죽음의 비유'에서 간수의 갑작스러운 죽음 소식은 장차 니체의 글에서 '신의 죽음' 사상이 나올 것을 예측케 한다. 즉 그 책의 제2 장 '방랑자와 그의 그림자' 84번 잠언(죄수들)에서 간수의 아들은 자기가 간수의 아들이라는 사실을 다른 죄수들에게 자

---

240 Colin Brown, *Philosophy & The Christian Faith*, 문석호 역, 『철학과 기독교 신앙』(서울: 기독교문서선교회, 1999), 165.
241 Nietzsche & Heidegger, 『니체의 신은 죽었다』, 215.
242 『비극의 탄생』은 "디오니소스의 세계관"을 발전시켜서 집필한 것으로서 1872년에 출간되었다. 그러나 니체는 1870년 12월 하순에 이 책의 초고를 이미 완성시켜서, 그것을 바그너의 부인인 코지마 바그너에게 선물하였다: F. W. Nietzsche, 김성균 역, 『니체 자서전: 나의 여동생과 나』(고양: 까만양, 2013), 409.
243 『인간적인, 너무나 인간적인』은 1878년 4월 하순에 출간되었는데, 원래 제목은 '자유정신'이라는 제목으로 1876년 봄부터 구상되기 시작하였다. 그래서 이 책은 모든 형태의 이상주의에 대한 자유정신들의 반발이자 인류의 엄청난 해방에 관한 이야기로 미화되기도 하는데, 여기에서 기독교와 기독교 신앙은 와해되어야 하는 이상들 중의 하나로 이해된다. 이 책 출간 후 니체는 바그너의 기독교에 대한 미온적인 태도와 반유대주의에 염증을 느껴 바그너와 결별하게 된다.

랑스럽게 말하면서 자기를 믿는 자에게 구원이 있을 것임을 강변한다. 그러나 다른 죄수들은 그 간수의 아들이라는 자의 말에 콧방귀도 뀌지 않는데, 이렇게 다른 죄수들을 구원해내지 못하는 간수의 아들 얘기를 통해 니체는 예수 그리스도의 무능함에 대한 비유를 희화화하고 있다. 이 과정에서 간수의 죽음 소식이 갑작스럽게 전해지는데, 간수의 아들임을 주장하는 그 죄수가 다른 죄수들에 의해 믿어지지 않는 상황은 여전히 똑같지만, 『인간적인, 너무나 인간적인 II』에서 이 '간수의 죽음'은 이후 니체의 『즐거운 학문』이나 『차라투스트라는 이렇게 말했다』에서 선언될 '신의 죽음' 사상을 이미 배태하고 있다고 말할 수 있다.[244]

2. 『즐거운 학문』(1882)

『즐거운 학문』(Die frohliche Wissenschaft)이 출간된 1882년은 니체에게 기쁨과 즐거움이 넘치는 한 해였다. 비록 그가 건강상의 이유로 1879년에 바젤 대학 교수직을 사임하긴 하였지만,[245] 1881년에 『아침놀』(또는 『서광』)의 원고들이 페터 가스트(Peter Gast)[246]에 의해 옮겨 적혀져 7월에 출간되자,[247] 니체의 기쁨은 한껏 부풀어 오르기 시

---

244 F. W. Nietzsche, 김미기 역, 『인간적인, 너무나 인간적인 II』(서울: 책세상, 2016), 283-85.
245 니체는 1873년 5월부터 심각한 안통과 두통에 시달려 집필이 불가능할 정도였다. 1877년 10월에는 병원의 의사로부터 '시신경 손상'이라는 진단을 받고, "다년간 독서와 집필을 절대적으로 피해야 한다"는 충고를 들었는데, 계속되는 두통과 위통으로 고통 받다가 1879년 5월 2일에 바젤 대학 교수직을 사임하였다. 이 사표는 6월 14일에 수리되었다: Nietzsche, 『니체 자서전: 나의 여동생과 나』, 412.
246 페터 가스트(Peter Gast)는 원래 이름이 쾨젤리츠(H. Köselitz)였다. 그는 1876년 겨울 학기 시작 무렵 니체의 강의를 듣기 위해 바젤로 찾아왔던 젊은 음악가였는데, 니체의 가장 충실한 학생들 중의 하나였고, 니체가 그에게 이 이름의 예명을 지어줄 정도로 니체와 절친한 사이가 되었다. 그는 니체 사후 니체의 여동생 엘리자베스와 함께 『권력에의 의지』라는 편집본의 편집자까지 된다: 백승영, "철학자 니체의 삶", 31.
247 『아침놀』은 신의 황혼 후에 따르는 인간의 아침놀이다. 자신의 힘을 비판적으로 시험하고 도덕적인 편견들과 가식들을 던져버려 새로워진, 자신에게 향하는 힘을 의식하는 인간의 아침놀이다. 여기에

작하였다. 또한 니체는 1882년 초부터 『아침놀』의 뒤를 이을 것들을 쓰기 시작하여, 8월 말에 『즐거운 학문』이라는 제목의 책을 출판한다. 게다가 니체는 이 책을 저술하는 기간 동안 루 살로메(Lou Andreas-Salomé, 1861-1937)라는 이름의 17년 연하의 여성을 동료인 파울 레(Paul Ludwig C. H. Rée, 1849-1901)로부터 소개받는데, 이 여성을 사랑하게 되는 예기치 않은 즐거움을 맛보게 된다.[248] 니체는 38세 무렵이 되는 1882년 6월 하순에 『즐거운 학문』의 완성된 원고를 루 살로메에게 보여주려고 일부러 베를린까지 찾아가기도 했다. 니체는 이 원고를 완성한 후 6월 25일부터 8월 27일까지 예나 인근의 목가적인 마을 타우텐부르크(Tautenburg)에서 휴식을 즐기고 있었는데, 루 살로메가 그곳으로 니체의 누이 엘리자베트의 안내를 받고 찾아와 살로메와 니체는 함께 산책을 즐기고 깊은 대화를 나누며 즐거운 시간을 보냈다. 니체는 나중에 회상하기를, 이때 살로메와 함께 했던 약 3주간 정도의 기간을 자기 일생 최대의 순간으로 기술하기도 한다.

그래서 『즐거운 학문』은 그 전체적인 분위기가 아주 경쾌하고 즐겁다. 한 여성을 사랑하는 마음에서 생겨나는 즐거움과 니체 나름대로 확신하게 된 '신의 죽음'에 대한 확실성이 배경이 되어, 이 책

서 니체는 도덕 비판을 강화하며, 인간 삶의 조건으로서 힘의 느낌을 제시한다: 백승영, "철학자 니체의 삶", 35.

[248] 루 안드레아스-살로메 (Lou Andreas-Salomé)는 프랑스에서 러시아로 이주한 유태계 귀족 구스타프 살로메(Gustav Salomé, 부친)와 북독일-덴마크계 여성 루이제 빌름(Louise Wilm, 모친)의 6남매 중 막내딸로 태어났다. 그녀는 취리히 대학 재학 중 1882년 2월에 폐렴 증세를 보여 일시 학업을 중단하고 휴양을 위해 로마로 갔다가, 2월 11일 취리히 대학 고고학과 교수 킨켈(J. G. Kinkel, 1815-1882)의 소개로 파울 레(Paul Ludwig C. H. Rée, 1849-1901, 유태계 출신 독일의 도덕사학자, 철학자 겸 작가)를 만났고, 4월 24일에는 파울 레의 소개로 니체를 로마에서 처음 만나 서로 친한 사이들이 되었다: Nietzsche, 『니체 자서전: 나의 여동생과 나』, 13-16.

은 상당한 정도의 형이상학적 명랑성을 보여주고 있다. 특히 니체는 이 책에서 '실험적 철학함'의 분위기와 방법론을 보여 준다. 인식자와 실험자는 모든 것으로부터 거리를 취하고, 모든 것에 대해 웃을 수 있는 일종의 형이상학적 명랑성을 갖추어야 한다. 이 명랑성은 모든 것의 무토대성과 모든 것으로부터의 자유로움에 근거하며, 또 처음으로 분명히 선포되는 '신의 죽음'에 대한 확실성을 그 바탕으로 한다고 한다.[249]

① 108절

> "부처가 죽은 후에도 수세기 동안 사람들은 동굴 안에서 엄청나게 크고 두려운 그의 그림자를 보여주었다. 신은 죽었다. 그러나 인간의 방식이 그렇듯이, 앞으로도 그의 그림자를 비추어주는 동굴은 수천 년 동안 여전히 존재할 것이다. 그리고 우리는, 우리는 그 그림자와도 싸워 이겨야 한다!"[250]

이 글은 부처보다 오히려 플라톤이 그의 『국가론』 7권에서 말하였던 '동굴의 비유'를 연상케 한다. 동굴 안에 있는 사람에게 동굴 밖에 있는 사물들은 알 수 없어 이데아의 세계에 비유되는데, 플라톤은 이 비유를 통해 인간이 활동하고 있는 시공적인 세계는 참된 이데아의 세계에 대한 불완전한 묘사일 뿐이라고 주장한다.

---

[249] 백승영, "철학자 니체의 삶", 36. 다만 여기에서 '신의 죽음'에 대한 확실성이라고 할 때, '확실성'이라는 용어는 니체 입장에서 그렇다는 것이지 객관적인 진리성을 담보한 표현이 아니기 때문에, 엄밀한 의미에서는 오히려 '기대' 또는 '간절한 소원'이라고 바꾸는 것이 더 정확할 수도 있다.
[250] F. W. Nietzsche, 안성찬·홍사현 역, 『즐거운 학문』 외 (니체전집 12)(서울: 책세상, 2015), 183.

그런데 니체는 이 108절에 '새로운 투쟁'이라는 이름을 붙이고, 부처가 죽은 이후에도 여전히 허상에 불과한 신의 그림자 때문에 인간들이 고생하고 있다고 진술한다. 그러나 이제 신이 죽었기 때문에 인간이 그 허상으로부터 벗어날 수 있고, 모든 것의 무토대성에 기초하여 그 그림자와 싸워 이길 수 있다고 선언한다. 이제 인간은 신의 존재에 주눅 들지 않고 즐겁게, 또 자유롭게 사유할 수 있음을 선포한 것이다.

② 125절 중에서

그대들은 밝은 대낮에 등불을 켜고 시장을 달려가며 끊임없이 "나는 신을 찾고 있노라! 나는 신을 찾고 있노라!"라고 외치는 광인에 대해 들어본 일이 있는가? 그곳에는 신을 믿지 않는 많은 사람들이 모여 있었기 때문에, 그는 큰 웃음거리가 되었다. "신을 잃어버렸는가?" 그들 중 한 사람이 이렇게 물었다. "신이 아이처럼 길을 잃었는가?" 다른 한 사람이 말했다. "신이 숨어버렸는가? 신이 우리를 두려워하고 있는가? 신이 배를 타고 떠났는가? 이민을 떠났는가?" 이렇게 그들은 웃으며 떠들썩하게 소리쳤다. 광인은 그들 한가운데로 뛰어들어 꿰뚫는 듯한 눈길로 그들을 바라보며 소리쳤다. "신이 어디로 갔느냐고? 너희에게 그것을 말해주겠노라! 우리가 신을 죽였다. 너희들과 내가! 우리 모두가 신을 죽인 살인자이다! 하지만 어떻게 우리가 이런 일을 저질렀을까? 어떻게 우리가 대양을 마셔 말라버리게 할 수 있었을까? 누가 우리에게 지평선 전체를 지워버릴 수 있는 지우개를 주었을까? 지구를 태양으로부터 풀어놓았을 때, 우리는 무슨 짓을 한 것일까? 이제 지구는 어디를 향해 가고 있는 것일까? 우리는 어디를 향해 가고 있는 것일까? 모든 태양으로부터 떨어져 나온 지금, 우리는 끊임없이 추락하고 있는 것이 아닐까?"[251]

'광인'이라는 제목의 이 125절은 일반에게 가장 널리 알려져 있는 구절이다. 디오게네스가 참된 인간을 찾아 등불을 들고 다녔던 반면에, 광인은 신을 찾기 위해 등불을 들고 다닌다. 광인은 왜 신을 찾는가? 신이야말로 우리에게 삶의 의미와 방향을 부여하는 존재인데, 그런 존재가 사라지고 말았기 때문이다. 이 글에서 니체는 그동안 유럽의 학문계와 사상계가 중시해 온 칸트의 '유신논증'을 광인의 웃음거리 짓을 통해 은근슬쩍 무시해 버린다. 니체의 어법 중에 '웃으면서 심각한 것 말하기'라는 것이 있는데,[252] 바로 이 어법을 통해 니체는 오래 전부터 말하고 싶었던 심각한 것을 싱거운 척, 또 쾌활한 척 부인하면서 도전한다. 그러면서 그는 그 목적에 대해 기독교에 의해 억압받고 있는 몽매한 인간들의 삶에 자유를 되돌려주기 위해서라고 단언한다.

그러나 '신의 죽음'이 사실이건 해프닝이건 간에, 그 의미가 간단하지 않음을 니체는 모르지 않는다. 그래서 니체는 대양, 지평선, 태양이라는 세 가지 비유를 통해서 신의 죽음이 무엇을 의미하는가를 해설한다. 대양은 생식과 생성을 상징하는데, 그것이 말라버렸다는 것은 창조적 힘이 고갈되었음을 상징적으로 말해 준다. 바다가

---

251 Nietzsche, 『즐거운 학문』 외, 199-200.
252 김나지움 시절, 니체는 과제 때문에 선생님에게 야단맞은 적이 있었는데, 그 날 그는 그 일을 생각하면서 '웃으면서 심각한 것 말하기'라는 문장을 자기 노트에 메모하였다. 그 이후 니체는 일생 동안 이 원칙에 충실하였다. 『바그너의 경우』 표지에도 "웃으면서 진지한 사항을 말한다"라는 문장이 기입되어 있을 정도이다.

말라버리면 지평도 사라진다. 우리의 삶과 행위에 의미를 부여했던 지평이 사라지는 것이다. 이처럼 우주로부터, 자연으로부터, 또 우리의 가슴과 삶으로부터 신이 사라지면, 모든 개인들과 목표들을 하나로 묶을 수 있는 보편적 가치가 그 설 자리를 잃게 된다.[253]

여기에서 신은 태양에 비유되고 있고, 신의 죽음으로 인해 야기된 상황은 지구가 태양을 도는 궤도에서 이탈하여 태양이 사라진 상황에 비유되고 있다. 사물의 윤곽을 밝혀 주던 태양빛이 더 이상 존재하지 않기에, 이제 지구는 칠흑 같은 어둠 속에서 헤맬 수밖에 없다. 위와 아래도 존재하지 않으며, 지구는 무한한 무를 통과하는 것처럼 방황하게 된다. 또한 지구는 태양의 온기를 더 이상 받지 못하기 때문에, 갈수록 추워지고 만물은 더 이상 생장하지 못하게 된다.[254]

그리고 여기에서 언급되는 '지평선'이 참으로 실존하는 세계로서의 초감성적 세계를 의미할 수 있다. 이때 이것은 동시에 바다처럼 모든 것을 휘감고 자신 속으로 끌어넣는 전체이다. 실존자 자체의 전체가, 바다가 인간에게 모조리 마시워져 버렸다.[255] 이제 바다도, 지평선도, 태양도 사라지고 없다. 밤과 밤이 연이어서 다가오고 있는 것이 아닐까? 대낮에 등불을 켜야 하는 것이 아닐까?[256] '신의 죽음'이라는 사태는 바로 이와 같은 비극적인 의미를 갖는다. 그것은 지금까지 인간의 삶에 방향과 살아갈 힘을 부여했던 어떤 것의 사

---

253 이진우, 『니체, 실험적 사유와 극단의 사상』, 127.
254 박찬국, 『하이데거의 '신은 죽었다'는 니체의 말 읽기』, 32.
255 Nietzsche & Heidegger, 『니체의 신은 죽었다』, 284.
256 Nietzsche, 『즐거운 학문』 외, 200.

멸을 의미한다. 이런 비극적인 상황에 임하여 인간이 자신을 어떻게 보전할 것인가를 광인은 묻고 있다.[257]

"… 신을 매장하는 자들의 시끄러운 소리가 들리지 않는가? 신의 시체가 부패하는 냄새가 나지 않는가? 신들도 부패한다. 신은 죽었다! 신은 죽어버렸다! 우리가 신을 죽인 것이다! 살인자 중의 살인자인 우리는 이제 어디에서 위로를 얻을 것인가? 지금까지 세계에 존재하였던 가장 성스럽고 강력한 자가 지금 우리의 칼을 맞고 피를 흘리고 있다. 누가 우리에게서 이 피를 씻어줄 것인가? 어떤 물로 우리를 정화시킬 것인가? 어떤 속죄 제의와 성스러운 제전을 고안해내야 할 것인가? 이 행위의 위대성이 우리가 감당하기에는 너무 컸던 것이 아닐까? 그런 행위를 할 자격이 있으려면, 우리 스스로가 신이 되어야 하는 것이 아닐까? 이보다 더 위대한 행위는 없었다. 우리 이후에 태어난 자들은 이 행위 때문에 지금까지의 어떤 역사보다 더 높은 역사에 속하게 될 것이다!"[258]

니체는 신을 죽인 자가 바로 우리라는 사실을 광인의 입을 빌어 단언한다. 그러나 이것이 결코 회개나 참회의 맥락에서 나온 것이 아님을 알 수 있는 것은 그가 신을 죽인 행위를 '위대한 행위'로 묘사하고 있기 때문이다. 그런데 그 행위가 '위대한 행위'가 되기 위해서 인간 "스스로가 신이 되어야 하는 것이 아닐까?"라고 니체는 궁금해 한다. 같은 맥락에서 니체는 그의 다음 저서 『차라투스트라는

---

257 박찬국, 『하이데거의 '신은 죽었다'는 니체의 말 읽기』, 32.
258 Nietzsche, 『즐거운 학문』 외, 200-201.

이렇게 말했다』에서 "만약 복수의 신들이 존재한다면, 나는 내가 신이 아니라는 사실을 어떻게 견뎌낼 수 있는가?"라고 반문한다.[259]

> "사람들이 이야기하기를, 그날 그 광인은 여러 교회에 뛰어들어 신의 영원 진혼곡을 불렀다고 한다. 밖으로 끌려나와 심문을 받았을 때, 그는 이 대답만 되풀이했다고 한다. "이 교회가 신의 무덤과 묘비가 아니라면, 도대체 무엇이란 말인가?"[260]

여기에서 주목할 것은 '신의 무덤과 묘비'가 바로 교회라고 생각하는 니체의 인식이다. 니체에 의하면, 기독교 교회와 사제는 예수에게 거짓 가치를 부여함으로써 기독교를 그 창시자인 예수가 전혀 원하지 않았던 것으로 변질시켜 버리고, 신의 죽음을 초래한 장본인이라고 한다. 그래서 참된 기독교성이 상실된데 따른 결과가 바로 '신의 죽음'이라는 것이다. 니체는 이런 사태의 주모자로 사제 집단을 지목한다. 사제 집단이 권력추구 성향으로 인해 구세주 유형을 왜곡하고 교회라는 조직을 건설한 것이라는 것이다. 사제들은 신에 대한 복종을 권고하면서 사실은 자기들에 대한 복종을 강요한다는 것이다. 니체의 이런 입장은 『차라투스트라는 이렇게 말했다』와 『안티크리스트』에서도 동일하게 견지된다.[261] 그러나 교회가 기독교 시대에 비로소 생겨난 것이 아니라 구약의 출애굽 시절 시내

---

259 Nietzsche, 정동호 역, 『차라투스트라는 이렇게 말했다』(니체전집 13)(서울: 책세상, 2002) 제2 부. '행복한 섬에서'라는 제목을 달고 있는 제2 부에서 니체는 '신의 죽음'과 '창조 의지', '생식 욕구', '생성 욕구'를 함께 연결시킨다: 이진우, 『니체, 실험적 사유와 극단의 사상』, 126.
260 Nietzsche, 『즐거운 학문』 외, 201.
261 Nietzsche, 『안티크리스트』, 26; 백승영, 『니체, 디오니소스적 긍정의 철학』, 268-71.

산과 광야에도 이미 있었음을 니체는 간과하고 있다.[262] 또한 오늘날 우리 눈에 보이는 교회가 비록 아무리 문제투성이라고 하더라도, 교회는 엄연히 '그리스도의 몸'이요[263] '진리의 기둥과 터'이지,[264] '신의 무덤과 묘비'는 아니다. 이 점에 있어서 니체의 이런 진술은 다만 억설일 뿐 진리가 될 수 없다.

③ 343절 중에서

"근래의 최대의 사건은 '신이 죽었다'는 것, 기독교의 신에 대한 믿음이 이제는 믿지 못할 것이 되었다는 점이다.[265] … 그것은 아마도 우리가 이 사건의 최초의 결과 속에 있으며, 우리에게 미치는 이 직접적인 결과가 사람들의 기대처럼 비극적이고 우울한 것이 아니라, 오히려 그 반대로 새롭고 표현하기 어려운 빛, 행복, 안도감, 유쾌함, 격려, 아침놀로서 느껴지기 때문일 것이다. … 사실상 우리 철학자들, 자유로운 정신들은 '옛 신이 죽었다'는 소식으로 인해 새로운 아침놀 (서광)이 비치는 듯한 느낌을 받고 있다. 우리의 가슴은 감사와 경이와 예감과 기대로 흘러넘치고 있다. 드디어 지평선이 우리에게 다시 한 번 열리는 것 같다. 그리하여 그것은 비록 밝지 않은 것까지도 바라볼 수 있도록 하고 있다. 드디어 우리의 배가 다시 출항할 수 있게, 모든 위험을 무릅쓰고 바다로 출항할 수 있게 된 것이다.

---

262 "시내 산에서 말하던 그 천사와 우리 조상들과 함께 광야 교회에 있었고 또 살아 있는 말씀을 받아 우리에게 주던 자가 이 사람이라" (행 7:38).
263 "나는 이제 너희를 위하여 받는 괴로움을 기뻐하고 그리스도의 남은 고난을 그의 몸 된 교회를 위하여 내 육체에 채우노라" (골 1:24).
264 "만일 내가 지체하면 너로 하여금 하나님의 집에서 어떻게 행하여야 할지를 알게 하려 함이니, 이 집은 살아 계신 하나님의 교회요 진리의 기둥과 터니라" (딤전 3:15).
265 Nietzsche, 『즐거운 학문』 외, 319.

인식의 모든 모험이 다시 허락되었다. 바다가, 우리의 바다가 다시 한 번 우리 앞에 광활하게 열려 있다. 그런 열린 바다는 아마도 일찍이 한 번도 존재한 적이 없었으리라."[266]

이 343절에는 '우리의 쾌활함이 의미하는 것'이라는 소제목이 붙어 있다. 쾌활함, 이런 맥락에서 니체는 그의 이 작품 이름을 『즐거운 학문』으로 명명했다. 그러나 주지하다시피 '신의 죽음'이라는 주제는 결코 심오한 학문의 주제가 되거나 강의실에서 진지한 토론의 논제가 되지 못한다.[267] 이런 점에서 이 책의 이름은 그 내용과 전혀 동떨어지는 바, 사실 이 책은 전혀 학문적이지도 않고 또 즐겁지도 않다. 다만 시니칼하고 패러디적이며, 그런 점에서 도발적이고 인기영합적일 뿐이다. 그런데 이 절에선 '신의 죽음'을 '근래의 최대의 사건'으로 묘사하면서 동시에 125절에서 언급되었던 지평선 용어가 다시 등장한다. 125절에서는 지평선이 지워져버려 없어졌던데 반하여, 여기에서는 지평선이 우리에게 다시 한 번 열리는 것 같은 느낌을 표현하고, 또 이어서 다시 바다로 출항할 수 있게 되었음을 노래한다. 그래서 아침놀이 비치는 듯한 느낌으로 인해 우리의 가슴이 감사와 기대로 흘러넘치고 있다고 한다. 그런데 이것도 넌센스인 것은 '신이 죽었다'고 가정된 이 시점에서 감사란 도대체 누구를 향한 감사인가? 이것은 혹시 사실이나 도덕과는 거리가 먼 시적

---

266 Nietzsche, 『즐거운 학문』 외, 320.
267 그리고 또 거기에 '즐거운'이라는 수식어를 붙이는 것이 넌센스임은 두 말할 필요도 없다. 그런데도 니체의 이 『즐거운 학문』은 학문적인 책으로 오해되어, 오늘날 아무 생각 없는 교육 관료들에 의해 '인문주의 교육을 위해 우선적으로 읽어야 할 우수도서'라고 흔쾌히 추천, 선정되기도 한다.

표현은 될 수 있을지 몰라도, 적어도 진리나 학문은 될 수 없다.

3. 『차라투스트라는 이렇게 말했다』(1883-1885, 1892)

『차라투스트라는 이렇게 말했다』(*Also sprach Zarathustra*)[268]는 1883년 1월 초순부터 쓰여지기 시작하여 제1 부가 5월에 출간되었고, 제2부는 1884년 1월에, 제3 부는 4월 중순에 출간되었다. 제4 부는 그 해 11월부터 쓰여져서 1885년 1월에 완성했지만, 그 출간이 출판업자들에 의해 거부당하자, 1892년 4월 중순에 이르러서야 단지 40부만을 한정판으로 하여 자비 출판하게 되었다. 그 무렵은 니체에게 있어 육체적으로, 또 심적으로 매우 힘들고 고독한 기간이었다. 왜냐하면 1882년 9월 니체의 모친 프란치스카(Franziska Nietzsche, 1826-1897)와 동생 엘리자베트(Elisabeth Förster Nietzsche, 1846-1935)가 루 살로메와의 교제를 극력 반대하였고, 니체와 파울 레 사이에서 미묘한 갈등감정을 느끼던 살로메가 파울 레를 선택하였기 때문이다. 니체는 파울 레와 루 살로메뿐만 아니라 어머니와 에리자베트와도 급격하게 멀어지고 심지어 주고 받던 편지마저 끊어버린 후, 그 해 연말을 깊은 절망에 빠져서 혼자서 고독하게 보낸다. 1882년 10월, 니체는 라이프치히에서 레와 살로메를 마지막으로 함께 만난 후, 11월 중순부터 혼자서 고독하게 제노바를 거쳐 이탈리아의 여러 곳을 전전하는데, 『차라투스트라』의 첫 부분이 이 시기에 구상되기 시작한다. 그리고 1883년 1월 초순 절망감과 정신적 고양상태를 반복

---

[268] 이하에서는 이 책의 이름을 『차라투스트라』로 줄여서 표기하기로 한다. 그리고 『짜라투스트라』로 표기한 경우도 있는데, 그것은 다른 번역자의 번역본을 참고했을 때의 경우이다.

적으로 느끼다가 몇 주일 동안 건강이 호전된 사이에 이 책을 기록하였다.[269]

니체는 이 책을 디오니소스적 창조의 힘이 행한 최상의 책이라고 여기며, 이 책이 단테와 괴테와 셰익스피어도 넘어섰다고 자찬할 정도로 이 책을 높이 평가한다. 그런데 이 책은 사실 독특한 문체를 갖고 있는 산문시이지 이론서가 아니다. 이 책엔 이론 구성을 위한 체계적이거나 논증적이거나 연역적인 기술이 없다. 또 이 책이 귀납적 서술방식을 사용하는 것은 더더욱 아니다. 그래서 개념들을 중심으로 진행되는 사유나 사변은 전개되지 않는다. 이론가의 목소리 대신 오히려 예언가와 시인의 가면의 목소리가 들린다. 이 가면의 입을 통해 쏟아져 나오는 말들로 인해 이 책은 처음부터 끝까지 고도의 비유와 상징, 또 패러디로 가득 차 있다.[270]

① 제1부, 서설 중에서

> "그리하여 노인과 짜라투스트라는 마치 소년들처럼 큰 소리로 웃으며 서로 헤어졌다. 짜라투스트라는 혼자 있게 되자, 마음속으로 이렇게 중얼거렸다. "그럴 수가 있나! 저 늙은 성인은 자기의 숲 속에서 '신이 죽었다'는 것을 아직도 듣지 못했다니!"[271]

---

269 Nietzsche, 『니체 자서전: 나의 여동생과 나』, 416.
270 백승영, 『니체, 디오니소스적 긍정의 철학』, 62-63.
271 Nietzsche, 박병덕 역, 『짜라투스트라는 이렇게 말했다』(서울: 육문사, 1993), 35. 이하에서는 이 책의 이름을 『짜라투스트라』로 줄여서 표기하기로 한다.

니체가 39세 때에 발표한 이 책에서 차라투스트라는 육체를 경시하는 자들, 죽음 이후를 설교하는 자들에게 대항한다. 차라투스트라는 고결함 대신 감각의 무죄를, 이웃 사랑 대신 자기 사랑을, 신이 아니라 위버멘쉬에 대한 동경을 권한다. 이런 논법의 핵심에는 대지에 충실하라는 차라투스트라의 권유가 들어 있다. 『차라투스트라』의 '행복한 섬에서'에서는 신을 올곧은 것 모두를 왜곡하는 관념으로 제시한다. 그래서 신의 죽음은 인간의 창조 의지를 긍정하기 위한 조건으로 상정된다. 또 '실직'에서는 계시 사상의 문제점을 들어 창조주 신에 대해 본질적인 비판을 가하며, '더 없이 추악한 자'에서는 신을 살해한 인간을 등장시켜 신 부정의 내면적인 동기를 보여주는데, 이런 것들은 신 개념 부정을 통해 기독교 전체를 비판하고자 하는 니체의 의도를 잘 드러내 준다.[272]

그러므로 이 책에서 차라투스트라라는 형상은 『즐거운 학문』에서 '신의 죽음'을 말하던 광인의 역할을 사실상 이어받고 있다. 또한 『차라투스트라』는 1881년에 이미 니체의 머릿속에 떠오른 '영원 회귀' 사유를 핵심으로 하고 있으며, 이 사유는 니체 후기 사유의 대표적인 개념인 '권력에의 의지'와 서로 보완해 주는 관계를 형성한다. 또한 '권력에의 의지' 개념에 의해 '위버멘쉬' 개념도 이론적, 실제적인 지지를 받는다.[273]

"전에는 신을 모독하는 것이 최대의 모독이었다. 그러나 신은 죽었다. 그

---

272 백승영, 『니체, 디오니소스적 긍정의 철학』, 270.
273 백승영, 『니체, 디오니소스적 긍정의 철학』, 82-83.

리고 동시에 이러한 모독자들도 또한 죽었다. 이제는 대지를 모독하는 것이, 불가사의한 존재를 대지의 의미보다 더 높게 평가하는 것이, 가장 두려운 일이다."[274]

이 부분은 차라투스트라가 군중을 향해 위버멘쉬(超人)에 대해 가르치는 맥락 중에서 발췌한 것이다. 여기에서 '이러한 모독자들'이란 내세의 희망에 대해 가르치는 자들을 의미한다. 차라투스트라는 "형제들이여, 그대들에게 간절히 바라노니 대지에 충실하라. 그리고 그대들에게 내세의 희망에 대해 말하는 자들을 믿지 말라!"라고 하면서 '신의 죽음'에 대해 다시 한 번 더 선언한다. 신이라는 불가사의한 존재가 죽어 없어졌거나 허상이므로 이 세상 현실보다 더 중시하지 말라는 것이다. 저 세상 대신 이 세상을 사랑하고, 초월적인 세계보다 이생의 운명을 더 사랑하라는 의미의 논지를 니체는 대지를 모독하지 말고 대지의 의미를 더 높게 평가하라고 에둘러서 강변한다.

그래서 니체는 이 책에서 『즐거운 학문』에서 이미 선보였던 칸트의 '유신논증'에 대한 무효화를 다시 한 번 더 진행시킨다. "내가 신의 관념을 갖고 있다면, 내가 신을 완전한 존재로 생각한다면, 그것은 신의 존재가 아니라 나의 존재를 입증할 뿐이다. 그것도 완전성이라는 관념을 갖고 있는 나의 존재를." 혹은 이와 유사하게 "내가 신의 관념을 갖고 있다면, 그것은 신의 존재를 입증하는 것이 아니다. 다만 내가 관점적 존재로서, 나의 삶에 필요하기에 완전한 신을

---

274 Nietzsche, 『짜라투스트라』, 36.

구상해낸 것에 불과하다. 완전한 신 관념은 삶에 필요한 허구이다. 이 관념의 창조자는 나다. 그러므로 이 관념이 완전한 신의 존재를 증명할 수는 없다."²⁷⁵

니체는 이 책에 부제를 붙이기를, "모든 사람을 위한 책, 그러면서도 그 누구를 위한 것도 아닌 책"이라는 부제를 스스로 붙였다. 이 부제 그대로 이 책은 당시에 판매에 실패하였고, 특히 제4 부의 경우에는 1885년 1월에 완성했지만 출판업자들이 그 출간을 거부하는 바람에 단지 40부만을 한정판으로 하여 자비 출판하게 되었는데, 그것도 1892년 4월 중순에야 겨우 그렇게 할 수 있었다. 그 이유에 대하여 니체는 『즐거운 학문』에서 미리 예측하기를, 자기가 너무 일찍 이 세상에 나왔기 때문이라고 해설한다. '신의 죽음'이라고 하는 엄청난 사건이 아직도 진행 중이기 때문이라는 것이다. "나의 때는 아직 오지 않았다. 이 엄청난 사건은 아직도 진행 중이며 방황 중이다. 이 사건은 아직 사람들의 귀에 들어가지 못했다. 천둥과 번개는 시간이 필요하다. 별빛은 시간이 필요하다. 행위는 그것이 행해진 후에도 보고 듣게 되기까지 시간이 필요하다. 하지만 바로 그들이 이 짓을 저지른 것이다!"²⁷⁶ 이와 같이 『차라투스트라』는 신약성경과 예수 그리스도의 언행에 대한 패러디로 꽉 차 있는 책인데, 그런 점에서 니체는 패러디의 제왕이며 아포리즘²⁷⁷의 대가라고 말

---

275 Nietzsche, 『안티크리스트』 18; 백승영, 『니체, 디오니소스적 긍정의 철학』, 270-71.
276 Nietzsche, 『즐거운 학문』 외, 201.
277 '아포리즘'(Aphorism)이란 경구(警句)나 격언(格言), 금언이나 잠언(箴言) 등을 일컫는 말이다. 인생의 깊은 체험과 깨달음을 통해 얻은 진리를 간결하고 압축적으로 기록한 명상물로서 가장 짧은 말로 가장 긴 문장의 설교를 대신하는 것이라고 할 수 있다. 대개 일반적으로는 생각할 수 없는 기발한 생각이나 기지를 짧은 글로 나타냄으로써, 어떤 원리나 인생의 교훈을 간결하게 표현하고 있다. 일종의 충고나 처세(處世)훈을 주는 것은 '격언'이라고 하고, 주로 지혜와 교훈을 담은 말은 '잠언'이라고

할 수 있을지언정, 체계적인 철학가나 사상가라고 말할 수는 없다.

② 제2부, 3(동정심 많은 자들에 대하여) 중에서

> 아, 세상에 동정심 많은 자들의 어리석음보다 더 큰 어리석음이 어디 있겠는가? 그리고 세상에 동정심 많은 자들의 어리석음보다 더 큰 괴로움을 주는 것이 어디 있겠는가? 동정을 초월하지 못한 모든 사랑하는 자들에게 화 있으라! 일찍이 악마가 나에게 이렇게 말했다: "신조차도 자신의 지옥을 갖고 있다. 그것은 인간들에 대한 신의 사랑이다"라고, 그리고 최근에 나는 악마가 이렇게 말하는 것을 들었다: "신은 죽었다. 인간들에 대한 동정으로 인해 신은 죽었다." 그러므로 동정하지 않도록 조심하라. 동정으로부터 무거운 구름이 인간에게 덮쳐오는 것이다. 진실로 나는 험악한 날씨의 징후를 잘 알고 있다.[278]

여기에서 니체는 '신의 죽음' 소식을 악마를 통하여 들었다고 진술하는데, 이 과정에서 특히 동정심의 어리석음에 대하여 강변한다. 니체가 보기에 기독교의 특징들 중 하나인 동정심이란 위선에 가득 찬 것이고 또 헛된 약자의 논리에 불과하다. 이 관점에서 니체는 약자들에 대한 차별을 정당화하면서 기독교의 사랑과 동정심을 극렬하게 비판한다. "무엇이 좋은 것인가? 힘에의 감정, 권력에의 의지, 인간 안에서 힘 자체를 증대시키는 모든 것들이 그렇다. 무엇이 나

한다: 『문학비평용어사전』(서울: 국학자료원, 2006).
278 Nietzsche, 『짜라투스트라』, 130.

쁜 것인가? 허약함에서 유래하는 모든 것들이 그렇다. … 약자들과 실패자들은 몰락해야 한다. 이것이 우리 인간애의 첫 번째 원칙이다. 또 사람들은 그것을 도와야 한다. 그 어떤 악덕보다 더 해로운 것은 무엇인가? 모든 실패자와 약자에 대한 동정행위, 즉 기독교가 그렇다."[279] 그런데 이것은 일종의 끔찍한 엘리트주의로서 기독교에 대한 혐오와 함께 나치의 유대인 학살 정신과 연결되는 것으로 오해될 수도 있는 정신이다. 이 정신을 연장시키면, "거지에게 결코 적선을 베풀지 말라. 알량한 동정은 그의 구걸행위를 연장시킬 뿐이다. 차라리 그의 쪽박을 깨버려라!"라는 논리까지도 가능하게 된다.

③ 제4 부, 7(가장 추악한 인간) 중에서

"짜라투스트라여! 짜라투스트라여! 나의 수수께끼를 풀어 보라! 말해 보라, 말해 보라! 목격자에 대한 복수는 무엇인가?" … 그는 청동과 같은 소리로 말했다. "나는 그대를 잘 알고 있다. 그대는 신의 살해자이다. 나를 보내다오. 그대 가장 추악한 자여! 그대는 그대를 목격한 자를, 눈 하나 깜빡거리지 않고 그대를 속속들이 꿰뚫어본 자를 견딜 수 없었다. 그래서 그대는 이 목격자에게 복수를 한 것이다."[280] … "그러나 그는 죽을 수밖에 없었다. 그는 모든 것을 목격한 그 눈으로 보았다. 그는 인간의 깊은 곳과 심연을 보았으며, 인간의 숨겨진 모든 치욕과 추악함을 보았다. 그의 동정심은 조금도 부끄러움을 몰랐다. 그는 나의 가장 불결한 구석구석으로 기어들

---

279 Nietzsche, 『안티크리스트』 외, 216.
280 Nietzsche, 『짜라투스트라』, 337.

었다. 이 가장 호기심 많고 지나치게 추근거리고 지나치게 동정심 많은 신은 죽을 수밖에 없었다. 그는 항상 나를 보고 있었다. 나는 이런 목격자에게 복수를 하고 싶었다. 그렇게 하지 않고서는 나는 더 이상 살고 싶지 않았던 것이다. 모든 것을 보았던, 인간까지도 보았던 이 신은 죽을 수밖에 없었다! 인간은 이런 목격자가 살아 있다는 것을 견딜 수 없었던 것이다." 그 가장 추악한 자는 이렇게 말했다. 그러나 짜라투스트라는 자리에서 일어나 떠날 준비를 했다. 왜냐하면 그는 뼛속까지 한기를 느꼈기 때문이었다.[281]

여기에서 니체는 '가장 추악한 인간'(Der häßlichste Mensch)에 의한 신의 죽임 당함을 고발한다. '가장 추악한 자'란 자기 자신을 수치스러워하는 인간이다. 그의 모습은 자기도 자신을 외면하고 싶을 정도이다. 자기 경멸과 자기 부정에 빠져 있으며, 자신을 사랑하지도 존중하지도 못한다. 한마디로 이것은 인간의 자기 자신에 대한 구역질을 말한다. 그래서 니체는 인간이 자기 자신을 혐오스럽게 생각하여 자기 자신에게서 떠나 자신을 초월하려고 할 때, 인간이 위대해질 수 있음을 나타내려고 했을 수 있다.

그런데 이런 그에게 그의 모든 면을 낱낱이 꿰뚫어 보는 목격자는 부담스럽다. 자기 자신을 견뎌내기 어려울 정도로 자신의 모습에 넌덜머리를 내는 그에게 이 신의 눈길은 감당하기 어렵다. 그래서 인간의 병리성이, 결국엔 니체의 병리성이 표출된다. 자신을 경멸의 대상으로 간주하는 그는 '목격자에 대한 복수'로 신을 부정한

---

281 Nietzsche, 『짜라투스트라』, 340-41.

다. 목격자 신에게 복수의 앙갚음을 해 버리는 것이다. 니체가 '신의 죽음'을 선언하는 것은 그런 고통에서 벗어나려는 그의 심적 저항 기제에 해당한다. 따라서 더없이 추악한 자의 측면에서 보면 그의 수치심 때문에, 또 신의 측면에서 보면 더없이 추악한 자에 대한 신 자신의 동정심 때문에, 신은 죽임을 당할 수밖에 없다.[282] 그러므로 한마디로 말해 이것은 심적으로 병든 인간의 신에 대한 복수에 불과할 뿐이다.

④ 제4부, 13(보다 높은 인간들에 대하여) 중에서

"그대, 보다 지체가 높은 인간들이여, 시장에서 떠나라! 신 앞에서라고? 그러나 이제 신은 죽었다. 그대, 보다 지체가 높은 인간들이여, 이 신은 그대들의 최대의 위험이었다. 그가 무덤 속에 누워 있게 되자, 비로소 그대들은 소생했다. 이제야 비로소 '위대한 정오'가 다가온다. 이제야 비로소 보다 높은 인간이 주인이 되며 지배자가 되는 것이다. 오, 나의 형제들이여, 그대들은 이 말을 이해했는가? 그대들은 두려운가? 그대들의 심장이 현기증을 느끼는가? 이제 지옥이 그대들을 향해 입을 벌리고 있는가? 이제 지옥의 문지기 개가 그대들을 향해 입을 벌리고 있는가? 자, 들으라! 그대, 보다 지체가 높은 인간들이여! 이제야 비로소 인류의 미래라는 산이 산통으로 괴로워하는구나. 신은 죽었다! 이제 우리는 소망한다. 위버멘쉬(초인)가 나타나기를!"[283]

---

282 백승영, 『니체: 건강한 삶을 위한 긍정의 철학을 기획하다』(파주: 한길사, 2015), 75-76.
283 Nietzsche, 『짜라투스트라』, 364-65; 제4부 13. 보다 높은 인간들에 대하여.

여기에서 니체는 그동안 신이 지체 높은 인간들의 최대의 위험이었음을 차라투스트라의 입을 빌려 지목하면서, '신의 죽음'을 장차 위버멘쉬가 나타날 수 있는 조건으로 제시한다. 위버멘쉬적 인간이란 자신의 존재 의미를 피안의 세계나 초월 세계에서 찾지 않는 인간을 말한다. 오히려 인간들이 초월 세계를 거부하고, 오직 지상에서의 삶을 유일한 삶으로 받아들이며, 지상에서 삶의 의미를 찾아야 한다고 니체는 자기주장을 펼친다. 그리고 그때를 니체는 '위대한 정오'라고 묘사한다. '위대한 정오'란 나중에 첫 번째 자서전인 『이 사람을 보라』 제2부에서 니체 자신에 의해 '인류 최고의 자기성찰의 순간'이라고 해설된다. 왜냐하면 그때가 그림자가 가장 짧은 시점, 즉 허상이 가장 작은 시점이기 때문이라는 것이다.

여기에 새로운 진리를 말한다고 자만해 하는 니체의 모습이 있다. 니체는 겸손과는 전혀 거리가 먼 사람이었다. 오히려 겸손한 척하는 사람들에 대해 그는 매우 역겨워 했다. 그래서 그는 힘없고 병약한 인간들이 만들어낸 이제까지의 병든 서구 문명이 파괴되어야 한다고 스스로 진단하고,[284] 자기가 지체 높은 인간들을 위해 앞으로 하나의 새로운 지평을 열어젖히겠다며 다분히 돈키호테와도 흡사한 과대망상적 사명감에 불타고 있다. 그래서 여기엔 보다 높은 인간이 주인이 되어야 하고 자기 스스로 자기의 지배자가 되어야 한다고 열변을 토하는 한 교만한 인간의 열정적인 몸부림이 있다.

---

284 이서규, 『니체와 전통해체』(서울: 서광사, 1999), 13.

4. 『선악의 저편』과 『도덕의 계보』

1) 『선악의 저편』(1886년) 중에서의 언급

『선악의 저편』(Jenseits von Gut und Böse)은 1886년 8월 초에 자비로 출판되었다. 니체는 『차라투스트라』 제4 부의 출간 이후, 1885년 실스 마리아(Sils-Maria)에서 자신의 새로운 철학을 기술하려는 의도로 기존에 출간되었던 『인간적인, 너무나 인간적인』을 근본적으로 다시 바꾸어 쓰려는 의지를 가지고 있었던 것으로 보인다. 그러나 이는 곧 포기되었고, 자신의 미래 철학의 구상을 『선악의 저편』이라는 이름으로 출간했다. 그래서 니체는 이 책의 부제를 "미래 철학의 서곡"이라고 명명하였는데, 그는 특히 자신의 철학 전체를 "미래의 철학"으로 이해하였다.[285]

이 책은 1881년에서 1886년까지 실스 마리아에서의 노트와 단상 기록들을 기초로 쓰여진 것이다. 이 책에는 니체의 후기 사상이라고 할 수 있는 모든 내용이 담겨 있다. 즉 이 책은 전기의 『반시대적 고찰』(현대성 비판을 다룸)을 비롯하여, 이후 출간된 『인간적인, 너무나 인간적인』(자유정신의 문제를 다룸), 『아침놀』(도덕에 대한 비판 작업과 인류의 미래에 대한 물음으로 구성됨), 『즐거운 학문』(진리와 여성, 영혼의 건강문제를 다룸), 『차라투스트라』(위버멘쉬와 이성, 자아 등의 문제를 다룸) 등에서 가지고 있는 모든 문제의식들을 포함하고 있다. 물론 주로 선과 악이라는 대립적 가치의 기원을 형이상학의 문제와 연관해서 논의하

285　백승영, 『니체, 디오니소스적 긍정의 철학』, 64.

는데,[286] 그 과정에서 그는 구약 창세기의 선악과 명령을 형이상학으로 간주한다.

니체는 1886년 10월 26일에 자신의 친구이자 화가인 라인하르트 폰 자이트리츠(Reinhart von Seydlitz)에게 보내는 한 편지에서 『선악의 저편』은 "내 『차라투스트라』에 대한 일종의 주석서(Commentar)"라고 말하고 있다. 『차라투스트라』에서 문학적으로 다루어진 내용들이 이 책에서 사색적이고 분석적인 방법으로 다루어지고 있기 때문이다.[287] 하지만 『선악의 저편』은 단순한 주석서는 아니다. 여기에서 니체는 현대성 비판을 다루고 있는데, 그 비판은 현대 학문, 현대 예술, 심지어 현대 정치마저도 제외시키지 않는다. 이와 관련하여 그는 첫 번째 자서전인 『이 사람을 보라』에서도 이 책 『선악의 저편』이 본질적으로 현대성에 대한 비판임을 분명히 한다. 그러면서 우리와 가장 가까이 있는 것, 우리 시대, 우리 주변을 예리하게 파악하라는 권면을 자기가 강조했음을 부연한다.[288] 그리고 니체는 아포리즘으로 가득 찬 이 책에서 자신을 '자유정신'으로 재등장시킨다. 현대성 극복의 가능성을 '자유정신'을 지닌 인간인 미래의 철학자, 즉 귀족적 인간을 육성하는 데에서 찾는다.[289]

그런데 특이한 것은 그가 『이 사람을 보라』에서 자기의 『선악의 저편』을 요약, 평가할 때, 신과 악마를 거의 동일시한다는 사실이다. 구약 창세기의 선악과 명령에 등장하는 뱀을 신과 동일시하고, 또

---

286 F. W. Nietzsche, 김정현 역, 『선악의 저편 · 도덕의 계보』(니체전집 14)(서울: 책세상, 2003), 549-50.
287 Nietzsche, 『선악의 저편 · 도덕의 계보』, 550.
288 F. W. Nietzsche, 백승영 역, 『이 사람을 보라』 외(니체전집 15)(서울: 책세상, 2016), 439.
289 Nietzsche, 『선악의 저편 · 도덕의 계보』, 548.

그럼으로써 선과 악의 문제를 이제껏 기독교 도덕에서 가르쳐 왔던 것과 다른 차원에서 새롭게 생각해야 한다는 니체 자신의 논제가 이 책 안에 있음을 그는 숨기지 않는다. "신학적으로 말하자면, 잘 들어보라. 나는 신학자로서는 거의 말하지 않으니, 자기 일의 끝에 인식의 나무 아래 뱀으로서 누워 있었던 것은 바로 신 자신이었다. 신은 이런 식으로 신적 존재로부터의 안식을 취했던 것이다. 신은 모든 것을 너무 그럴듯하게 만들었다. 악마라는 것은 제7 일째의 신의 한가로움에 불과한 것이다."[290]

그런 점에서 볼 때, 선과 악의 저편에 있는 사람만이 가장 대담하고 생명력 넘치며 세계를 긍정하는 인간의 이상에 눈을 뜨게 될 것이다.[291] 부처나 쇼펜하우어처럼 도덕의 속박이나 망상 하에 있을 것이 아니다. 항상 사랑으로 행해지는 것은 선악의 저편에서 일어난다.[292] 또 니체는 하나님을 '순수하게 고안된 절대자', '논리적 허구'로 보며, 신이나 죄와 같은 엄숙한 개념들은 언젠가는 우리에게 중요하지 않게 될 것이라고 주장한다. 그것은 마치 노인에게 어린아이의 놀이도구나 고통이 중요하지 않은 것과 마찬가지라는 것이다. 그동안 인류가 이런 잘못된 판단들 때문에 싸워 왔고 고통 받아 왔는데, 이제는 그것을 넘어서야 한다는 것이다.[293]

오늘날 왜 무신론이 문제가 되고 있는가? '아버지' 신은 근본적

---

290 Nietzsche, 『이 사람을 보라』 외, 439-40.
291 Nietzsche, 『선악의 저편 · 도덕의 계보』, 93.
292 Nietzsche, 『선악의 저편 · 도덕의 계보』, 127. 그런데 "절대적으로 선한 것도 없고 절대적으로 악한 것도 없으며, 사랑으로 행해지는 것만이 항상 옳다"라는 명제는 그 후 1960년대에 미국에서 일어난 '상황윤리'의 핵심적인 주장이 되었다.
293 Nietzsche, 『선악의 저편 · 도덕의 계보』, 19, 94.

으로 거부되었고, '심판자', '보상자' 개념도 마찬가지로 거부되었다. 신은 인간의 소리를 듣지 못하고, 설령 들었다고 하더라도 그는 인간을 도울 수 없다. 가장 나쁜 것은 그가 자신의 의사를 분명하게 전달할 수 없는 것처럼 보인다는 사실이다. 유럽의 유신론이 몰락한 원인은 바로 신이 모호한 존재이기 때문이라는 사실을 니체는 자기가 여러 대화들을 나누는 가운데 묻고 경청하면서 발견했다고 한다.[294] 그래서 기독교는 지금까지 가장 숙명적인 방식의 자기불손이었다. 오늘날의 유럽인들은 그동안 잘못된 기독교 도덕에 의해 왜소해지고 거의 어처구니 없는 종족, 즉 '무리 동물'로서 선량하고 병들고 평범한 존재로 그렇게 '사육'되어 왔는데, 그런 인간들이 지금까지 그들의 '신 앞에서의 평등'으로 유럽의 운명을 지배해 왔지만, 이제는 선과 악의 문제를 꼭 그렇게 종전과 같이 생각할 필요가 없다고 니체는 주장한다.[295]

2) 『도덕의 계보』(1887년) 중에서의 언급

니체는 1887년 7월에 『도덕의 계보』를 완성하고, 그것을 11월 10일에 출간하였다. 니체 자신의 표현에 의하면, 자기가 이 『도덕의 계보』에 모든 걸 다 쏟아 부었다고 한다. 그래서 이제는 자기가 자신을 오해한다는 것이 이 책으로 말미암아 절대로 불가능하게 되었다고 회고한다.[296] 그는 자기 자신을 갑자기 심리학자로 호칭하며, 이 책에는 모든 가치의 전도를 위한 한 심리학자의 결정적인 세 가

---

294 Nietzsche, 『선악의 저편 · 도덕의 계보』, 90.
295 Nietzsche, 『선악의 저편 · 도덕의 계보』, 103-4.
296 Nietzsche, 『니체 최후의 고백: 나의 누이와 나』, 303.

지 준비, 즉 '최초의 사제 심리학'이 포함되어 있다고 스스로 자화자찬한다.[297]

그중 제1 논문에서 다루고 있는 '기독교 심리학'은 『선악의 저편』에서 구분한 '주인 도덕'과 '노예 도덕'이라는 두 가지 도덕 유형을 염두에 두고, 선과 악의 발생 기원에 대해 해명하고자 한다. 즉 좋음과 나쁨이라는 가치가 기독교의 무리본능과 결합해 선과 악의 가치 대립을 형성하는 과정을 추적한다. 그래서 '고귀한, 강력한'을 좋은 가치로, '비열한, 무력한'을 나쁜 가치로 평가하던 고귀한 귀족적 가치 등식이 유대인들의 원한 감정에 의해 이제 비이기적이고 평범한 것을 선으로, 이기적인 것을 악으로 평가하는 가치 전환이 일어나게 되었다는 것이다. 그래서 니체에 따르면, 기독교는 원한 정신에서 발생했으며, 고귀한 가치의 지배에 대한 거대한 반란이다. 도덕에서의 노예 반란, 주인도덕에 대한 노예도덕, 즉 기독교의 승리가 유럽 도덕사에서 중심적인 사건이라고 니체는 기술한다.[298]

제2 논문은 '양심의 심리'를 제공한다. 양심이란 보통 믿고 있는 것처럼 인간 내부의 신의 음성이 아니다. 양심은, 더 이상 외부를 향해 폭발할 수 없게 되자, 자기를 향해 반전하는 잔인함의 본능이다. 소위 신성한 신의 기원이라는 것에 대해 니체는 언급하기를, 유럽 세계가 인간의 자기 고행이나 자기 능욕을 위해서 신이라는 것을 이렇게 고안해 온 것이라고 하면서, 사실은 신들이 현재화되는 것을 우리가 한 순간도 허용해서는 안 된다고 주장한다. 그럴 바엔 차

---

297 Nietzsche, 『이 사람을 보라』 외, 441-42.
298 Nietzsche, 『선악의 저편 · 도덕의 계보』, 559.

라리 그리스인들의 신 개념 고안이 더 고귀한 방식인데, 왜냐하면 그리스인들은 양심의 가책을 자신에게서 떼어놓고 자기들의 영혼의 자유를 즐길 수 있게끔, 오랫동안 자기 신들을 이용해 왔기 때문이라는 것이다. 그리스 신들의 경우 심지어 제우스라도 그 권위가 별로 없는데, 니체에 의하면, 그리스 신들은 고귀하고 자주적인 인간 정신이 반영되어 있어서, 그것에 비추어 인간 안에 있는 동물성이 스스로 신격화되었음을 느낄 뿐, 자기 자신을 물어뜯지도 않고 또 자기 자신에게 사납게 날뛰지도 않는다고 한다.[299]

제3 논문은 금욕적 이상, 사제적 이상이 전형적인 해로운 이상이고 말종의지이며 데카당스 이상임에도 불구하고, 그 이상이 갖고 있는 거대한 힘이 어디에서 유래하는가라는 질문에 답을 마련한다. 그 대답은 보통 믿고 있는 것처럼 신이 사제들의 배후에서 활동하고 있어서가 아니다.[300] 오히려 이 책의 마지막에서 니체가 말하고 있는 대로 "인간은 아무 것도 원하지 않는 것보다 차라리 무를 원하기 때문"이라는 것인데, 이것은 무신론적 입장에서의 진술임이 분명하다. 결국 니체는 이 제3 논문에서 '절대적으로 성실한 무신론'이 그 마지막 발전과정의 하나이며, 그 추리형식이나 내적 논리적 결론의 하나라고 주장한다. 또한 신앙이 허위임이 입증된 것이 이미 동서양 공히 마찬가지인데, 특히 인도의 경우 유럽의 기원보다 5세기 전에 부처와 더불어서 증명되었다고 하면서, 부처에 의해 통속화되고 종교로 만들어진 샹카철학(Samkhyan-Philosophie)[301]의 경우

---

299 Nietzsche, 『선악의 저편 · 도덕의 계보』, 443-44.
300 Nietzsche, 『이 사람을 보라』 외, 441-42.
301 샹카(Samkhya) 학파는 카필라(Kapila)에 의해 창시된 인도 철학의 여러 학파들 가운데 가장 오래

를 그 예로 들기까지 한다.[302]

5. 니체의 자서전들

1) 『이 사람을 보라』(첫 번째 자서전, 1888년 저작) 중에서의 언급

니체의 첫 번째 자서전인 『이 사람을 보라』(*Ecce Homo*)는 만 44세에 해당하는 1888년 생일인 10월 15일부터 집필하기 시작하여 채 한 달이 안 된 11월 13일에 완성하였는데, 출판은 그로부터 20년 후인 1908년에야 비로소 가능하였다. 왜냐하면 중간에 몇 군데의 변경이 있었고, 무엇보다도 출판여건이 좋지 않았기 때문이다.[303] 그 제목은 신약 성경에서 본디오 빌라도가 예수의 십자가형을 요구하는 군중들 앞에 예수를 내세우면서 한 말이다.[304] 또 나폴레옹이 괴테를 맞으면서 외쳤던 말이기도 하다. 니체는 이 책에서 자기를 예수와 비교할 뿐만 아니라 소크라테스와도 비교한다. 부제로는 "사람은 어떻게 자기의 모습이 되는가?"라는 제목이 함께 붙어 있다.

된 것으로, 수론학파(數論學派)라고도 불린다. 이 학파는 우주의 궁극적인 구성요소의 수와 본질을 규정함으로써 실재에 대한 바른 인식을 도모했으며, 이를 통해 완전한 지식을 얻고자 했다. 물질(prakrti, 프라크르티)과 정신(purusa, 푸루샤)의 이원론적 실재론적 구분에서 출발해 주관과 객관, 인식과 경험, 자아와 실재의 문제를 다루고 있는 이 학파는 신의 존재를 증명할 수 없을 뿐만 아니라 신은 존재하지 않는다는 무신론적 입장을 견지했다.

302 Nietzsche, 『선악의 저편 · 도덕의 계보』, 537-38.
303 Nietzsche, 『니체 자서전: 나의 여동생과 나』, 422-23. 이 첫 자서전은 니체가 살아 있는 동안에는 출판되지 못하였다. 왜냐하면 처음에는 원고들의 타이핑과 교정을 담당하던 친구와 출판업자가, 이어서 니체의 모친과 외삼촌이, 또 나중에는 여동생이 개입하여 출판을 보류해 버렸기 때문이다. 그렇게 차일피일 출판이 미뤄지던 『이 사람을 보라』의 원고는 집필된 지 무려 20년이 지난 1908년에야 비로소 첫 출판될 수 있었다. 그것도 니체의 광기가 이미 여실히 드러나거나 모친, 여동생, 또 매제 푀르스터(Berhard Förster)를 부정적으로 언급한 문장들과 단락들은 모두 삭제된 상태에서 출판이 가능하였다.
304 "빌라도가 다시 밖에 나가 말하되, 보라 이 사람을 데리고 너희에게 나오나니 이는 내가 그에게서 아무 죄도 찾지 못한 것을 너희로 알게 하려 함이로라 하더라. 이에 예수께서 가시관을 쓰고 자색 옷을 입고 나오시니 빌라도가 그들에게 말하되 보라 이 사람이로다 하매"(요 19:4-5).

이 작품을 니체는 토리노에서 작성했는데, 이 작품을 쓰던 시기의 자기의 심경을 '이루 말할 수 없이 아름다운 나날들'이라는 표현으로 알려 주고 있다.[305]

그런데 이 책은 목차의 소제목들과 첫 문장에서부터 겸손과는 거리가 먼 니체를 느끼게 해 준다. 가령 이 책은 '나는 왜 이렇게 현명한지', '나는 왜 이렇게 영리한지' 등의 소제목을 가지고 있다. '나는 왜 이렇게 영리한지'에서 그는 신의 존재와 무신론에 대해 이렇게 진술한다:

'신', '영혼불멸', '구원', '피안'은 내가 어린아이였을 때조차도 주목하지도, 시간을 투자하지도 않았던 개념들이다. 내가 정녕 어린아이답지 않았던 것일까? 나는 무신론을 결코 결과라고 이해하지는 않는다. 사건으로서는 더더욱 아니다. 내게는 무신론이 즉각적으로 자명한 사실이다. 나는 호기심이 너무 많고, 의문이 많으며, 오만하여 조야한 대답에 만족하지 않는다. 신이란 하나의 조야한 대답이며, 우리 사유가들의 구미에는 맞지 않는다. 심지어 그것은 본질적으로는 우리에게 조야한 금지를 하는 것일 뿐이다. "너희는 생각해서는 안 된다"라는 금지를 말이다. 오히려 나는 완전히 다른 문제에 흥미를 느끼고 있는데, 그것은 '인류의 구원'이 신학자의 어떤 기묘함에 보다도 더 많이 의존하고 있는 문제이다. 즉 '영양 섭취'라는 문제가 바로 그것이다.[306]

---

305 Nietzsche, 『이 사람을 보라』 외, 569.
306 Nietzsche, 『이 사람을 보라』 외, 349-50.

그리고 니체는 자기가 '최초의 비도덕주의자'이며 '파괴자 중의 파괴자'라고 진술한다. 또한 자기는 디오니소스적 본성에 복종하는데, 디오니소스적 본성이란 부정하는 행위를 긍정의 말에서 분리시킬 줄 모르는 본성이라고 해설한다.[307] 그러면서 '신의 죽음'과 관련해 다음과 같은 중요한 진술을 한다:

> "나를 이해했는가? 나를 구별짓고, 나를 나머지 인류 전체에 대한 예외로 만드는 것은 바로 내가 기독교 도덕을 알아차렸다는 점이다. 그래서 나는 '모든 이를 도발하는 의미를 포함하는 말 하나'가 필요했다. 기독교에 대한 맹종은 범죄 중의 범죄이다. 삶에 대한 범죄인 것이다. … 기독교 도덕, 이것은 가장 악의에 찬 형식의 거짓 의지이며, 인류에 대한 진짜 키르케(Kirke)[308]이다. 이것이 인류를 망쳐버린 바로 그것이다."[309]

여기에서 니체 자기에게 필요했던 '모든 이를 도발하는 의미를 포함하는 말 하나'란 바로 '신은 죽었다'는 말일 것이다. 그리고 이 말이 필요했던 이유에 대해 니체는 단선적(單線的)으로 설명하기를, 기독교의 신은 자연성을 결여하기 때문에 오류 중의 오류를 가르치는데, 즉 삶의 최고 본능인 성욕을 경멸하라고 하며, 삶의 전제인 성(性)에서 어떤 불결한 것을 느끼도록 가르쳐 왔는가 하면, 육체를 모

---

307 Nietzsche, 『이 사람을 보라』 외, 458.
308 '키르케'(Kirke)란 그리스 신화에 나오는 마녀를 일컫는데, 태양의 신 헬리오스의 딸로 눈부실 정도의 외모를 지녔으며 인간을 동물로 바꾸는 마법을 부리는 것으로 유명하다. 전설의 섬인 아이아이에(Aiaie)에 살면서 그 섬에 오는 사람들에게 마법을 걸어 동물로 변하게 하였다고 전해진다. 서양에서는 지금도 남자가 여자의 육체에 정신을 빼앗겼을 때 "키르케에게 홀렸다"라는 표현을 쓰고 있다: 네이버 지식백과, 두산백과.
309 Nietzsche, 『이 사람을 보라』 외, 464-65.

욕하기 위해 영혼과 정신이라는 개념을 날조해낸 것이 플라톤주의에 이어 기독교인 까닭이라고 설명한다. 이것을 그동안 한 개인이나 한 민족이 아니라, 인류 전체 즉 유럽 세계가 이렇게 잘못 배워왔다고 그는 한탄한다. 이것은 '자연도태의 법칙'에도 어긋난다고 하면서,[310] 니체는 자기가 다윈의 진화론을 새로운 진리 체계로 인정하고 있음을 드러내기도 한다. 또한 니체는 "이 모든 것이 도덕으로 믿어져 왔다! 이 파렴치한 것을 분쇄하라! … 나를 이해했는가?"라고 하면서 자기 자신을 '디오니소스[311], 십자가에 못 박힌 자'라고 기록한다.[312] 이것은 니체가 발작을 일으키기 전에도 이미 그의 저작물에서 자신을 디오니소스, 예수와 한편으로 동일시해 왔음을 숨기지 않고 드러낸 좋은 증거로 제시될 수 있다.

'나는 왜 이렇게 좋은 책들을 쓰는지'에서는 그 전에 자기가 저술한 10권의 책들에 대한 저술 당시 자기의 심적 상태와 저술 장소 등을 기록하고 있다. 한마디로 말해 이 책은 자기 자신과 자기 책에 대한 자랑으로 구성되어 있다. 이런 자기 자랑이 고조될 수 있었던 이유는 1888년 그 해 가을에 완성된 자기 작품들에 대해 세간의 주목이 점점 더 강해지고 있다는 사실을 그가 인식한 때문이다. 특히 코펜하겐 대학의 브란데스(Georg Brandes) 교수가 니체 철학에 대해 강의한다는 소식은 니체를 흥분시켰다. 당시 유럽에서 이미 저술가로 유명해져 있던 브란데스가 니체를 높이 평가하자, 니체는 처음

---

310 Nietzsche, 『이 사람을 보라』 외, 467.
311 '디오니소스' (Dionysus, Διόνυσος)는 고대 그리스 신화에서 술과 풍요, 포도나무, 광기, 다산의 신이다. 로마 신화의 바쿠스(Bacchus)에 해당한다. 호메로스의 『일리아스』(14편, 325)에 의하면, 제우스와 세멜레의 아들이고 아리아드네의 남편이다.
312 Nietzsche, 『이 사람을 보라』 외, 468.

으로 자기가 공정하게 평가되고 있다는 생각을 하게 된다. 독일 내에서도 니체의 작품들에 대한 반향들이 점차 늘어나자, 니체는 갑자기 자기의 영향이 백 년 아니 심지어는 2백 년에 이를 것이라는 느낌을 받게 된다.[313]

'왜 나는 하나의 운명인지'에는 니체 자신의 스스로에 대한 사적 평가가 들어 있다. 그는 자신의 운명을 다이너마이트로 간주한다. 다이너마이트로서의 그는 이제껏 최고 유형으로 간주되어 오던 인간 유형, 즉 선한 인간을 '인간 말종'으로 간주하면서 부정하고, 도덕 자체로 행사되고 지배적이 되어 온 도덕 유형, 즉 기독교 도덕을 부정하며 파괴한다.

> "나는 내 운명을 안다. 언젠가는 내 이름에 '어떤 엄청난 것에 대한 회상'이 접목될 것이다. … 지금까지 믿어져 왔고 신성시되어 온 모든 것에 대한 거역을 불러일으키는 결단에 관한 회상이 접목될 것이다. 나는 인간이 아니다. 나는 다이너마이트이다. 그렇다고 해도 내 안에는 종교 창시자의 그 무엇도 들어 있지 않다. 종교는 천민의 사건이다. 종교적인 인간과 접촉한 후에 나는 내 손을 닦아야 할 필요를 느낀다. 나는 신자를 원치 않으며, 나 자신을 믿기에는 내가 너무 악의적이라는 생각이 든다."[314]

여기 니체의 진술 중에서 '어떤 엄청난 것에 대한 회상'이란 곧 '신은 죽었다'라는 선언을 뜻할 것이다. 또 그 말의 의미는 곧 '지금

313　Nietzsche, 『이 사람을 보라』 외, 568.
314　Nietzsche, 『이 사람을 보라』 외, 456.

까지 믿어져 왔고 신성시되어 온 모든 것에 대한 거역을 불러일으키는 결단'을 뜻할 것이다. 1888년 4월부터 니체는 이 작품을 포함하여 여섯 작품들[315]을 한꺼번에 마치 거센 폭풍처럼 써내더니,『디오니소스 송가』의 교정을 마친 직후 1889년 1월 3일에 이탈리아 토리노의 카를로 알베르토 광장에서 발작 증세를 일으키면서 쓰러졌다.[316] 쓰러지기 전부터 그는 거의 매일 친구들이나 여러 지기들에게 편지를 써서 '아주 위대한 사건'이 일어날 것임을 고지하기도 하였다. 그중에서 '독일 황제에게 쓴 편지' 소묘에는 인류의 운명이 결정되는 일이 곧 닥쳐오고 있는데, 그 일은 바로 전쟁이고, 그것도 기독교에 대한 전쟁이라고 적기도 하였다.[317]

2)『나의 누이와 나』(두 번째 자서전, 정신 이상이 있은 후 1889년 저작) 중에서의 언급

니체의 두 번째 자서전인『나의 누이와 나』는 1889년 9월 경 니체의 병세가 약간 호전되었을 때부터 예나의 병원에서 집필되기 시작하여 1890년 3월 주택으로 옮겨지기 전에 완성되었다. 니체는 자기의 이 마지막 글이 자기의 모친과 누이동생 엘리자베트에게 발견

---

315 여기에서 '여섯 작품들'이란『바그너의 경우』,『우상의 황혼』,『안티크리스트』,『이 사람을 보라』,『디오니소스 송가』,『니체 대 바그너』를 말한다.
316 니체는 토리노의 자기 숙소 앞 길거리인 카를로 알베르토 광장에서 마부에게 채찍질 당하던 말을 끌어안고 오열하다가 정신을 잃고 쓰러졌다. 니체로부터 그 날자의 이른 바 '광기편지'를 받은 친구 신학자인 오버벡(Franz Overbeck)이 토리노로 향해 니체가 머물던 집에 도착해서 보니, '소파에 앉아 광적인 표정으로『니체 대 바그너』의 교정지를 읽고 있는 니체'를 발견하였다. 오버벡은 니체를 바젤에 있는 빌레 병원으로 데려가서 입원시켰는데, 거기에서는 '진행성 마비'라는 진단이 내렸다. 그후 니체의 모친이 바젤에 도착하여 오버벡의 집에 머물면서 니체를 간병하기 시작하다가, 1월 17일에 예나의 빈스방거 병원으로 옮겨 이듬해 (1890년) 3월 24일까지 입원시켰다. 니체의 모친은 예나와 나움부르크를 오가면서 니체를 간병하였다: Nietzsche,『니체 자서전: 나의 여동생과 나』, 419.
317 Nietzsche,『이 사람을 보라』외, 569.

되지 않도록 그 상황에서도 최선을 다했다. 그러다가 니체의 모친이 예나에서 주택 한 채를 빌린 후 1890년 3월 24일 니체를 병원에서 퇴원시켜 그 주택으로 데려가기 직전인 3월 초순부터 중순 사이의 어느 날, 니체가 이 책의 원고를 예나의 병원 같은 병실에 입원해 있던 한 남자 환자를 통해 누이 몰래 반출했을 것으로 추정된다. 그후 1897년에 모친이 사망할 때까지 니체는 모친의 간호를 받다가, 누이 엘리자베트가 남편과 사별하고 파라과이에서 귀국하여 오빠를 바이마르로 데려가 간호하게 되었다. 그러다가 1900년 8월 25일 정오경 55세의 나이로 사망할 때까지, 니체는 각종의 질병상태로 괴로워하면서도 바이마르를 떠날 수 없었다.[318]

그런데 니체가 쓰러진 이후 니체 저작물들에 대한 모든 판권이 누이 엘리자베트에게 있었으므로, 이 책은 그동안 그 존재조차 알 수 없다가 집필이 완성된지 61년 만인 1951년에야 비로소 우여곡절 끝에[319] 출판되기에 이르렀다. 즉 1889년 토리노에서 혼절한 후 예나의 정신병원에 감금되다시피 입원(1889년 1월 17일-1890년 3월 24일)해 있던 니체는 『이 사람을 보라』의 출판이 보류됐다는 사실을 알고 낙담했다.[320] 그렇게 전투용 무기를 빼앗긴 니체는 다시금, 그러나 이제는 비밀리에, 무기를 제작해야만 했다.[321] 그리하여 니체는

---

318 Nietzsche, 『니체 최후의 고백: 나의 누이와 나』, 39.
319 어떤 때는 위작 논란에 휩싸인 적도 있었다.
320 Nietzsche, 『니체 최후의 고백: 나의 누이와 나』, 58 (제1 장 제36 절)을 참고하라: "나는 내가 『이 사람을 보라』를 탈고했을 때, 온 갑판을 깡그리 청소했노라고 생각했다. 대체 어떤 굉장한 이유 때문에 내 가족이 그걸 그다지도 못 마땅히 여기고 게다가 출판을 보류하게까지 했단 말인가?"
321 "지금부터 죽는 날까지 나의 가장 중대한 과업은 이 노트를 내 누이의 수중에 떨어뜨리지 않도록 보관하는 것이다. 그녀는 … 자신의 근친성교적 자궁으로, 저항할 수 없는 힘으로 날 끌어당겼던 것이다": Nietzsche, 『니체 최후의 고백: 나의 누이와 나』, 63.

자신을 '곁에서 실제로' 감시하던 모친과 또 멀리 대서양 건너 파라과이에서도 자신을 '심정적으로' 감시하던 여동생의 시선을 피해 비밀리에 두 번째 자서전인 이 책을 집필했고, 이번에는 각별히 조심하여 그 원고를 비밀리에 병원에서 밀반출하는데 성공할 수 있었던 것이다.[322]

니체는 자기의 이 마지막 책에서 '신은 죽었다'라는 표현 대신에 '신은 죽었는가?'라는 반문 형식을 취하여 자기 평생의 과제에 대하여 언급한다. 여기에서 니체는 신의 부존재에 대해 확신할 수 없어서 두렵고 떨리는 마음이긴 하지만, 그렇다고 자기의 대명제를 포기할 수도 없는 복잡한 심경을 이렇게 표현한다:

"내가 하나님을 부정했다고 해서 바야흐로 나를 찬양하는 것은 하나의 유행이 돼버렸다. 하지만 나의 짜라투스트라(=낙관주의)는 단순히 변장한 여호와에 지나지 않는다. '하나님의 약탈자'인 나는 나의 무신론의 끄나풀에서 나 자신을 해방시켰으며, 그리하여 그를 가게끔 내버려두지 않고 확실히 죽어버린 그로부터 강복(降福)을 요구했던 것이다. 하지만 하나님은 죽었는가? 만일 내가 스스로를 발견한다면, 그와 대면하고 있는 자, 즉 불신의 바위 위에 나의 삶을 건설했던 '니체-그리스도의 적'은 과연 무엇일까? 아마도 나는 처음으로 피를 흘리게 되리라."[323]

여기에서 니체는 신을 향하여 '확실히 죽어버린 그'라는 표현을

---

322 Nietzsche, 『니체 자서전: 나의 여동생과 나』, 422-23.
323 Nietzsche, 『니체 최후의 고백: 나의 누이와 나』, 80-81. 여기 인용 문구들 중 괄호 표시는 니체 자신이 줄표 (hyphen, -)로 표시한 것이다. 또 작은 따옴표 역시 니체 자신이 표시한 것이다.

쓰지만, 자기가 그로부터 복을 받기를 원하는 심정을 동시에 기술하면서 '하지만 하나님은 죽었는가?'라는 질문을 제기한다. 또 그는 자신을 '하나님의 약탈자'요 '그리스도의 적'이라고 표현한다. 또 짜라투스트라에 대하여는 '단순히 변장한 여호와에 지나지 않는다'고 하면서, 그것은 곧 '낙관주의'라고 줄표로 표기하기도 한다. 그러면서 그는 '불신의 바위 위에' 자기 삶을 건설했던 자기가 앞으로 어떻게 될까를 두려워하지 않을 수 없다. 그러나 '신은 죽었다'라는 대명제를 포기하지도 어쩌지도 못하는 니체에게 남은 건 오직 '절망'뿐이다.

"그러므로 나는 절망에 빠져 내 속으로 깊이 움츠러든다. 흡사 형체 없는 불안인 양 내 주위에 모여든 신과 인간과 나 자신에 대한 온갖 애타는 증오로 자신을 소진시키게끔 운명지어져. 그리하여 자기 공포 속에, 즉 자신이 죽여 버린 사랑에 의해 발가벗겨진 남자의 공포 속에 갇혀서."[324]

니체는 지금 정신병원에서 자기의 신세를 돌아보니 돈 호세의 최후의 절규보다 더 끔찍하다고 느낀다. 왜냐하면 자기가 숭배했던 자기의 카르멘을 자기가 죽였기 때문이다. 자기는 자신의 과대망상증이라는 비수로 자기의 카르멘을 죽였다고 고백한다. 그러나 니체의 이 진술 역시 회개나 참회의 바탕에서 나온 것은 아니다. 왜냐하면 자기는 그녀가 자기를 사랑할 것을 거부해서가 아니라, 자기가 하나님을 사랑할 것을, 혹은 그 존재를 인정할 것조차 거부했기 때

---

324 Nietzsche, 『니체 최후의 고백: 나의 누이와 나』, 72.

문에 그녀를 파멸시킨 것이라고 여기에서도 여전히 그 특유의 언어의 유희를 이어가고 있기 때문이다. 그러나 니체는 '신의 부재'가 자기에게 매우 끔찍한 것이었음을 고백하기는 한다. 그것은 마치 '신의 존재'가 온갖 사랑이 솟아오르는 원천인 신성한 사랑을 부정하는 모든 무신론자들에게 공포의 대상인 것과 마찬가지라고 하면서, 그는 자기에게 닥쳐온 공포를 숨기지 않는다.[325] 이제 니체는 자기가 죽어가면서 누워 있는데, 뇌운이 자기를 둘러싸고 몰려든다고 쓴다. 그 상태에서 자기는 마비된 손가락으로 끙끙대며 이 어둡고 우수에 찬 노트 위로 괴발개발 낙서와도 같이 이 기록을 남기고 있다는 것이다.

> "나의 하늘은 네 사람의 여성과의 관계 때문에 더럽혀졌다. 그리하여 이제금 내가 죽어가면서 누워 있을 때, 뇌운이 나를 둘러싸고 몰려드는 것이다. 마비된 손가락으로 내가 끙끙대며 괴발개발 낙서하고 있는 이 어둡고 우수에 찬 노트 위로, 조만간에 폭풍은 터지리라."[326]

여기에서 니체가 실토한 자기 인생행로를 좌우한 네 사람의 여성이란 아마도 니체의 누이 엘리자베트와 루 살로메가 포함될 터이고, 또 니체의 어머니, 코지마 바그너, 그가 포르타 고등학교 시절 관계했던 폴란드의 백작 부인, 이렇게 세 사람 중에서 두 명이 더 포함될 것이다. 그런데 니체는 자기와 하늘과의 관계가 더럽혀진

---

325 Nietzsche, 『니체 최후의 고백: 나의 누이와 나』, 75.
326 Nietzsche, 『니체 최후의 고백: 나의 누이와 나』, 62.

이유를 바로 이 네 명의 여성 때문이라고 하면서, 그래서 지금 자기가 이렇게 어두운 뇌운과 자기에게 곧 닥칠 폭풍으로 인해 공포에 떨고 있는 것이라고 자기 삶의 책임을 여성들에게 전가한다. 여기에서도 회개나 참회의 정신은 전혀 찾아볼 수 없다. 이런 니체의 고집을 구태여 '일관성'이라는 이름으로 미화할 필요가 있을까? 그럴 필요는 없다고 본다. 다만 성경에서는 이런 정신을 가리켜 '자기 스스로 완악하게 되었다', 또는 '강퍅하게 되었다'라고 기술한다. 니체의 이런 완악성이 돌이켜질 수 없는 것은 보이지 않는 신 앞에서의 그의 교만과 불순종 때문이라고 개혁신학은 해설한다.

> "그리하여 나의 무기력 속에서 나는 깨닫는다. 내가 모래의 기초 위에다 집을 지었다는 사실을. … 나의 집은 무너졌다. 그리고 그 무너짐은 대단한 것이었다. 나는 (미래의 내 전기 작가들의 주제인) '그리스도의 적'의 신화를 영속시키기 위해, 나 자신의 영혼으로부터의 그리스도의 승리를 숨겨야만 할까? … 나는 전통적 기독교 도덕의 바스티유를 감히 때려 부수고자 시도했다. 볼테르의 사상조차도 수백만의 인간을 절망으로부터 구제하기 위해 신을 필요로 했다. … 나는 유태 기독교도의 노예적 도덕률에 총력을 동원해서 대항했다. 이 일은 나한테 한 사람의 벗도 남겨놓지 않았다. 그리하여 나는 고독 속에 은거하게 되었다. 나의 고독으로부터 광기가 솟아났던 것이며, 그렇게 해서 일어난 일이 바로 이렇다. 신의 발광에 대항해서 외쳐대고 있는 가운데 나 자신이 미쳐버렸던 것이다."[327]

---

327 Nietzsche, 『니체 최후의 고백: 나의 누이와 나』, 77-79. 이하에서 인용 문구들 중 괄호 표시도 니체 자신이 줄표 (hyphen, -)로 표시한 것이다. 또 작은 따옴표 역시 니체 자신이 표시한 것이다.

니체는 그동안 자기가 달성했다고 생각한 위업들이 사실상 모래 위에 지은 집과 다를 바 없다는 사실을 확신하였다. 이제 자기의 패배가 분명하고 또 그리스도의 승리가 분명한데, '그리스도의 적'으로서의 자기의 신화를 영속시키기 위해 '그리스도의 승리'를 숨긴다고 해서 그것이 숨겨질 수 있는 것이 아니라는 사실도 또한 그는 확실히 알았다. 자기의 영혼이 이제 '그리스도의 승리'를 알고 있다는 것이다. 자기가 그리스도에게 패배당했다고 해서 '그리스도의 승리'를 인정하길 거부할 수는 없다는 사실을 그는 최후로 고백한다. 그리하여 전통적 기독교 도덕의 바스티유를 감히 때려 부수고자 시도했던 자기의 헛된 용기 때문에 결과적으로 자기에게 한 사람의 벗도 남지 않았으며, 그래서 자기가 이렇게 미쳐 있다는 사실을 자기가 인지하고 있음을 그는 기록한다. 마비된 손가락으로 끙끙대면서, 자기 누이와 모친이 혹시나 이 기록을 알아차릴까봐 전전긍긍하면서, 괴발개발 낙서와도 같은 기록을 이어 나갔던 것이다.

III. '신은 죽었다' 명제에 대한 분석과 비판

이제까지는 '신은 죽었다' 명제가 나오는 니체의 저작물들과 그 배경에 대해 살펴보았다. 이제부터는 그 문장의 유의미성과 니체에 대한 분석, 평가를 진행하도록 하자.

1. 그 문장이 유의미한가?

먼저 이 명제의 유의미성에 대하여 고찰하겠는데, 이 고찰을 만일 신이 정말로 존재할 경우와 그렇지 않을 경우로 나누어서 살펴보도록 하겠다.

① 만일 신이 정말 존재한다면

'신은 죽었다'라는 명제는 사실이지 않고 진리는 더더욱 아니다. 왜냐하면 신은 죽지 않는 존재이기 때문이다. 적어도 그렇게 설정된 존재가 신이기 때문이다. 이 경우, 오히려 니체 자신에게 진정 문제가 되는 것은 그런 식으로 함부로 선언한 자기 자신이 후회스러울 것이며, 또 신에 대해 함부로 망령되이 발언한 일에 대하여 두렵고 자기 영혼의 안위가 걱정될 것이다. 그래서 니체는 평생 동안 안고 온 그 공포를 『나의 누이와 나』에서 이렇게 솔직히 표출한다:

"여호와가 되어 내 의지로 세계를 명령하고자 했던 내가 지금은 경련하는 손가락의 끔찍한 고통을 겪지 않고는 단 한 줄의 문장조차 쓸 수 없게 되었다니! 내가 하고자 했던 것은 '창조주 하나님'을 부인하고, 나 자신을 초월해서 인간성 자체를 초극하는 것이었다. … 나 자신을 뛰어넘으려는, 즉 자기 자신을 초극하려는 시도는 나를 존재의 마지막 내리막길로 이끌어 왔다. 나는 벽에 붙은 진딧물보다 더 천하게 느껴진다. 그래도 진딧물은 활기찬 생명을 가지고 있어, 그 놈은 나의 절망에 도전하듯 거만하게 슬금슬금 기어 다니며, 자기를 찰싹 때리지도 못하는 나를 비웃고 있다. 나의 정신은 막판에까지 이끌려 왔으매, 나는 죽은 하나님이나 혹은 살아 있는 지옥 중 어느 하나를 껴안아야 한다. 하지만 만일 하나님이 살아 있고, 따라서 나는 그로부터 이탈했기 때문에 파멸하게끔 운명지어져 있다면 어떻

게 할 것인가? 이건 소름끼치는 생각이다."³²⁸

이 시점에서 니체는 신이 죽었다는 자신의 종래의 명제에 확신을 갖지 못함은 물론, 신이 살아 있다는 사실도 믿지 못하면서, '만일 하나님이 살아 있는' 경우를 생각하며 두려워 떨고 있다. 이것은 사실 그가 평생 동안 안고 온 공포이자 염려이다. 무엇보다 소름끼치는 생각은 자기가 죽은 신을 붙들든지 아니면 살아 있는 지옥을 붙들든지 해야 한다는 것이다. 자기는 신 없이 자신을 초극하려는 교만함으로 인해 존재의 마지막 내리막길로 쳐내려져 와 있는데, 벽에 붙은 진딧물은 그것을 찰싹 때리지도 못하는 니체를 거만한 눈빛으로 비웃으며 슬금슬금 기어 다니고 있다. 그 놈에겐 활기찬 생명력이 있는데, 자기는 온 몸과 손가락 하나하나까지 끔찍한 고통 가운데 경련하고 있으니, 자기라는 존재가 얼마나 비참한 존재인가!

"흡사 골고다의 그리스도처럼. 다만 그것이 거꾸로일 뿐! '그 유태인'은 하나님이 자기를 버렸을까봐 두려워했던 반면, 나는 '나 자신'이 하나님을 버렸을까봐 겁이 나는 것이다. 나는 자신을 제물로 하여 스스로를 제단으로 이끌고 가 나의 프로메테우스적 자만이 허망하게 결단나는 걸 보며, 내 존재의 희생 속에서 구원을 발견해야만 하는가? 내 존재의 타고 남은 잿더미 속에서 내 영혼의 불사조가 새롭고 거룩한 광휘에 싸여 소생하게 될지

328　Nietzsche, 『니체 최후의 고백: 나의 누이와 나』, 328.

누가 알랴? 나의 영원 회귀, 그것은 곧 프로메테우스의 바위[329] 위로 솟아 올라 존재의 무덤을 하나님의 뜻에 대한 굴복으로 산산조각내고 마는 '십자가'에로의 근원적인 복귀가 아닌가?"[330]

니체는 자기가 신을 버렸을까봐 겁을 내고 있는 자신을 인식한다. 그런데 니체는 이런 인식 중에서도 자기 자신을 '그 유태인'보다 한 수 위에 둔다. 여기에서 '그 유태인'이란 예수 그리스도를 말한다. 예수 그리스도는 "나의 하나님, 나의 하나님, 어찌하여 나를 버리셨나이까?"[331]라고 했지만, 자기는 신을 버리느냐 마느냐의 결정을 자기 자신이 할지언정 신에게서 버림받았을까를 두려워하는 것은 아니라며, 마지막 순간까지 너스레 떨기를 그치지 않는다. 그러면서 자기의 그 교만한 마음을 프로메테우스(Prometheus)의 교만으로 승화시키는데, 그 교만이 허망하게 결단나 버렸다는 사실을 인정한다. 그리고 자기가 주장했던 '영원 회귀'라는 것도 사실은 궁극적으로 하나님의 뜻에 굴복할 수밖에 없는 '십자가에로의 근원적인 복귀', 그것 외에 다른 것이 아님을 장엄하게 인정한다.

---

329 프로메테우스(Prometheus)는 그리스 신화에 나오는 타이탄족 이아페토스의 아들이다. 이름은 '먼저 생각하는 사람'이라는 뜻이다. 주신(主神) 제우스가 감추어 둔 불을 훔쳐 인간에게 내줌으로써, 인간에게 맨 처음 문명을 가르친 장본인으로 알려져 있다. 불을 도둑맞은 제우스는 복수를 결심하고, 판도라(Pandora)라는 여성을 만들어 프로메테우스에게 보냈다. 이때 동생인 에피메테우스(Epimetheus, '나중에 생각하는 사람'이라는 뜻)는 형의 제지에도 불구하고 그녀를 아내로 삼았는데, 이로 인해 '판도라의 상자' 사건이 일어나고, 인류의 불행이 시작되었다고 한다. 또한 프로메테우스는 제우스의 장래에 관한 비밀을 제우스에게 알려 주지 않았기 때문에, 코카서스의 바위에 쇠사슬로 묶여 낮에는 독수리에게 간을 쪼여 먹히고, 밤이 되면 간이 다시 회복되어 영원한 고통을 겪게 되었다. 그러다가 마침내 영웅 헤라클레스에 의해 독수리가 살해되고, 자기 자식인 헤라클레스의 위업을 기뻐한 제우스에 의해 그 고통에서 해방되었다고 한다. 또한 인간을 흙과 물로 만든 것이 프로메테우스라는 전설도 있다: 두산백과.

330 Nietzsche, 『니체 최후의 고백: 나의 누이와 나』, 329.
331 마 27:46하.

② 만일 신이 존재하지 않는다면

만일 그렇더라도 '신은 죽었다'라는 명제는 사실이거나 진리일 수 없다. 왜냐하면 만일 신이 존재하지 않는다 하더라도, 그래서 인간이 허구로 설정한 존재가 신이라고 하더라도, 신은 죽지 않는다는 전제 하에서 설정된 존재가 바로 신이기 때문이다. 그래서 신은 죽지 않는다. 이 경우 만일 "신은 존재하지 않는다"라고 진술하면, 그 진술이 참일 가능성이 그래도 몇% 정도는 된다고 말할 수 있지만, "신은 죽었다"라고 하면, 그 진술이 참일 가능성은 0%이다. 이것은 너무나 명백한 이야기이다.

그런데 니체가 원했던, 또 주장했던 인간의 위버멘쉬적 존재 방식을 긍정하기 위해서는 '신의 죽음'이 전제되어야 했다. 왜냐하면 창조 의지의 긍정은 곧 인간의 위버멘쉬적 삶의 조건이기도 하다고 니체는 생각했기 때문이다. 이런 니체의 계획은 신 개념을 '억측'으로 판결나게 했다. 니체는 신 개념이 관점적 진리성을 확보하지 못한다는 이유로 '억측'이라고 판단한 후, 인간의 창조 행위에 의미를 부여하기 위해서도 또한 신 개념이 '억측'이어야 한다는 '요청' 하에서 '신은 죽었다'라는 명제를 선언한 것이다.[332] 그래서 그는 신 개념이 '억측'이라는 불확실한 전제 하에서 가능성 0%인 '요청'을 유럽 세계를 향하여, 또 하늘을 향하여 소리 질러 외쳤던 것이다.

③ 이 명제가 참이 아니라면, 어떤 가치가 있는가?

이 명제에 철학적 가치나 신학적 가치는 전혀 없다. 다만 이 명제

332　백승영, 『니체, 디오니소스적 긍정의 철학』, 270-71.

가 신의 존재를 껄끄러워 하는 한 인간의 바램, 또는 인간집단 무리들의 넋두리는 될 수 있다. '신의 죽음' 소식은 어른이 된 니체[333]에게 일종의 복음이었다. 그것은 마치 니체가 자기 모친의 죽음을 간절히 원했던 것만큼이나 강렬한 복음의 소식이었다. 아직 건강했던 젊은 시절, 니체는 모친이 죽는 꿈을 꾼 적이 있었는데, 그때 자기의 심경을 자기와 자기 누이에겐 신나는 일로, 새 지평이 열리는 일로 회상하였던 사실을 그의 마지막 저서인 『나의 누이와 나』에서 솔직히 토설한다.

> "간밤에 나는 꿈을 하나 꾸었다. 혹은 그걸 악몽이라고 말해야 할지? 악몽이란 충격과 불쾌감으로 짓눌린 의식 속에서 우리를 벌주고 놀라게 하기 위해 무의식으로부터 솟아나오는 무엇이다. 하지만 어젯밤 내게 일어났던 것은 행복으로 미칠 것 같은 예감이었다. 만일 내가 그걸 악몽으로 여긴다면, 그것이 흔히 환영 속에서 떴다 가라앉았다 하는 통상의 꿈과는 달리 너무나 깊고 선명해서 아직도 사라져버리지 않고 나와 더불어 남아 있기 때문에 그렇다. 내게는 적의 마지막 보루가 무너진 것처럼 보였다. 늙은 여자, 유년 시절 이래로 내가 매일매일 더욱더욱 격렬하게 미워해 온 그녀가 죽었던 것이다. 나는 그녀가 나무상자 속에 갇혀 석회로 뒤덮인 땅 속 구멍으로 떨어진 것을 두 눈으로 똑똑히 보았다."[334]

---

[333] 어린 시절 14살 무렵까지는 니체의 신앙이 상당히 좋아서 '꼬마 목사'라고까지 불렸을 정도였다. 니체는 14살이 되던 1858년에 당시 명문이던 슐포르타 기숙학교에 입학했는데, 슐포르타를 떠나기 전 나움부르크 집에서 마지막 날을 보내며 첫 자전 기록인 『나의 삶』을 썼다. 그 짧은 기록은 그때까지 니체의 신앙이 얼마나 깊었는지를 잘 보여 준다. 그러나 슐포르타에서 철저한 인문계 중등교육을 받으면서부터 그 성향이 본격적으로 바뀌기 시작하였다: 레지날드 J. 홀링데일, 김기복·이원진 역, 『니체, 그의 삶과 철학』(서울: 이제이북스, 2004), 78.
[334] Nietzsche, 『니체 최후의 고백: 나의 누이와 나』, 41.

니체는 자기 모친을 증오하였다. 왜냐하면 니체에게 어머니는 자기 삶에 쓸데없이 간섭하는 귀찮은 존재, 그러면서도 저항하기 힘든 막강한 존재, 니체 자신의 표현에 의하면 '저 폭군'이었기 때문이다.[335] 자기 모친과 신은 폭군이라는 점에서 공통점을 가지고 있는데, 그들의 죽음 소식은 자유를 간절히 원하는 니체가 오랫동안 듣기 원해 온 복음이자 바램이었다. 그중 '신의 죽음'이라는 바램을 니체가 급기야 명제식으로 표출한 것이 바로 이 선언인 것이다.

무릇 바램이란 사실과 동일하지 않다. 요청이란 결코 진리와 같을 수가 없다. 왜냐하면 인간의 바램이나 요청이 진리체계에서 받아들여지느냐의 여부는 전혀 인간의 권한 영역 안에 속하지 않기 때문이다. 물론 '신의 죽음' 소식이 시나 소설, 음악, 예술을 빙자해서 인간의 무의식을 표출하고자 하는 담론들, 또는 희망사항들에 삽입될 수는 있다. 또 전제될 수도 있다. 그것이 과연 바람직한가의 여부는 물론 별개의 문제이다. 이런 점에서 그 문장이 적어도 유의미한 경우가 있을 수 있다고 말하는 것까지는 가능하다. 그러면 과연 어떤 점에서 유의미하거나 또는 적절하다고 말할 수 있는지에 대해서는 다음 항에서 살펴볼 것이다.

2. 니체의 현실 비판이 적절한가?

'신은 죽었다'라는 선언의 의미가 곧 '지금까지 믿어져 왔고 신성시되어 온 모든 것에 대한 거역을 불러일으키는 결단'을 뜻한다는 것에 대해서는 『이 사람을 보라』의 니체의 진술 중에서 '어떤 엄청

---

335 Nietzsche, 『니체 최후의 고백: 나의 누이와 나』, 42.

난 것에 대한 회상'과 관련해서 이미 앞에서 논증한 바와 같다. 그런데 여기에서 '지금까지 믿어져 왔고 신성시되어 온 모든 것'에는 흔히 다음의 세 가지 것들이 포함된다고 본다: 유럽 사상계에 대한 현실 비판, 기독교 신에 대한 비판, 기독교 도덕 비판.

① 유럽 사상계에 대한 현실 비판: 철학적 의미

'신은 죽었다!'라는 명제는 먼저 철학적 의미에서 유럽 사상계 전면에 대한 현실 비판을 망라한다. 『반시대적 고찰』이 쓰여진 시기부터 이미 니체는 자신을 시대 진단자로 의식하며, 당시의 교양과 도덕, 학문과 문화 전반에 대한 비판을 시도하였다. 그에게는 전통적인 유신론이 이제 구시대적인 것이 되었다. 따라서 절대적 관념론은 포기되어야 할 것으로 보여졌다. 이런 맥락에서 그는 기독교를 비판하기 전에 먼저 플라톤주의를 부정한다. 왜냐하면 기독교의 뿌리가 곧 플라톤주의이기 때문이다.[336] 그래서 '죽었다'는 것은 먼저 플라톤주의의 끝의 도래의 의미를 포함한다.

니체에 의하면, 플라톤주의와 기독교의 공통점은 형이상학적 이분법 체계 하에서 이 세상과 저 세상을 나눈다는 것이다. 플라톤주의의 이원론은 '현상계'와 '이상계(이데아)'를 분리했었는데, 그것을 기독교가 이어받아 '인간의 나라'와 '신의 나라'로 분리했다는 것이다.[337] 그래서 기독교는 서양 문화의 토대이자 동시에 '대중을 위한

---

336 Nietzsche, 『선악의 저편 · 도덕의 계보』, 11: "그러나 플라톤에 대한 투쟁, 또는 대중을 위해 좀 더 이해하기 쉽게 말한다면, 수천 년에 걸쳐 지속되어 온 기독교 교회의 억압에 맞서 한 투쟁은 (왜냐하면 기독교는 대중을 위한 플라톤주의이기 때문이다) 유럽 내에서 아직까지 없었던 화려한 정신적 긴장을 만들어 내었다." 이 문장에서도 괄호 표시는 니체 자신에 의하여 줄표로 표시되었다.
337 백승영, 『니체, 디오니소스적 긍정의 철학』, 265.

플라톤주의'라는 것이다. 이런 전제 하에서 '신의 죽음'에 대한 선언은 형이상학적 이분법 체계에 대한 거부이다. 니체는 초월적 세계를 형이상학으로 간주하며 실재하지 않는 허구로 보는데, 서양의 전통적 자명성이었던 형이상학적 초월세계의 파괴를 위해서 그런 초월세계를 구상해낸 플라톤주의와 기독교 사상은 니체에게 파괴와 해체의 제1 대상이 되었다. 그리고 서양 철학의 옛 자명성은 바로 유럽 문화의 토대였기 때문에, 그런 자명성의 해체 작업은 유럽 문화의 근본을 뒤흔드는 사건이 되었다.[338]

따라서 망치를 든 철학자 니체의 '신은 죽었다!'라는 선언에는 유럽 문화의 허무적 현상, 즉 니힐리즘(허무주의)의 본질이 드러난다. 19세기 이전부터 이미 유럽 사회에 허무주의가 만연해 있었는데, '신의 죽음'은 이런 의미에서 그 시대에 대한 예리한 시대 진단이 될 수 있다. 여기에서 유의미성의 문제에 긍정적으로 답변할 수 있는 소지가 있기는 하다. 니체가 이 선언에서 표현하려고 한 것은 이제 플라톤의 이데아나 기독교의 초월적인 신과 같은 모든 초감각적인 가치의 존재에 대한 믿음이 사라져 버렸다는 것이다. 또 이와 함께 이런 가치들이 인간의 삶을 규정할 수 있는 힘을 상실했다는 것이다. 그래서 이제 인간의 삶에 의미 상실과 가치 상실이 지배하게 된다는 현실 비판을 니체는 하고 있다.[339]

그런데 엄밀히 말해 기독교는 이원론을 가르치지 않는다. 이원론은 고대 기독교의 이단인 마니교에서 가르쳤던 이론이다. 물론 기

338　백승영, 『니체, 디오니소스적 긍정의 철학』, 20.
339　박찬국, 『하이데거의 '신은 죽었다'는 니체의 말 읽기』, 5.

독교가 이생과 저생을 구분하는 것은 사실이지만, 결코 이것들을 분리하지는 않으며, 무엇보다 기독교는 생을 멸시하거나 학대하지 않는다. 기독교의 참된 정신은 현재와 육체를 중시하되, 현실지상주의나 육체지상주의가 아니라 '눈에 보이지 않는 세계'를 중시하며, 이 세상에서의 삶을 영원에 잇대어 살아가야 한다는 것이 그 핵심이다. 이 점에 있어서 니체는 기독교를 다분히 오해하고 있다. 또 플라톤주의와 관련해서는 니체가 그것을 한편으로 부정하면서도, 또 한편으로는 그가 고대 문헌학자로서 그리스의 사상을 옹호하였고 또 그리스 신화를 긍정적으로 많이 인용하면서 심지어 그리워하기까지 한 것을 보면, 그가 플라톤주의를 부정만 했다고 말하기는 어렵다. 니체는 '진리'가 무엇인가에 대하여 별로 관심이 없었고, 또 이것이 옳은가 그른가에도 별로 관심이 없었다. 오히려 그는 사람들이 진리를 따지는 것이 그에게 무슨 의미가 있는가에 관심이 있었다. 좋게 말해 그는 철학하는 일의 가치를 물었다. 또 그 해석하는 방식을 크게 바꾸었다.

② 기독교 신에 대한 비판: 종교적 의미

'신은 죽었다!'라는 명제는 기독교 신에 대한 비판을 포함한다. 물론 넓은 의미에서는 불교의 신도 마찬가지이지만, 종교적 의미에서 니체의 주된 현실 비판 대상은 바로 기독교의 신이었다. 그러면 그가 비난하는 대상은 구약의 여호와 하나님인가, 아니면 신약의 예수 그리스도인가, 또는 삼위일체 하나님인가? 그는 예수 그리스도를 진정한 하나님으로 보지 않는다. 따라서 예수나 삼위일체 하나님은 그의 비난의 대상이 되지 않는다. 니체는 심지어 성부, 성자,

악마의 삼위일체 하나님을 생각하기도 한다: "내가 성부로서의 하나님과 성자로서의 하나님, 또 악마로서의 하나님의 삼위일체를 생각해낸 것은 바로 그 순간이었기 때문에, 나는 그때 신성한 힘의 대리권을 인식하게 되었던 것이다."[340] 그런데 이런 잘못된 신관에는 양태론적 삼위일체라는 이단적 사고와 또 신을 악마와 동일시하려는 반기독교적 사고가 함께 혼재해 있다. 또 니체는 『도덕의 계보』에서 이렇게 회고하기도 한다:

"실은 '악의 기원'의 문제는 이미 13살의 소년 시절에도 나를 따라다녔다. 가슴 속에 반은 어린이를, 반은 신을 품고 있었을 시절에 나는 이 문제를 두고 나의 최초의 문학적인 유치한 장난, 나의 최초의 철학적 습작에 전념하였다. 그리고 그때 제기한 문제의 해결에 대해서는, 당연한 일이었지만, 나는 신에게 영예를 돌려 신을 '악의 아버지'로 생각했던 것이다."[341]

인간 예수에 대하여는 니체가 많은 언급을 하기는 하지만, 주로 그 논조가 불쌍하다거나 한심하기 짝이 없는 인물로 묘사하면서 그의 패러디, 조롱의 대상이 될 뿐, 예수가 니체의 공격 대상이 되지는 않는다. 왜냐하면 인간 예수가 니체에게 이상적일 수 없는 것이 예수가 디오니소스적 지혜를 갖지 못했으며, 또 위버멘쉬적 실존을 보여주지 못했기 때문이라고 한다. 차라투스트라가 예수에 대해 말하기를, "삶을 누리는 법과 대지를 사랑하는 법, 또 웃음을 배우지

---

340 Nietzsche, 『니체 최후의 고백: 나의 누이와 나』, 289-90.
341 Nietzsche & Heidegger, 『니체의 신은 죽었다』, 193.

못했다"고 한탄하는 것은 바로 이런 뜻이다. 니체에게 인간 예수는 그저 세상을 서툴게 사랑하고 어설프게 미워한 '미숙한 젊은이'였을 뿐이다.[342]

그래서 니체가 공격하며 비판하는 대상은 주로 심판자, 전능자, 창조주 하나님, 즉 구약의 하나님이다. 신약의 정신인 사랑의 하나님, 자비의 하나님, 동정을 베푸시는 하나님은 주로 그의 멸시의 대상일 뿐이다. 그런데 니체의 경우 '신의 존재'를 인정하지 않으려는 그의 의지가 워낙 강하였기 때문에, 기독교 신에 대한 그의 비판은 엄밀한 의미에서 볼 때, 기독교 신 개념에 대한 비판이 된다. 그리고 기독교 신 개념에 대한 그의 비판은 매우 과격하다. 신이 참 의미를 지니려면, 인간과 대지를 긍정하게 하는 신이라야 할 텐데, 기독교가 제시한 신은 그 반대라고 니체는 생각하였다. 이런 신이 인간에게서 외면당하는 것은 당연하다. "신이 삶에 대한 미화이자 삶에 대한 영원한 긍정이 되는 대신, 삶에 대한 반박으로 변질되어 버리다니! 신 안에서 삶과 자연과 삶에의 의지에 대한 적대가 선언되고 있다니! '이 세상'에 대한 온갖 비방의 공식과 '저 세상'에 대한 온갖 거짓 공식이 신이라니! 신 안에서 무(無)가 신격화되고, 무에의 의지가 신성시되다니!"[343]

한편 하이데거(Martin Heidegger, 1889-1976)는 '신은 죽었다!'라는 선언에 대해 기존의 신이 죽어 버린 상황에서 우리가 어떤 신을 찾아

---

342 Nietzsche, 『차라투스트라』 I, 『자유로운 죽음에 대하여』; 백승영, 『니체: 건강한 삶을 위한 긍정의 철학을 기획하다』, 100-101.
343 Nietzsche, 『안티크리스트』 외, 18; 백승영, 『니체: 건강한 삶을 위한 긍정의 철학을 기획하다』, 80-81.

야 할지를 깨닫게 하기 위한 제안일 수 있다고 해설한다. 니체의 말 중 "거의 2000년 동안 새로운 신이 하나도 없었다니!"라는 말을 인용하면서 그렇게 한 것이다.[344] 그러나 니체가 신과 예술가를 화해시키고 또 도덕과 과학을 화해시키기 위해 새로운 신의 모습이 상상되고 규정지어져 통속화되어야 할 것이라고 진술한 적이 있기는 하지만,[345] 그래도 니체가 내세우는 위버멘쉬가 새로운 인간 유형의 모델이지 신이 아니라는 점에서 하이데거의 해설은 정확하다고 할 수 없다.

그런데 이렇게 니체가 신의 성품 중 심판하시는 하나님이나 동정하시는 하나님에 관해서는 아주 극렬하게 비난하거나 또는 멸시하지만, 동시에 그가 자기의 모든 논리들을 성경이나 예수 그리스도에 다시 꿰맞추려고 노력하는 것을 보면, 그의 논리가 비논리적이고 비일관적이라는 사실을 쉽게 알 수 있다. 그는 신의 존재 문제와 관련해서는 비록 함부로 부정하는 단언을 사용하였지만, 그럼에도 불구하고 그가 끊임없이 신을 찾으며 때로는 후회, 또 때로는 두려움의 감정을 표현하는 것을 볼 때, 그의 마음 속 한 구석에 여전히 '신의 존재' 가능성에 대하여 열어 놓고 있는 사실을 우리는 그의 작품 전체를 통하여 살펴볼 수 있다. 특히 그의 마지막 작품으로 갈수록 그 후회의 강도가 점점 더 심해지는 것을 볼 때, '신은 죽지 않는다'라는 너무나 당연한 사실을 니체가 끊임없이 염려하면서 그가 정신적으로 고통스러워 하고 있는 사실을 우리는 확인할 수 있다.

---

344 박찬국, 『하이데거의 '신은 죽었다'는 니체의 말 읽기』, 29.
345 Nietzsche, 『니체 최후의 고백: 나의 누이와 나』, 137.

③ 기독교 도덕 비판: 도덕적 의미

'신은 죽었다!'라는 명제는 도덕적 의미에서 기독교 도덕 비판을 포함한다. 그런데 니체의 현실 비판의 가장 중요한 방점은 바로 여기, 즉 도덕적 의미에 주어진다. 니체는 신이라는 절대적 가치가 붕괴됨에 따라 함께 무너져야 할 것이 바로 기독교 도덕이라고 보았다. 왜냐하면 신은 근대까지 최고의 원리로서 사람들에게 도덕적인 당위를 제공하는 존재였는데, 기독교 도덕은 정신적인 것을 중요시하며 육체적인 것을 멸시하였기 때문이다. 그러나 육체의 욕망을 자연스러운 것으로 좋게 보아야 한다는 점에서 니체는 종교와 도덕의 금욕주의를 비판하였고, 또 관념, 추상, 형이상학을 배격하였다. 그런 것들은 '소인배들의 도덕'이고 '노예도덕'이라는 것이다. 노예적인 습성은 마치 낙타와도 같이 '예'만 하면서 짐만 지는 인생이다. 그러나 이제 변화가 필요하다. 몸(육체, Leib)의 자연스러운 욕구를 긍정해야 하고, 육체적인 것을 정신적인 것보다 더 높게 보아야 한다.[346] 창조적인 주체가 되기 위해서는 마치 어린아이와도 같이 비도덕적 존재로서 거룩한 긍정을 해야 한다는 것이다.

그러지 않는 기독교 세계에 대하여 니체는 고함을 질러댄다. 그의 모든 논거가 기독교 도덕에 대한 거부와 구역질 사이에서 터져 나온다. 그는 현대성의 뿌리를 기독교로 보고, 기독교 도덕에 대해 분노하며 공격한다. 니체가 보기에 유럽의 지배적인 모든 도덕 유형은 오랫동안 인간의 자연적인 삶을 억압해 왔고, 감각적 쾌락

---

346 이런 맥락에서 니체는 '몸'을 '거대한 이성'이라고 호칭하며, '정신'을 '작은 이성'이라고 호칭하기도 한다.

과 육체적 행복을 금기시해 왔다. 반면에 니체에게는 인생의 필수 조건들 중 하나가 감각적 쾌락과 육체적 행복이었다. 니체는 도덕이 인간에게 필요한 것은 생의 의지를 북돋기 때문이라고 보았는데, 기독교 도덕에서 생을 억압하고 훼방하는 것은 오히려 인간을 병들게 만든다고 지적했다.[347] 그래서 그의 폭발적인 분노는 현대라는 데카당스로 향해 있었고, 데카당스 문제에 대한 열쇠 역할을 하는 것이 바로 기독교 도덕이라고 보았던 것이다.[348] 이런 니체의 과격한 이해와 표현에 대하여 교회사가인 캄펜하우젠(H. F. von Campenhausen)은 니체가 "그 누구도 일찍이 기술한 바 없는 조야하고도 섬뜩할 정도의 사디즘"을 기독교를 지탱시키는 심리라고 함부로 규정하고 있다고 기술하기도 한다.[349]

또한 니체에게서 기독교는 원한 감정과 복수심에 기원을 두고 있는 것으로 폭로되는데, 이것은 오히려 니체 자신이 부친의 사망 이후 상처받은 꿈으로 말미암아 기독교와 기독교의 신에 대해 원한 감정과 복수심을 키워온 때문이 아닌가 추측되기도 한다. 어린 시절 일찍 부친을 잃은 상태에서[350] 니체는 아버지의 가부장적 권위와 남성성에 대한 동경을 품게 된다. 그러나 이런 동경이 좌절됨으로 인해 니체는 일종의 고향 상실감을 체험하게 된다. 니체 전기 작가들 중에는 이런 좌절이 모든 권위에 대한 니체의 적대심으로 이어

---

347 성진기 외, 『니체 이해의 새로운 지평』(서울: 철학과현실사, 2000), 98.
348 Nietzsche, 『이 사람을 보라』 외, 566.
349 백승영, 『니체, 디오니소스적 긍정의 철학』, 272-73.
350 니체는 만 5세가 채 되지 않은 때(1849년 7월 30일) 부친 카를이 뇌연화증으로 사망하고, 또 만 6세가 채 되지 않은 때(1850년 1월 4일) 어린 남동생 요세프가 사망하는 비운을 겪었다. 그 이후 그에게는 절망감과 함께 혼자서 산책하면서 생각하는 버릇이 생겼다.

지고, 결국 그로 하여금 신에 대한 적개심을 품고 신의 부재를 선언하게 했다고 주장하는 이도 있다.[351] 이런 주장은 니체의 신 부정을 지나치게 개인적-심리적인 면으로만 환원시킨다는 단점을 갖긴 하지만, 그래도 니체의 정신적 고향의 부재나 그 정신적 방랑을 성장 환경을 배경으로 심리적으로 해명하는 데에는 성공하고 있다. 소년 니체는 그렇게 심적 좌절과 함께 여러 육체적 고통(극심한 편두통, 심한 근시, 난청, 위장병 등)을 겪기 시작하였던 것이다.[352]

니체는 자신이 '비도덕주의자'라는 점에 긍지를 느꼈다. 니체 자신에 의하면, '비도덕주의자'라는 말은 근본적으로 두 가지의 부정을 내포한다고 한다.

> "첫째, 나는 이제껏 최고라고 여겨졌던 인간 유형, 즉 선한 인간, 호의적인 인간, 선행하는 인간을 부정한다. 둘째, 나는 도덕 그 자체로서 행사되고 지배적이 되어 왔던 도덕 유형을 부정한다. 즉 데카당스 도덕, 좀 더 구체적으로 말하면 기독교 도덕을 부정한다. 두 번째 부정을 더 결정적인 것으로 볼 수 있는데, 그 이유는 선의와 호의에 대한 과대평가는 크게 보면 이미 데카당스의 결과로, 약함의 징후로, 상승하고 긍정하는 삶과는 화합할 수 없는 것처럼 보이기 때문이다. 부정과 파괴는 긍정의 조건이다."[353]

---

351 M. Balkenohl, *Der Antitheismus Nietzsches*(München · Paderborn · Wien, 1976), 53-54; 정동호 · 차하순, 『부르크하르트와 니체』(서울: 서강대 출판부, 1986), 91f.
352 슐포르타의 1862년 간호일지에는 니체의 근시와 두통 및 그의 부친의 병증과 사망에 대한 기록이 있다. 니체 역시 부친의 사망 원인을 가족들을 통해 알고 있었으며, 자신의 육체적 고통이 유전적일 수 있다고 생각하였다: 백승영, 『니체, 디오니소스적 긍정의 철학』, 37-38.
353 Nietzsche, 『이 사람을 보라』 외, 459.

그런데 니체는 '비도덕주의자'라기보다 오히려 '반도덕주의자'라고 보는 것이 더 정확하다. 왜냐하면 니체는 도덕과 전통이라는 것을 인간의 본성과 반한다고 하면서 극렬히 혐오하였는데, 그러면서 기독교 도덕을 중심으로 한 이제까지의 모든 도덕과 목적론적 사고를 파괴하였기 때문이다. 가령 니체는 자기 어머니가 재혼하지 않고 수절한 사실에 대하여 육체를 경시한 아주 나쁜 선택이었다고 하면서 자기 어머니를 증오하였을 뿐만 아니라,[354] 루 살로메가 자기를 찾아왔을 때 타우텐부르크의 사람들이 깜짝 놀랄 정도로 둘이서 함께 악마적인 행위들을 하면서 즐겼다는 사실을 일부러 자랑하기까지 하였다.

3. 니체의 대안 모색이 적절한가?

'신의 죽음'이 전제될 경우, 그리하여 신이 없을 때 곤경에 처한 인간에 대하여 니체의 처방은 '모든 가치의 재평가'(가치의 전도), '위버멘쉬'(초인), '권력에의 의지'(Will), 또 '영원 회귀' 사상 등으로 보충된다고 본다.[355] 그 구체적인 대안들을 하나하나 살펴보도록 하자.

1) 가치의 전도

앞에서 언급한 세 측면에서의 니체의 현실 비판은 그것들이 가치 전도적 선언이라는 의미에서 볼 때, 적어도 '대안 모색'과 관련하여

---

354 "게다가 이 위선적 사랑이란 바로 근대 사회의 재난이며, 내 어머니의 꼴불견의 정숙을 통해 나를 파멸시켰던 것임에랴! 성인들의 고행은 하나님 경외가 아니라 병리학적 현상이기 때문에, 육체의 쾌락을 정당화하는 것이 필요하다": Nietzsche, 『니체 최후의 고백: 나의 누이와 나』, 71.
355 Brown, 『철학과 기독교 신앙』, 166.

부정적이지 않을 수 있는 담론적 의미를 갖는다. 즉 '신은 죽었다 !' 라는 명제는 그 전까지 당연한 것으로 여겨져 오던 모든 질서와 가치들을 부인하며 전도(顚倒)하는 가치전도적 선언인 바, 이것이 이제 유럽 사회에 다른 방향에서의 대안 모색이 필요하다는 여러 담론들 중의 하나라고 볼 때, 긍정적인 의미를 찾아볼 수도 있다는 것이다. 그러나 앞에서 본대로 니체의 현실 인식이 정확하지 않은 것은 물론이고 비뚤어져 있는 부분들이 많이 있기 때문에, 그런 부정확한 현실 비판에 근거한 대안 모색 역시 객관적인 타당성을 결여하고 있을 가능성이 많다. 가령 그 내용을 니체의 글 자체에서 구체적으로 확인하면 다음과 같다.

첫째 예: 모든 가치의 전도가 필요하다. 모든 근거가 근거 없다는 사실을 깨달아야 한다. 너의 마음의 서판을 다시 써라. 중요한 것들과 중요하지 않은 것들을 다시 순서매기라. 추상적인 의미로 나에게 다가오는 신들보다 내가 먹은 것들, 내가 들은 음악, 이런 것들이 훨씬 더 중요하다. 사소한 것은 사소하지 않다. 중요한 것은 중요하지 않다.[356] 진리만큼이나 오류도 소중하다. 직선만큼이나 곡선도 소중하다. 삶이란 논증이 아니다. 그러니 다른 관점(perspective)도 필요하다. 가령 개구리에게는 개구리 특유의 근시안적 관점이 필수적이다. 가까이 있는 것이 크게 보이는 것이 당연하고, 그런 점에서 세상을 왜곡해서 볼 필요도 있다. 개구리의 악덕이 개구리에게는 미덕이기 때문이다.

둘째 예: 나를 통해 진리가 말을 한다. 하지만 내 진리는 끔찍한

---

356 Nietzsche, 『이 사람을 보라』 외, 457.

것이다. 왜냐하면 지금까지는 거짓이 진리라고 불렸기 때문이다. 선과 악의 창조자이기를 원하는 자는 먼저 파괴자여야만 하며 가치를 파괴해야만 한다. 이렇게 최고악은 최고선에 속한다. 하지만 이것이 창조적인 선이다.[357]

이렇게 해서 니체는 신을 '위버멘쉬'(초인)로 전도시키고, 인간의 이성 위주의 삶을 감성 위주의 삶으로 전도시켰다. 또 관념, 정신 등을 육체로 전도시켰다. 이것은 '신의 존재'를 부정함에 따라, 신 대신 인간이 신의 자리에 앉을 수 있다고 믿는 인간 중심사상에서 나온 것이다. 따라서 인간 자아가 강조되고 존중되었으며, 나약한 자아는 용납되지 않았다. 신은 없으며 인간은 허무하게 살다 그냥 가는 것이 아니다. 자기 자아를 적극적으로 가꾸고 신에 의존하던 삶에서 벗어나야 하며, 자기 삶을 자기가 적극 지배하여 창조적인 삶을 살도록 의지력을 발휘하는 데에 인간의 고결함이 있다고 니체는 생각하였다.

2) 위버멘쉬(초인)

'신의 죽음' 사태에 대한 해결책으로 니체가 내세우는 대안 중에 중요한 것이 바로 위버멘쉬(Übermensch, 超人) 사상이다. 이것은 결코 새로운 신 개념이 아니다. 새로운 인간 유형, 즉 인간 개개인이 실현해야 할 새로운 이상이다. 이 용어는 니체 이전에도 괴테나 헤르더가 사용했지만, 니체 이후 비로소 특수한 의미로 통용되었다. 니체는 『짜라투스트라』의 서언 중에서 "나는 그대들에게 위버멘쉬를 가

---

357 Nietzsche, 『차라투스트라』 II, "Von der Selbst-Überwindung".

르치노라. 인간이란 초극(超克)되어야 할 그 무엇이니"라고 한 뒤에, "인간이란 동물과 위버멘쉬 사이에 걸쳐놓은 하나의 밧줄, 심연 위에 걸쳐 있는 하나의 밧줄이로다"라고 초인의 개념을 밝혀 주고 있다.[358] 즉 인간은 짐승과 위버멘쉬 사이의 중간 존재라는 것이다. 그리고 그가 의미하는 '위버멘쉬'란 어떤 목표나 표준형의 모형이 아니고, 개개인의 경우에 순간순간 자기를 부단히 초극하는 인간을 상징적으로 나타낸 것임을 알 수 있다. 그러나 이런 자기의 젊은 날의 괴테적 신념이 결국 되돌아보면, 단지 자기가 신을 창밖으로 던져버린 다음 자기 존재의 뒷문으로 "그를 다시 들어오게 하려는 왜곡된 시도에 불과했다"고 니체는 마지막으로 진술하고 있다. 즉 자기가 자기 자신의 위대성 앞에서 경배해온 것처럼 자기를 슬픈 결론으로 이끌어갔다는 것이다.[359]

니체는 '위버멘쉬' 용어가 오해되지 않기를 바라는 마음에서 『이 사람을 보라』에서 해설하기를, '반은 성인이고 반은 천재인 좀 더 고급한 인간의 이상적인 유형'이 아니라고 말한다. 니체가 말하는 위버멘쉬는 근본적으로 '도덕의 파괴자'로서 선하기보다 오히려 강한 존재이다. 매 순간 자기의 권력 의지를 일관성 있게 실현하는 위버멘쉬는 오히려 현대의 선한 인간과 대립되는 존재이다. 왜냐하면 니체는 의지력이 약한 자를 혐오하고, 약한 자에게 보내는 동정을 모멸스러운 것으로 판단하기 때문이다. 위버멘쉬에 대한 이런 오해를 이상주의적 오해라고 표현한다면, 또 다른 종류의 오해로 생물

---

358 Nietzsche, 『짜라투스트라』, 35.
359 Nietzsche, 『니체 최후의 고백: 나의 누이와 나』, 231.

학적 오해도 있다. 그것은 위버멘쉬를 진화 과정을 통해 발전한 존재로 파악하는 오해라고 한다. 이에 대해 니체는 "어떤 멍청이 학자는 나를 다윈주의자가 아닌가 하고 의심하지만",[360] 자기가 말하는 위버멘쉬는 궁극적으로 창조 의지와 자유정신에 기반을 두고 있다는 사실을 그가 간과한다고 반박한다. 위버멘쉬는 근본적으로 자유의 문제인 것이 그가 자유로운 창조의 주체이고 동시에 산물이기 때문이다. 우리 인간은 끊임없는 수양과 자기 극복을 통해 위버멘쉬적 삶의 형식을 발전시킬 수 있으며, 또 새로운 가치를 통해 사회를 변화시킴으로써 위버멘쉬를 실현할 수도 있다고 한다.[361]

니체에 의하면, '위버멘쉬'는 결코 고뇌를 모르는 사람이 아니다. 그러나 그는 연약함을 극복하는 사람으로서 다른 사람들 속에 있는 연약함을 경멸한다. 인간은 자기 스스로의 의지(Will)에 의해 옳고 그른 것을 결정해야 한다는 것이다.[362] 그러니까 미래의 이상적 인간인 위버멘쉬는 신을 통해 구원 받는 사람이 아니라, 자기 스스로 자신의 본질을 찾아가며 싸워가는 사람을 말한다. 그러기 위해서는 자기 극복의 정신과 자유정신으로 가득차서 신에 대해 노예적인 삶을 사는 것이 아니라 주인적인 삶을 살아야 한다고 한다. 그럴 때 인간의 고결한 창조 의지가 제대로 발휘될 수 있다는 것이다. 그러면서 그는 반(反)현대적인 인간 유형인 '귀족적 인간'(gentilhomme)이 길러내져야 한다고 보는가 하면,[363] 또 어느 땐가는 잡담 식으로

---

360 Nietzsche, 『이 사람을 보라』외, 377-78.
361 이진우, 『니체, 실험적 사유와 극단의 사상』, 129.
362 Brown, 『철학과 기독교 신앙』, 166-67.
363 Nietzsche, 『선악의 저편 · 도덕의 계보』, 555.

고백하기를 "예술가, 성인, 철학자가 한 사람 속에 이루어지는 것이 나의 실질적인 목표"라고 진술하기도 하였다.[364] 또 어떤 때에는 "나의 위버멘쉬에는 카이사르와 그리스도가 혼합되어 있다"라고 하면서 카이사르를 위버멘쉬에 근접시키기도 하고,[365] 또 위버멘쉬(Übermensch, 초인간)와 비인간(Unmensch)의 종합으로 나폴레옹을 언급함으로써 나폴레옹을 위버멘쉬에 근접시키기도 하였다.[366]

그리고 그는 이런 '위버멘쉬'나 '권력에의 의지'의 대립유형을 '인간 말종'(Der Letzte Mensch, The Last Man, 최후의 인간) 또는 '잡것'이라고 표현하였다. 그런 존재들은 노예의식의 소유자들이며 짐승인간들이다. 자기 극복에 관심이 없고 오직 행복과 건강만 추구하는 현대의 이상적인 인간 유형, 즉 현실에 안주하려는 자들이 이런 자들인데, 오늘날 이런 유형의 인간들이 평준화된 인간으로서 마치 무리동물과 같이 떼를 이루면서 점점 더 인간의 하향평준화로 나아가고 있다는 것이다. 그리고 니체는 그 책임을 바로 기독교 도덕에 두고 있다.

그러나 우리는 여기에서 인간에게 과연 진정한 창조를 할 수 있는 능력이 있는지, 또 '자유정신'이라는 것이 도대체 무엇인지 묻지 않을 수 없다. 예수 그리스도 없이 자유롭고자 하는 정신은 사실 죄에로 이끌려 가는 노예정신이 아닌가? 니체는 현대에 대한 위기의식은 분명히 인지하고 있지만, 그 해결책은 제대로 제시하지 못하고 있다. 그 이유는 인간이 스스로 자신의 가치를 창조할 수 없는

---

364 Nietzsche, 『니체 최후의 고백: 나의 누이와 나』, 182.
365 Nietzsche, 『니체 자서전: 나의 여동생과 나』, 386.
366 Nietzsche, 『선악의 저편 · 도덕의 계보』, 388-89.

존재라는 사실을 부인하고 있기 때문이다. 그것이 신 없이는 불가능함을 니체는 모르고 있다.[367] 아니, 니체는 신에 대한 원한 감정에 가득차서 그 사실을 한껏 부인하고 싶은 것이다. 이와 같이 니체가 인간의 본성과 의지를 선한 것으로 보면서, 신으로부터 은혜 받지 않은 상태에서 창조적 영감이 가능하다고 인간을 과대평가하는 것은 인간 본성을 너무나 모르는 순진하다 못해 무식한 소치라고 밖에 할 수 없는 안타까움이 있다.

3) 권력에의 의지

'권력에의 의지'[368]란 인간을 본성적으로 이끄는 규제 원리가 '선에의 의지'가 아니고 '하나님의 뜻으로의 의지'도 아니라 '권력에의 의지'라고 하는 니체의 설명이다. 니체에 의하면, 살아 있는 모든 것은 그 내면에 '권력에의 의지'가 있다. 남을 섬기고 있는 자에게도 주인이 되고자 하는 의지가 있다. 살아 있다는 것은 항상 뭔가를 극복하고자 한다. 그래서 이것은 만물의 존재원리인데, 쇼펜하우어(Arthur Schopenhauer, 1788-1860)가 말한 '삶에의 의지'보다 더 본질적인 것이라고 니체는 생각하였다. 그래서 이 '권력에의 의지'가 지상

---

367 기독교 신학에서는 아담 이후 '생득적인 부패'가 인간 성품의 모든 부분, 곧 영혼과 육체의 모든 기능과 능력에까지 확대되었다는 의미에서 '전적 부패'(Total depravity)를 말하며, 또 거듭나지 않은 죄인은 어떤 영적인 선도 행할 수 없다는 의미에서 '전적 무능력'(Total inability)을 말한다. 따라서 만일 절대적 의미의 선을 행할 능력이나 창조적 능력이 신으로부터 주어지지 않는다면, 인간만에겐 이런 능력이 없다: L. Berkhof, 권수경 · 이상원 역, 『벌코프 조직신학(상)』(서울: 크리스챤 다이제스트, 1991), 465-66; 칼빈(J. Calvin)의 『기독교강요』도 참고하라.
368 이 논문에서 논자가 'Der Wille zur Macht'를 '힘에의 의지'로 번역하지 않는 것은 '힘'이라는 용어가 '권력'이라는 용어를 다분히 가치중립화하기 때문이다. 니체가 의도했던 '권력'이라는 용어 안에 내재되어 있는 '공격성', '파괴성', '정치성'의 뉘앙스를 일부러 배제하지 않는 것이 더 바람직스럽다고 하는 한국어판 니체전집 편집위원회 한 위원의 후기 의견에 논자도 동의하기 때문이다: 이진우, 『니체, 실험적 사유와 극단의 사상』, 156을 참조하라.

의 지배권을 인수해야 할 과제 앞에 인간을 세우고 부를 때, 그 부름에 응답하는 인간이 바로 위버멘쉬라고 한다. 이제까지의 인간도 이미 '권력에의 의지'의 부름을 듣고 있지만, 그는 초감각적인 존재나 이념에만 의존하려고 하여 왔는데, 그것이 잘못이고 인간은 본성적으로 '권력에의 의지'로 이끌림 받아야 한다는 것이다.[369]

그런데 엄밀히 말해 니체에게 '권력에의 의지'는 현실극복을 위한 대안이라기보다 오히려 방법적 원리에 해당한다. 니체는 자기의 논리를 전개하는 데에 이 원리를 가지고 진행한다. 그러면서 동시에 이 원리가 현실극복을 위한 대안도 될 수 있기를 기대한다. 그러나 주지하는 바와 같이, 이 원리가 적절한 대안이나 합리적 방법이 되기에는 너무나 편향적이다. 왜냐하면 첫째, 모든 사람들이 다 '권력에의 의지'를 통하여 현재의 모순적인 삶을 극복할 수 있는 것이 아니기 때문이다. 즉 이 원리는 보편성을 결여하고 있다. 둘째, 이것을 단지 '삶에의 충동' 측면에서만 본다고 하더라도 보편성을 결여하고 있음이 마찬가지인 것은, 인간이라는 존재가 동물과 달라 권력이나 힘을 궁극적인 가치로 생각하지 않기 때문이다. 셋째, '권력에의 의지'를 보편적인 대안으로 생각하는 것은 인간의 '몸'만 생각하고 '정신'이나 '영혼'은 전혀 생각하지 않는데서 나오는 발상인데, 인간은 빵만으로 살 수 없을 뿐만 아니라 또한 권력만으로도 살 수 없는 것이 인간에겐 '정신'과 '영혼'이 있기 때문이다.

1885년, 니체는 실스 마리아에서 지내는 여름동안 『권력에의 의지』(Der Wille zur Macht)라는 책을 쓸 것을 계획하기 시작하였다. 그래

---

369 박찬국, 『하이데거의 '신은 죽었다'는 니체의 말 읽기』, 106.

서 그는 이 제목으로 칸트나 헤겔처럼 체계적이고 보편적인 내용의 자기 사상을 저술하고자 계획하면서 적지 않은 기록의 노트들을 남겼다. 또 부제로는 '모든 가치를 재평가하기 위한 시도들'이라는 제목을 붙였다. 그러나 니체는 체계적인 사상서를 쓰는데 적합하지 않은 자기 자신을 확인하고, 결국 이 계획을 3년 만에 포기하였다.[370] 그런데 니체의 누이 엘리자베트가 돈벌이를 위해 니체가 메모한 미완성의 유고들을 수집하고 정리한 후 그 내용을 편집까지 하여 『권력에의 의지』라는 제목으로 1901년에 출판하였다. 이 과정에서 이 작품이 '위작'이라는 논란이 있을 정도로까지 이 작품에 많은 변경이 가해졌는데,[371] 심지어 나치가 엘리자베트와 함께 니체의 이 권력의지 사상을 오용하였다는 견해까지 생겨날 정도였다.

니체에 따르면, 존재하는 모든 것은 단순히 존재에 만족하지 않고 더 많은 힘을 얻기 위해 분투한다. 이런 각각의 상승, 강화하고자 하는 운동은 경쟁을 일으키고 끝내 힘겨루기로 발전한다. 이런 '권력에의 의지'에 비추어보건대, 살아남기 위해 벌이는 다윈의 생존경쟁이라든가 생존만을 안중에 두는 쇼펜하우어의 생존의지는 힘을 만방에 펼칠 능력이 없는 소인배들의 구차한 계획에 불과할 뿐이다. 니체는 이 '권력에의 의지'를 만물의 존재 원리로 받아들이면서 이것에 의한 일원론을 강조하였다.[372] 그는 이미 『선악의 저편』에서

370　백승영, "철학자 니체의 삶", 38.
371　편집본 『권력에의 의지』의 출판은 오랜 기간에 걸쳐 니체 철학에 대한 적절치 못한 이해의 외적 조건을 형성해 왔다. 권위를 자랑하는 하이데거의 니체 해석도 사실은 편집본 『권력에의 의지』가 니체 철학의 주저라는 견해에 근거해 이루어졌다는 점에서 그 한계와 오류가 있다: 백승영, 『니체, 디오니소스적 긍정의 철학』, 394-95.
372　Nietzsche, 『차라투스트라』, 551.

도 '삶의 충동력'이 자기 보존이나 자기 향유 충동이 아니라, 지속적으로 내부로부터 나오는 '권력의 강화'를 원하는 충동이라고 밝힌 바 있었다. 삶의 의지는 권력의지이다. 심지어 자연만물과 신조차도 '권력에의 의지'로 그 의미를 갖는다고 한다. 그러나 이것은 '총체적 환원주의'로서 억지설명이다. 이 사실을 니체는 죽기 전에 깨달았다. 자기의 신이 '권력'이었다는 사실을. 그리하여 니체는 자기의 무기력 속에서 확인하였다. 결국 자기가 모래의 기초 위에다 집을 지었다는 사실을 말이다.[373]

4) 영원 회귀

'신의 부재' 상태에서 인간은 어떻게 존재하는 그대로의 실존을 정당화할 수 있을까? 우리의 모든 실존과 모든 순간을 있는 그대로 긍정할 수 있을까? 과거에는 도덕적 신을 통해 우리의 삶과 지구를 정당화했는데, 신 없이 어떻게 이런 정당화 작업을 할 수 있을까? 니체는 이 문제에 천착했다. 신이 없는 세계는 곧 동일한 것이 영원히 회귀하는 세계이다. "의미와 목표도 없는, 그렇지만 피할 수 없이 회귀하는, 무에 이르는 피날레도 없는, 존재하는 그대로의 실존: 영원 회귀. 그것은 허무주의의 가장 극단적인 형식이다." 니체는 이렇게 허무주의를 끝까지 극단적으로 사유함으로써 인간을 있는 그대로 파악하려 하였다.[374]

그래서 니체는 영원 회귀 사상과 위버멘쉬 사상을 결합시켰다.

---

373 Nietzsche, 『니체 최후의 고백: 나의 누이와 나』, 77.
374 이진우, 『니체, 실험적 사유와 극단의 사상』, 33.

니체의 차라투스트라는 '영원 회귀를 가르치는 스승'인 셈이다.[375] 영원 회귀 사상은 이제 우리의 삶에 의미와 방향을 제시하는 '가장 커다란 중점'이 된다고 한다. "네가 지금 살고 있는 이 삶, 또 살았던 이 삶을 너는 다시 한 번, 또 무한히 반복해서 살아야 할 것이다. 그리고 거기에는 어떤 새로운 것도 없을 것이며, 모든 고통과 쾌락, 모든 사상과 한심, 너의 삶이 갖고 있는 말할 수 없이 작고 커다란 모든 것이 네게 다시 와야만 한다."[376] 이것은 곧 지금 이 인생을 다시 한 번 완전히 똑같이 살아도 좋겠다는 마음으로 지금 현재를 살라는 것이다. 그래서 '신의 죽음'으로 표현되는 세속화가 우리에게서 초월의 모든 가능성을 박탈했다면, 니체는 인간의 창조 의지를 부활시키기 위해 철저하게 내면화를 추구한다. 그래서 삶의 내면성이 신의 초월성을 대체한다. 이 점을 강조하기 위해 니체는 '지구' 또는 '대지'라는 비유적 표현을 사용하였다.[377]

'영원 회귀'는 니체의 우주론이며 우주 운행의 원리이다. 그러나 영원 회귀는 인간을 허무주의로 내몬다. 왜냐하면 신의 부존재 상태에서 최종 목적이 없는 영원한 순환이 끝내 인간에게 극단의 권태를 가져오기 때문이다. 동물, 조류, 곤충, 또 물고기 등 만물의 삶과 행동이 다 일정한 현상의 순환 속에서 이루어진다. 이 경우 인간 존재란 다른 피조물들과 마찬가지로 시간과 장소의 부질없는 우연사(偶然事) 외에 대체 무엇이겠는가? 이루 헤아릴 수 없는 수백만의 재생을 강조할 때, 인간은 마치 수레바퀴와도 같은 개념상의 한 존

---

375 Nietzsche, 『차라투스트라』 제3부, 358.
376 Nietzsche, 『즐거운 학문』 제4부, 315; 이진우, 『니체, 실험적 사유와 극단의 사상』, 129.
377 이진우, 『니체, 실험적 사유와 극단의 사상』, 130.

재가 돼 버리고 말지 않겠는가?[378]

결국 '영원 회귀'는 니체 자신이 마지막 저서에서 인정한 것처럼, 그의 몇 가지 대안들 중에서도 가장 설득력이 떨어지는 대안이 될 수밖에 없다. 왜냐하면 그것이 궁극적으로 하나님의 뜻에 굴복할 수밖에 없는 '십자가에로의 근원적인 복귀', 그것 외에 다른 것이 아니기 때문이다.[379] 또 만일 신의 존재를 계속 부인할 경우, 끝없는 허무주의로 빠지게 될 것이 즉각적으로 자명한 대안이기 때문이다. 그래서 니체가 불교 등 동양 철학을 기웃거리며 영원 회귀에 대한 모범답안을 찾으려 애쓴 흔적들이 몇 군데 있다. 그러나 그가 모범답안을 찾기에 성공하였다는 확신의 언급은 그 어디에서도 찾아볼 수 없다. 오히려 그는 불교식의 환생이나 윤회는 있을 수 없다고 생각하였다. 또 인과응보 개념도 부정하였다. 왜냐하면 그는 심판주 신을 어떤 형태로든 인정할 수 없었기 때문이다.

헤겔의 절대정신 개념을 어찌하든지 박살내려다가 그만 헤겔의 목적론적 역사관까지 부정하면서, 결국 이도 저도 아닌 허무주의로 낙착되고 만 결과를 니체는 마지막 순간에 한탄하였다. 이것은 덴마크의 기인(奇人) 키에르케고어와 대조되는 부분이다.[380] 너의 삶을 영원히 다시 살고자 원할 수 있도록, 그렇게 지금을 살아라! 이 원리를 지킬 수 있기 위해서는 인간이 온 의지력을 동원해서 간절히 의욕한다고 해서 되는 것이 아니라, 신의 은혜가 필요함을 그가 부

---

378 Nietzsche, 『니체 최후의 고백: 나의 누이와 나』, 297.
379 Nietzsche, 『니체 최후의 고백: 나의 누이와 나』, 329.
380 키에르케고어도 헤겔의 관념론을 그토록 증오하였지만, 그는 목적론적 역사관에 대해서 섭리론적인 관점에서 인정하였다. 그래서 키에르케고어는 감사의 기도로 자기 삶을 마칠 수 있었다.

인하지 말았어야 했다. 그리스도 안에서 기독교가 말하는 영생을 소유할 때, 비로소 순간에 충실하면서 '현재적 영생'을 누릴 수 있고, 또 현재의 삶을 긍정하면서 영원에 잇대어 사는 삶을 살 수 있음을 그가 좀 더 확실한 문장으로 고백하고 세상을 떠났더라면 하는 아쉬움이 여전히 남는다.

4. 니체에 대한 긍정적 입장

① 니체 사유의 발전 단계

니체 사유의 발전 단계는 일반적으로는 루 살로메[381]가 제안했던 3단계론에 의해 설명된다. 그것에 의하면, 니체 철학은 낭만적 시기, 실증적 시기, 창조적 시기로 구분될 수 있다. 그 첫 번째 단계는 니체의 첫 글부터 1876년 여름까지이다. 이 시기는 바그너와 쇼펜하우어의 염세적 의지의 철학으로부터 영향 받은 예술가-형이상학적 사유가 그 특징이다. 이 시기에 니체는 새로운 인간 문화의 창달과 특히 독일 문화의 재건이라는 과제를 수행하기 위해 고대 그리스 비극 문화에서 그 가능성을 탐지하였다. 저술상으로 보면 『비극

---

[381] Lou Andreas-Salomé, *Friedrich Nietzsche in seinen Werken*(Wien, 1894). 1882년 10월 니체와 헤어진 루 살로메는 그 해 12월경 파울 레와 베를린에서 동거생활을 시작했으며, 1885년에 『신을 찾기 위한 투쟁』(Kampf um Gott)이라는 독창적인 소설을 발표했다. 그녀는 이 작품 외에도 10여 편의 소설을 더 발표했는데, 1887년 파울 레와 결별하고 동양학자 카를 안드레아스(Friedrich Carl Andreas, 1846-1930)와 결혼했다. 1892년에 그녀는 입센(Henrik Ibsen, 1828-1906, 노르웨이의 극작가 겸 시인)의 작품들에 대한 연구서인 『입센의 작품들에 등장하는 여성인물들』을 발표했고, 1894년에는 니체 평전인 『프리드리히 니체와 그의 작품들』을 발표했다. 또 1897년 그녀는 보헤미아-오스트리아 태생 독일 시인 라이너 마리아 릴케(Rainer Maria Rilke, 1875-1926, 루보다 14년 연하)를 만나 사랑을 나누면서 릴케의 인생과 작품에 심대한 영향을 끼쳤다. 1911년에는 오스트리아 빈에서 열린 심리분석학자들의 모임에 참가하여 지그문트 프로이트(Sigmund Freud, 1856-1939, 루보다 5년 연상)의 친구 겸 제자가 되었다. 1928년에는 『라이너 마리아 릴케』를 출간했고, 1931년에는 『프로이트에게 보내는 감사문』을 발표했다: Nietzsche, 『니체 자서전: 나의 여동생과 나』, 13-16.

의 탄생』부터 『반시대적 고찰』까지이다. 두 번째 단계는 1882년 여름까지인데, 이 시기에 보이는 특징은 쇼펜하우어와 바그너로부터 이탈하여 자유정신적 존재로서, 기존의 것을 파괴하고 새로운 문화 이상에 대한 환상에서 깨어나 비판적이고도 실증적인 경향을 강하게 보였다. 저술상으로 보면 『인간적인, 너무나 인간적인』부터 『즐거운 학문』까지이다. 또 세 번째 단계는 『차라투스트라』 이후부터 1889년 초까지인데, 이 시기에 신의 죽음, 위버멘쉬, 권력에의 의지, 영원 회귀, 디오니소스적 세계관 등이 집중적으로 사유되었다.[382]

그러나 이 3단계론은 니체의 사유과정에 대한 맞춤식 해명은 아니다. 엄밀히 말하자면, 실증적 시기 후반, 즉 1881년을 기점으로 니체의 철학이 변모하기 시작하였기 때문이다. 그래서 1881년 이후를 후기로, 그 이전을 전기로 구분하는 것이 더 효율적인데, 1881년 이후에 그의 사유에 '생성'에 대한 철학적 정당화가 더 본격화되었다. 하지만 후기 사유의 내부에서도 약간의 변화가 감지되는 시기가 있다. 특히 1885년 이후에는 '권력에의 의지'라는 방법적 원리를 가지고 그의 다른 철학적 주제들인 가치의 전도, 위버멘쉬, 비도덕주의, 영원 회귀 등을 더욱더 체계화, 발전시켜 나갔다.[383]

② 현대 철학과 현대 예술의 경우

1960년대에 이르기까지 니체는 순수 철학자라기보다 오히려 시인 철학자나 예술가-철학자로 이해되었다. 그래서 대학 철학은 그

---

382 백승영, "니체 철학, 무엇이 문제인가- 형이상학과 허무주의 이후의 철학", 김상환 외, 『니체가 뒤흔든 철학 100년』, 67-68.
383 백승영, 『니체: 건강한 삶을 위한 긍정의 철학을 기획하다』, 31-33.

에 대해 철저한 침묵으로 일관했으며, 『차라투스트라』를 비롯한 그의 작품들은 하나의 예술적 사건으로 받아들여졌다. 유럽 사회는 예술가로서의 그의 역할에 대해 상당한 정도의 숭배와 열광을 그에게 보냈을 뿐이었다. 그러다가 1961년에 출간된 하이데거(Martin Heidegger, 1889-1976)의 『니체론』[384]으로 말미암아 니체 역시 서양 형이상학의 전통에 서 있는 엄밀하고 체계적인 철학자임이 부각되었다. 이 작업은 하이데거의 1936년부터 1946년까지의 원고들과 강의록을 바탕으로 집중적으로 행해졌다.[385] 하이데거는 니체의 철학을 체계화해 그 안에서 통일성을 확보한 후에 니체 역시 서양 형이상학을 완성만 했을 뿐 극복하지는 못했다고 하면서, 그 극복이 자기를 통해서 비로소 이루어졌다는 논지의 주장을 펼쳤다.

또 야스퍼스(Karl Jaspers, 1883-1969) 역시 실존철학적 관점에서 철학자로서의 니체의 지반을 굳혀주는 역할을 하였다. 야스퍼스는 서양 철학의 시기를 로고스와 '너 자신을 알라'에 의해 특징지어지며 헤겔에 이르러 절정에 이르는 첫 번째 시기와 그 이후 이성의 권위가 몰락하는 두 번째 시기로 구분하고, 니체를 두 번째 시기를 여는 철학자로 이해하였다.[386] 또 야스퍼스는 바울에 의해 제도화된 기독교와 예수에 의해 실천된 기독교 정신을 별도로 구분하는 니체에 대한 이해를 도우면서, 니체가 행한 예수와 디오니소스와의 대화 시도가 초월과 내재의 관계에 대한 서구적 논의를 반영하는 것이라

---

384 이 책은 M. Heidegger, *Nietzsche I, II* (Pfullingen, 1961)라는 제목으로 출간되었다.
385 백승영, 『니체, 디오니소스적 긍정의 철학』, 88-89.
386 K. Jaspers, *Vernunft und Existenz*(Batavia, 1935); *Nietzsche. Einführung in das Verständnis seines Philosophierens*(Berlin, ³1950); *Nietzsche und das Christentum* (München · Zürich, 1946).

고 해석하였다.[387]

1962년에 출간된 들뢰즈(Gilles Deleuze, 1925-1995)의 『니체론』은 니체 철학을 헤겔의 변증법적 사유를 극복한 차이의 철학으로, 또 개념의 분류에 그쳤던 철학이 힘의 분류로 전환되는 지점으로 평가하였다. 들뢰즈의 이 저서는 프랑스에서 니체에 대한 관심을 크게 고조시켰고, 형식주의에 빠지기 쉬운 구조주의의 아성에 새로운 탈출구를 만들어 주었다. 그리고 푸코(Michel Foucault, 1926-1984)와 데리다(Jacques Derrida, 1930-)는 니체에게서 후기 구조주의적 기호 개념을 발견하였다. 뿐만 아니라 니체를 통하여 그 개념들을 과격화하였다.[388] 말하자면 후기 구조주의와 니체의 사상을 통합한 셈이다. 푸코와 데리다의 사상은 미국으로 건너가 포스트모더니즘의 열풍을 일으켰으니, 포스트모더니즘과 더불어 니체에 대한 관심이 미국에서 일기 시작하였다.

특히 음악에 미친 니체의 영향은 압도적이다. 219명의 작곡가와 370개의 곡과 89개의 텍스트가 니체 텍스트의 예술적인 면, 니체의 예술가적 의식, 또 『차라투스트라』의 시가들의 영향권 하에 있음을 제시한 한 연구[389]를 보면 잘 알 수 있다. 1896년에 이미 "차라투스트라는 이렇게 말했다"라는 교향곡을 작곡한 리하르트 슈트라우스(Richard Georg Strauss)나 자신의 3번 교향곡을 원래 "즐거운 학문"이라고 명명하려 했던 말러(Gustav Mahler), 또 쉰베르크(Arnold

---

387 백승영, 『니체, 디오니소스적 긍정의 철학』, 91-92.
388 김상환 외, 『니체가 뒤흔든 철학 100년』, 7.
389 D. S. Thatcher, "Musical settings of Nietzsche texts, An annoted bibliography", *Nietzsche Studien* 4 (1975), 284-323 (I); *Nietzsche Studien* 5 (1976), 355-383 (II); *Nietzsche Studien* 15 (1986), 440-452 (III).

Schönberg), 베버(Carl Maria von Weber), 오르프(Carl Orff), 치머만(Bernd-Alois Zimmermann) 같은 음악가가 그 대표적인 예이다. 또한 조형예술에서도 니체는 인상주의, 입체파, 미래파, 순수예술의 모든 유형, 또 종전 이후의 새로운 사실주의와 직간접적인 관계를 맺고 있으며, 피카소(Pablo Picasso), 칸딘스키(Wassily Kandinsky), 마르크(Franz Marc), 클레(Paul Klee) 등도 『차라투스트라』를 알고 있었다. 그밖에 렘브루크(W. Lehmbruck), 회트거(Hoetger) 등의 건축가들에게서도 니체의 영향을 찾아볼 수 있을 정도이다.[390]

5. 니체에 대한 부정적 입장

① 로마 카톨릭과 현대 개신교 신학의 경우

니체의 신학에 대한 수용은 주로 독일에서 이루어져 왔는데, 독일의 카톨릭 신학계는 처음에는 니체를 기독교를 오해하고 있는 기독교의 적대자로 간주해 왔다. 그러나 최근에는 기독교에 대한 니체의 비판을 상대화해서 희석시키거나 또는 그의 심연에 내재해 있는 기독교성을 발견해 보려는 시도들이 진행되었다. 가령 로츠(J. B. Lotz)는 니체의 '신의 죽음'이라는 문제를 존재론이나 실존철학의 지평에서 이해하려는 철학적 경향에 맞추면서 위버멘쉬와 신의 은총과의 연결을 꾀하는데, 그 시도는 결국 낯설고 생소할 수밖에 없다. 또 비저(E. Biser)는 니체의 무신론적 어조가 기독교 도덕을 토대로 한 서양 문화를 공격하는 데에 주목적을 두고 있으며, 신앙인들

---

390 백승영, 『니체, 디오니소스적 긍정의 철학』, 101-2.

의 무게 중심을 신에서 다시 인간으로 되돌리려는 인간학적 맥락
에 속해 있다고 주장하였다. 그래서 니체 후기 사유에서 신의 새로
운 발견이 단초적이나마 제기된다고 말하기까지 하였다.[391] 이런 주
장들은 니체에게서 비록 기독교적이지는 않더라도 종교적인 인간
을 발견하고, 니체의 무신론적 논조에 대해 우호적인 태도를 취해
보자는 해석들이다. 틸리히(P. Tillich), 닉(W. Nigg), 그라우(G. G. Grau),
울리히(F. Ulrich) 등이 이 범주에 속한다. 이 해석들에 따르면, '신의
죽음'이라는 명제는 초월적 존재자로 돌입하기 위한 니체의 노력이
며, 그런 한에서 니체도 신학적 전통에 속한다고 볼 수 있다는 것이
다.[392] 그러나 아무래도 이것은 무리한 주장이 아닐 수 없다. 왜냐하
면 초월적 존재자로 돌입하는 것이 인간의 노력만으로는 가능한 것
이 아니기 때문이다. 니체는 그렇게도 투쟁하듯이 기독교를 향해
독설을 퍼부어댔는데, 특히 자기에 대해 동정심을 보이는 기독교에
대해 더욱더 모멸감을 표방했기 때문이다.

칼 바르트(K. Barth)는 니체의 후기 사유에 대해, 기독교적 실천이
라는 면에서 적대적이기 때문에 결국 그의 사상을 좋게 볼 수 없다
고 평가하였다. 왜냐하면 니체가 제시한 '승화된 인간 유형', 즉 위
버멘쉬나 권력에의 의지가 '더불어 사는 인간의 삶'을 제거해 버린
다고 여겼기 때문이다.[393] 이것은 한마디로 니체가 기독교 도덕을 부
인하였기 때문에 생긴 결과인데, 그래서인지 초기에 바르트를 추종

---

391 E. Biser, *Gottsucher oder Antichrist? Nietzsches provokative Kritik des Christentum*(Salzburg, 1982), 53; 백승영, 『니체, 디오니소스적 긍정의 철학』, 282-83.
392 백승영, 『니체, 디오니소스적 긍정의 철학』, 91-92.
393 K. Barth, *Die Kirchliche Dogmatik III-II* (Zollikon · Zürich, 1948).

하였던 본회퍼가 일평생동안 '더불어 사는 삶'을 많이 강조했던 사실은 매우 흥미롭다. 또 본회퍼는 위버멘쉬에서 니체 자신에게는 은폐되어 있는 기독교적인 특성들을 발견해내려고 하였으며, 기독교적 자유와 위버멘쉬의 무제한성을 대립시키면서, 대지에 충실하라는 차라투스트라의 요구를 기독교적으로 근거지을 수 있는 가능성을 찾고자 하였다. 그러나 정작 니체 자신이 대지에 충실하라는 요구를 반기독교적인 정신에서 한 것이지 결코 기독교적인 입장에서 한 것이 아님을 본회퍼는 모르지 않았다. 본회퍼는 기본적으로 니체를 무신론 철학자로 보면서, 무신론 철학과 유신론 신학 사이의 접촉점을 찾고자 한 것이었다. 그래서 본회퍼는 포이에르바하와 니체를 무신론 철학자로서 이해하려는 입장을 가졌지만, 바르트와 틸리히 등 유신론 신학자들에 대해선 그들을 신학자로 인정하여 그들 신학의 문제점들을 예리하게 지적하였다. 혹시 본회퍼가 말하는 '비종교화'가 미래에 현실이 된다고 하더라도, 그 사태가 니체의 '신의 죽음'이라는 말에 동화된 결과는 아닐 것으로 보며, 본회퍼는 차후 미국과 독일에서 발생할 '사신신학'(死神神學)과 니체를 연결짓는 데 부정적인 입장을 보였다.

본 논문을 마쳐 가면서 점점 더 명확해지는 확신은 니체의 사상을 비판했던 로마 카톨릭이나 개신교 신학의 원래 입장이 옳았다는 인식이다. 최근 니체에 대한 긍정적 또는 동정적 입장에서 그의 사상을 수용하자는 글들이 몇 편 나오긴 했지만, 본 논문의 내용들을 다시금 숙고하고 분석해 볼 때, 역시 신학계의 이전 입장들이 옳았다는 판단을 확실히 하게 된다. 니체라는 한 인간에 대한 관용과 동정은 앞으로도 얼마든지 계속될 수 있겠지만, '신은 죽었다!'로 대표되는 그의 사상만큼은 결코 긍정될 수 없고 또 미화되어서도 안 될 것이다. 이 사실을 본 논문과 논자는 다시금 확인하게 된다. 다만 확인할 수 없는 부분은 예술 영역인데, 예술의 관점에서는 또 다른 담론이 가능하거나 바람직할 수 있는지 그 여부는 아직 확실하지 않다. 즉 진, 선, 미의 최고 가치들 중에서 진(眞)이나 선(善)과 관련해서는 니체의 현실 비판이나 대안 모색이 타당성을 완전히 결여하고 있는 것이 확실하지만, 미(美)와 관련해서는 그 판단을 유보하고 본 논문의 한계로 남겨 두는 것이 보다 더 현명할 것으로 생각한다.

② 그 누구도 긍정하지 못한 니체

오늘날 니체에 대해 긍정적이고자 하는 현대인들이 붙여 준 미화 문구들 중에 '건강한 인간이 부르는 영원한 긍정의 노래'라는 것이 있다. 그러나 사실 니체는 평생 건강한 삶을 살지도 못했고, 또 그의 사고가 긍정적이지도 않았다. 오히려 그는 모든 것에 대해 뒤틀려 있는 마음 상태에서 부정적이고 의심 많은 삶을 살았다. 가령 니체는 초기에 쇼펜하우어의 염세적 철학을 매우 긍정적으로 보았다. 자기가 쇼펜하우어의 저작에 매혹되었던 것은 그 소박한 단순성과 열성 때문이었다고 회상하기도 하였다.[394] 그러나 얼마 지나지 않아 곧 니체는 쇼펜하우어의 생존의지가 힘을 만방에 펼칠 능력이 없는 소인배들의 구차한 전략에 불과하다고 하면서 그로부터 이탈하기 시작하였다.

---

394 Nietzsche, 『니체 최후의 고백: 나의 누이와 나』, 120.

또 스피노자(Baruch de Spinoza, 1632-1677)에 대해서도 마찬가지였다. 한때 니체는 스피노자를 '선배'라고까지 호칭하였다. 이원적인 세계 설명을 버리고 일원적인 현실 세계를 긍정하는 가운데, 현실을 중시하고 육체를 중시하는 철학이 니체 자기의 의도에 맞았기 때문이다. 무엇보다 자기보다 앞서 비도덕주의를 시도했던 선배로서 소중하게 생각되었기 때문이다.

"나는 진정 놀랐고 진정 매료되었다네! 내가 한 사람의 선배를 가지고 있었다니. 그것도 어떤 선배란 말인가! 나는 스피노자를 거의 알고 있지 못하였다네! … 그의 이론 중 다섯 가지 점들에서 나는 나를 다시 발견하게 된다네. 가장 상례적이지 않고, 가장 고독한 이 사유가는 바로 다음과 같은 점에서 내게 가장 근접해 있네: 그는 자유의지를 부정하고,[395] 목적을 부정하며, 도덕적 세계 질서를 부정하고, 비이기적인 것을 부정하며, 또 악을 부정한다네. 물론 나와의 차이점 역시 엄청나다고 할지라도, 그 차이점은 시대와 문화와 학문의 차이에 근거하는 것일세."[396]

그런데 니체는 스피노자 철학을 정당한 의미 부여나 적절한 이해를 제공하기 위해 철학사적으로 탐구하지 않았다. 탐구 영역의 선택에서부터 분석 방식에 이르기까지 철저히 자기 자신의 철학적 의

---

[395] 스피노자가 자유의지를 부정한 이유는 그가 엄격한 결정론의 지배를 주장하였기 때문이었다. 또 그가 인격적이고 초월적인 창조주 신을 부정하였기 때문이었다. 그는 인간의 행위뿐만 아니라 인식과 의지까지 엄격한 결정론의 지배를 받는다고 주장하였다. 즉 의지가 결정론의 지배를 받기 때문에, 인간에게 자유의지가 있을 수 없다는 것이었다. 그런데 이런 이유는 니체의 경우와 같지 않았다. 니체는 자유의지를 부정하면서 오히려 권력의지를 강조하였다.

[396] 이것은 니체가 1881년 7월 30일에 그의 동료인 신학자 오버벡(Franz Overbeck)에게 보낸 엽서에서 발췌한 것이다: 『니체 서간집』 KSB 6, 111; 백승영, 『니체: 건강한 삶을 위한 긍정의 철학을 기획하다』, 315.

도성을 가지고 진행하였다. 그래서 니체는 스피노자에 대해서도 곧 이중적인 태도를 취하였다. 이 고백이 있은 후 얼마 지나지 않아 작성된 그의 다른 글들은 '선배 스피노자' 발언을 무색케 한다: "생리적으로 고찰하면 … 스피노자의 체계는 폐결핵 환자의 현상론이다."[397] "수학 형식의 기괴한 요술에 의해 … 은둔하는 병자가 쓰고 있는 가면은 얼마나 많은 특수한 수줍음과 허약성을 드러내고 있는가!"[398] 실로 이런 글들은 '선배 스피노자' 발언의 진의를 의심케 한다. 마치 한 번도 '선배'였던 적이 없었던 것처럼, 스피노자는 '은둔하는 병자'로서, '병자의 현상론을 제공하는 자'로서 니체의 철저한 조롱 대상이 된다.[399]

이와 같이 그 누구도, 그 무엇도 긍정하지 못했던 니체. 그를 과연 '긍정의 철학자'라고 말할 수 있을까? 신의 존재를 인정하고 싶지 않았던 니체의 의지와 관련하여, 그런 니체의 의지에는 일관성이 있었다고 말할 수 있겠지만, 그 의지를 입증하고 관철해내려는 과정과 그 방법론에 있어서는 니체가 결코 일관적일 수 없었음이 여기에서 드러난다. 그의 논리는 여기저기에서 온통 뒤죽박죽이고 이랬다 저랬다 하며, 특히 그는 그 누구도, 그 무엇도 존경하거나 사랑하지 않았다. 자기 모친이나 누이는 물론 심지어 자기 자신조차도 사랑할 수 없었던 니체. 그가 그렇게나 중시하고 강조하였던 육체만 해도 그렇다. 질병투성이인 자기 육체를 그는 사랑하고 싶었으나 도저히 사랑할 수 없었다. 여기에 니체 비극의 심대성이 있다. 사

---

[397] 니체,『유고』KGW VIII 3 16 (55), 300.
[398] 니체,『선악의 저편』5: KGW VI 2, 13.
[399] 백승영,『니체: 건강한 삶을 위한 긍정의 철학을 기획하다』, 317-18.

실인즉 니체야말로 기독교에 대한 원한 감정에서 비롯된 과대망상적 정신 이상자이자 조울증 환자이다. 또 그의 글들은 인류 미래의 방향을 제시하는 것이 아니라, 19세기 한 정신질환자의 넋두리와 완악하게 비뚤어진 심성을 제공하고 있을 뿐이라고 볼 수밖에 없는 이유가 바로 여기에도 있다.

V. 나오는 말

니체는 기득권 세력, 모든 가치관, 사람들이 신성시하고 믿어 왔던 모든 것에 대해 반기를 들었기 때문에 적지 않은 현대인들의 마음을 어느 정도 사로잡을 수 있었다. 그 사실을 표현하기를, "의미와 가치가 상실된 현 시대의 무서운 허무주의를 니체가 끌어안았다"라고 표현한다면, 그의 삶이나 사상에서 유의미성을 충분히 발견할 수 있을 것이다. 그러나 참 아이러니칼하게도 니체는 고대 그리스 비극을 그렇게나 좋아하더니, 결국 자기의 삶을 그렇게 비극으로 끝마쳤다. 그 비극성이 심대하여 안쓰러운 마음까지 들 정도이다. 니체 정신의 그 고통스러운 개방성과 비극적인 극단성 앞에서 착잡한 마음을 어찌할 수 없다. 왜 그렇게 되었을까?

본 논문에서는 '신은 죽었다!'라는 니체의 명제가 기술된 그의 저서들에 대해 살펴본 후에, 그의 현실 비판이 적절한지의 여부를 철학적, 종교적, 도덕적 의미의 세 차원에서 분석하였다. 그 결과 플라톤주의가 진리체계가 아님을 적시한 부분에 대해서는 긍정할 수 있다고 하더라도, 기독교에 대한 오해에 있어서는 그가 과도히 잘못 나아갔음을 발견할 수 있었다. 특히 기독교 도덕에 대하여는 그가 거의 감정적 차원에서 기독교 도덕을 폄훼한 사실이 여러 군데에서 드러났는데, 그가 학생 시절에 친구들에게 호언장담하기를, "내가 언젠가 마키아벨리보다 훨씬 더 나쁜 책을 써서 세상에 내어 놓겠다"라고 장담까지 하였던 사실과 무관하지 않음을 알 수 있다. 그래서 '신은 죽었다!'라는 명제의 유의미성에 대하여 결론을 내린다면, 진선미라는 최고의 가치 체계 중에서 미(美)에 관하여는 그 답을 유보한다고 하더라도, 진(眞)과 선(善)에 관하여는 유의미성이 전혀 없다고 결론을 내리게 된다. 왜냐하면 아무리 기존의 모든 가치들에 대해 의심하고 반기를 든다고 하더라도, 적어도 "살인하지 말라"나 "간음하지 말라"라는 인류 보편적인 가르침에 대해서까지 함부로 망치를 휘둘러서는 안 되는 것이 너무나 자명하기 때문이다.

또 본 논문에서는 니체 대안 모색의 적절성, 합당성 여부를 판단하기 위하여 가치의 전도, 위버멘쉬, 권력에의 의지, 영원 회귀라는 네 가지 관점으로 나누어 분석하였다. 그 결과 가치의 전도 측면은 그의 현실 비판과 같은 맥락의 결론을 내리게 되었으며, 위버멘쉬에 관해서는 그가 인간의 본성을 정확하게 직시하지 못하고 너무 안일하게 선하게만 본 점이 큰 문제여서 적절성과 합당성을 결여하고 있음을 밝혀내었다. 또 권력에의 의지에 관해서는 그것이 보편적인 인간 해설이나 방법적 원리가 될 수 없음을 지적하였고, 마지막으로 영원 회귀와 관련해서는 신 없는 영원 회귀가 결국 무서운 허무주의로 귀착할 수밖에 없는데, 그 사실을 니체 자신도 최후 저서에서 시인하였음을 논증함으로, 이것 역시 적절성과 합당성을 결여하고 있음을 밝혀내었다. 무릇 인간의 구성요소는 육체뿐만 아니라 영혼 또는 적어도 정신까지 함께 고려해야 하는데, 이 전통적인 가르침 또는 진리체계까지 니체가 의도적으로 뒤집어엎으려다가 니체의 비극이 여기까지 오게 되지 않았나 판단된다.

그래서 니체의 저서들을 읽어보면, 어느 책이냐를 막론하고 모두 다 체계가 없으며 앞뒤가 모순된다. 무엇보다도 우선 신은 사람이 죽이고 살릴 수 없는 존재이다. 자연계의 모든 인과 관계를 더듬어 올라가면 최종의 제1 원인이 바로 신이라는 존재이다. 그러니 '신의 죽음'을 고집한 니체의 책들은 정확한 이론서가 아니고 엄밀한 의미의 사상서도 될 수 없다. 다만 아방가르드[400] 예술철학자 니체가 외치는 바램의 표출일 뿐이다. 한마디로 그의 사상은 무모하기 짝이 없다. 그리고 고집스럽다. 그 고집이 잘못되었음이 본 논문에서 판명났기 때문에, 논자는 그것을 '심지의 견고함'[401]이라고 부르지 않고 '완악함'이라고 부른다. 니체는 자기 어머니를 생각해서라도 그런 '완악함'을 부리지 말았어야 했다. "소는 그 임자를 알고 나귀는 그 주인의 구유를 알건마는, 이스라엘은 알지 못하고 나의 백성은 깨닫지 못하는도다 하셨도다"(사 1:3). 자기와 자기 가족의 임자 되시고 주인 되시는 창조주 신 앞에서 섣부른 인간의 거만함을 니체는 떨지 말았어야 했다.

---

[400] 프랑스어에서 나온 '아방가르드'(Avant Garde, 前衛藝術)는 20세기 초 프랑스, 독일, 스위스, 이탈리아, 미국 등에서 일어난 예술 운동으로서, 기존의 예술에 대한 인식과 가치를 부정하고 새로운 예술 개념을 추구하였다. 원래 '아방가르드'는 군사 용어로서, 전쟁 중 본대에 앞서 적진의 선두에 나가 적의 움직임과 위치를 파악하는 척후병을 뜻한다. 이런 '아방가르드'라는 용어가 예술에 전용(轉用)되어 앞으로 전개될 새로운 예술을 탐색하고 이제까지의 예술 개념을 일변시킬 수 있는 혁명적인 예술 경향 또는 그 운동을 뜻하게 되었다: 네이버 지식백과, 두산백과- 전위예술.

[401] "주께서 심지가 견고한 자를 평강하고 평강하도록 지키시리니 이는 그가 주를 신뢰함이니이다"(사 26:3).

참고문헌

[1차 문헌: F. Nietzsche 본인의 저작물들]

Nietzsche, F. W. 김대경 역.『바그너의 경우』외 (니체전집 1). 서울: 청하, 1998.

_____. 이진우 역.『비극의 탄생 · 반시대적 고찰』(니체전집 2). 서울: 책세상, 2015.

_____. 김미기 역.『인간적인, 너무나 인간적인 I, II』(니체전집 7, 8). 서울: 책세상, 2016.

_____.안성찬 · 홍사현 역.『즐거운 학문』외 (니체전집 12). 서울: 책세상, 2015.

_____. 정동호 역.『차라투스트라는 이렇게 말했다』(니체전집 13). 서울: 책세상, 2002.

_____. 박병덕 역.『짜라투스트라는 이렇게 말했다』. 서울: 육문사, 1993.

_____. 김정현 역.『선악의 저편 · 도덕의 계보』(니체전집 14). 서울: 책세상, 2003.

_____. 백승영 역.『안티크리스트 · 이 사람을 보라』외 (니체전집 15). 서울: 책세상, 2016.

_____. 김정현 역.『유고』(니체전집 18). 서울: 책세상, 2013.

_____. 이진우 역.『유고』(니체전집 19). 서울: 책세상, 2015.

_____. 백승영 역.『유고』(니체전집 21). 서울: 책세상, 2013.

_____. 백승영 역.『유고』(니체전집 22). 서울: 책세상, 2000.

_____. 강윤철 역.『니체의 신은 죽었다』. 서울: 스타북스, 2011.

_____. 이덕희 역.『니체 최후의 고백: 나의 누이와 나』. 서울: 작가정신, 1999.

_____. 김성균 역.『니체 자서전: 나의 여동생과 나』. 고양: 까만양, 2013.

[2차 문헌]

Balkenohl, M. *Der Antitheismus Nietzsches*. München · Paderborn · Wien, 1976.

Barth, K. *Die Kirchliche Dogmatik III-II*. Zollikon · Zürich, 1948.

Berkhof, L. 권수경 · 이상원 역.『벌코프 조직신학 (상)』. 서울: 크리스챤 다이제스트, 1991.

Brown, Colin. *Philosophy & The Christian Faith*. 문석호 역.『철학과 기독교 신앙』. 서울: 기독교문서선교회, 1999.

Heidegger, M. *Nietzsche I, II. Pfullingen*, 1961.

_____. 박찬국 역.『니체와 니힐리즘』(하이데거 전집 48). 서울: 철학과현실사, 2000.

홀링데일, 레지날드 J. 김기복 · 이원진 역.『니체, 그의 삶과 철학』. 서울: 이제이북스, 2004.

김상환 외.『니체가 뒤흔든 철학 100년』. 서울: 민음사, 2002.

박찬국.『하이데거의 '신은 죽었다'는 니체의 말 읽기』. 서울: 세창미디어, 2016.

_____.『들길의 사상가, 하이데거』. 파주: 동녘, 2004.

백승영. 『니체, 디오니소스적 긍정의 철학』. 서울: 책세상, 2006.
_____. 『니체: 건강한 삶을 위한 긍정의 철학을 기획하다』. 파주: 한길사, 2015.
성진기 외. 『니체 이해의 새로운 지평』. 서울: 철학과현실사, 2000.
이서규. 『니체와 전통해체』. 서울: 서광사, 1999.
이진우. 『니체, 실험적 사유와 극단의 사상』. 서울: 책세상, 2009.
정동호·차하순. 『부르크하르트와 니체』. 서울: 서강대 출판부, 1986.
진은영. 『니체, 영원 회귀와 차이의 철학』. 서울: 그린비, 2008.
『문학비평용어사전』. 서울: 국학자료원, 2006.

폴 틸리히의 신관 비판
(Paul Tillich, 1886-1965)

Paul Johannes Tillich

4. 폴 틸리히의 신관 비판
(A Critique on Paul Tillich's Doctrine of God)

- I. 들어가는 말
- II. 틸리히의 신학 방법론
  - II.1 상호 연관(상관관계)의 방법
  - II.2 궁극적 관심
- III. 존재 자체이신 하나님
  - III.1 하나님 위에 계신 하나님
  - III.2 영원한 목격자
- III.3 삼위일체에 관한 틸리히의 관점
- IV. 새 존재와 성령
  - IV.1 그리스도: 새 존재의 보유자
  - IV.2 성령: 우리 영에 임재하시는 하나님
  - IV.3 영의 세 차원: 도덕, 문화, 종교
- V. 나오는 말

I. 들어가는 말

폴 틸리히(Paul Tillich, 1886-1965)는 20세기 신학자들 가운데 '지성인을 위한 사도'라고 불리기도 한다. 그것은 그가 현대의 세속 철학과 기독교 철학을 긍정적인 상관관계로 연결하고자 애쓰면서 인간의 상황을 신학의 출발점으로 삼았기 때문이다.[402] 틸리히는 인간, 역사 및 문화에서의 하나님의 내재성을 강조하였는데, 이것은 칼 바르트가 하나님의 초월성을 강조하고 성경의 메시지를 신학의 출발점으로 삼은 것과 대조된다. 틸리히의 탁월성은 현대의 역사적 관점과 인간의 실존적 상황에 근거하여 기독교 신학을 존재론적 입

---

402 Stanley J. Grenz & Roger E. Olson, 신재구 역, 『20세기 신학』(서울: IVP, 1997), 180.

장에서 해석한 것에 있다. 그는 자기 조직신학의 근본적인 목적이 '물음에 대답하도록 돕는 것'이라고 기록한 바 있는데,[403] 이 과정에서 그는 '궁극적 관심', '새로운 존재', '상호 연관의 방법'과 같이 현대인의 감성에 와 닿는 신학 개념과 용어를 제시했다. 그래서 그의 신학은 신변증법적 신학 또는 신자유주의 신학으로 취급되거나 인간중심적인 신학에로의 복귀로 간주되기도 한다.[404]

틸리히가 미국으로 건너가 하버드 대학교에서 가르치기 시작한 것은 뉴욕 유니온 신학교 은퇴 후 그가 68세 때였고,[405] 그는 하버드 대학에서 퇴임한 후 72세에 다시 시카고 대학 신과대학 교수로 초빙되어 강의를 계속하다가 79세에 심장마비로 사망하였다. 그 과정에서 틸리히는 미국에서 대중적 찬사를 받은 신학자였다. 그는 그가 생존해 있던 당대에도 이미 신화적인 인물이었다. 독일식 영어의 딱딱한 악센트에도 불구하고 미국에서 그의 강의에 주어졌던 호칭은 '20세기 최대의 신학자'였다. 전범 국가였던 독일 출신의 망명 신학자에게 미국의 젊은이들과 최고의 지성인들이 모두 함께 열광하며 그토록이나 찬사를 보냈던 이유는 과연 무엇일까?

본 논문은 그의 신학이 미국에서 인기를 끌었던 원인을 분석하고, 그의 신학 중 긍정적으로 취할 수 있는 부분과 버려야 할 부분을 가려냄으로써 현대 개혁주의적 관점에서 그의 신학을 평가해 내

---

[403] Paul Tillich, *Systematic Theology Vol. II* (The University of Chicago Press, 1951), 유장환 역, 『조직신학 II-신론』(서울: 한들출판사, 2003), 7. 틸리히는 일평생 세 권의 조직신학 책을 저술하였는데, 그 중 제1권은 1951년에, 제 2 권은 1957년에, 제 3 권은 1963년에 출판되었다.
[404] 목창균, 『현대신학 논쟁』(서울: 도서출판 두란노, 1995), 205-6.
[405] 틸리히는 유니온 신학교 은퇴 후 1955년부터 1962년까지 하버드 대학 특별교수로 초빙되어 신학부 박사과정 학생들을 위한 세미나를 인도하며 집필 활동을 계속하였다.

고자 하는 데에 주요 목적이 있다. 이 연구과정에서 논자는 특히 그의 신관에 집중하고자 하는데, 먼저 상호 연관의 방법을 비롯한 그의 신학 방법론에 대해 고찰하고, 이어서 존재 자체이신 하나님에 대한 그의 신관, 또 새 존재의 보유자이신 그리스도와 우리 영에 임재하시는 성령에 대한 그의 관점을 비평적으로 분석, 고찰하고자 한다.

II. 틸리히의 신학 방법론

폴 틸리히는 그의 체계의 철학적 기초를 주로 실존주의에 두고 있다. 그런데 '실존한다'(to exist)는 말은 어원학적으로 '밖에 선다'(to stand out)는 것을 의미한다. 원래 서양 철학은 우리가 알고 경험하는 실재를 본질과 실존의 두 측면으로 나누었는데, '본질'을 참된 존재요 영원한 이데아의 영역이라고 생각한 반면, '실존'을 단순한 의견이나 악의 영역이요 참된 실재성이 없는 것으로 간주했다.[406] 특히 플라톤이 '본질'로부터 '실존'으로 옮기는 것을 전락이나 타락으로 취급했던 것과 같은 맥락에서 헤겔 철학[407]을 비판하고, 인간의 실존 상황을 본질적 성격으로부터의 소외(estrangement)상태요 불안 상태라고 주장한 것이 19-20세기의 실존주의였다.

---

[406] Paul Tillich, *Systematic Theology*, II (1957), 21-28.
[407] 헤겔 철학은 플라톤 철학과 대조적으로 '본질'로부터 '실존'으로 옮기는 것을 발전과 실현으로 설명하였다. 그것은 '본질'과 '실존' 사이의 간격을 좁히고 '실존'을 인간이 우주를 지배하고 변화시켜야 하는 장소로 보는 관점을 대변한 것이었는데, 르네상스와 계몽주의 시대 이후 이런 관점이 제기되기 시작하였다.

그러니 틸리히가 말하는 '실존'(existence)이란 유한하며 동시에 본질로부터 이탈된 것을 가리킨다. 그것은 그 본래의 진정한 존재로부터 떨어져 나온 결과 혼잡케 되고 왜곡되었을 뿐만 아니라, 그 나름의 한계를 가지게 되었다. 반면에 본질적 이성, 또는 이성 그 자체는 초월적이다. 그리고 인간의 본질적 이성은 우주의 합리적 구조인 존재의 원리 즉 로고스(logos)에 의존한다. 그렇다면 이성 자체는 단순히 유한한 것이 아니다. 틸리히에게 있어 하나님께서는 모든 유한한 원인들을 초월하신다.[408] 그런데 현실적 이성, 혹은 실존이라는 곤경에 처해 있는 이성은 다르다. 실존하는 모든 것이 그렇듯이, 그것은 제한되어 있으며 그 본래의 진정한 본질로부터 소외되어 있다. 그 결과 갈등이 일어나는 것이다. 틸리히는 이런 갈등들은 어쩔 수 없이 진리 자체를 필사적으로 포기하든지, 아니면 계시를 찾아 나서는 결과를 불러온다고 결론내렸다.[409]

그래서 틸리히는 "당신은 받아들여졌다"(You are Accepted)라는 설교에서 죄가 '소외' 혹은 '분리'라는 유명한 정의를 내렸고, 인간의 상황을 하나님으로부터, 자아로부터, 이웃으로부터의 분리라고 설명했다. 또한 그는 죄를 '분리'라고 재정의하면서, 은혜를 '용납'(acceptance)으로 재정의하는 차원까지 나아갔다.[410] 그에게 있어서 소외와 소원은 인간 삶의 근저를 이루는 것이며, 의심이란 믿음 안에 반드시 있게 마련인 하나의 요소이다.[411]

408　Tillich, 『조직신학』, I, 82.
409　Grenz & Olson, 『20세기 신학』, 193.
410　Peter J. Gomes, "서문", *The Courage to Be*, 차성구 역, 『존재의 용기』(서울 : 예영커뮤니케이션, 2006), 15.
411　Grenz & Olson, 『20세기 신학』, 183-84.

1. 상호 연관(상관관계)의 방법

틸리히의 사상 중에 현대신학에 가장 많은 영향을 미친 것은 '상호 연관의 방법'(the method of correlation)인데,[412] 이 명칭은 틸리히 자신이 통합적인 신학을 추구하면서 스스로 붙인 이름이다. 그 의도는 아주 단순하며 두 가지의 논점에 근거한다. 즉 첫째, 신학과 철학은 불가분리의 관계를 가지고 있다. 둘째, 만일 '구원의 신학'이 되려면, 그것은 인간의 정황 곧 실제적이고 진지한 삶과 죽음의 문제에 대해 말해야 한다.[413] 이것은 "철학은 묻고 신학은 대답한다"라는 식으로 철학과 신학을 결합시킴에 있어, 철학이 보편적 인간 상황에 대해 제기한 문제들을 취하고 기독교의 계시에 근거해서 거기에 대답한다.[414] 그래서 틸리히는 자기의 변증신학을 '대답하는 신학'이라고 묘사하기도 한다.

틸리히가 상호 연관의 방법을 채택했다는 것은 그가 인간의 상황 분석과 그에 대해 해답을 주는 기독교의 메시지를 나란히 병행시키고 있다는 의미가 된다. 이 방법을 사용하는 조직신학은 실존의 문제들이 대두되는 인간 상황을 분석하고, 기독교 메시지에 사용된 상징들이 바로 거기에 대한 해답이 된다는 사실을 증거해 준다는 것이다.[415] 틸리히는 다음과 같이 선언한다: "상호 연관의 방법은 자연신학을 실존의 분석으로, 초자연적 신학을 실존에서 암시된 문제에 대한 해답으로 바꿈으로, 두 체계를 다 같이 용접시키는 역사적,

---

412 목창균, 『현대신학 논쟁』, 203.
413 Robert C. Johnson, "Paul Tillich", 『현대 신학자 20인』(서울: 대한기독교서회, 1992), 69.
414 Tillich, 『조직신학』, I, vii, 30, 59f.
415 Kenneth Hamilton, *Paul Tillich*, 옥한흠 역, 『폴 틸리히』(서울: 개혁주의신행협회, 1991), 18-19.

조직적 수수께끼를 풀어 준다."[416]

틸리히의 조직신학은 5부로 구성되어 있는데, 각 부마다 이 상호 연관의 방법론이 적용되면서 전개된다. 그리고 각 부는 인간 실존을 분석하여 문제를 제기하는 문제편과 조직신학의 소스와 매개에 근거하여 답을 주는 해답편으로 나누어져 있다. 그래서 조직신학 각 단원의 제목들은 모두 다 이중적인데, 그 개개가 철학적 개념과 신학적 상징들이 그 특별 단원에서 서로 상호관련되어 있다는 것을 보여 주고 있다: 즉 제1 부는 이성과 계시, 제2 부는 존재(being)와 하나님, 제3 부는 실존(existence)과 그리스도, 제4 부는 생명과 성령, 제5 부는 역사와 하나님 나라. 틸리히에 의하면, 조직신학의 소스는 성경, 교회사, 일반 종교와 문화의 역사 등이며, 조직신학의 매개는 경험 즉 소스에의 참여라고 한다. 그리고 조직신학의 표준은 '그리스도로서의 예수' 안에 있는 '새 존재'라고 한다.[417]

틸리히는 말하되, 하나님은 인적 유한의 문제에 대한 해답이라 하니, 상호 연관의 방법이 사용된 때에 하나님은 반드시 비존재(non being)의 위협을 저항하는 존재(being)의 무한한 능력이라 칭해야 할 것이라고 한다.[418] 그러나 상호 연관의 방법은 정통파 신학과 신정통파 신학을 반대하는 틸리히의 입장을 말해 주는데, 이로써 그는 초자연주의를 상호 연관의 방법으로 대치시켜 버렸다. 왜냐하면 초자연주의는 기독교 진리를 다른 세계로부터 온 낯선 물체 같이 인간

---

416 Tillich, 『조직신학』, I, 65-66.
417 Hamilton, 『폴 틸리히』, 21.
418 Tillich, *Systematic Theology*, I, 64.

상황 속에 굴러 떨어진 계시 진리로 보기 때문이다.[419] 그래서 상호 연관의 방법은 신학을 존재론으로 축소하는 결과를 가져온다. 어떤 철학자들은 틸리히가 제안한 존재론이 신지론(神智論, theosophy)과 유사하다고 생각하기도 한다.[420]

신학자 케네스 해밀턴(Kenneth Hamilton)은 틸리히가 주장하는 상호 연관의 방법은 실제로 기독교의 메시지로부터 아무 것도 취하지 않고 있으며, 다만 그 출발점이 되는 존재론적 사고 체계로부터 모든 것을 취한다고 결론지었다. 실질적인 실행에서는 틸리히가 진정으로 질문과 답변을 상관짓는 것이 아니고, 그가 미리 전제해 놓은 존재론적 체계에 맞추기 위해 그가 기독교 신앙의 언어를 해석하고 있을 뿐이라는 것이다.[421]

또 바르트와 같은 계시신학자들도 틸리히의 주장을 비판했는데, 그 주요한 이유는 그것이 하나님의 계시만을 위해 봉사해야 하는 신학의 독립성을 침해하기 때문이라는 것이다. 상호 연관의 방법은 신학의 출발점을 하나님의 계시로 삼는 것이 아니라, 인간의 상황에 대한 질문을 그 출발점으로 삼고 있다. 그래서 상호 연관의 방법은 인간의 상황으로부터 나온 질문의 대답을 계시에서 제시하지만, 궁극적으로 대답은 질문에서 나올 수 없다.[422] 따라서 바르트는 하나님을 인간에게 의존하게 만듦으로써 상호 연관의 방법을 인간 중심적인 자유주의 신학에로 복귀하게 만들었다는 것이다.[423] 사실 하나

---

419 Hamilton, 『폴 틸리히』, 19.
420 박형룡, 『박형룡 박사 저작전집 VIII (현대신학선평, 상)』(서울: 한국기독교교육연구원, 1988), 273.
421 Kenneth Hamilton, *System and Gospel*, 124; Grenz & Olson, 『20세기 신학』, 191.
422 Tillich, *Systematic Theology*, I, 61.
423 Paul Avis, *The Methods of Modern Theology* (London: Marshall Pickering, 1986), 170.

님의 계시는 하나님의 절대주권에 따라 이루어지는 것이지, 꼭 인간의 질문에 대한 대답으로만 이루어지는 것이 아니다. 또 신학이 철학에 매여야 할 이유가 전혀 없으며, 하나님께서는 인간의 질문에 대답하지 않으실 때도 있고, 인간의 질문과 전혀 상관없이 자신을 계시하실 수도 있다는 사실을 간과한 주장은 균형 잡힌 주장이라고 할 수 없다.

2. 궁극적 관심

틸리히는 신학의 대상을 '우리가 궁극적으로 관심을 두는 것'으로 규정한다.[424] 그는 덧붙이기를, "우리의 궁극적 관심은 우리의 존재(being)나 비존재(non-being)를 결정하는 것"이라고 한다. 진술들은 그것이 우리에게 존재 아니면 비존재의 문제가 되는 한에서만, 그것들의 대상을 다루는 신학적 진술이 된다는 것이다.[425]

그렇다면 '궁극적 관심'(ultimate concern)이란 무엇인가? 틸리히는 종교적 관심을 궁극적인 것으로 보았다. "종교적 관심은 궁극적이며 무조건적이고 절대적이며 무한하다."[426] 틸리히에 의하면, 우리는 종교를 재정의해야 한다. 종교는 어떤 신념들 또는 특정한 관습들의 문제가 아니다. 사람이 종교적인 때는 그가 '궁극적인 문제에 관심이 있을' 때이다.[427]

'궁극적 관심'에 대해 알고 있는 사람들은 '존재의 심연'에 대해

---

424 Tillich, *Systematic Theology*, I, 15.
425 Tillich, *Systematic Theology*, I, 17; 228.
426 Tillich, *Systematic Theology*, I, 11-14; 목창균, 『현대신학 논쟁』, 199.
427 Tillich, *Systematic Theology*, I, 15; Harvie M. Conn, 『현대신학 해설』(서울: 개혁주의신행협회, 1992), 120.

알고 있고, '존재의 심연'에 대해 알고 있는 사람들은 실제로 무신론자가 될 수는 없다. 왜냐하면 '존재'(being)는 우리가 하나님에 관해 말할 때 말하는 것이기 때문이다.[428] 우리는 우리가 우리의 존재 자체, 전 인간 실재, 실존의 구조, 의미 및 목적 등을 멸하거나 구할 힘이 있다고 믿는 것에 궁극적으로 관심을 가진다.[429]

그래서 인간에게 궁극적 관심의 대상이 되는 것은 하나님이다. 궁극적 존재에 대한 인간의 관심이 신앙이라면, 인간이 궁극적으로 관심을 가질 수 있는 존재는 하나님이다. 인간은 오직 하나님에 대해서만 궁극적 관심을 가질 수 있다.[430] 왜냐하면 하나님이야말로 '궁극적 실재'(ultimate reality)이시기 때문이다.

III. 존재 자체이신 하나님

틸리히에게 하나님께서는 어떤 사물(thing)도 아니시고 하나의 존재(Being)도 아니시다. 하나님은 다른 여러 존재들 가운데 하나가 아니시다. 하나님은 모든 존재의 힘과 근거이시다. 하나님께서는 존재 이상이시며 사물들 이상이시다. 하나님께서는 사물들과 존재들을 초월해 계신다. 즉 그는 '존재 자체'(Being Itself)요 '존재의 힘'이며 '존재의 근거'이시다.[431] 만일 하나님께서 어떤 사물이나 하나의 존

---

428 Colin Brown, *Philosophy and the Christian Faith* (Chicago: Inter-Varsity Press, 1969), 문석호 역, 『철학과 기독교 신앙』(서울: 기독교문서선교회, 1999), 229.
429 Tillich, *Systematic Theology*, I, 261f; Conn, 『현대신학 해설』, 120.
430 Tillich, *Systematic Theology*, I, 211.
431 Tillich, *Systematic Theology*, I, 261f.

재라면, 그는 유한한 분이 되고 말 것이다. 심지어 하나님을 최고의 존재로 간주하는 것까지도 그를 피조물의 차원으로 떨어뜨리는 일이 된다. 같은 모양으로, 하나님의 존재를 긍정하는 것은 그것을 부정하는 것이나 꼭 같이 무신론적이라고 틸리히는 말한다. 왜냐하면 존재(Being) 자체는 실존(existence)을 초월하기 때문이다.[432]

만일 우리가 하나님은 '존재 자체'라고 말하면, 우리는 철학과 신학이 만나는 점에 도달한 것이라 한다.[433] 하나님이 '존재 자체'가 아니라면, 그는 마치 제우스가 헬라 종교의 숙명에 종속되어 있었던 것처럼, 존재 자체에 종속된다.[434] 하나님이 '존재 자체'라는 것은 그가 유한 존재(being)에 속하는 모든 것 위에 있다는 것을 의미하고, 실존(existence)은 유한 수준에 지정된다. 모든 유한 존재들(beings)은 실존한다(exist). 그러나 하나님께서는 단순히 계신다(is). '존재 자체'로서의 하나님은 본질(essence)과 실존(existence)의 구별을 초월하여 본질에서 실존으로의 변화가 없다고 한다. 하나님께서 실존하신다(exist)라고 말하는 것은 그를 본질과 실존 사이의 분열에 굴복시키는 참람한 일이라 한다.[435]

존재 자체로서의 신과 존재들과의 관계는 이중적이라 한다. 하나님의 내재성은 그의 창조성에 있으니, 그는 존재의 창조적 지반이시다. 유한한 모든 것은 '존재 자체' 속에 참여하는데, 그렇지 않으면 그 유한자는 존재를 갖지 못한다. 이것은 창조적 관계니, 모든 존

---

432 Conn, 『현대신학 해설』, 120-21.
433 Tillich, *Systematic Theology*, I, 239.
434 Tillich, 『조직신학 II-신론』, 132.
435 Tillich, *Systematic Theology*, I, 237.

재들이 '존재 자체'이신 하나님으로부터 존재의 힘을 받아 존재한다는 것을 가리킨다.[436]

또 하나님의 초월성은 그의 무한히 깊으심에 있으니, 그는 각 유한 존재를 무한히 초월하심으로 각 존재가 한 심연에 삼키운다. 이것은 심연적 관계니, 모든 존재들의 지반이며 힘이 되시는 존재 자체는 모든 존재들을 초월해 계시다는 것을 뜻한다. 그래서 틸리히는 하나님께서 개념적 사유의 영역도 초월하신다고 주장했는데, 왜냐하면 존재나 개념적 사유는 모두 유한자의 영역에 속하고 시간과 공간의 제약을 받기 때문이다.[437] 또한 틸리히는 모든 것이 존재의 힘에 유한한 방식으로 참여하고 있는데, 모든 유한자들은 그들의 창조적 근거에 의해 무한히 초월되고 있다고 한다.[438]

이와 같이 틸리히는 하나님을 상징적, 존재론적으로 이해할 것을 주장한다. 하나님께서 '존재 자체'(God is Being Itself)이시라는 것과 '절대자'이시라는 것 외에, 하나님에 대한 모든 진술은 여자적(如字的)인 진술이 아니라 상징적인 것이라 한다.[439] 가령 종교 신자들은 많은 이름들로 하나님에 대하여 관설하여, 그를 살아계신 하나님, 창조주, 전능하신 하나님, 영원자, 거룩하신 아버지, 최고 영이라 칭하며, 그를 인격적이고 사랑하는 자로 부른다. 그것은 이 세계의 유한한 경험으로부터 유래한 표현들이 세계 저편에 있는 무한한 존재에 적용됨이다. 그것은 인간 경험의 단편을 포함하면서 동시에 인

---

436 박형룡, 『박형룡 박사 저작전집 VIII (현대신학선평, 상)』, 277.
437 Tillich, *Systematic Theology*, I, 263, 229.
438 Tillich, 『조직신학 II-신론』, 135.
439 Tillich, *Systematic Theology*, I, 131, 139; 박아론, 『현대신학연구』(서울: 기독교문서선교회, 1991), 101-2.

간의 경험을 초월한다.[440] 틸리히는 이를 논평하되, 존재의 존재론적 구조가 신적 생활에 지향하는 상징들을 위한 재료를 공급한다고 한다.[441] 그래서 틸리히는 성경의 탈문자화(deliteralization)를 들고 나왔다. 그것은 불트만(R. Bultmann)이 성경의 비(탈)신화화를 주장한 것과 대조된다. 성경은 하나의 상징이므로 문자적으로 이해해서는 안 된다는 것이다.[442]

우리는 하나님에 관해 말할 때 '인격적인 하나님'(personal God)이라는 말을 흔히 한다. 그런데 틸리히는 하나님이 인격자가 아니라 한다. '인격적인 하나님'이라는 말은 하나님과 사람과의 관계를 실존적으로, 즉 인격 대 인격의 관계로 이해하기 위한 상징적인 표현이라는 것이다. '인격적인 하나님'이라는 말은 '하나님이 하나의 인격'이라는 의미가 아니라 '하나님이 인격적인 모든 것의 근거라는 것과 그 안에 인격성의 존재론적 능력을 가지고 있다는 것'을 의미한다.[443] 틸리히는 고대 교부들이 하나님을 인격적이라고 생각하지 않았다고 주장한다. 그들은 '인격'이라는 용어를 하나님 자체가 아닌 삼위일체의 각 위격에 사용했을 뿐이고, 하나님을 인격적 존재로 간주하게 된 것은 19세기 현대 신학자들에 의해서였다는 것이다.[444]

그런데 오늘날 신학적 유신론은 신을 완전 무한한 천상의 인격자로 말하고 있는데, 만일 그와 같은 천상의 인격자가 신이라고 한다

---

440 Tillich, *Systematic Theology*, I, 238f.
441 Tillich, *Systematic Theology*, I, 243; 박형룡,『박형룡 박사 저작전집 VIII (현대신학선평, 상)』, 278.
442 목창균,『현대신학 논쟁』, 200.
443 Tillich, *Systematic Theology*, I, 245; 박아론,『현대신학연구』, 102.
444 Tillich, *Systematic Theology*, I, 242, 245.

면, 신은 결코 인간들의 궁극적 관심이 될 수 없을 것이다.[445] 그러므로 '인격적인 하나님'이라는 말은 오해하기 쉬운 말이니 오해하지 않도록 주의해야 한다는 것이다.[446] 틸리히는 이렇게 '인격적인 하나님'이라는 말을 쓰는 것을 반대하지 않으면서도 인격자로서의 신을 부인함으로써 결국 '인격적인 하나님'의 존재를 부인한 것이 되고 만다.[447] 이렇게 하나님의 인격성을 완곡히 부인하는 것은 틸리히의 신관이 범신론적이라는 것을 드러내 준다.

그리고 틸리히는 하나님의 인격을 상징적 의미로밖에 인정하지 않았다.[448] 하나님에 관한 틸리히의 상징적 이해는 하나님을 그의 존재론적 이해의 대상으로 삼은 결과이다. 틸리히는 선언하기를, 하나님은 존재 자체이므로 하나님에 대해 말하는 유일한 방편이 유한과 무한 사이의 '존재의 유추'(analogia entis)라 한다.[449] 이런 자기의 하나님 교리가 우리의 하나님 개념을 신학적으로 과도히 단순화하며 왜곡함에서 해방시킨다 한다. 그러나 그 결과는 성경적 상징들이 반드시 그의 존재 자체, 부존재(non-being), 유한 존재(finite being)라는 분석의 명사들로 해석되어야 한다고 역설함에 따라, 하나님을 그의 존재론의 경계 안에 가두고 만다.[450]

또 그가 예수의 생애, 죽음, 부활을 그의 존재, 부존재, 유한 존재라는 형이상학에 관계시키는 때에, 그의 존재론적 함의들만 더 분

445　박형룡, 『박형룡 박사 저작전집 VIII (현대신학선평, 상)』, 278.
446　Tillich, *Systematic Theology*, I, 245.
447　박아론, 『현대신학연구』, 102-3.
448　목창균, 『현대신학 논쟁』, 200-201.
449　Tillich, *Systematic Theology*, I, 131, 139f.
450　박형룡, 『박형룡 박사 저작전집 VIII (현대신학선평, 상)』, 279.

명히 인식될 수 있을 뿐이다.[451] 이렇게 틸리히는 신을 존재(Being)라는 개념 속에 집어넣고 신을 절대화했다고 생각했다. 그러나 그렇게 해서 절대화된 틸리히의 신은 결국 철학적 허구요 기독교 성경이 말하는 절대자 신은 아니다. 틸리히에게 신은 존재의 구조를 이해하는데 필요한 하나의 개념이 되어버린 듯하다.[452]

많은 신학자들은 틸리히가 기독교 신학을 존재론적 사유의 포로로 삼았기 때문에, 신학의 자율성과 성경적 인격주의까지 모두 위태롭게 만들었다고 그를 비판했다. 그러나 아마 가장 치명적인 비판은 그의 존재론을 면밀히 검토해 본 결과, 그것이 절충적인(eclectic) 것임이 드러났다는 사실일 것이다. 그것은 철학에서 전혀 양립이 불가능한 흐름들, 곧 플라톤과 어거스틴에게 깊이 뿌리내리고 있는 전통적 존재론과 하이데거와 샤르트르 등의 현대 실존주의의 존재론을 절충시키려 한 시도였기 때문이다.[453]

1. 하나님 위에 계신 하나님

틸리히에게 '절대적 신앙'이란 '하나님 위에 계신 하나님'(God above God)에 대한 신앙이다. 틸리히는 그의 저서 『존재에로의 용기』(The Courage to Being)에서 이 용어를 사용했는데,[454] '하나님 위에 계신 하나님'은 언제나 오래되면서도 새로운 영원자(the Eternal)이시다.

---

451 박형룡, 『박형룡 박사 저작전집 VIII (현대신학선평, 상)』, 284.
452 박아론, 『현대신학연구』, 104-5.
453 Adrian Thatcher, *The Ontology of Paul Tillich*(Oxford: Oxford University Press, 1978); Grenz & Olson, 『20세기 신학』, 187.
454 P. Tillich, *The Courage to Be* (New Haven and London: Yale University Press, 1952), 186-90.

그는 신과 인간의 모든 만남 속에 현존하신다.[455] 그래서 '하나님 위에 계신 하나님'은 운명을 정복하고 신들을 초월한 용기를 지닌 자들과의 연합 안에 자리 잡고 있는 신적 로고스이시다.[456]

그 말은 '유신론의 하나님을 초월하는 하나님'이라는 의미이다. 틸리히에 의하면, 유신론의 신은 주체와 객체의 이율적 구조 속에 얽매이는 신인데, 니체(F. Nietzsche, 1844-1900)가 죽었다고 선언한 신이 바로 이와 같은 신이었다는 것이다. 그런데 진정한 신은 이와 같은 신을 초월해야 한다는 것이다.[457] '기독교 유신론'은 하나님을 최고 완전 무한하신 천상의 인격자로 말하는데, 만일 그렇다면 하나님께서는 절대자이실 수가 없다. 하나님께서 최고 완전한 인격자라고 할지라도 많은 인격자들 중의 한 분에 불과함으로 '하나님의 상대화'를 가져오게 된다는 것이다.[458]

유신론의 하나님을 초월할 때만 의심과 무의미함의 불안이 존재의 용기 속으로 이끌려져 올 수 있다.[459] 이런 '하나님 위에 계신 하나님'이 존재의 용기를 위한 궁극적 근거이다. 그래서 현대 정신은 유신론의 신을 그 자리에서 끌어내렸다. 이것은 20세기 후반의 신학적 담론의 큰 주제들 가운데 하나였다. 일찍이 '신은 죽었다'고 선언했던 니체의 헛된 정신이 1960년대에 이르러 사신신학자들에 의해 다시 새롭게 나타난 것이다. 그러나 그것은 사실 하나님의 죽음을 의미한 것이 아니라 유신론적 신(god of theism, theistic god)의 죽음

---

455 Gomes, "서문", 『존재의 용기』, 19-20.
456 Tillich, 『존재의 용기』, 47-48.
457 박아론, 『현대신학연구』, 103.
458 박아론, 『현대신학 속의 보수신학』(서울: 기독교문서선교회, 1999), 30-31.
459 Tillich, 『존재의 용기』, 222.

을 의미한다는 것이다.[460]

그러니 현대인들의 마음이 '하나님 위에 계신 하나님', 즉 우리 상상력의 한계를 훨씬 넘어서 계시는 이를 생각하도록 장려되어야 한다는 것이다. 그래서 '신의 죽음'이 어떤 이들에게는 무신론과 무의미함의 절망으로 이끄는 것이 되지만, 틸리히에게는 이것이 우리가 의심하는 모든 것을 넘어 그 위에 계시는 하나님에 대한 더 위대하고 깊은 신앙으로 이끄는 것이 된다고 한다. 이와 같은 신은 '의심의 저편에서 나오는 하나님'이신데, 바로 그 하나님으로부터 우리가 용기를 얻는다는 것이다.[461]

그래서 유신론이 믿음의 상태에 이르지 못하는 것은 무신론이 절망의 상태에 이르지 못하는 것과 마찬가지이다.[462] 유신론의 하나님은 전체 실체 가운데 가장 중요한 부분으로 인식되지만, 여전히 일부이기 때문에 전체 구조에 종속되는 존재로 여겨진다. 하나님을 나름의 세계를 지닌 자아(a self)로, 너(thou)와 관계를 맺고 있는 나(an ego)로, 결과와 분리되어 있는 원인으로, 또 한정된 공간과 무한한 시간을 지니고 있는 존재로 본다. 하나님이 실체의 주체 - 객체 구조에 속해 있다는 사실 하나만으로도, 하나님은 주체로서의 우리를 위한 객체이다. 그리고 우리는 주체인 하나님에게 객체들이다. 이것이 신학적 유신론을 초월해야 하는 이유이다.

그래서 하나님은 실존주의가 불쾌하게 여기던 모든 것들의 본보기가 되었다. 니체는 하나님이 반드시 죽임당해야 하는 신이라고

---

460 Gomes, "서문", 『존재의 용기』, 18.
461 Gomes, "서문", 『존재의 용기』, 19.
462 Tillich, 『존재의 용기』, 218-19.

4. 폴 틸리히의 신관 비판　215

말했는데, 이것은 그 누구도 절대 지식과 절대 통제의 단순한 대상이 되는 객체로 남아 있는 것을 견딜 수 없기 때문이라고 했다. 이것은 무신론이 지닌 가장 깊은 뿌리이다. 또한 이것은 실존주의적 절망과 우리 시대에 널리 퍼진 무의미함의 불안이 지닌 가장 깊은 뿌리이기도 하다. 그런데 우리가 '절대적 신앙'이라고 부르는 것의 경험은 이런 모든 형태의 유신론을 초월한다는 것이다.[463]

틸리히는 말하기를, '하나님 위에 계신 하나님'은 인간의 회의와 번뇌 속에서 신이 사라질 때 나타나는 신이라고 했다. 여기에서 주목해야 할 사실은 틸리히가 '신학적 유신론'의 신의 부정을 통해서 다른 의미에서의 유신론의 수립을 시도했다는 것이다. 그는 인격신의 존재를 부정하는데 그치지 않고, 그와 같은 부정을 통해 '초인격적 신', '신 이상의 신'의 개념에 도달했다고 보아야 할 것이다. 그러나 틸리히가 '초인격적 신', '신 이상의 신'의 개념에 도달하기 위해 버리기를 주저하지 않은 인격신은 바로 기독교 성경이 말하는 아브라함과 이삭과 야곱의 하나님이다.[464]

결국 '하나님 위에 계신 하나님'이 만물의 저변에 계시며 만물 안에 내재해 계신다. 물론 이런 묘사들은 비공간적인 것을 설명하기 위해 공간적으로 존재하는 것으로부터 차용한 형이상학적인 특징적 묘사이다. 그런데 하나님과 이 세계의 상호 참여를 강조하는 틸리히에게 하나님은 이 세계에 속한 존재가 아닐 수 없다. 그렇다면 틸리히에게 초월성이란 하나님이 그저 제약과 갈등에 얽매이지 않

---

463 Tillich, 『존재의 용기』, 220-21.
464 박아론, 『현대신학연구』, 103-4.

는다는 것을 의미할 뿐이다. 다만 하나님은 이런 제약과 갈등을 자신 안에 포함하고 있으며, 또 그것이 그의 생명에 기여한다. 그래서 하나님은 존재를 가지고 있는 모든 만물의 현실화와 본질화를 향해 움직이신다.[465]

이것은 일종의 만유재신론이다. 창조주와 피조물 간에 있는 성경의 구별이 틸리히의 체계에서는 사라지고 만다. 자신의 신학 체계를 종결짓는 부분에 가서 틸리히 자신도 그의 견해를 묘사하는 그 말을 사용했다. 그러나 자연적인 것도 아니요 초자연적인 것도 아닌 하나님은 도대체 어떤 하나님인가?[466] 틸리히의 하나님은 결국 만물을 자신 속으로 흡수해 버리는 하나님이다. 비록 모든 존재들(전 실체, The whole of reality)을 무한히 초월해 있다고 할지라도, 그 하나님은 존재 구조(전체로서의 실체, reality as a whole)에 지나지 않는다.[467] 하나님과 이 세계는 물론 동일하지 않다. 다만 그 둘이 어디에서 어디까지인지 모르게 뒤얽혀 있어 서로 밀접하게 연관되어 있다. 여기에서 "이 세계가 없으면, 하나님도 하나님일 수 없다"는 헤겔의 말이 생각난다.[468] 틸리히가 사용한 그런 어휘들은 사람이 어떻게 존재도 아니며 인격체도 아닌 '존재의 근거'와 관계를 맺을 수 있는가 하는 문제를 야기한다. 이것은 결국 이성도, 종교적 경험도 만족시켜 주지 못한다.[469] 틸리히는 결국 '존재하지 않으나 존재 자체'인

---

465 Tillich, 『조직신학』, III, 422.
466 Conn, 『현대신학 해설』, 124.
467 Tillich, 『조직신학』, I, 282.
468 G. W. F. Hegel, *Lectures on the Philosophy of Religion*, Vol. I, trans. E. B. Speirs and J. Burden Sanderson, ed. E. B. Speirs (New York: Humanities, 1962), 200.
469 Grenz & Olson, 『20세기 신학』, 200.

'하나님 위에 계시는 하나님'이 인간의 존재 안에 암시된 질문들에 대한 궁극적인 답변을 제공한다고 믿었다.[470] 하지만 그런 '존재 자체'는 초월적이고 거룩하신 아브라함과 이삭과 야곱의 하나님, 예수 그리스도의 아버지가 될 수 없다.

2. 영원한 목격자: 피할 수 없고 견딜 수 없는 하나님

틸리히는 시편 139편을 본문으로 한 설교에서 우리가 쉽게 견딜 수 있는 신, 우리가 숨을 필요가 없는 신, 우리가 잠시라도 미워할 이유가 없는 신, 우리가 결코 그 파멸을 원하지 않는 신은 결코 하나님이 아니라고 설교한다. 그것들은 인간에 대한 묘사이고, 하나님을 우리 인간의 형상대로, 또 우리 자신의 위안거리로 만들려는 것에 불과하다는 것이다. 그것들은 인간의 상상력과 소망어린 생각의 산물이며, 모든 진지한 무신론자들에 의해 정당하게 부인될 수 있다는 것이다.[471] 그는 이렇게 설교한다:

> "니체는 하나님이라는 개념이 갖고 있는 힘에 대해 여러 신실한 그리스도인들보다 훨씬 더 많이 알고 있었습니다. 니체가 만들어낸 상징적인 이야기 속에서 고상한 인류의 선지자인 차라투스트라(Zarathustra)는 하나님의 살해자인 '가장 추한 자'(the Ugliest Man)를 향해 말합니다. "너는 그가 너를 보는 것을, 항상 너를 꿰뚫어 보는 것을 견딜 수 없었어. … 너는 그 목격자에게 복수했어. 너는 하나님의 살해자야." 그러자 그 '가장 추한 자'

---

470 Tillich, 『조직신학』, I, 286.
471 Tillich, 『흔들리는 터전』, 78.

가 차라투스트라에게 동의하며 대답합니다. "그는 죽어야 했어." 왜냐하면, 그 '가장 추한 자'에 따르면, 하나님은 모든 것을 보는 눈을 갖고서 모든 것을 보기 때문입니다. 하나님은 인간의 근거와 깊이를 꿰뚫어 봅니다. 인간의 숨겨진 수치와 추함을 꿰뚫어 봅니다. 인간은 그런 목격자가 살아 있는 것을 견디지 못합니다."[472]

틸리히의 논지는 인간의 본성이 '영원한 목격자'이신 피할 수 없는 하나님을 견딜 수 없어 하기 때문에 그런 하나님이 살아 있는 것을 원치 않는다는 것이다.[473] 그 '가장 추한 자'는 우리들 각자 안에 있는 추함에 대한 상징으로서, 경건한 구약 성경의 기록자인 다윗, 중세의 신비가인 성 버나드, 종교개혁가인 루터, 또 무신론의 선지자인 니체 등 모두에게서 지지를 받는다는 것이다. 모든 인간은 하나님으로부터 도피하려 하고, 그분에게서 도망칠 수 없기 때문에 내심 그분을 증오한다는 것이다.[474] 그러면서 틸리히는 하나님에 대한 저항, 하나님이 존재하지 않기를 바라는 것, 또 무신론으로의 도피가 심원한 종교의 참된 요소들이라면서, 그런 의미에서 자기 자신도 '실제적인 무신론자'라고 자처하며, 또 모든 기독교인들을 동일한 호칭으로 부른다. 그러나 이와 같은 틸리히의 입장에 정통 기

---

472 Paul Tillich, *The Shaking of the Foundations*, 김광남 역, 『흔들리는 터전』(고양: 뉴라이프, 2008), 77. 이 설교집은 '우리의 터전을 뒤흔드시는 하나님'에 대해 주로 다루고 있는데, 유니온 신학교의 주일 혹은 주중 채플에서 했던 설교들로 이루어져 있다. 틸리히가 남긴 설교집으로는 세 권의 책이 있는데, 그의 설교는 엄밀히 말해 설교라기보다 오히려 수준 높은 에세이요, 또 현대의 지성인들을 위한 뛰어난 강연이라고 말할 수 있다. 그런데 그의 사고와 논리에는 간혹 성경적이지 않은 부분들이 적지 않게 있으므로 읽을 때에 주의를 요한다.
473 Tillich, 『흔들리는 터전』, 83.
474 Tillich, 『흔들리는 터전』, 80-82.

독교인들은 동의할 수 없는데, 다윗이나 루터 같은 경건한 성인들의 회심 전 내적 갈등상태를 마치 전 신자들의 보편적인 상태인 것으로 전제하면서 내리는 결론을 잘못된 것으로 보지 않을 수 없다. 틸리히는 계속해서 다음과 같이 주장한다:

> "이론적인 무신론자들이[475] 하나님을 파괴하는 작업은 정당하기 때문에, 실제적인 무신론자들인 우리 모두는 기꺼이 그들의 논증을 사용해 하나님으로부터 도망치려는 자기들의 시도를 정당화합니다. 궁극적 프라이버시 혹은 완전한 고립 같은 것은 존재하지 않습니다. 아무 것도 궁극적으로 숨겨질 수 없습니다. … 니체는 우리에게 한 가지 해결책을 제시하는데, 그것은 무신론이 완전히 불가능한 것임을 보여 줍니다. 결국 하나님은 차라투스트라 안에서, 또 차라투스트라가 선포하는 역사의 새로운 시기 안에서 다시 살아났습니다. 이렇게 하나님은 무언가를 통해, 혹은 누군가를 통해 늘 되살아납니다. 그는 결코 살해될 수 없습니다. 무신론의 모든 이야기는 동일합니다."[476]

다행히 틸리히는 무신론으로의 도피는 헛되다는 것으로 결론을 내린다. 그의 논리에 의하면, 시편 기자가 피해서 달아날 수 없는 하나님은 그의 '존재의 근거'이시다. 또 영원하신 목격자의 현존이란 자기 삶의 중심에 모든 생명의 중심이 임하는 것을 가리킨다. 그런데 그 현존에서 인간은 자기 존재에 대한 과격한 공격과 동시에 자

---

475 여기 '이론적인 무신론자들'이라는 문구에서 틸리히는 직접적으로 니체 같은 이들을 가리키는데, 보다 더 넓게는 자기 자신도 이 부류에 포함시키는 것을 주저하지 않고 있다.
476 Tillich, 『흔들리는 터전』, 83-85.

기 존재의 궁극적 의미 두 가지 모두를 발견하게 된다는 것이다.[477] 그리고 '새 존재'(a new being)는 단지 희망일 뿐 아니라 그 안에서 하나님의 진노와 인간의 죄책이 궁극적으로 정복되는 현실이기도 한 새로운 경험이라는 것이다. 그러면서 틸리히는 기독교가 '우리와 함께 계시기 위해 자신을 무상함과 진노에 굴복시키시는 하나님'이라는 메시지의 터 위에 세워져 있다고 강변한다.[478] 그러나 이런 신관은 일반화할 수 없는 주장이며 억지논법에 근거한 진술이다. 이런 신관은 특히 하나님의 절대주권을 크게 침해하는데, 헤겔의 '절대정신의 자기지(自己知) 획득' 개념이나 본회퍼의 '이 세상에서 고난받으시는 하나님', 몰트만의 '미래에 의해 삼킨 바 되는 하나님' 개념 등이 모두 다 이런 신관의 연장선 위에 있다고 볼 수 있다.

3. 삼위일체에 관한 틸리히의 관점

틸리히는 설명하기를, 하나님께서 영적 임재에서 일정한 국면으로 나타나신다고 한다. 그가 능히 다른 국면들로도 나타나시는 것이 성부, 성자, 성령, 삼위일체의 상징들의 이유라는 것이다. 그러나 그 상징들은 주로 3중 운동인 분리와 재연합의 운동에 생의 변증법을 표현한다고 한다.[479] 틸리히는 삼위일체 상징들을 종교적 발견물이라고 하면서, "그러면 무엇이 삼위일체 상징들을 발견하도록 이끌었는가?"라는 질문에 대해 적어도 다음과 같은 세 가지 동기들이 삼위일체적 사고로 이끌었다고 말한다: 첫째, 우리의 궁극적 관

---

477 Tillich, 『흔들리는 터전』, 86-91.
478 Tillich, 『흔들리는 터전』, 130-31.
479 Tillich, *Systematic Theology*, III, 284, 293.

심 속에 있는 절대적 요소(한 실체)와 구체적 요소(세 위격) 사이의 긴장. 둘째, 존재의 신적 근거에 대한 생명 개념의 상징적 적용. 셋째, 창조적 힘으로서(성부), 구원하는 사랑으로서(성자), 또 탈아적 변형으로서(성령) 나타나신 하나님의 삼중적 현현. 이 세 동기들 중에서 성부 성자 성령이라는 상징적 명칭들을 지시하고 있는 것은 마지막 것이라고 한다.[480]

삼위일체 교리는 비합리적이거나 역설적이지 않고 오히려 변증법적이다. 즉 삼위일체 상징들은 생명의 변증법, 즉 분리와 재결합의 운동을 반영하고 있다. 만일 셋이 하나이고 하나가 셋이라는 주장이 실재의 과정에 대한 기술을 의미한다면, 그것은 전혀 역설적이거나 비합리적이지 않고 오히려 모든 신적 생명 과정들에 대한 정확한 기술이다. 여기에서는 '역사적 예수가 그리스도'라는 진술로 말미암아, 삼위일체 문제가 기독론 문제의 한 부분이 되었다. 그런데 동기유발의 견지에서 보면, 기독론의 문제가 삼위일체의 문제를 일으킨다. 이런 이유 때문에 신학 체계의 맥락에서는 기독론적인 주장들을 논의한 후에 삼위일체 상징주의를 논의하는 것이 적합하다. 그러나 기독론은 성령론 없이는 완성될 수 없다. 왜냐하면 '그리스도는 성령'이시며, 또한 역사 속에서 새 존재의 실현은 성령의 역사이기 때문이다.[481]

모든 신학적 상징들처럼, 삼위일체 상징주의도 인간의 곤경이 지니고 있는 물음에 대한 대답으로 이해되어야 한다. 그런데 인간의

---

480 Tillich, 『조직신학 IV-성령론』, 415-16.
481 Tillich, 『조직신학 IV-성령론』, 418-19.

곤경과 관련하여 인간의 유한성에서 제기된 물음들은 신론에서 사용된 상징들에 의해 대답되고, 인간의 소외에서 제기된 물음들은 기독론에 적용된 상징들에 의해 대답되며, 또 생명의 모호성들에 의해 제기된 물음들은 성령론의 상징들에 의해 대답된다.[482] 이렇게 삼위일체적 사고에 영향을 준 몇 가지 동기들 모두는 '계시적 경험들'에 근거하고 있다. 유일신론에 이르는 길과 그에 상응하는 중재적 모습들의 등장은 영적 현존의 영향 하에서 나타났다. 말하자면 '살아 있는' 하나님으로서의 하나님 경험은 모든 존재 안에 있는 창조적인 존재의 근거(성부)의 경험과 그리스도로서의 예수(성자) 경험과 모호하지 않은 생명(성령)에로의 인간의 영적 탈아적 고양(ecstatic elevation)의 경험처럼 영적 현존의 역사이다.[483]

틸리히는 삼위일체 교리와 관련하여 초대 기독교의 신학 전체를 거부한 리츨(Albrecht Ritschl) 학파를[484] 옹호한다. 그리스 사상은 영원에 대해 실존론적으로 관심을 가지고 있었고, 헬레니즘은 그리스 사상의 범주들 속에서만 기독교의 메시지를 받아드릴 수 있었던 사실에 비추어 볼 때, 미래의 신학이 이전의 존재론적 범주들을 사용하도록 구속하는 것이 잘못인 것처럼, 이 신학이 다른 범주들을 사용했다는 이유로 거부되는 것도 또한 잘못이라는 것이다. 리츨 학파는 그리스 사상의 존재론적 범주들을 현대 사상, 특히 칸트 사상의 도덕적 범주들로 대체하려고 하였다. 그러나 후대에 발달한 신

---

482 Tillich, 『조직신학 IV-성령론』, 419.
483 Tillich, 『조직신학 IV-성령론』, 420.
484 리츨(A. Ritschl) 학파, 특히 하르낙과 루프스의 교리사에서는 초대 기독교의 신학이 헬레니즘의 영향을 많이 받아 변질되었다고 하여 그것을 거부하였다.

칸트 학파가 증명했듯이, 존재론적 범주들은 명시적으로는 아닐지라도 함축적으로는 항상 사용되어져 왔다. 그러므로 우리는 삼위일체 교리에 대해 긍정적이거나 부정적인 선입견 없이 단지 다음과 같은 질문을 가지고 접근해야 한다: 삼위일체 교리에 의해 성취된 것은 무엇이고 또 성취되지 못한 것은 무엇인가?[485]

니케아 공의회의 결정은 로고스이신 아들 하나님께서도 궁극적 관심의 표현이라는 것을 인정했다. 초대 교회의 이위일체적 특성이 그 후 삼위일체론으로 변형된 것이 분명한데, 어떻게 궁극적 관심이 하나 이상의 신적 위격들(hypostases)로 표현될 수 있는가? 6세기 이후 삼위일체 교리는 더 이상 변화될 수 없었다. 그러나 이 교리는 틸리히의 생각에 니케아 공의회와 칼케돈 공의회의 참된 정신을 결여하고 있다고 여겨진다.[486] 원래 삼위일체 교리의 기능은 세 중심적 상징들을 통해 인간에 대한 신적 생명의 자기 현현을 표현해 주고, 신적 심연의 깊이를 열어 주며, 실존의 의미에 대한 물음에 대답해 주는 것이었지만, 이제는 그것이 변화되어 그것을 제단에 올려놓고 경배해야 하는 신비가 되었다. 그 결과 삼위일체의 신비는 존재의 근거의 영원한 신비이기를 중단하게 되었고, 풀리지 않는 수수께끼가 되어 숫자상의 불합리성을 칭송하는 것이 되었다고 한다. 그래서 오늘날 이 신비는 교회의 권위주의를 지지하며, 진리를 탐구하려는 이성을 억압하는 강력한 무기가 되었다는 것이다.

그 결과 오늘날 개신교는 일반적으로 삼위일체 교리를 비판하지

---

485 Tillich, 『조직신학 IV-성령론』, 421-22.
486 Tillich, 『조직신학 IV-성령론』, 424-26.

도 않지만, 또 그것을 사용하지도 않고 있다는 것이다. 이 때문에 대부분의 개신교에서는 신적 근거의 신비와 그 창조성의 신비를 제거하였고, 영적 현존을 이해하지 못하도록 가로막았으며, 믿음과 사랑과 기도의 탈아적 성격을 이해하지 못하게 하고 있는 것이 현 실정이라는 것이다.[487] 그러면서 틸리히는 삼위일체 교리에 대한 급진적인 개정과 신적 생명과 영적 현존에 대한 새로운 이해가 필요하다고 주장한다. 또 이 과정에서 그는 신삼위일체 상징주의에서 이해되고 경배되는 신은 다른 세계에서 다른 방식으로 자신을 현현할 자유를 상실하지 않는다고 주장함으로써[488] 종교다원주의에 적극적인 그의 입장을 표출하기도 한다.

성령의 출래(processio)에 관한 필리오꿰 논쟁은 언뜻 공허하고 부조리한 것처럼 보이지만, 그 스콜라적 형태를 벗겨내면 심오한 의미를 가지고 있다고 한다. 동방교회가 성령은 성부로부터만 나온다고 주장했을 때, 동방교회는 직접적인 신 중심적 신비주의(물론 '세례 받은 신비주의')의 가능성을 열어놓은 것이다. 그와 대조적으로 서방교회는 그리스도 중심적 기준을 모든 기독교인의 경건생활에 적용할 것을 강조했다. 그리고 이 기준의 적용이 그리스도의 대리자인 교황의 특권이기 때문에, 로마교회는 동방교회보다 덜 유연하고 더 율법주의적인 교회가 되었다. 로마에서는 성령의 자유가 교회법에 의해 제한되었고, 영적 현존이 율법적으로 규정되었다. 그런데 이것은 성령께서 오시면 모든 진리를 가르치실 것이라는 예수의 선포를

---

487 Tillich, 『조직신학 IV-성령론』, 427-28.
488 Tillich, 『조직신학 IV-성령론』, 425-28.

보도하고 있는 요한복음서 기자의 참 의도가 아니었다고 그는 비판한다.[489]

IV. 새 존재와 성령

1. 그리스도: 새 존재의 보유자 & 예수 안에 나타난 새 존재

1) 실존적 소외상태의 극복

틸리히는 실존의 조건 아래 있는 유한자들은 본질과 실존 사이의 분열 때문에 실존적 소외를 경험한다고 보았다. 특히 이 시대는 분열과 생의 무의미를 특수하게 경험하고 있는 시대로서 실존의 소외성을 극복한 적절한 표준을 '새 존재'(New Being)의 실체에서 찾아야 한다고 생각했다. 그런데 틸리히는 이 '새 존재'가 예수 그리스도 안에 나타나 있다고 보았다. 예수 그리스도께서는 그의 실존 상황 안에서 자기 존재의 근거이신 하나님과 하나로 사신이였다.[490] 그래서 그 실존적 삶이 본질적 삶과 분리되지 않았다. 따라서 그는 실존적 소외를 극복할 수 있는 능력의 소유자이시며 새 존재의 보유자(담지자, bearer)이시다.[491] 또 새 존재를 가져다주시는 그리스도께서는 인간 실존에 의해 야기된 문제에 대한 해답이 되신다.[492]

---

489 Tillich, 『조직신학 IV-성령론』, 224-25.
490 목창균, 『현대신학 논쟁』, 202.
491 Paul Tillich, *Systematic Theology*, II, 121.
492 Hamilton, 『폴 틸리히』, 34.

틸리히에 의하면, 그리스도께서는 우리 존재의 근거에서 멀어진 것이 극복된 상징이요, 하나님과의 연합을 파괴하려는 모든 소외 세력이 그 안에서 소멸된 '새 존재'의 상징이다. '새 존재'란 실존의 조건 아래 있는 본질적 존재, 즉 본질과 실존 사이의 분열이 극복된 존재를 말한다.[493] 그럴 때 예수는 그 자체로서 하나님도 아니요 새 존재 자체도 아니요, 다만 새 존재를 지닌 이일 뿐이다. '그리스도로서의 예수'는 새 존재의 보유자일 뿐, 그 자신으로는 그리스도가 아니다. 그리스도가 존재로 옮겨지는 매개체(또는 전달체)일 뿐이다. 예수의 죽음은 완전한 헌신적 생활의 표현이었다. 이 삶의 특성은 예수가 실존을 정복하였다는 사실을 우리에게 이렇게 보여 준다: "그는 예수로서의 자기 자신을 그리스도로서의 자기 자신에게 산 제물로 바침으로 그리스도로서의 자기 특성을 입증하고 확실케 하였다."[494]

틸리히는 실존주의 입장에서 실존의 상태를 소외상태로 규정했다: "인간은 자기 존재의 근거, 다른 존재 또 자기 자신으로부터 소외되고 있다."[495] 인간이 실존한다는 것은 그의 본질적 상태, 즉 참된 존재로부터 이탈되어 있다는 것을 의미한다. 틸리히는 이런 소외의 관점에서 죄를 재해석했다. 소외가 비존재의 상태를 의미한다면, 죄란 소외가 되는 행위 또는 우리 존재의 근거로부터 멀어지는 것을 의미한다. 고전적인 죄 개념은 현대생활에 긴장만 초래할 뿐이다. 또 그리스도는 멀어진 것이 극복된 상징인데, 모든 소외 세력들이

---

493 Tillich, *Systematic Theology*, II, 118-21.
494 Tillich, 『조직신학』, II, 123.
495 Tillich, *Systematic Theology*, II, 44-45.

그 안에서 소멸된 '새 존재'의 상징이라고 한다. 그래서 인간의 실존적 소외를 극복할 수 있는 길은 '새 존재'에 의해 새 사람이 되는 것이라고 틸리히는 주장했다.[496] 그러니까 틸리히에 의하면, 존재 개념이 신에게 적용될 때 신이 '존재의 힘'이 되는 것과 같이, '새 존재'의 개념이 그리스도에게 적용될 때 그리스도는 존재의 실존적 소외를 정복하는 힘이 된다. 또 '새 존재'의 경험은 모든 인간들이 갖는 '실존적 소외'를 예수 그리스도 안에서 극복하는 경험이라고 한다.[497]

그러니까 틸리히는 '새 존재'가 예수 그리스도 안에서 나타났을 뿐만 아니라, 예수 그리스도가 곧 '새 존재'라고 말한다. 그리스도가 '새 존재'라는 뜻은 첫째로 존재의 '잠재적 상태'에 견주어 볼 때에 그 '현존'으로서 '새 존재'이며, 둘째로 존재의 '실존적 소외'에 견주어 볼 때에 그리스도가 그 '극복'인 고로 '새 존재'라고 할 수 있다는 것이다.[498] 그러면 '그리스도로서의 예수'가 어떤 의미에서 새 존재의 보유자인가? 이에 대해 틸리히는 다음과 같이 진술한다: "그리스도로서의 예수는 그의 존재 전체에서 새 존재의 보유자이지, 어떤 특수한 표현에서만 그런 것이 아니다. 그는 본질과 실존과의 분리를 초월한 새 존재의 바탕을 가지고 있기 때문에, 그를 그리스도가 되게 한 것은 그의 존재이다. 그를 그리스도가 되게 한 것은 그의 말씀이나 행동이나 수난이 아니며, 또 그의 내적 생명이라고 불

496　목창균, 『현대신학 논쟁』, 202.
497　박아론, 『현대신학연구』, 105.
498　박아론, 『현대신학 속의 보수신학』, 31.

리는 것도 아니다."⁴⁹⁹

이 '새 존재' 개념은 바울의 '그리스도 안에서의 새 피조물' 개념에서 유래한 것이다. '새 존재'란 단순히 옛 존재를 대체하는 것이 아니다. 그것은 화해, 재결합, 부활을 내포한다. 화해, 재결합, 부활이 곧 새 창조요 새 존재이다.⁵⁰⁰ 그리고 새 존재의 능력을 통해 어떤 인간의 실존적 소외가 치유될 때, 구원이 일어난다. 이 과정에서 틸리히는 중생, 칭의, 성화라는 전통적 개념 대신 '새 존재에의 참여', '새 존재의 수용', '새 존재에 의한 변화'라는 용어를 사용하여 구원을 설명한다. 먼저 '중생'이란 그리스도께서 가져오신 사물의 새로운 상태를 일컬음인데, 인간은 거기에 참여함으로 그 참여를 통하여 거듭나게 된다. 그것은 곧 그리스도 안에 거하는 것인데, '그리스도로서의 예수' 안에서 명백하게 된 새 실체 안으로 끌려들어온 상태이다. 또 '칭의'란 '새 존재의 수용'을 일컬음이다. 인간에게는 하나님께 용납될 수 있는 것이 아무 것도 없지만, 그 받아들일 수 없는 인간을 하나님께서 수용하시는 행위가 곧 칭의이다.⁵⁰¹ 그리고 또 '성화'란 '새 존재에 의한 변화'를 일컬음이다. 신인이 실제적으로 재결합할 때, 새 존재의 힘이 새 존재의 현 본질의 성령의 성화작업을 통해 전 생활을 변화시킨다. 그래서 틸리히에게 성화란 새 존재의 힘이 개인과 공동체를 변화시키는 과정을 의미한다.⁵⁰² 한마디로 말해 소외상태에 있던 인간이 새 존재인 그리스도의 새 생명의 능

---

499 Hamilton, 『폴 틸리히』, 39-40.
500 여기에서 틸리히는 특히 갈 6:15, 고후 5:17 등에 근거하고 있다: 폴 틸리히, 『새로운 존재』(서울: 대한기독교서회, 1970), 37, 44.
501 Tillich, *Systematic Theology*, II, 176-80.
502 Tillich, 『조직신학』, II, 177-79f.

력에 참여할 때, 실존적 소외가 극복되는 사건이 곧 구원이다. 그리고 구원 사건의 세 측면은 중생, 칭의, 성화보다 오히려 '새 존재에의 참여', '새 존재의 수용', '새 존재에 의한 변화', 바로 이 셋이라는 것이다.

2) 예수의 초상

틸리히는 니케아(Nicea)와 칼케돈(Calcedon)에서 채택한 기독론에 모순이 있다고 보고 이를 시정할 것을 주장했다. 가령 "하나님께서 사람이 되셨다"는 주장은 패러독스가 아니고는 되지 않는 말이다. 또 "예수 그리스도께서 신인(神人, God-man)이시다"라는 생각은 지나치게 개념적인 생각이며 표현상 모순이다. 만일 예수 그리스도께서 참으로 신인이시라면, 그는 본질과 실존의 이중구조를 초월할 수 없다는 것이다.[503] 그러므로 우리는 "예수 그리스도께서 신성과 인성의 위격적 결합이시다"라는 주장을 버리고, 그 대신 "신과 인간의 영구적 합일이 예수 그리스도 안에서 역사적 실재로 나타났다"고 말해야 한다는 것이다. 그리고 예수 그리스도께서 육체로 오셨다는 성경의 선언(요일 4:2)이 틸리히에게는 잘못된 언어 형식으로 보인다. 그래서 그는 '성육신'이라는 교리적 용어를 반대한다.[504] 이렇게 틸리히는 그리스도의 인격과 사역에 대한 일체의 정통적 해석들을 철저히 거부한다.

---

503 틸리히의 논지에 의하면, 신으로서의 그리스도는 시간 속에서 나고 죽을 수 없으며, 존재의 비극과 관련될 수 없다. 또 인생으로서의 그리스도는 존재의 비극 속에 깊이 빠져 실존적 소외를 극복할 힘이 없다: Tillich, *Systematic Theology*, II, 109, 148.
504 Hamilton, 『폴 틸리히』, 77.

사도 바울의 '새 창조'(고후 5:17) 개념은 성경에 나타난 역사적 그리스도를 그 바탕으로 하고 있음에 반하여, 틸리히의 '새 존재' 개념은 신론에서 존재론적으로 파악된 '존재'(Being)의 개념을 기독론에서 다시 '새 존재'(New Being)라는 철학적 개념으로 변형시킨 것이다. 틸리히가 신에 관해 말할 때 '존재'라는 철학적 개념 때문에 인격신의 존재를 부정하고 철학적 허구 속에서 배회한 것 같이, 기독론에 있어서도 그는 '새 존재'라는 철학적 개념 때문에 역사적 그리스도를 부인하고 철학적 허구 속에서 갈팡질팡했던 것이다.[505]

한편 틸리히는 초대 기독교에서 새 존재의 공동체(community)를 만들고 보전했던 힘은 예수의 초상(picture)이라고 주장한다. 예수의 초상이 제자들의 마음에서 새 존재의 실체와 연합될 때, 비로소 그리스도로 받아들여질 수 있다는 것이다.[506] 또 새 존재는 예수의 초상을 통해 사람들을 변화시킬 수 있는 힘을 지니고 있다고 한다. 십자가와 부활은 둘 다 사건들이다. 그러나 이 사건들의 상징적 측면을 분명히 하기 위해, 틸리히는 그가 '복구론'(restitution theory)이라고 부른 부활론을 내놓는다.[507] 이에 따르면, 부활 이야기는 새 존재가 제자들에게 미친 강렬한 영향 때문에 예수가 제자들의 마음속에서 그리스도의 위엄의 위치로 회복된 것을 의미할 뿐이다. 이때 예수가 하나님과 하나가 된다고 한다.[508] 그래서 부활은 실존적 소외에 대해 승리를 거둔 '그리스도로서의 예수'의 초상을 더욱 강화하는

---

505 박아론, 『현대신학연구』, 109.
506 Hamilton, 『폴 틸리히』, 42, 76-77.
507 Tillich, 『조직신학』, II, 114-15, 156-58.
508 Hamilton, 『폴 틸리히』, 44.

것이다.[509] 그는 예수의 육적 부활을 이렇게 부인한다:

> "부활은 새 상태의 승리, 또 옛 존재의 죽음으로부터 새 존재의 탄생을 의미합니다. 부활은 먼 미래에 발생할지도 모를 어떤 사건이 아니라, 지금 여기에서 또 오늘과 내일 죽음으로부터 생명을 창조하는 새 존재의 능력입니다. 부활은 우리 안에서, 우리 주변에서, 영혼과 역사 안에서, 또 자연과 우주 안에서 발생합니다.[510] … 기독교는 '새 존재', 즉 예수님의 출현과 더불어 나타난 '새 현실'(New Reality)에 대한 메시지입니다. 예수님은 이런 이유로, 오직 이런 이유만으로 '그리스도'라고 불리십니다."[511]

틸리히는 부활 사건 자체에 대한 역사성은 배척하지만, 부활 신화를 이루는 기초 사건 즉 제자들이 예수의 영적 인격에 참여함으로써 실존적 소외에 대한 그들 자신의 승리를 확실하게 경험하였다는 사실에 대해서는 그 역사성을 확신하고 있다고 주장한다. 예수가 죽은 후 제자들은 예수의 구체적인 초상이 새 존재의 실체와 불가분적으로 결합된 무아의 경험을 하였던 것인데, 그 후 제자들은 예수를 죽음이 과거의 존재로 밀어 치우지 못하는 이로, 또 새 존재가 있을 때는 언제든지 영적으로 임재해 있는 이로 경험하였다는 것이다.[512] 그러나 이와 같은 부활은 육체적 성격을 갖지 아니하

---

509 Tillich, *Systematic Theology*, II, 178.
510 Paul Tillich, *The New Being*, 김광남 역, 『새로운 존재』(고양: 뉴라이프, 2008), 47. 이 설교집은 『흔들리는 터전』 출간 후 뉴욕에 있는 유니온 신학교와 뉴런던에 있는 코네티컷 대학에서 했던 설교들을 모은 책으로, 흔들리는 세계 속에서 살아가는 현대인들이 바라고 추구해야 할 대상이신 새로운 존재께서 예수님 안에서 나타나셨음에 대해 주로 설파하고 있다.
511 Tillich, 『새로운 존재』, 32-33.
512 Bernard Martin, *The Existentialist Theology of Paul Tillich*, 『폴 틸리히의 실존주의 신학』(New

며, 또 개인 영혼이 다시 나타나는 식의 성격도 갖지 않는다.[513] 그것은 부활이라는 상징을 통해 신약 성경에서 해석된 사건으로서 단지 영적 임재만 말할 뿐이다. 그러면 우리는 정식으로 묻지 않을 수 없다: 4복음서에 기록된 예수의 부활 기사는 과연 무엇인가? 제자들이 그때 헛것을 보았다는 말인가? 아니면 성경이 거짓을 전하고 있다는 말인가?

3) 우리 실존 안에 있는 새 존재의 능력

새 존재에 대한 틸리히의 관점은 새 존재가 예수 안에서 나타났다는 것이다. 그래서 예수가 그리스도가 되셨는데, 그 새 존재가 우리 모두의 실존 안에도 숨겨져 있다는 것이다. 그래서 '새 존재'란 우리 각자 안에 숨겨져 있는 그리스도의 구원의 능력이다. 그 능력을 이제 받아들이라는 것이다. 우리가 그의 부르심을 전파하는 까닭은 그것이 모든 시대의 모든 사람들에게 '새 존재', 즉 우리의 실존 안에 숨겨져 있는 구원의 능력을 받아들이라는 부르심이기 때문이라는 것이다.[514] 그는 이렇게 주장한다:

> "'새 존재'는 현존합니다. 그것은 우리를 찾아낼 것입니다. '새 존재'는 예수님 안에 현존하면서 그의 삶을 결정하고 있습니다. 만물 안에 숨겨진 그것, 때로 우리의 영혼이 크게 고양될 때 우리에게 나타나는 그것이 그의 삶을 형성하는 힘입니다. … 이런 말들은 그가 우주적이며 편재적이기 때문에

York, 1963), 167.
513　Tillich, 『조직신학』, II, 157.
514　Tillich, 『흔들리는 터전』, 180.

우리 모두가 그에게 참여할 수 있는 '새 존재'라는 의미입니다."[515]

이것은 우리 모두가 '새 존재'로서 현대의 우리 모두도 예수 그리스도께서 처하셨던 그 경지에 처할 수 있다는 관점이다. 마치 불교에서 그 누구에게나 해탈이 가능하다고 말하는 것과 다를 바가 없다. 또한 틸리히는 보편구원론적 입장에서 "모든 인간은 심판을 받는 동시에 구원을 얻는다"라고 주장한다.[516] 왜냐하면 영원하신 이가 죽음의 살과 피와 두려움에 참여하시기 때문이라는 것이다.

그러니 틸리히에게 예수는 그리스도가 아니다. 그는 그리스도가 된다(become). 그가 예수 그리스도가 되는 것은 실존에 대한 그의 승리로 이루어진다. 신약 성경은 예수를 순전히 실존에 참여하는 자로 묘사한다.[517] 틸리히가 도달하게 된 결론은 예수에 대한 상징들인 죽음과 부활을 묵상함으로써 인간 안에 새 자아를 깨우쳐 줄 수 있다는 것이다. 그러나 이와 같은 틸리히의 방법을 적용하면, 부처나 공자의 생애와 죽음을 묵상하는 가운데서도 꼭 같은 구원의 능력을 발견할 수 있다고 주장하게 될 것이다.[518] 그래서 그의 기독론은 결국 껍질(새 자아)은 취하고 알맹이(예수 그리스도)는 버리게 되는 물탄 맛 잃은 기독론이다.[519]

카톨릭 신학자 조지 타바드(George Tavard)는 다음과 같이 결론을

---

515 Tillich, 『흔들리는 터전』, 177-79.
516 Tillich, 『흔들리는 터전』, 307.
517 Hamilton, 『폴 틸리히』, 40.
518 G. H. Tavard, *Paul Tillich and the Christian Message* (London: Burns and Oates, 1962), 167; Brown, 『철학과 기독교 신앙』, 233-34.
519 Conn, 『현대신학 해설』, 125.

내리고 있다: "틸리히가 과거의 기독론적 교리 내용을 표현할 수 있는 새 형식들을 찾으려 했을 때, 기독론의 핵심은 사라져버렸다. 그리스도의 신성은 배격되었고, 그리스도의 인성은 인식 불능이라고 치부되었다. 따라서 예수 그리스도의 예수적 성격과 그리스도적 성격 모두가 다 상실되었다."[520] 만일 그리스도의 인성을 부인하면 그리스도로 실존적 소외를 경험하지 못하게 하므로 '새 존재'가 되지 못하게 하며, 또 그리스도의 신성을 부인하면 그리스도로 그 소외를 극복하지 못하게 하므로 역시 새 존재가 되지 못하게 한다. 틸리히는 자기가 십자가 사건의 '예수적 성격'과 '그리스도적 성격' 모두를 보존할 수 있는 건설적인 기독론을 전개하려 했다고 주장했으나,[521] 오히려 그는 그 둘 사이에 쐐기를 박아버린 듯하다.[522]

또 종교학 교수 토마스(George F. Thomas)가 지적한 바와 같이, 틸리히가 이끌어낸 추론은 결국 그의 하나님이 기독교의 메시지와 상반되며, 하나의 존재도 아니고 인격도 아닌 신이라는 것이다. 그리고 인간소외에 대한 틸리히의 대답인 '그리스도로서의 예수' 안에 있는 '새 존재'라는 것도 역시 비인격적인 요소로 보지 않을 수 없는데, 이렇게 해서 틸리히는 성경의 메시지 대신 '다른 복음'(another gospel)으로 대치시켜 버리고 만다.[523]

---

520 Tavard, *Paul Tillich and the Christian Message*, 132.
521 Tillich, 『조직신학』, I, 145-46.
522 Grenz & Olson, 『20세기 신학』, 203.
523 Hamilton, 『폴 틸리히』, 63-68.

2. 성령: 우리 영에 임재하시는 하나님 & 영적 공동체 안에 나타난 새 존재

1) 성령의 의미와 역사(役事) 양태(樣態)

'영'(spirit)이라는 단어는 오늘날 우리의 일상 언어에서 대체로 사라졌다. 그것은 '이성'(reason)이라는 단어로 대체되었다. 그러나 이성은 생명에 대해 분석하고 종종 생명을 죽일 뿐이다. 반면에 성령은 이성일 뿐 아니라 능력이며 그 둘을 결합하고 초월한다. 성령은 창조적인 생명이다. 능력만으로도, 이성만으로도 미술과 시와 철학과 정치와 관련된 작품들을 만들지 못한다. 그러나 성령은 그것들을 개별적인 동시에 또한 보편적인 것으로 만들어낸다. 왜냐하면 성령은 능력을 갖춘 동시에 이성으로 충만하기 때문이다.[524]

틸리히에 의하면, 성령은 예수를 이끌었지만 인간 예수의 영이 아니다. 교회를 창조하고 인도했지만 사회 집단의 영이 아니다. 또 각 개인을 사로잡고 변화시키지만 개인의 정신적 생명의 표현이 아니다.[525] 오히려 성령은 우리 영에 임재하시는 하나님, 우리 안에 계시는 하나님 자신을 의미한다. 우리 안에 있으나 우리 자신이 아닌 무언가가 우리를 위해 하나님께 간구하시는데, 우리가 하나님께 기도할 때 우리를 통해 기도하시는 이가 바로 이 하나님 자신이라는 것이다. 우리 영혼으로 깊은 탄식을 하게 하시는 이, 성령은 하나님의 일부가 아니라 하나님 자신이다.[526]

---

524 Tillich, 『흔들리는 터전』, 244-45.
525 Tillich, 『조직신학 IV-성령론』, 424.
526 Paul Tillich, *The Eternal Now*, 김광남 역, 『영원한 지금』(고양: 뉴라이프, 2008), 131. 이 설교집은 1955년에서 1963년 사이에 몇 대학의 채플에서 행한 설교들을 모은 책으로서, 우리 삶에 의미를 제공하시는 성령님, 우리의 일시적 삶을 영원과 맞닿게 하시는 성령님, 그 성령님의 영적 임재에 대해

성령은 모든 그리스도인들의 영 안에, 또 모든 시대와 장소에 속한 그리스도인들의 총회(교회)를 구성하는 영 안에 있는 실재이다. 그리스도인은 이 새 실재에 참여하는 자, 즉 성령을 받은 자이다(롬 8:9). 새로운 무언가가 우리에게 왔다. 그것은 새 실재, 새 존재, 또 우리 너머에 있으나 여전히 우리 안에 있으면서 우리 영에게 자신을 이해시킬 수 있는 성령이다.[527] 성령은 공동체와 개인들 안에 임재하셔서 그들을 흔들고 사로잡으시며, 그들에게 영감을 불어넣으시고, 그들을 변화시키는 능력을 갖고서 그 안에 임재하시는 하나님이시다.

그러니 일시적인 것 가운데 현존하는 영원은 오직 '성령의 임재'(The Spiritual Presence)로 가능하다.[528] 그런데 틸리히의 사상에서는 그리스도가 실존(existence)의 자기모순에 대한 대답이 되는 것과 꼭 같이, 성령은 모호한 생에 대한 대답으로 나타난다. 그래서 '영적 임재'라는 말은 비록 상징적인 표현이지만 모호하지 않고 명백한 생을 창조한다. '영적 임재' 또는 '새 존재'가 있는 시간과 공간에서는 비록 단편적(fragmentary)이긴 하지만[529] 명백한 생과의 초월적인 연합에 참여하게 된다. 왜냐하면 인간의 영과 하나님의 영과의 본질적인 관계는 상호내재의 관계이기 때문이다.[530]

성령이 역사(役事)하는 대상(對象, 중개물)으로는 첫째 각 개인들, 둘째 공동체, 셋째 역사(歷史)를 꼽을 수 있다. 그중 첫째, 개인들의 경

설파하고 있다.
527 Tillich, 『흔들리는 터전』, 235-40.
528 Tillich, 『영원한 지금』, 6.
529 Hamilton, 『폴 틸리히』, 49-51.
530 Tillich, 『조직신학』, III, 114, 140.

우에 틸리히는 특이하게도 신자들뿐만 아니라 불신자들까지 성령의 역사(役事) 대상에 포함하고 있다. 틸리히의 표현을 빌자면, 우리뿐만 아니라 "우리가 매일 만나는 사람들" 안에서도 성령께서 숨어 활동하신다는 것이다. 또 둘째, 공동체의 경우에 틸리히는 교회뿐만 아니라 세상과 세상의 집단들까지 성령의 역사(役事) 대상에 포함하고 있다. 즉 세상이 성령의 중개물이 될 수 있다는 것이다. 그리고 셋째, 역사(歷史) 안에서도 성령은 역사(役事)하신다고 틸리히는 주장한다. 이런 그의 사상이 그의 『조직신학』에서는 비교적 절제된 표현으로 되어 있어 "성령은 그리스도 안에 있는 영으로서 하나님 자신이며, 또한 그리스도를 통해 교회와 기독교인 안에 있는 영으로서 하나님 자신이다"[531]라고 조심스럽게 진술되어 있긴 하다. 그러나 이 진술에서도조차 그는 '거듭난(또는 중생한) 기독교인'이라는 표현을 쓰지 않고 그냥 단순히 '기독교인'이라고 뭉뚱그려진 표현을 씀으로써 보편론적 입장을 견지하고 있는데, 그의 설교집에는 종교다원주의에 가까운 그의 의도가 더 확실하게 다음과 같이 밝혀져 있다:

> "성령의 역사(役事)들, 즉 우리와 함께 또 우리 안에 계신 성령의 임재에 대한 징표들이 존재합니다. 그런 징표들의 드러남에 비추어볼 때, 과연 그 누가 자신은 성령과 무관하다고 단언할 수 있겠습니까? 그 누가 자신은 어떤 식으로도 성령의 담지자가 아니라고 말할 수 있겠습니까? … 바람과 비슷한 방식으로 성령은 늘 현존하며 움직이는 힘입니다. 그것은 때로 개

---

531 Tillich, 『조직신학 IV-성령론』, 424.

인과 집단들의 폭풍 같은 황홀경 속에 존재하지만, 대개 조용히 우리 인간의 영혼 속으로 들어와 그 영혼을 살아 있게 합니다. 성령께서는 때로 역사(歷史)와 개인의 삶의 위대한 순간들에 모습을 드러내지만, 대개 우리가 매일 만나는 사람들과 세상이라는 중개물을 통해 숨어 활동합니다."[532]

그러니까 틸리히에 의하면, 성령께서는 때로 영적 수단들을 사용하지만, 종종 종교적이라고 불리는 것과 상관없는 영역들에서 모습을 드러내기도 한다고 한다. 성령은 어떤 규칙에 얽매이거나 이런 저런 방법들에 의해 제한되지 않는다는 것이다. 성령께서 사람들에게 역사하시는 방식은 그들이 누구이며 무엇을 하는지에 달려 있지 않고, 또 성령께서는 기독교회나 그런 교회들 중 어느 하나에 매여 있지도 않다는 것이다. 그래서 "성령께서는 모든 인간적 상황에 처한 사람들의 영 안에서 자유롭게 역사하시며, 늘 인간의 영에 임재하신다"라고 틸리히는 주장한다.[533] 그러나 비판하건대, 이런 틸리히의 입장은 종교다원주의적인 입장이며 과격한 보편구원론의 입장이다. 또 인간의 영에는 성령뿐만 아니라 악령도 임재할 수 있는데, 과연 어떤 경우에 우리가 '성령'이라고 부르고, 어떤 경우에 '악령'이라고 부를 것인지 혼동이 생기며 공감이 잘 가지 않는다. 그리고 어떤 경우에는 그냥 '영'이라고만 부르고, 또 어떤 경우에는 그저 단순히 '정신' 또는 '생기'라고 부를 것인가? 이것도 사실 쉽지 않은 문제이다.

---

532 Tillich, 『영원한 지금』, 136.
533 Tillich, 『영원한 지금』, 137.

2) 영적 현존

예수께서는 새 존재의 보유자로서 역사 안에 나타난 영적 계시의 머릿돌이시다.[534] 예수를 그리스도가 되게 하신 성령께서는 예수의 생애가 역사 안에 나타나기 전부터 세상에서 일하시던 영이셨는데, 그 성령께서 바로 이 사건의 영향으로 등장하게 된 영적 공동체(the spiritual community)에서 명백히 입증되셨다고 한다. 틸리히는 영적 임재에서는 하나님께서 한정된 면모를 가지고 계시되신다고 설명한다. 하나님께서 다른 면모들을 가지고 계시되실 수 있다는 것은 성부, 성자, 성령이라는 삼위일체적 상징을 설명하는 하나의 이유가 될 수 있다는 것이다. 그러나 그 상징들은 삼중 운동인 분리와 재결합의 운동인데, 그것들은 근본적으로 생의 변증법을 표현하고 있다고 한다.[535]

그리스도 예수 사건은 무한한 과거로부터 무한한 미래로 나아가는 과정의 질적 중심이다. 역사 속에 나타난 영적 현존은 그리스도 예수 안에 나타난 영적 현존과 본질적으로 동일하다. 자기 현현 속에 계신 하나님께서는 그리스도 안에서 결정적으로, 또 궁극적으로 현현하신 하나님과 동일한 존재이시다. 그러므로 하나님의 현현은 그리스도 이전이건 그 이후이건 간에 역사의 중심과의 만남과 일치하지 않으면 안 된다.[536] 성육신한 로고스가 아버지에게로 돌아간 이후에는, 성령이 로고스의 자리를 맡아 그의 현현의 의미를 제시할 것이다. 신적 경륜에서는 성령이 아들을 뒤따르지만, 본질에서는 아

---

534 Tillich, 『조직신학』, III, 147.
535 Hamilton, 『폴 틸리히』, 52.
536 Tillich, 『조직신학 IV-성령론』, 222.

들이 성령이다. 영적 현존의 모든 새로운 현현은 그리스도 예수 안에 나타난 그의 현현의 기준 아래 놓여 있다. 성령은 그가 계시하는 것을 스스로는 창시하지 못한다. 이것은 성령의 계시 활동이 그리스도의 계시 활동을 질적으로 초월한다고 가르치는 '성령의 신학'의 주장에 대한 비판이다. 몬타누스파, 급진적 프란시스코파, 재세례파 등이 이런 태도의 본보기라고 한다.[537]

하나님의 영과 인간의 영 사이의 관계에 대해 말하자면, 하나님의 영은 인간의 영안에 거하면서 역사한다. 인간의 영은 궁극적이며 무조건적인 어떤 것에 의해 사로잡히게 된다. 인간의 영은 본질 그대로 존재하며 여전히 인간의 영이다. 하지만 동시에 인간의 영은 하나님의 영의 영향(impact) 속에서 자신 밖으로 나간다. 이와 같이 영적 현존에 의해 사로잡혀 있는 상태를 나타내 주는 전통적인 용어가 '황홀경'(탈아, ecstasy)이다. '황홀경'(탈아)은 합리적 요소와 감정적 요소 모두를 초월한다.[538] 그래서 성령의 임재와 관련해 인식 가능한 주목할만한 증거들로는 '황홀경'의 요소와 '자기 포기'의 요소와 또 '실존의 신비에 대한 인식'이라는 요소가 존재한다고 한다. 그리고 또 성령은 그밖에 기도의 능력을 제공하는데, 우리 존재의 신적 근거와의 재결합인 기도는 모두 다 우리 안에서, 우리를 통해 말씀하시는 성령의 역사라고 한다. 기도는 유한한 존재가 그 기원에로 돌아가고자 하는 갈망인데, 성령에 의해서 촉구된다는 것이

---

[537] 틸리히는 그 시대 '경험의 신학'도 그와 같은 사상 노선에 속한다고 덧붙인다: Tillich, 『조직신학 IV-성령론』, 223-24.
[538] Tillich, 『조직신학 IV-성령론』, 170.

다.[539]

또 틸리히는 '영적 현존'이라는 것이 확립된 말씀과 성례전을 돌파하는 것으로 이해될 때, 이것이 '잘못된 성령운동'으로 발전할 수 있음을 경계한다. 성령운동은 흔히 성령이 '현존하시는 하나님'을 의미하는데, 인간의 삶이나 사상의 어떤 형태도 성령으로부터 차단될 수 없다고 할 때, 성령이 말씀과 성례전과 같은 매개체를 필요로 하지 않는다고 주장한다. 성령은 인격의 깊이 속에 거하시기 때문에, 그가 말씀하실 때는 '내적 말'(inner word)을 통해서 하시니, 영적 현존의 매개체가 곧 '내적 말'이라는 것이다. 그럴 경우 그들은 '내적 말'을 듣는 사람이 교회의 계시적 전통과 무관한 새로운 인격적 계시를 받는다고까지 말한다. 하지만 틸리히는 비판하기를, 이런 '내적 말'이라는 용어는 성령의 활동을 계시적 전통으로부터 단절시킨다고 비판한다. 심지어 실제적인 목소리가 없는 '양심의 소리'까지도 하나님의 영이 인간의 영에게 말하는 것으로 해석될 수 있는데, 만일 그렇다면 그것은 혼란의 여지가 많은 해석이 될 수밖에 없다는 것이다.[540]

그러면서 틸리히는 인간의 영 안에 나타난 하나님의 영의 최종 내용은 결국 '믿음'과 '사랑'이라고 주장한다. 생명의 모든 모호성들을 초월하는 초월적 결합(transcendent union)이 인간 안에서는 황홀한 운동으로 나타나는데, 이 황홀경이 어떤 관점에서는 '믿음'으로 불리우고, 다른 관점에서는 '사랑'으로 불리운다는 것이다.[541] 그러니

---

539 Tillich, 『영원한 지금』, 132-35.
540 Tillich, 『조직신학 IV-성령론』, 192.
541 Tillich, 『조직신학 IV-성령론』, 196.

믿음과 사랑, 이 두 상태가 영적 현존에 의해 인간의 영 안에 창조된 초월적 결합을 나타내 준다고 틸리히는 주장한다.[542]

한편 틸리히에 의하면, '영원'이란 죽음 이후에 있을 미래의 생명을 말하는 것이 아니라 삶과 죽음을 넘어선 '생명이신 성령'(the Spirit Who is Life)의 확실한 현존을 말한다고 한다.[543] 성령을 받은 사람들은 성령에 의해 창조된 영원한 생명에 싸여 있고, 그런 점에서 그들에게는 그들의 영원이 현존해 있다. 따라서 그들이 그들의 유한성을 초월한다는 것이다. 그러나 틸리히는 성경이 말씀하는 영생을 믿지 않는다. 영생은 '본질화'(essentialization)이고, 몸의 부활은 영적으로 변화한 사람의 전 인격이 영생에 있는 것이며, 천당과 지옥은 개인의 본질화로 가는 성취 또는 무성취라 하면서, 결국 내세의 영생과 성경이 말씀하는 육체의 부활을 말하지 않는다. 그러니 그가 죽음 저편에 새 존재가 있다고 말한 것은 도대체 무슨 의미의 표현인지 알 수 없다.[544]

3. 영의 세 차원: 도덕, 문화, 종교

틸리히의 사상에서는 그리스도가 존재의 자기모순에 해답으로 오심 같이, 영(靈)은 생(生)의 모호들에 해답으로 오신다. 인간의 영은 생명의 한 차원으로서 힘과 의미의 통일(the unity of power and

---

542 틸리히는 '믿음'과 '사랑'을 각각 다음의 두 소책자들에서 다루었다. 믿음- *Dynamics of Faith* (New York: Harper & Bros., 1957); 사랑- *Love, Power, and Justice* (New York: Oxford University Press, 1954).
543 Tillich, 『흔들리는 터전』, 246.
544 박형룡, 『박형룡 박사 저작전집 VIII (현대신학선평, 상)』, 289.

meaning)인데, 사람 안에서만 발견된다.[545] 영은 의미를 살아 있게 해주는 힘이며, 힘에 방향을 부여하고 있는 의미이다. 이와 같은 영의 이해는 영이 생명의 힘으로서 생명과 결코 분리될 수 없다는 것을 뜻한다. 또한 영은 인간의 생명의 힘 그 자체이지 유기적인 조직체에 덧붙여질 수 있는 한 부분이 아니고, 영에 의해 생기 있게 되는 무기적, 유기적, 심리적 차원과 다차원적 통일성을 이루고 있는 생명의 한 차원을 뜻한다.[546] 그러니 우리는 '신이 영이다'라는 주장과 '신은 죽었다'라는 주장을 동일시한 니체와 달리, 신은 영이기에 살아 있는 신이라고 말하지 않으면 안 된다고 틸리히는 주장한다.[547]

틸리히에 의하면, 성령은 인간의 영의 차원에서 명백히 나타나는데, 인간의 영은 도덕과 문화와 종교의 기능으로 구성되어 있기 때문에, 성령은 종교의 영역뿐만 아니라 도덕과 문화의 영역에도 명백하게 현존한다고 본다. 즉 영의 세 차원인 도덕, 문화, 종교가 영적 공동체 안에서 연합되는데, 이때 비록 단편적일지라도 모호하지 않은 생이 발견되고, 그것이 곧 새 존재의 공동체라는 것이다.[548] 그러니 영적 현존의 자리가 특히 도덕, 문화, 종교의 영역인데, 인간 안에 있는 영은 이 세 영역들을 서로 침투하는 작용을 가져도, 이 세 영역에서 모두 다 목표에 달하지 못하여 생의 모호성을 나타낸다고 한다. 가령 종교는 세계를 초월하며 사람의 영을 거룩하게 변화시키노라고 주장하나, 세계와 결합되어 참된 영성에 자주 방해되

---

545 Tillich, *Systematic Theology*, III, 22-25.
546 Tillich, 『조직신학 IV-성령론』, 433-34.
547 Paul Tillich, 『조직신학 II-신론』(서울: 한들출판사, 2003), 156.
548 박형룡, 『박형룡 박사 저작전집 VIII (현대신학선평, 상)』, 286.

고 있다는 것이다.[549]

또한 틸리히에 따르면, 성령은 전통적 신학사상에서 말하는 것처럼 하나의 신적 인격으로서 성부 하나님이나 성자 하나님과 구별되는 한 실재가 아니라, 인간의 영에 탈아적으로 현존해 계신 존재 자체, 곧 유신론의 하나님까지도 초월하는 궁극적 실재로서의 하나님의 한 측면이라고 한다. 곧 성령은 하나의 실재가 아니라 인간의 영의 궁극적 깊이의 차원이며, 그 본래 의미는 인간의 영에 탈아적으로 현존하시는 하나님을 뜻한다는 것이다. 이런 점에서 틸리히는 성령이라는 용어 대신 '영적 현존'(Spiritual Presence)이라는 용어를 사용해야 한다고 본다.[550] 이것은 전통 신학에서 말하는 성령관이나 삼위일체관과는 현저히 다른 입장이다.

또 틸리히는 성령의 역사가 새 존재(New Being)의 실현이라고 본다. 곧 그는 본질로부터 분열된 인간 실존은 영적 현존에 의해 초월적 연합으로 이끌리면, 주체와 객체의 분열을 극복한 새 존재가 될 수 있다고 본다. 이러니 틸리히에게 성령은 주체와 객체를 초월해 계신 궁극적 실재인 하나님의 '탈아적 현존'을 의미한다. 틸리히의 이런 주장은 새 존재의 실현이 인간의 행위에 의해서가 아니라 오직 영적 현존에 의해서만 가능하다는 것과, 성령의 역사의 궁극적 목표가 인간의 현 존재의 부정이나 탈세계적 신비 체험에 있지 않고 옛 존재가 치유된 새 존재의 실현에 있다는 것을 의미한다.[551] 그런데 이와 같은 개념 규정은 결코 하나의 존재자가 될 수 없는 신에

---

549 Tillich, 『조직신학 IV-성령론』, 439.
550 Tillich, 『조직신학 IV-성령론』, 435.
551 Tillich, 『조직신학 IV-성령론』, 440-41.

대해 비대상적으로 말하려는 시도이다. 결국 틸리히에 따르면, 성령은 인간의 영과 이원론적 대립 속에 있는 하나의 존재자가 아니며, 특히 '영적 현존'은 새로운 지식의 전달이 아니고 탈아적 현존 속에서 인간을 사로잡고 있는 '의미를 지닌 힘'의 현존을 의미할 뿐이다.[552]

또한 영적 공동체는 신앙에 대해서만 열려 있다고 한다. 왜냐하면 신앙은 곧 영적 현존에 의해 붙잡혀 있는 상태이기 때문이다. 오직 '믿음의 눈'만이 은폐되어 있는 것 또는 영적인 것을 볼 수 있다. 또 '믿음의 눈'은 성령의 창조이다. 따라서 오직 영만이 영을 분별할 수 있다.[553] 가이사랴 빌립보에서 베드로의 영이 예수를 그리스도로 만든 예수 안에 있는 성령을 인정할 수 있도록 해 준 것은 베드로를 붙잡고 있는 성령이었다. 이 인정이 영적 공동체의 기초라고 하면서, 그러므로 우리는 다음과 같이 말할 수 있다고 틸리히는 주장한다: 마치 그리스도가 그를 그리스도로 받아들이는 사람들이 없다면 그리스도가 아닌 것처럼, 영적 공동체는 그리스도 안에 나타난 새 존재 위에 기초하지 않는다면 영적 공동체가 아니다.[554]

그 영적 공동체는 모든 순간에 단편적이다. 그러나 이것은 모호하지 않은 생명의 초월적 결합을 부분적으로 선취한다. 이것 자체는 모호하지 않을 뿐만 아니라 교회 신앙의 기준으로서 교회의 모호성을 극복한다. 영적 공동체는 그 보편성을 통해 신앙으로 신적 생명의 거룩에 참여하며, 교회들에게 거룩함을 부여해 준다. 이 점

---

552 Tillich, 『조직신학 IV-성령론』, 435.
553 Tillich, 『조직신학 IV-성령론』, 243.
554 Tillich, 『조직신학 IV-성령론』, 227.

에서 영적 공동체는 교회들의 비가시적인 영적 본질이다. 영적 공동체는 궁극적으로 완성된 하나님의 나라가 아니지만, 교회들 속에서 그것들의 모호한 생명의 기준으로서 현실적으로 존재한다.[555]

인류 역사 속에도 영적 현존이 나타난다. 즉 하나님의 영의 인간의 영에 대한 침입은 개인들 속에서만 발생하지 않고 사회집단들 속에서도 발생한다. 왜냐하면 인간의 영의 모든 기능들은[556] 나와 너의 만남의 사회적 맥락에 의해 조건지워지기 때문이다. 역사 그 자체는 영적 현존의 현현이 아니지만, 하나님의 영 곧 인간의 영에 임재해 계신 하나님께서는 구원과 변화의 성격을 지니고 있는 계시적 경험들 속에서 모든 역사 안으로 꿰뚫고 들어오신다.[557] 그래서 영적 공동체는 인류 역사 속에서, 또 간접적으로는 전 우주 속에서, 새 존재를 창조하는 영적 현존처럼 숨어 있기도 하고 나타나기도 한다고 한다. 또 영은 이따금 숨을 수 있고, 특별한 순간들에 역사를 뒤흔드는 능력을 가지고 나타나기도 한다고 한다.[558] 그러면서 틸리히는 말하기를, 역사의 목적(end)은 영생으로 상징된 역사의 내면적 목표 또는 텔로스(telos)라고 한다. 그리고 그 승리는 역사 안에서 단편적이라고 한다. 그러나 이것은 역사상에서 어떤 광명한 시대를 바라보는 사상의 표현일 뿐, 기독교회가 대망하는 성경적인 천국과 재림의 묘사는 결코 아니다.[559]

---

555 Tillich, 『조직신학 IV-성령론』, 234-37.
556 여기에서 '인간의 영의 모든 기능들'이라고 할 때, 틸리히는 '도덕적 자기 통전'과 '문화적 자기 창조'와 '종교적 자기 초월'을 염두에 두고 있다.
557 Tillich, 『조직신학 IV-성령론』, 211.
558 Tillich, *Systematic Theology*, III, 152-55, 390f.
559 박형룡, 『박형룡 박사 저작전집 VIII (현대신학선평, 상)』, 288.

그러면 영적 현존은 생명 일반과 어떤 관계를 가지고 있는가? 영적 현존의 무기물, 유기물, 자의식 차원의 생명에 대한 직접적인 영향은 있을 수 없다. 즉 하나님의 영은 인간의 영의 황홀경 속에서 나타나지, 출현 조건이 되는 것들 속에서는 나타나지 않는다.[560] 영적 현존은 질적으로는 모든 영역을 포괄하지만, 양적으로는 인간에게만 제한된다. 왜냐하면 인간은 영이 실현되어 있는 존재이기 때문이다. 성령은 인간의 영을 사로잡을 때, 심리와 신체를 단지 간접적으로, 또 제한적으로만 사로잡는다. 우주는 아직 변형되지 않은 채 장차 있을 변형을 기다리고 있다. 반면에 성령은 인간을 영적 차원에서 실제적으로 변형시키고 있다. 그런 점에서 인간은 새 존재의 첫 열매들이다. 우주는 결국 인간들의 뒤를 따를 것이다. 이로써 성령론은 영원한 완성으로서의 하나님 나라론으로 나아간다고 틸리히는 주장한다.[561]

V. 나오는 말

틸리히는 오늘날 현대인들에게 당면한 문제가 무의미한 세상에 살면서 의미와 목적을 찾기가 힘들다는 것이라고 하면서, 이와 같은 현대인들의 심각하고 긴요한 문제에 대한 대답을 찾는 것이 자기 조직신학의 근본목적이라고 말한 바 있다.[562] 그런 그의 조직신학

560　Tillich, 『조직신학 IV-성령론』, 404-5.
561　Tillich, 『조직신학 IV-성령론』, 406.
562　Tillich, 『조직신학 II-신론』, 7.

은 인간이 신적 생명에 대해 중대한 의의를 지닌 존재로 인정받게 되는 단계에서 그 끝을 맺고 있다. 이는 그의 신학이 실존(existence)의 의미를 신중심적(theocentric)으로 통찰하면서 나름대로 체계를 세워가려 한 사상임을 방증하는 증거가 될 수 있다.563

틸리히의 글에 대해 관대하게 평가하자면, '유연하고 정확하여 백과사전적이요 굉장히 창의적인 정신의 인상적인 산물'이라 인정할 수 있다. 그것들은 인류의 역사와 문화사, 또 기독교 신학과 철학의 사상적 역사를 전반적으로 아우르고 있다.564 즉 그는 플라톤(Plato)과 플로티누스(Plotinus)가 말했던 본질(the essence)의 개념, 스토아 학파(Stoics)가 말했던 이(理, the Logos)의 개념, 어거스틴(Augustine)이 말했던 은혜(Grace)의 개념, 에카르트(Eckhart)가 말했던 '하나님은 존재다'(God is being)의 개념, 쿠자누스(Cusanus)가 말했던 '상반되는 것들의 동시 발생'(coincidence of opposites)의 개념들을 도입했다. 또 그는 칸트(Kant), 헤겔(Hegel), 쉘링(Schelling)과 같은 독일 철학자들의 사상을 도입하면서 하나님을 '존재의 근원이자 심연'으로 이해했다.565

그러나 틸리히의 신학은 기독교 신학이 아니요, 오히려 기독교 신학을 신지학적(神智學的) 존재론적 사색의 언어로 해석한 것이다. 때로는 이 해석이 기독교 신학을 좀 더 밝은 빛에서 살피는데 도움을 주기도 한다. 그러나 이 해석은 그 원 내용의 정신과 글자에서

---

563 Hamilton, 『폴 틸리히』, 57.
564 Marion Pauck, "폴 틸리히의 일생", 『믿음의 역동성』(서울: 그루터기하우스, 2005), 16.
565 Pauck, "폴 틸리히의 일생", 『믿음의 역동성』, 17.

탈선하는 예가 허다하다.⁵⁶⁶ 틸리히는 성경의 상징들을 존재 자체, 비존재, 유한 존재라는 그의 분석에 따라 해석해야 한다고 주장함으로써, 하나님을 오히려 그의 존재론적 경계선 안에 가두어 버리는 결과를 초래하고 있다. 그는 '하나님'이라는 말을 기독교적 의미로 쓰지 않고, 자기가 고안한 존재론에 기초하여 하나님을 '존재 자체', 범신론적 성격의 '절대자'로 해설하면서, 하나님에 관한 성경의 진술들을 자기의 존재론에 맞도록 상징적으로 설명해버린다.⁵⁶⁷ 존재에 대한 그의 그런 견해는 이 세상의 한 국면일지언정, 세상을 초월해 계시는 하나님이 아니다.⁵⁶⁸

그래서 칼 바르트는 틸리히를 아직도 헤겔주의의 영향 하에서 사는 19세기적 종교철학자로 생각한 듯하다.⁵⁶⁹ 반면에 틸리히는 바르트가 지나치게 문자적이라고 생각하면서, 하나님에 대한 모든 언어는 다 상징적이지만 단 한 가지 그렇지 않은 것은 '존재 자체'뿐이라고 주장한다. 바르트가 절대적으로 숨겨져 있는 '전적 타자'로서의 존재를 말하기 좋아한 반면, 틸리히는 그런 타자의 존재와 심지어 그 인격까지도 부인해 버린다. 그에게 남는 것은 오직 '존재의 힘'뿐이다.⁵⁷⁰

한편 틸리히의 신학은 1960년대 '사신신학'의 거점이 되어 왔다. '사신신학' 또는 좀 더 학술적으로 '세속신학'(기독교 무신론)으로 알

---

566 Kenneth Hamilton, "Paul Tillich," *Creative Minds in Contemporary Theology*, 479; Conn, 『현대신학 해설』, 123.
567 박형룡, 『박형룡 박사 저작전집 VIII (현대신학선평, 상)』, 279.
568 Colin Brown, *Philosophy and the Christian Faith* (Chicago: Inter-Varsity Press, 1969), 199.
569 박아론, 『현대신학연구』, 113.
570 Hamilton, 『폴 틸리히』, 85.

려진 현대 신학운동의 지도자들이 틸리히의 조직신학이 지시한 방향으로 떠밀려 간 것이라고 스스로 고백한 것과 관련해서 볼 때, 틸리히의 존재의 근거로서의 신관을 재고찰해 보면, 과연 그런 비슷한 지향성(指向性)이 양자 사이에 있음을 쉽게 확인할 수 있다.[571] 이에 대해 케네쓰 해밀톤(Kenneth Hamilton) 교수는 틸리히가 사신신학자 알타이저(Altizer) 같은 인물들에게 큰 영향을 주었다고 하여 그를 '사신신학의 모세'라고 비유하기도 하였다.[572] 또 아일란드 뚤함 대학의 신학교수인 핸손(R. P. C. Hanson)은 사신신학의 제1 인자인 로빈손(J. A. T. Robinson)이 틸리히를 모방하여 신을 '존재의 근거'로 생각하고 이 '존재의 근거'가 되는 신이 곧 사랑이라고 결론지었다고 말했다.[573] 그러니까 비록 틸리히의 저서들 중에서 '사신'(死神)의 선언이 발견되지는 않는다고 할지라도, '사신'의 선언을 가능케 하는 사상적 분위기가 틸리히의 비인격화되고 철학화된 신의 개념을 통해 조성되었다고 봄이 옳을 것이다.

틸리히는 무엇보다도 그의 '종합신학'(synthesis theology)의 일환으로서 기독교 유일 종교 사상의 포기와 종교다원주의적 방향제시로써 현대 신학계와 종교계에 큰 도전과 물의를 불러일으키고 있다.[574] 또 틸리히의 조직신학에는 성경 본문과 고전신학자들에 대한 언급이 거의 없는 반면에, '존재론', '구조', '구체성' 등에 대해서는 상당

---

571 박아론, 『현대신학연구』, 114.
572 Hamilton, 『폴 틸리히』, 84-85.
573 R. P. C. Hanson, *The Honest to God Debate* (edited by Harvey Cox, London: SCM Press, 1963), 108-109; 박아론, 『현대신학연구』, 113. 로빈손 (J. A. T. Robinson)은 1963년에 출판된 『신에게 솔직히』(Honest to God)의 저자이다.
574 박아론, 『현대신학 속의 보수신학』, 32.

히 많이 언급되어 있다. 그러니 그 전체적인 내용이 신학적이라기보다 오히려 철학적이라고 할 수 있다.[575] 그가 현대인의 깊은 실존적 문제들을 분석하려고 노력하는 중에 성경을 철학으로 대치해 버리고 만 것이다. 그러므로 그의 오류는 하나님의 말씀을 사람의 말로 대치한 데에 있다.

사실 '설교가로서의 틸리히'는 '체계수립가로서의 틸리히'보다 말씀에 보다 더 충실하긴 하다. '설교가로서의 틸리히'는 자기가 설교하고 있는 성경구절을 실제 사실로 믿고 있는 것처럼 보이지만, '체계수립가로서의 틸리히'는 그것들을 어떤 다른 것에 담기 위해 성경의 원래 내용을 텅 비게 만들어 버린다.[576] 그 둘 사이에는 종종 양립할 수 없는 큰 간격이 존재한다. 가령 틸리히는 인간의 하나님 앞에서의 불순종과 죄가 그가 맛보는 허무와 무의미의 원인이라고 생각하지 않고, 인간 자신의 존재 구조가 허무와 무의미를 불러온 것으로 생각한다.[577] 또 그 구제책으로 그가 제시한 신과 그리스도의 개념들은 모두 다 역사적 기독교의 입장을 멀리 떠나 인간 자신의 종교적 의식과 체험을 바탕으로 하여 만들어진 철학적 허구일 뿐이다.

그래서 틸리히의 신관은 '존재'(being)에 대한 그의 개념이 타당한 개념이라는 것을 적절하게 입증하지 못하고 있다. 그는 자신의 견해로써 계시를 시험대에 올려놓는데, 그렇게 함으로써 그는 두 가지 차원에서 심각한 오류를 범하고 있다. 즉 과학적 차원에서 볼 때, 그는 자신의 연구 대상을 착각하고 있다. 하나님께서는 그런 방법을

---

575 Brown, 『철학과 기독교 신앙』, 227.
576 Tavard, *Paul Tillich and the Christian Message*, 139.
577 박아론, 『현대신학연구』, 115.

적용할 수 없음에도 불구하고, 그는 시종일관 잘못된 방법을 하나님께 적용하고 있다. 또 종교적 차원에서 볼 때, 그는 기독교 유신론을 범신론의 부류로 바꿔 놓고 말았다. 그래서 그의 유신론은 종종 범신론과 거의 구분되지 않는다. 결과적으로 그는 살아 계신 하나님을 하나의 특성 없는 '개념'으로 대체시켜 버리고 만 셈이 되었다.

참고문헌

[Paul Tillich 의 저술들]

Tillich, Paul. *Systematic Theology Vol. I*. Chicago: The University of Chicago Press, 1951.

_____. *Systematic Theology Vol. II*. 유장환 역.『조직신학 II-신론』. 서울: 한들출판사, 2003.

_____. *Systematic Theology Vol. II*. 유장환 역.『조직신학 III-그리스도론』. 서울: 한들출판사, 2005.

_____. *Systematic Theology Vol. III*. 유장환 역.『조직신학 IV-성령론』. 서울: 한들출판사, 2008.

_____. *Systematic Theology Vol. III*. 유장환 역.『조직신학 V-하나님나라론』. 서울: 한들출판사, 2010.

_____. *The Shaking of the Foundations*. 김광남 역.『흔들리는 터전』. 고양: 뉴라이프, 2008.

_____. *The New Being*. 김광남 역.『새로운 존재』. 고양: 뉴라이프, 2008.

_____. *The Eternal Now*. 김광남 역.『영원한 지금』. 고양: 뉴라이프, 2008.

_____. *The Courage to Be*. 차성구 역.『존재의 용기』. 서울 : 예영커뮤니케이션, 2006.

_____. *Dynamics of Faith*. New York: Harper & Bros., 1957.

_____. *Love, Power, and Justice*. New York: Oxford University Press,

1954.

_____. *Theology of Culture*. 김경수 역.『문화의 신학』. 서울: 대한기독교서회, 2001.

_____. 송기득 역.『19-20세기 프로테스탄트 사상사』. 천안: 한국신학연구소, 1996.

_____. *Christianity and the Encounter of the World Religions*. New York, 1963.

[Paul Tillich 에 관한 저술들]

Avis, Paul. *The Methods of Modern Theology*. London: Marshall Pickering, 1986.

Brown, Colin. *Philosophy and the Christian Faith*. 문석호 역.『철학과 기독교 신앙』. 서울: 기독교문서선교회, 1999.

Conn, Harvie M.『현대신학 해설』. 서울: 개혁주의신행협회, 1992.

Grenz, Stanley J. & Olson, Roger E. 신재구 역.『20세기 신학』. 서울: IVP, 1997.

Hamilton, Kenneth. *Paul Tillich*. 옥한흠 역.『폴 틸리히』. 서울: 개혁주의신행협회, 1991.

Hanson, R. P. C. Edited by Cox, Harvey. *The Honest to God Debate*. London: SCM Press, 1963.

Hegel, G. W. F. *Lectures on the Philosophy of Religion*. Vol. I. trans. Speirs, E. B. & Sanderson, J. Burden. ed. Speirs, E. B. New York: Humanities, 1962.

Henerr, Ingeberg C. Ed. 송기득 역.『폴 틸리히의 그리스도교 사상사』. 천안: 한국신학연구소, 1998.

Johnson, Robert C. "Paul Tillich,"『현대 신학자 20인』서울: 대한기독교서회, 1992.

Martin, Bernard. *The Existentialist Theology of Paul Tillich*.『폴 틸리히의 실존주의 신학』. New York, 1963.

Pauck, Marion. "폴 틸리히의 일생".『믿음의 역동성』. 서울: 그루터기하우스, 2005.

Tavard, G. H. *Paul Tillich and the Christian Message*. London: Burns and Oates, 1962.

Thatcher, Adrian. *The Ontology of Paul Tillich*. Oxford: Oxford University Press, 1978.

목창균,『현대신학 논쟁』. 서울: 도서출판 두란노, 1995.

박아론.『현대신학 속의 보수신학』. 서울: 기독교문서선교회, 1999.

_____.『현대신학연구』. 서울: 기독교문서선교회, 1991.

박형룡.『박형룡 박사 저작전집 VIII (현대신학선평, 상)』. 서울: 한국기독교교육연구원, 1988.

칼 바르트의 신관 비판
(Karl Barth, 1886-1968)

Karl Barth

5. 칼 바르트의 신관 비판
(A Critical Analysis on Karl Barth's Theory of God)

I. 서론

II. 본론
 1. 삼위일체이신 하나님
  1) 칼 바르트 삼위일체론의 공적
  2) 성자 위주의 일신론적 삼위일체론
  3) 양태론적 삼위일체론
  4) 관념론적, 변증적 삼위일체론
  5) 성령의 인격성 무시

 2. 전적 타자(全的 他者)이신 하나님
  1) 하나님의 실재
  2) 하나님의 초월성

  3) 하나님의 전적 타자성

 3. 하나님의 자유
  1) 사랑의 하나님과 은총의 승리
  2) 하나님의 자유와 가변성
  3) 비공유적 속성으로서의 불변성과 충돌
  4) 인간의 기도와 하나님의 불변성

 4. 하나님의 선택
  1) 그리스도 안에서 모든 사람의 구속과 선택
  2) 유기(遺棄)의 실질적 부정

III. 결론

I. 서론

칼 바르트(Karl Barth, 1886-1968)는 20세기 초에 새 신학을 구성하여 '20세기 최대의 신학자'가 되었다. 그는 1909년에 신학 수업을 마치고 그 해 제네바 교회의 부목사로 사역하면서 칼빈의 강단에서 설교하였다. 강단에서는 그가 배운대로 자유주의 신학에 의해 설교하였다. 그러나 동네 사람들은 교회에 오지 않았고 주말을 즐기기 위해 산과 들로 나갔다. 그는 거의 빈 교회를 향해 설교하면서 교회에서 자유주의 신학이 통용될 수 없음을 알았다.

1914년에 하르낙(Adolf von Harnack, 1851-1930)을 위시한 당대 유명한 신학자들이 빌헬름 2세의 전쟁 정책을 지지하는 선언서를 발표하였다. 이때 바르트는 그들의 신학과 윤리학에 따를 수 없음을 깨닫고, 성경을 다시 이해하고 파악하려고 하였다. 그래서 키에르케고어(S. Kierkegaard, 1813-1855)와 칼빈을 다시 보고, 칸트와 플라톤, 도스토예프스키 등을 읽으며 성경을 다시 보게 되고 그의 신학 방향을 바꾸었다. 역사비평적 방법이 설교자에게 아무 도움이 되지 못함을 알고 역사에 대한 경외 대신 하나님의 말씀에 대한 경외로 대치하였다. 인간 의식의 신학에 대신하여 신계시의 신학으로 대치한 것이다. 그리하여 바르트의 신학은 '계시의 신학'이 되고 '하나님의 말씀의 신학'이 되었다.[578]

바르트는 하나님의 말씀을 듣기 위해 로마서를 주석하였다. 그런데 역사비평적 방법대로가 아니고 성경을 하나님의 말씀으로 듣기로 하고 주석하여 1919년에 『로마서 주석』(Der Römerbrief)을 출간함으로 새로운 신학, 20세기 시작의 문을 열었다. 그리고 1921년에 『로마서 주석』을 재판하였는데, 그것은 바르트 자신의 말대로 돌 하나도 돌 위에 남지 않는 새 판을 내어 여기에서 새 신학이 시작되었다.[579]

그리고 바르트는 1932년부터 그의 또 다른 대표적 저서인 『교회교의학』(Die Kirchliche Dogmatik)을 쓰기 시작하였는데,[580] 그는 자기의

578　서철원, "현대신학의 동향"(용인: 총신대 신학대학원, 1995년), 14.
579　서철원, "현대신학의 동향," 14.
580　이 『교회교의학』(Die Kirchliche Dogmatik)은 결국 '구원론'과 '종말론'을 죽기 전에 손을 대지 못해 미완성 작품으로 남게 된 방대한 분량의 작품인데, 최종적으로 전 4부(원래는 5부로 계획되었음) 13권, 총 8,000 페이지로 구성되었다. 이 책에서 바르트는 '하나님의 주권'을 강하게 역설하였으

본격적인 신론을 『교회교의학』 II/1에서 전개했다. 그런데 바르트의 신론에서 결정적으로 새로운 것은 『교회교의학』 II/2의 예정론(1942)에서부터 등장한다. 여기에서부터 후기 바르트 신학의 원숙한 하나님에 대한 이해가 나타난다.[581] 본고는 '20세기 최대의 신학자'로 평가받는 칼 바르트가 '하나님의 주권'을 강하게 역설하고 '그리스도 중심적인 사상'을 전개했다고 알려져 있는데, 과연 그 내용이 '정통'이라는 칭호를 받을만한가 하는 사실을 그의 신관을 중심으로 살펴보고자 한다. 그의 소위 '계시의 신학', '하나님의 말씀의 신학'이 과연 성경적인가 하는 부분을 삼위일체론을 비롯한 그의 신관을 중심으로 분석하고 비판하여 정통 신학의 본류를 지키고자 하는 것이 본고의 목적이다.

II. 본 론

1. 삼위일체이신 하나님

바르트는 1932년에 『교회교의학』 제I 권의 1부 (하나님의 말씀론)를 출간하였는데, 거기에서 그는 자기의 계시론을 삼위일체론으로 시작하였다. 왜냐하면 삼위일체론이 기독교의 신론과 계시론을 기독교적인 것으로 특출하게 해 주기 때문이라는 것이다. 그리고나서

며, 특히 그리스도 중심적인 사상을 피력하였다: 정성구, 『개혁주의 인명사전』(서울: 총신대 출판부, 2001), 255. 그런데 그가 종말론을 쓰지 못한 이유들 중의 하나는 그가 종말이 가져올 사후의 지옥 형벌과 내세 천국을 불신하여 다룰 수 없었던 때문에도 기인한다.

581 후기 바르트 신학의 핵심적인 사상은 '하나님의 인간성', '하나님의 고난과 죽음', '오직 은총의 하나님' 등의 개념으로 압축된다: 김명용, 『칼 바르트의 신학』(서울: 이레서원, 2007), 177.

바르트는 고백교회에 가담하여 국가사회주의에 항거하다가 2년 후인 1934년에 '바르멘 선언'(Barmer Theologische Erklärung)을 기초하였고,[582] 1935년에 본(Bonn) 대학의 교수직을 박탈당하여 스위스로 돌아가 바젤(Basel) 대학의 교수로 있으면서『교회교의학』을 계속해서 집필하였다.

1) 칼 바르트 삼위일체론의 공적

바르트는 하나님의 말씀에 기초한 삼위일체론적 신학을 전개하였으며, 그동안 뒷전으로 밀려났던 삼위일체 교리를 교의학의 핵심 위치로 다시 복구시켰다. 그래서 윌리암스(R. D. Williams)는 바르트를 평가하기를, "바르트는 20세기의 교의학자들 가운데에서 삼위일체 교리를 신학 전체를 위한 초석으로 제시하려고 했던 거의 유일한 독보적 신학자였다"라고 칭찬하였다.[583] 이런 칭찬은 다소 과장된 감이 없지 않지만, 그래도 적어도 20세기의 신학자들이 삼위일체 교리에 대하여 새롭게 관심을 갖게 된 계기가 바로 바르트의 영향으로 나타난 현상이라는 사실만큼은 틀림이 없다.

바르트는 삼위일체론이 교의학에서 첫머리에 위치하여야 한다고 생각했다. 그렇기 때문에 그의『교회교의학』에서 공식적인 삼위일

---

582 바르멘 선언은 1934년 5월 31일에 발표되었는데, 당시 히틀러(Adolf Hitler)에 저항하는 독일 고백교회의 신학성명이다. 바르트가 원래 스위스 개혁파 출신인데도 불구하고 루터파 신학이 지배하는 독일교회의 신학적 아버지가 된 것은 이 선언을 기초한 것과 깊이 관련되어 있다. 이 선언은 6개 항목으로 되어 있는데, "예수 그리스도만이 유일하신 하나님의 말씀이며 그 외에는 그 어떤 것도 하나님의 계시로 인정할 수 없다"는 것이 그 주된 고백 내용이다. 이 내용은 특히 제1항에 잘 나타나 있는데, 예수 그리스도 외의 다른 계시를 부인하는 그의 주장은 초기의 위기신학, 변증법적 신학 시절에 그와 동지로서 활약하였던 에밀 브룬너(Emil Brunner)와의 자연신학 논쟁에 뛰어들게 만드는 결과를 초래하였다: 이신건,『칼 바르트의 교회론』(서울: 성광문화사, 1989), 151-54.
583 R. D. Williams, S. W. Sykes 편, 이형기 역,『칼 바르트의 신학 방법론』(서울: 목양사, 1986), 286.

체론은 I-1권에 위치하고 있다. 물론 삼위일체론에 대한 그의 관념은 I-1권 외에도 여러 군데에서 그의 주요 사상들과 편린들이 엿보이지만, 그 공식적 위치는 I-1권 중에서도 제2 장 즉 첫머리이다. 그래야 하는 이유에 대하여 바르트는 삼위일체 교리의 내용이 교의학 전체에 있어서 지배적이며 결정적인 역할을 하여야 하기 때문이라고 주장한다.[584]

바르트가 『교회교의학』에서 삼위일체론을 맨 앞에 두는 방법을 택한 것은 그 이유야 어떻든 간에 분명히 그가 삼위일체 교리의 중요성과 우선성을 확신하고 있었다는 사실을 반증한다. 바르트가 삼위일체론을 그의 교의학의 첫머리에 위치시킨 이유는, 만일 계시를 통하여 성경을 거룩하게 만드시는 바 그 하나님께서 누구신가를 성경 자체로부터 명확하게 해 주지 않는다면, 성경의 구별되는 거룩성을 이해할 수가 없기 때문이다. 로마 카톨릭과 다른 개신교 교의학에서처럼, '하나님께서 누구신가?'라는 질문(삼위일체론)을 뒤로 미루어 두고 하나님의 본성과 속성 문제들을 먼저 다룬다면, 과연 거룩하신 하나님의 구별성이 무엇인가 하는 것을 진정으로 이해하기가 어렵기 때문이다.[585]

따라서 바르트 신학의 공적은 그때까지 인간 위주의 역사 중심주의에 빠져 있던 신학 풍토를 하나님의 주권과 자유에 기초한 신학 풍토로 환원시켰다는 데에 있다. 바르트의 삼위일체 신관은 인간중

---

584 "In giving this doctrine a place of prominence … that its content be decisive and controlling for the whole of dogmatics": Karl Barth, *CD* I/1, 303. 칼 바르트의 『*Die Kirchliche Dogmatik*』은 브로밀리(Geoffrey W. Bromiley)에 의해 1936년부터 영어로 번역되기 시작하였다. 앞으로 독일어판의 경우에는 *KD(Kirchliche Dogmatik)*로, 영어판의 경우에는 *CD(Church Dogmatics)*로 표기하기로 한다.
585 김석환, 『칼 바르트의 삼위일체론 연구』(총신대 대학원: Th. M. 학위논문, 1995), 10.

심적이고 문화주의적인 기독교가 더 이상 오늘의 문제를 흡족하게 해결할 수 없음을 웅변적으로 지적해 주면서, 인간의 무지와 교만을 깨뜨리고 이 세상으로 찾아오신 하나님 자신의 계시 사건이 모든 신학 논의들의 기초가 되어야 함을 강조한 것이다. 그리고 바르트의 삼위일체 신관은 삼위일체론이 사변에서 비롯된 것이 아니라 성경 자체에 근거한 것임을 밝힘으로써 기독교의 전통적인 삼위일체론을 다시 중요한 위치로 회복시켜 주었고, 또 그동안 경시되어 왔던 삼위일체론을 비판적으로 재부흥시켰다는 점에서 그 긍정적인 평가를 발견할 수 있다.[586]

반면에 바르트의 신관에는 문제점들과 부정적인 측면들도 적지 않게 있다. 삼위일체론에서 그의 현저한 공적에도 불구하고 이 문제점들이 갖는 해독이 막심함은 현대신학에서 그의 영향력이 그만큼 지대하기 때문이다. 또 거룩하신 성 삼위 하나님의 존엄하신 위엄이 그만큼 절대적이기 때문이다. 그리고 또 하나님론을 자처하는 이론일수록 그만큼 한 점 오류가 없어야 하기 때문이다. 거룩하고 존엄하신 하나님을 진술함에 있어 보다 더 진리에 가까운 논의를 통하여 바르고 성경적인 신앙 고백을 할 수 있도록 하기 위하여 바르트의 문제점들은 분명히 지적되어야 할 것이다.

2) 성자 위주의 일신론적 삼위일체론

바르트의 삼위일체론은 진정한 삼위일체론이 아니라 성자 위주의 '일신론적 삼위일체론'이다. 왜냐하면 바르트의 삼위일체론은

---

586 김석환, 『칼 바르트의 삼위일체론 연구』, 76.

'계시자', '계시', '계시된 내용'의 세 계기들을 이야기하면서 이 모든 것들이 다 계시의 세 계기들일 뿐이라고 하여,[587] 결과적으로 성자 그리스도 곧 한 인격의 하나님만을 강조하기 때문이다. 이 사실은 특히 몰트만(Jürgen Moltmann)에 의해 비판적으로 지적되었는데, 몰트만에 의하면 바르트가 '일신론적 삼위일체론'의 성격을 띠게 된 이유는 그가 기독교 일신론에 근거를 두고 논리를 전개하였기 때문이라고 한다.[588]

그래서 바르트는 삼위일체 교리가 예수께서 "그리스도 또는 주시라는 고백의 발전보다 더 되는 아무 것도 아니라"고 말한다. 예수께서 그리스도시라는 고백은 하나님께서 예수 안에 계심을 말한다. 그러므로 삼위일체 하나님의 관념 자체가 반드시 우리가 예수 그리스도 안에서 가지는 계시의 명사들로 진술되어야 한다는 것이다.[589] 또 바르트는 삼위일체 하나님을 진술할 때에 이렇게 그리스도 일원론적 입장에서 진행하면서 성육신하신 그리스도로부터 출발하여 삼위일체의 신비를 설명하려고 한다. 그러나 성경은 성육신 이전 구약에서부터 삼위일체의 진리를 가르치고 있는 바, 성육신 이후 신약에서는 더 명백히 가르칠 뿐이다.[590]

3) 양태론적 삼위일체론

바르트는 '세 인격'이라는 표현 대신 '세 존재 양식'이라는 표현

---

587 Barth, *CD* I/1, 361-62.
588 Jürgen Moltmann, 김균진 역, 『삼위일체와 하나님의 나라』(서울: 대한기독교출판사, 1993), 173-77.
589 Barth, *KD* I/1, 313, 353; 박형룡, 『박형룡 박사 저작 전집 VIII (현대신학선평 上)』(서울: 한국기독교교육연구원, 1988), 215.
590 박형룡, 『박형룡 박사 저작 전집 VIII (현대신학선평 上)』, 216.

을 사용함으로써 양태론적 단일군주론을 극복하려고 했다. 즉 바르트는 위격의 개념을 설명하기 위해 'persona'(위)라는 용어 대신 '존재 양식'(mode of being or existence)이라는 용어를 사용하자고 제안했다. 왜냐하면 그는 이제까지 전통적으로 'persona'라는 용어를 통해 설명되어 온 것이 '존재 양식'이라는 용어를 통해 보다 더 잘 설명될 수 있다고 생각하였기 때문이다.[591] 사실 '인격'을 의미하는 라틴어 '페르소나'에는 '가면'이라는 뜻도 포함되어 있는 것이 사실이었다. 그러나 '페르소나'라는 용어에는 '가면'이라는 뜻 외에 '신분 또는 어떤 자격을 갖춘 실재'라는 의미도 분명히 함께 포함되어 있는 이상, '페르소나'라는 단어가 그동안 잘못 사용되어져 온 것이 아님은 분명하다.

이렇게 바르트는 '존재 양식'이라는 단어를 사용하면서 이 '존재 양식'이라는 단어가 '세 번의 반복 가운데 있는 한 하나님'을 의미한다고 설명하는데, 이렇게 '존재 양식'을 강조함으로 그는 고대 양태론자들의 견해에 가까이 다가서면서 기독교 일신론의 사상을 강하게 풍기게 되었다. 왜냐하면 그가 그렇게 함으로써 삼위와 일체 가운데서 균형을 이루지 못하고 일체로 치우치는 삼위일체론을 전개한다는 반박을 피할 수가 없기 때문이다. 그리하여 "하나님께서는 아버지, 아들, 성령, 이 세 존재 양식 안에서 한 분 하나님이시다"라는 명제가 의미하는 바는 한 분이신 하나님, 한 분이신 주님, 하나의 인격이신 하나님께서 단지 하나만의 존재 양식으로가 아니라 아버지의 존재 양식, 아들의 존재 양식, 성령의 존재 양식으로 존재하

---

591 *CD* I/1, 408-11.

신다는 의미가 되는 셈이다.[592] 즉 한 분 하나님께서 세 번 서로 다르게 거듭되는 방식에서 하나님이시라는 것이다.[593]

이에 대해 몰트만은 바르트가 'persona'라는 용어 대신 '존재 양식'이라는 용어를 사용함으로써 바르트가 결국 자신이 피하려고 했던 양태론에 빠지게 되었다고 비판한다. 이는 특히 성령의 경우 그 신적 실재성을 증명할 수 없다는 점에서 더욱 그러한데, 몰트만은 다음과 같이 진술한다.

"세 존재 양식을 통하여 자신을 계시하시는 하나님께서는 그의 계시의 능력, 곧 성령에 있어서의 실재성을 증명할 수 없다. 성령은 아버지와 아들을 결합시키는 공동의 사랑의 끈에 불과하다. … 그렇다면 그는 에너지이지 인격이 아니다. 그는 하나의 관계이지 실재가 아니다. 제3의 존재 양식이 계시자나 그의 계시에 대하여 본질적인 것을 아무 것도 더 추가하지 못한다."[594]

4) 관념론적, 변증적 삼위일체론

또한 바르트의 삼위일체론은 관념론적 삼위일체론이라는 비난을 피할 수가 없다. 그것은 바르트가 관념론의 용어인 '존재 방식'이나 '반복'이라는 용어를 즐겨 사용하는 점에서도 그렇거니와, 또 그가 피히테와 헤겔 등 독일 근대 철학의 관념론으로부터 물려받은

---

592 김석환, 『칼 바르트의 삼위일체론 연구』, 20.
593 '하나님께서는 자신이시다(혹은 일치하신다)'라는 표현은 하나님께서 자기 관계성의 존재이심을 암시하며, 또 관계란 곧 구별을 내포한다고 한다.
594 Moltmann, 『삼위일체와 하나님의 나라』, 175-76.

'반성의 구조'라는 유산을 자주 사용하는 점에서도 그렇다. 그러나 기독교의 삼위일체론은 독일 관념론이 이해하는 것처럼 신적 주체성의 세 번씩 자기 반복이나 자기 상응이 결코 아니다. 그런 해석은 삼위일체론이 하나의 절대 정신의 자기 구분에 불과하다는 관념론적 반성에 그치게 되고, 또 삼위의 진정한 인격성을 고려하지 않는다. 반면에 성경이 가르쳐 주는 삼위일체론은 하나의 절대 정신의 자기 반성이 아니라 구분되는 인격이신 신적 실재의 삼위께서 협의하시고 결정하시며 또 사역을 행하신다는 것이다. 이러한 삼위일체의 사역은 정신의 자기 운동이 아니라 구분되는 인격들의 구체적인 사역이다.[595]

또 바르트에게서 예수 그리스도의 하나님의 아들 되심은 존재론적으로 그렇지 아니하고 단지 변증적으로만 그러하다. 바르트는 인간 예수에게 존재론적인 신적 위격을 돌리지 아니함으로 성부 하나님과 성자 하나님 사이에 은혜 언약을 체결할 수 있는 두 위격을 생각할 수 없다. 그럼으로써 바르트는 은혜 언약이 성부 하나님과 성자 하나님 사이의 영원한 계약 안에서 이루어졌다고 믿는 전통적인 교리를 받아들이지 않는다.[596] 그만큼 바르트에게는 오직 한 분이신 하나님의 일체성이 하나님의 삼위성보다 훨씬 더 소중한 것이다.[597]

---

595 김석환, 『칼 바르트의 삼위일체론 연구』, 78.
596 *CD* IV/1, 50-54.
597 Chul Won Suh, *The Creation-Mediatorship of Jesus Christ*(Amsterdam: Rodopi, 1982), 71-73; CD IV/1, 48-54.

5) 성령의 인격성 무시

바르트는 삼위를 위격으로 생각하기보다 하나님의 존재 양식으로 보면서 특히 성령을 다른 두 위와 동등한 위치에 두지 않고 제3의 존재 양식으로 생각하였다. 그러므로 시릴 리차드슨은 바르트가 삼위일체의 제3 위를 실제로 존재하시는 것으로 생각하지 않았다고 진술했다.[598] 바르트에 의하면, 우리가 그리스도 안에서의 하나님의 계시를 말함으로 하나님과 그리스도 즉 성부와 성자께서는 상관성(相關性, Corelativity)의 위치에 서신다. 그런데 이 성부와 성자 사이의 상관성을 깨뜨리시는 존재가 성령이시라고 한다.[599]

그래서 하나님의 계시에 객관과 주관의 두 측면이 있는데, 객관적 계시는 그리스도 안에서 자신을 계시하시는 하나님을 말하고, 주관적 계시는 성령의 오심을 말한다. 계시는 주는 자와 받는 자가 있어야 성립하므로 그리스도 안에서 계시하시는 하나님께서 존재하시는 동시에 그리스도 안에서 계시를 받는 인생들이 존재한다. 그런데 사람들로 하여금 계시를 그리스도 안에서 받도록 하시는 것이 성령의 사역이라고 한다.[600]

그리고 우리가 이렇게 삼위일체를 기독론적으로 해석하면, 우리는 하나님께서 우리의 아버지이심이 그가 먼저 성자의 아버지이신 사실을 깨닫는다고 한다. "하나님께서는 영원부터 그 자신에서 아버지이심에 의해 영원부터 자신을 아들로 내어오신다(bring forth). 또 그는 영원부터 아들이심에 의해 영원부터 그 자신으로부터 아버지

598　박형룡, 『박형룡 박사 저작 전집 VIII (현대신학선평 上)』, 216.
599　*KD* I/1, 313, 353; 박형룡, 『박형룡 박사 저작 전집 VIII (현대신학선평 上)』, 215.
600　*CD* I/2, 204, 236, 239; 박형룡, 『박형룡 박사 저작 전집 VIII (현대신학선평 上)』, 215.

로 오신다. 그리고 또 그는 이 영원부터 자신을 내어오심과 자신으로부터 오심에서 그 자신을 세 번째로 성령으로, 즉 그를 그 자신에서 통일하시는 사랑으로 배치하신다(posits)"는 것이다.[601]

이와 같이 바르트는 성령의 인격성을 인정하지 않는다. 또 그럼으로써 제3 위이신 성령 하나님을 온전하신 하나님으로 고백하지 않는다. 바르트의 삼위일체론에서 성령께서는 아버지와 아들을 결합시키는 사랑의 끈에 불과하다. 바르트의 삼위일체론에서 성령께서는 인격이 아니고 슐라이어마허의 경우에서와 같이 단지 영향력 수준에 불과하다.[602] 바르트가 "성령께서는 하나님의 두 존재 양식 사이의 관계의 본질인 사랑이시다"라고 이야기할 때, 삼위일체의 제3 인격은 불필요하다. 바르트의 삼위일체론에서 성령께서는 하나의 에너지일 뿐 인격이 아니며, 또 하나의 관계일 뿐 실재가 아니다. 그래서 그의 삼위일체론에서 성령께서는 인격성을 갖지 못하고, 단지 아버지와 아들 사이를 연결하는 사랑의 끈으로서 제3의 존재 양식일 뿐이다.[603]

그러나 성령께서는 그 본질에 있어서 성부와 성자와 동일하시다. 그는 성부 안에 계시고, 성자 안에 계시며, 또 자신 안에 계신다. 성령께서는 단지 성부와 성자 사이의 사랑의 끈을 넘어서신다. 그는 인격이시다. 그는 관계적 존재이심을 넘어서셔서 그 스스로 완전한 인격의 실재시다. 성령의 인격성을 부인하면 성경적인 삼위일체에 도달할 수 없다. 따라서 바빙크(H. Bavinck)의 다음과 같은 언급은

---

601 *KD* I/1, 430, 507; 박형룡, 『박형룡 박사 저작 전집 VIII (현대신학선평 上)』, 215.
602 *CD* I/1, 469-71.
603 김석환, 『칼 바르트의 삼위일체론 연구』, 79-80.

참으로 적절하다. "성령의 삼위일체적인 위격성이 인정되어야만 본질의 단일성 내에서의 위격의 삼위성과 또 삼위성 내에서의 본질의 단일성이 진정으로 확립될 수 있다."[604]

2. 전적 타자(全的 他者)이신 하나님

1) 하나님의 실재(實在)

하나님께서는 존재하신다. 바르트에 의하면, 이 사실이 의미하는 바는 하나님께서 그의 행동에서 사신다는 것이다. 그는 살아 계신 하나님이시다. 바르트의 신관에서 특이한 것은 하나님의 실재를 행동주의 원리에 의해 이해함이다. 하나님의 존재 자체의 이해에 기본적인 것은 그가 행동(Act)이시라는 사실이다. 그런데 그가 그 자신에 존재하시는 바는 그가 그의 사역들에서 존재하시는 바와 다르지 않다. "하나님께서는 그의 사역들에 존재하는 이시다." 하나님께서는 그 자신이 존재하시는 바대로 그의 사역들에서 계시되신다고 한다.[605]

그러므로 하나님께서는 그의 행동에서 실재하신다. 우리는 산 하나님과 관계하고 어떤 추상적인 실체와 관계하지 않는다. 그래야만 우리가 인격으로서의 하나님과 관계할 수 있으며, 하나님의 존재를 '자동존재'(自動存在, self-moved being)로 능히 말할 수 있다고 한다. 그리고 이 '자동존재'는 곧 하나님의 주권성을 의미한다고 한다.[606]

---

604 김석환, 『칼 바르트의 삼위일체론 연구』, 80.
605 *CD* II/1, 291; 박형룡, 『박형룡 박사 저작 전집 VIII (현대신학선평 上)』, 213.
606 박형룡, 『박형룡 박사 저작 전집 VIII (현대신학선평 上)』, 213-14.

또한 하나님께서는 사랑하시는 이, 사랑하시는 하나님이시다. 하나님의 사랑하시는 행동은 인격적이며 하나님 자신의 행동이다. 자신의 행동에서 존재하시는 하나님은 자유하는 하나님이시니 그는 자유로 사신다.[607]

그런데 바르트는 "하나님께서는 그의 사역들에 존재하는 이시다"라고 하고, 그가 그 자신에 존재하시는 바는 그가 그의 사역들에서 존재하시는 바와 다르지 않다고 함으로 하나님을 그의 행동에 나타나신 바 뿐으로 축소하고, 그의 실체에서 어떠하심을 더 알아보려 하지 않는다. 그러나 이것은 박형룡 박사에 의하면, 감히 하나님을 축소하여 유한한 존재로 떨어뜨리고 마는 망동이 아닐 수 없다. 왜냐하면 성경은 하나님의 실체에서 어떠하심을 많이 계시하고 있기 때문이다.[608]

또한 바르트에 의하면, 그리스도 안에서의 하나님의 실재는 인간의 실재의 평면을 부순다. 비록 접촉은 하여도 위에서 직선을 내려 부순다. 그러므로 바르트는 하나님의 성육신을 알지 못했다. 왜냐하면 바르트에게 있어 하나님께서는 역사 내로 들어와 세계 내의 존재가 되실 수 없기 때문이다.[609]

---

607 *CD* II/1, 291; 박형룡, 『박형룡 박사 저작 전집 VIII (현대신학선평 上)』, 212.
608 박형룡, 『박형룡 박사 저작 전집 VIII (현대신학선평 上)』, 214.
609 서철원, "현대신학의 동향," 15.

2) 하나님의 초월성

정통 기독교에서는 하나님의 초월성을 인간을 초월하여 오직 하나님께만 있는 영원성과 영원자존성으로 말하였다. 하나님께서는 절대적이시고 무한하시며 거룩하시고 고난에 종속하지 않으시며 모든 인간적인 것들에 초월해 계신다. 그러나 바르트는 이런 전통적인 하나님 개념을 버리고 하나님의 초월성을 하나님의 자유에서 찾는다고 하였다. "하나님의 초월성은 … 그의 자유에 있다. 즉 그가 전적으로 또는 부분적으로 자기 자신 이외의 타자(他者)가 되기도 하시며, 타자가 되는 것을 취소하시고 다시 자기 자신에게로 돌아가실 수 있는 자유이다."[610]

이와 같은 관점은 중세의 스콜라 철학과 깊은 연관성을 갖는데, 스콜라 철학에서는 하나님의 '전능'을 그가 모든 것을 다 하실 수 있어서 심지어 자기 자신을 파멸할 수 있는 능력까지 가지신 것으로 이해하곤 하였다. 그런데 바르트는 스콜라 철학의 연장선 상에서 하나님의 '전능'을 곧 하나님의 자유와 초월성으로 본 것이다. 그러나 정통 신학에서 하나님의 '전능'은 그렇게 정의되지 않는다. 즉 정통 신학에서 하나님의 '전능'은 '하나님의 의지의 활동을 통하여 그가 의도하시거나 뜻하시는 것을 무엇이든지 실현하실 수 있는 하나님의 속성'으로 정의된다.[611] 스콜라 철학의 신 개념이 적합하지 않은 것처럼, 그 연장선 상에 있는 바르트의 '하나님의 초월성' 관념

---

610 Van Til, 이상근 역, 『칼 바르트』(서울: 개혁주의신행협회, 1971), 26.

611 Louis Berkhof, *Introduction to Systematic Theology*(Grand Rapids, MI.: Baker, 1988); *Systematic Theology*(Edinburgh: The Banner of Truth Trust, 1974); 권수경·이상원 역, 『벌코프 조직신학(상)』(서울: 크리스챤 다이제스트, 1991), 277.

에도 적지 않은 문제가 있다. 바르트가 말하는 '하나님의 초월성'이란 곧 무에서부터 자신을 창조할 수 있고, 또 자신과 전적으로 다른 존재가 되실 수도 있는 하나님의 절대 자유를 말한다.

또 바르트의 이 '하나님의 초월성' 개념은 일찍이 칸트가 말한 '물자체의 세계'로부터 고립된 하나님의 존재 개념과 통한다. 마치 칸트에 의해 하나님께서 방음된 지하실에 밀폐되셨고, 현상계에는 오직 윤리를 위해 하나님의 관념이 필요하다는 개념처럼, 바르트에 의해 하나님께서 사람과 고립되셨고 또한 사람도 하나님으로부터 고립되게 되었다.[612]

이렇게 바르트의 『로마서 주석』은 하나님의 절대적인 초월성을 새롭게 환기시키려 하였다. 바르트에 의하면, 하나님께서는 객체가 아니라 항상 주체시고, 세계 중 한 단위가 아니시다. 그는 무한하시며 주권적인 타자로서 그가 우리에게 말씀하실 때에만 우리가 알 수 있다. 우리는 하나님에 관하여 이야기할 수 없다. 우리가 할 수 있는 것이라곤 오직 그에게 말하는 것뿐이다. 바르트에 의하면, 하나님에 대한 우리의 진술은 항상 모순의 위장을 써야 함이 필연적이라고 한다. "그가 가까우시다고 할 때 그는 또한 멀리 계신다." 그래서 바르트의 대주제는 구자유주의에 반대하는 입장에서 영원과 시간, 하늘과 땅, 하나님과 인간 사이에 있는 '무한한 질적 차이'였

---

612 하나님의 '물자체의 세계로의 고립'은 현대신학이 애용하는 주제이다. 이것은 실존주의의 자유에 대한 강조로 강화되고, 좀 수정된 형태로 바르트의 초기 저서에 하나님을 '타자', '어느 사물처럼 설명될 수 없는 분'이라 하는 것으로 나타난다. 그것은 또한 신정통주의의 'Historie'와 'Geschichte' 간의 분리로, 불트만의 '역사적 예수'와 '케뤼그마적 그리스도'로, 또 칸트의 말을 빌면 '현상 세계에 속한 예수'와 '현상계 저 건너편의 그리스도' 간의 구별로도 나타난다. 이것은 또한 계시 자체를 정의함에 있어서도 물자체의 세계가 현상계와 접촉은 하지만 들어오지는 못한다는 '신인상봉'이라고 하는 새 바르트주의의 정의에 이른다: 간하배 (Harvie M. Conn), 『현대신학 해설』(서울: 개혁주의신행협회, 1992), 13-14.

5. 칼 바르트의 신관 비판   273

다. 하나님을 세상에 있는 그 어느 것과도 동일시할 수 없으니, 곧 성경 말씀과도 할 수 없다는 것이다. 하나님께서는 인간에게 오시되, 마치 접선이 원에 닿으나 실제로는 들어오지 않는 것과 같이 하신다.[613]

3) 하나님의 전적 타자성

바르트는 일생동안 하나님께서 참으로 인간과 다르시다고 믿고 이를 가르쳤던 신학자이다: "하나님께서는 하늘에 계시고, 너는(인간은) 땅에 있다." 하나님께서는 '전적 타자'(Der ganz Andere, Totaliter Alter)로서 인간과 전적으로 다르시다. 그러나 그 다름의 의미는 『로마서 주석』 제2판과 후기 바르트의 경우에 상당히 다르다. 하나님께서는 하나님이시다. 바르트는 로마서를 통하여 하늘에 계신 하나님과 땅 위에 있는 인간을 도출해내어 밝히려고 애썼다. 이 둘 사이에는 무한한 질적 차이가 존재하여 서로 간에 연결이나 이월이 불가함을 밝히려고 하였다. 이제껏 신학이 제시한 하나님께서는 세계 내 모든 진리와 선과 미의 대변자셨고, 최고사상, 최고선이셨다. 그러나 성경의 하나님께서는 전적 타자이시라는 것이다.[614]

바르트는 제2차 세계대전의 포화 속에서 심판하시는 이 전적 타자이신 하나님을 인식했다. 그리고 이 '하나님의 거룩성'을 『로마서 주석』 제2판을 통해 전세계에 알렸다. 전적 타자이신 하나님께서는 인간과 세상과 문화에 대한 완전한 부정이시고 세계 역사에 대한

---

613 간하배 (Harvie M. Conn), 『현대신학 해설』, 24-25.
614 서철원, "현대신학의 동향," 14-15.

전적인 위기이시다. 왜냐하면 전적 타자이신 하나님께서는 인간과 세상과 역사를 폐기시키시는 신이시기 때문이다.

『로마서 주석』제2판에 의하면, 인간과 세상은 하나님을 만나는 순간 위기를 경험하고 하나님의 심판을 받게 된다. 이런 까닭에 『로마서 주석』제2판은 '위기의 신학'이고, '하나님의 거룩성'이 전면에 드러나는 하나님의 심판의 신학이다. 하나님의 신성은 인간과 세상을 위기에 몰아넣으시고 심판하신다. 하나님께서는 세상이나 인간과 너무나 다르신 분이시고, 그런 까닭에 인간과 세상이 하나님을 경험하는 순간은 곧 죽음의 순간이다.[615]

이와 같이 하나님을 전적 타자로 말하고 문화의 연장이심을 부인한 데에는 덴마크의 철학자 키에르케고어의 영향이 있었다. 바르트는 키에르케고어의 변증법을 적용하여 하나님께서 인간과 전적으로 다르시며 인간과 무한한 질적 거리를 가지시는 존재라고 보았다. 『로마서 주석』에 의하면, 이런 알려지지 않으신 하나님께서 우리에게 말을 걸어오실 때에는 심판으로 나타나시고 번개로 오신다. 하나님께서는 드러내시면서 더 감추신다. 그러므로 직접적인 신지식은 우상에 해당한다.[616] 풀러신학교 조직신학 교수인 콜린 브라운(Colin Brown)은 바르트의 이 '전적 타자이신 하나님'을 이렇게 설명하였다: "하나님께서는 자신을 나타내 주실 때에만 알 수 있다. 그러나 그는 전적으로 타자이시므로 계시되어도 여전히 숨어 계신다."[617]

---

615 김명용,『칼 바르트의 신학』, 177-78.
616 서철원, "현대신학의 동향," 15.
617 Consequently they can know him only as he reveals himself to man. But being <u>Wholly Other</u>

그런데『로마서 주석』제2판이 출간된지 35년이 지난 1956년에 바르트는 '하나님의 인간성'(Die Menschlichkeit Gottes)이라는 강연을 했다.『로마서 주석』제2판에 의하면 하나님께서는 인간을 부정하시고 세상과 역사를 위기에 몰아넣으시는 이신데, 그 하나님께 어떻게 '인간성'이라는 표현이 가능할까?

1921년의『로마서 주석』제2판은 헬라의 플라톤 철학에서의 신 개념이 그 중심에 있다. 그래서『로마서 주석』제2판의 '전적 타자'이신 하나님은 기독론적으로 접근해서 얻어진 신 개념이 아니다. 그것은 시간과 영원의 질적 차이라는 플라톤 철학의 체계 속에서 구약에 나타나는 거룩하신 하나님과 결부시킨 개념이다. 그러므로 『로마서 주석』제2판의 하나님께서는 인간이 아니시고, 인간의 언어로 설명될 수 없는 세상을 초월해 계시는 '전적 타자'이시다. 반면에 후기 바르트의 하나님께서는 세상 속에 계시면서 인간의 언어로 인간을 만나시지만, 그분의 은총과 사랑과 능력이 인간과 전적으로 다르다. 십자가에 계시되신 하나님께서는 참으로 전적으로 다르신 하나님이시다. 그 하나님께서는 세상이 도저히 알 수 없는 '전적 타자'이신 하나님이시다. 하나님께서 인간의 신이시고 인간을 위해 죽으신 신이라는 사실은 참으로 세상이 알 수 없는 하나님의 은총의 전적 타자성이다.[618]

요컨대 바르트가『로마서 주석』제2판에서 표현한 '전적 타자'로

---

there is a sense in which God remains hidden even in revelation: Colin Brown, *The New International Dictionary of New Testament Theology* (Zondervan Corporation, 1978), vol. 3. 325; 한종희,『정통주의 신학에서 본 칼 바르트 신학』(서울: 대한예수교장로회총회, 2002), 298.

618 김명용,『칼 바르트의 신학』, 181-82.

서의 하나님께서는 인간이 아닌 하나님이신데 반하여, 후기 바르트가 표현한 하나님께서는 인간이신 하나님이시다. 특히 『교회교의학』 II/2의 예정론은 후기 바르트 신학의 새로운 출발점이다. 이 예정론에 등장한 새로운 신 개념이 그의 『교회교의학』 IV/1-IV/4의 화해론에서 크게 발전되는데, 1956년의 '하나님의 인간성'은 바르트가 그의 『교회교의학』 중 화해론을 쓰고 있던 시기에 행한 강연이었다. 바르트는 예정론을 쓴 이후부터 '십자가의 신학'을 발전시키면서 그의 신 개념에서 심판하시는 하나님의 개념을 제외했다. 그래서 후기 바르트 신학에서 '하나님의 거룩성'은 그의 말할 수 없는 은총을 의미한다. 바르트는 이 새로운 하나님을 인간이 되신 하나님에게서, 즉 인간 예수의 역사와 그의 십자가의 고난 속에서 발견했다.[619]

바르트는 그의 『교회교의학』 IV/1의 화해론에서 '전적 타자'로서의 하나님 개념은 '전도되고, 받아들일 수 없으며, 이교적'이라고 밝혔다.[620] 그런데 여기에서 '전도되고, 받아들일 수 없고, 이교적'이라고 밝힌 높고 거룩한 신 개념은 사실 전부 다 바르트가 이전에 『로마서 주석』 제2판에서 강조했던 신 개념이다. 그러나 후기 바르트는 전통적으로 믿어오던 헬라 철학적 신 개념에 일대 혁명을 일으킬만한 새로운 신 개념을 제시하는데, 이 새로운 신 개념은 바로 '하나님

---

[619] 후기 바르트에 의하면, 하나님께서는 그의 지극한 사랑 때문에 인간을 위해 대신 심판 당하신 하나님이시지 심판하시는 하나님이 아니시다. 이는 『로마서 주석』 제2판의 전면에 등장하는 하나님의 거룩성과 하나님의 심판 개념과는 깊이 충돌되는 바르트의 새로운 신 개념이다. 『로마서 주석』 제2판의 '하나님의 거룩성'은 인간과 세상과 역사를 심판하는 거룩성이지만, 후기 바르트 신학에서의 '하나님의 거룩성'은 인간과 세상을 살리기 위한 하나님의 고난 속에 있는 거룩성이다: 김명용, 『칼 바르트의 신학』, 180.

[620] KD IV/1, 203.

의 인간성'이라는 표제어로 표현할 수 있는 개념이다. 후기 바르트는 예수 그리스도의 십자가에서 하나님의 낮아지심을 발견했고, 하나님의 목마르심, 하나님의 약하심과 무능하심, 하나님의 고난과 죽음을 발견했다. 후기 바르트는 하나님께서 인간을 필요로 하시고, 인간과의 사랑의 파트너가 되고 싶어 하시고, 인간의 사랑을 끊임없이 갈구하신다는 사실도 알게 되었다.[621]

그러면 후기 바르트는 '전적 타자'이신 하나님 개념을 완전히 버렸는가? 그렇지는 않다. 후기 바르트에 있어서도 하나님께서는 여전히 '전적 타자'이시고 거룩하시다. 후기 바르트 신학에서도 하나님께서는 여전히 인간과 다르신 '전적 타자'이시다. 그런데 중요한 것은 인간과 다르시다는 말의 의미이다. 후기 바르트 신학에서 하나님께서 인간과 다르시다는 말은 하나님 안에 인간성이 없다는 말이 아니고, 하나님께서 그 은총의 행위에 있어 참으로 '질적으로 다르신 이'라는 말이다.[622]

3. 하나님의 자유

1) 사랑의 하나님과 은총의 승리

1942년 『교회교의학』 II/2의 예정론은 후기 바르트 신학의 새로운 출발점이다. 이 새 신학은 그의 『교회교의학』 제4권 화해론에서 그 웅장한 모습을 드러냈는데, 그 핵심은 하나님의 본질을 십자가

---

621 김명용, 『칼 바르트의 신학』, 181.
622 *KD IV/1*, 174.

에서 파악하는 것이었다. 바르트는 인간 예수께서 하나님의 참 모습을 계시하신다는 사실과 하나님의 그 참 모습을 드러내는 결정적인 자리가 십자가라는 사실을 진술한다.[623]

바르트는 이 과정에서 전통적인 신 개념을 뒤엎었는데, 그것이 바로 하나님의 고난과 죽음 개념이다. 바르트는 예수 그리스도 안에서 하나님의 고난을 발견했다. 바르트에 의하면, 하나님께서는 예수 그리스도 안에서 저주와 죽음을 자신의 것으로 하시고, 대신 인간에게 생명과 복을 허락하셨다. "예수 그리스도의 선택에 나타난 하나님의 영원한 의지는 이것인데, 즉 하나님께서 인간에게는 첫째 것 곧 선택과 지복과 생명을, 자기 자신에게는 둘째 것 곧 버림받음과 저주와 죽음을 규정하셨다."[624]

하나님께서는 인간을 살리시고 인간과 사귀시기 위해 고난과 저주와 죽음을 자신의 것으로 받아들이셨다. "하나님께서 자기 자신의 것으로 선택하신 것은 … 우리가 받아야 할 고난이다."[625] 여기에서 주목할 것은 바르트가 고난과 저주와 죽음을 하나님께서 하나님의 신성 안으로 받아들이셨다고 보는 관점이다. 즉 예수 그리스도의 고난이 인간 예수의 고난일 뿐만 아니라 하나님 자신의 고난이라는 것이다.

그러나 이 관점은 '신성은 고난에 종속하지 않는다'는 전통적인 입장과 정면으로 충돌한다. 이 '신성의 비수난성'(impassibilitas divinitatis, The Impassibility of Divine Nature)과 비감지성(ineffabilitas)의 문제

---

623 KD IV/1, 179; 김명용, 『칼 바르트의 신학』, 183.
624 KD II/2, 177.
625 KD II/2, 179; 김명용, 『칼 바르트의 신학』, 184-85.

는 정통 신학에서 아주 중요한 주제이다. 하나님께서는 '불변성'이라고 하는 비공유적 속성이 있으셔서 그 존재 자체가 결코 변화하지 않으신다. 만일 하나님의 본성이 고난에 종속하면, 하나님께서 변화에 종속하시는 것이다. 그러나 하나님께서는 그 어떤 변화에도 종속하지 않으신다. 심지어 회전하는 그림자도 없으신 하나님이시다. 그러므로 하나님의 본성은 고난에 종속하지 않는다. 신성은 인성의 고난에 동참하지 않는다. 물론 예수 그리스도의 십자가가 비하임으로 고난과 죽음에까지 이른 그리스도의 성육신 자체는 비하이다. 하나님께서 피조물을 입으신 것 자체가 비하이다. 그런 점에서 볼 때, 예수 그리스도의 십자가에서의 고난은 비록 본성적 수난은 아닐지라도 위격적 감수로 보아 그것을 비하로 보아야 한다.[626] 그래서 하나님의 신적 위격이 비하를 감수하셨지만, 그렇더라도 하나님의 본성이 고난에 종속하지 않는다는 사실에는 변함이 없다.

바르트에 의하면, 하나님께서는 인간을 찾아오시는 신이시고, 인간과 사귐을 원하시는 신이시며, 인간과의 사귐을 위해 모든 고난을 감수하시고 끝없는 상처받음과 아픔을 간직하고 계시는 신이시고, 인간을 살리기 위해 스스로 죽으신 신이시다. 하나님께서는 인간의 영원한 기쁨을 위해 인간이 받아야 할 형벌과 지옥 고통을 대신 받으신 신이시다.[627] 그러나 정통 신학에서는 하나님을 자기완결적 하나님(self-contained God), 자족적 하나님, 필연적 존재로 이해한다.[628] 그래서 하나님의 창조와 계시의 최종 목표는 인간의 기쁨이

626　서철원, 『기독론』(서울: 은혜문화사, 1997), 83.
627　김명용, 『칼 바르트의 신학』, 185.
628　서철원, 『신학서론』(서울: 은혜문화사, 1997), 16.

아니라 하나님 자신의 자기 영화이다. 하나님께서는 인간을 위해 자신의 생을 사시는 것이 아니라, 자기 영화를 위해 창조하시고 계시하신다. 이렇게 볼 때 창조란 하나님의 자기 영화를 위해 그의 지혜와 권능을 발휘하신 것이다.[629] 또 인간이 받아야 할 형벌과 지옥 고통을 예수께서 대신 받으신 이유도 인간의 영원한 기쁨을 위해서가 아니라 변치 않으시는 하나님 자신의 자기 영화를 위함 때문이다.

또한 바르트가 '하나님의 고난' 또는 '하나님의 죽음'이라는 표현을 쓸 때, 그가 의도한 하나님의 지극한 은총과 사랑은 이해될 수 있다고 하더라도, 그런 표현은 성부수난설의 올무에 빠지게 될 위험을 내포한다. 화란 신학자 벌카우어(G. C. Berkouwer)는 그의 책『칼 바르트의 신학에 있어서 은총의 승리』(Der Triumph der Gnade in der Theologie Karl Barths)라는 책에서 이 문제를 제기했다. 예수 그리스도의 죽음은 성자의 죽음이지 성부나 성령의 죽음이 아니다. 물론 예수 그리스도의 십자가는 삼위일체 하나님의 고난의 십자가이지만, 바르트가 사용한 '하나님의 고난'이라는 표현은 옳지 않다. 왜냐하면 신성은 고난에 종속하지 않기 때문이다. 그러므로 바르트가 사용한 '하나님의 고난'이라는 표현도, 또 '하나님의 죽음'이라는 표현도 다 문제의 소지가 있는 표현이다. 왜냐하면 택한 자들을 살리시기 위해 성자께서 죽으신 것이지, 삼위일체 하나님께서 죽으신 것이 아니기 때문이다. 결국 바르트가 사용한 '하나님의 고난'이라는 표현과 '하나님의 죽음'이라는 표현은 '하나님의 불변성'이라는 정

629　서철원, 『신학서론』, 102.

통 신학의 관점에 비추어 볼 때 신학적으로 매우 중요한 오류를 내포한다.

또한 바르트는 '오직 은총의 하나님'을 강조하면서 지옥에 대하여 부정적인 관점을 개진한다. 그에 의하면, 지옥 가는 것을 기뻐하는 하나님의 주권과 자유는 없다. 십자가에서 파악되는 하나님의 본질이 말로 표현할 수 없는 극단적인 은총과 사랑이기 때문에, 하나님께서 창세 전에 지옥 갈 자들의 명단을 작성하고 계셨으리라는 견해는 하나님의 자유에 대한 지독한 오해라는 것이다. 바르트는 사랑이 아닌 하나님의 행위는 없다고 단정했다.[630] 왜냐하면 하나님의 존재가 '사랑하시는 자'(Der Liebende)이기 때문이다. 하나님께서는 은혜로우시고 자비하시며 긍휼로 가득 찬 신이시다. 그런 까닭에 하나님의 행위는 은혜이고 자비이고 긍휼이다. 그런데도 불구하고 하나님의 자비와 하나님의 의가 분리되어 가르쳐진 것이 개신교 정통주의 신학의 오류라는 것이다.[631] 그러나 그렇지 않다. 개신교 정통주의 신학에서는 결코 하나님의 자비와 하나님의 의를 분리해서 가르친 적이 없다. 또 하나님의 말씀인 성경은 지옥의 실재에 대하여 분명히 여러 번 강조해서 가르치고 있다.

바르트에 의하면, 하나님의 의가 십자가에 나타났는데, 놀랍게도 그 하나님의 의가 바로 하나님의 극단적인 자비였다는 것이다. 하나님의 의와 자비가 결정적으로 하나라는 사실이 정확히 십자가에 계시되어 있다는 것이다. 여기까지는 개신교 정통주의 신학의 주장

---

630 KD II/1, 309.
631 김명용, 『칼 바르트의 신학』, 188-89.

과 동일하다. 그런데 후기 바르트 신학 특히 『교회교의학』 II/2의 예정론에 의하면, 위 두 모습의 하나님이 깨뜨려지고 하나님의 행위가 하나로 일원화되는 것이 십자가에서라는 것이다. 하나님의 행위는 오직 은총이다. 인간을 향한 하나님의 태도는 오직 긍정(Ja)일 뿐이다. 인간을 향해 부정(Nein)을 선포하는 것은 세상의 우상이지 십자가에서 계시된 참 하나님이 아니다. 그러니 십자가에는 인간을 심판하지 않으시는 하나님이 계시되어 있다는 것이다. 그러면서 바르트는 지옥의 실재와 심판하시는 하나님에 대하여 성경의 진술과 다른 입장을 개진한다.

후기 바르트 신학에서 하나님의 심판이란 이미 십자가에서 행해진 어떤 것이다. 그런 까닭에 이제 더 이상 하나님의 심판에 대해 언급해서는 안 된다는 것이다. 하나님께서는 십자가에서 예수 그리스도를 심판하시고 버리셨다. 그러니 심판은 하나님께서 스스로 감당하셔서 십자가에서 이미 해결되어졌다는 것이다. 그러나 그렇지 않다. 기록된 하나님의 말씀인 성경은 분명히 '위치 있는 처소', '영벌의 처소'로서의 지옥의 실재성을 가르치고 있으니, 이를 어찌하랴! 악인들의 영구한 처소로서의 지옥을 성경이 분명히 말하고 있다. 그러므로 우리가 성경 말씀에 동의하면서 말할 수 있는 모든 것은 지옥이라고 불리는 곳이 어디엔가 있어야만 한다는 것이다.[632] 또 성경은 지옥의 심판에 대해서도 엄중한 말씀으로 경고한다. 우리 주님께서 최종 심판을 설명하시면서 친히 악인은 영벌로 가고 의인

---

632 Anthony A. Hoekema, *The Bible and the Future*, 류호준 역, 『개혁주의 종말론』(서울: 기독교문서선교회, 1998), 384.

은 영생으로 갈 것을 말씀하셨으니(마 25:46), 바로 이것이 인간 그들의 최후 상태이다.[633]

2) 하나님의 자유와 가변성

바르트는 1962년에 교수직에서 은퇴하였는데, 은퇴 직전인 1961년과 1962년에 바젤에서 마지막으로 12회의 강의를 하였다. 그리고 은퇴 직후에 미국을 방문하여 시카고 대학 신학부와 프린스턴 신학대학에서 5회의 강의를 하였다. 이것들이 모두 다 1963년에 독일어로 출판되었고, 1964년에는 영어로 출판되었다. 바르트는 자기 이전에 있었던 그 어떤 신학 체계도 답습하지 아니하였고, 전혀 새로운 체계로 신학을 구성하였기 때문에 그 내용을 이해하기 어렵다. 그런데 다행스러운 것은 바르트가 자기의 40년간의 신학 학술활동을 총결산하여 『복음주의 신학 입문』(Evangelical Theology: Introduction)[634]이라는 책에 자기의 신학 원리를 요약하여 수록하였기 때문에, 이 책은 우리가 바르트 신학을 이해하는데 지름길을 제공해 준다. 특히 미국에서 강연한 5가지의 주제들 중에서 첫 번째 주제인 '복음주의 신학의 특징'은 바르트 신학 전체를 핵심적으로 읽을 수 있는 이점이 있다.[635]

그 내용을 요약하면 이렇다. 세상에는 절대적인 진리나 유일한 진리(바르트의 표현대로 말하면, '최종적 내용')가 존재하지 않기 때문에,

---

633 박아론 · 김석환, 『기독교 종말론』(서울: 기독교문서선교회, 2004), 333-38.
634 Karl Barth, Evangelical theology: Introduction, tr. by Grover Foley, 6; Barth, 이형기 역, 『복음주의 신학 입문』(서울: 크리스챤 다이제스트사, 1990), 28.
635 한종희, 『정통주의 신학에서 본 칼 바르트 신학』, 294-95.

우리에게 꼭 필요한 것은 "항상 새로운 길을 찾아서, 항상 새로운 토론을 계속하며, 항상 새로운 것을 나누고, 항상 자유롭게 개척해 나가는 자유의 신학 밖에는 없다." 그러므로 바르트의 신학 원리에서는 어느 시대에나 독특한 자기 시대의 신학을 가지며, 모든 시대의 신학들은 그 시대로 수명이 끝난다. 이것이 곧 항상 새로운 토론을 거쳐 새롭고 자유롭게 개척해 나가는 '자유의 신학'이다. 이 '자유의 신학'이 곧 바르트 신학이다.[636]

이 '자유의 신학'에 의하면, 신은 항상 그 본성과 행위가 변한다. 왜냐하면 하나님의 독특한 행동원리에 의하여 "그 행위가 항상 유일회적이어서 그 어떤 인간의 학문에 의해서도 되풀이될 수 없기 때문이다." 복음의 하나님께서는 한 행동에서 다음 행동으로 나가실 때에 다음 행동이 처음 행동과 전혀 다른 행동이 되어, 계시도 처음 계시와 전혀 다른 새 계시가 나타날 수밖에 없다는 것이다. 그러므로 하나님의 새 행동과 새 계시가 나타나면, 앞에 있던 행동과 계시는 묵은 것이 되어서 그 효력을 상실하고 만다는 것이다. 이 이론체계 하에서는 신의 본성과 행위와 계시가 고정되어 있지 않고 계속 변할 수밖에 없다. "복음주의 신학의 하나님께서는 항상 자신을 새롭게 계시하시기 때문에 마땅히 항상 새롭게 발견되어져야 한다."[637]

그러나 정통주의 신학이 말하는 하나님께서는 이와 전혀 다르시다. 아우구스티누스를 비롯한 정통주의 신학에서는 '하나님의 운동

---

636 한종희, 『정통주의 신학에서 본 칼 바르트 신학』, 304.
637 He is the God who again and again discloses himself anew and must be discovered anew: Barth, *Evangelical theology: Introduction*, 6.

성'을 말하더라도 이렇게 말하지 않는다. 정통주의 신학의 하나님께서는 인간에게 영원히 변치 않는 언약으로 계시를 주셨기 때문에, 이 처음 언약과 다른 새 언약은 결코 주지 아니하신다. 그런데 바르트의 글에서 '하나님 자신'이란 곧 신의 본질과 본성을 의미한다. 그리고 신의 본질과 본성이 항상 새롭게 계시된다는 말은 곧 신 자신이 변한다는 말이다. 이렇게 바르트가 말하는 '자유하는 신' 개념에 의하면, 시대 사조에 따라 그 본질과 본성이 변하니, 그 신학의 본질과 본성도 항상 시대를 따라가며 변할 수밖에 없다.[638]

바르트가 유언 삼아 남긴 마지막 말에 의하면, 이렇다: "미국이건 유럽이건 지금 우리가 필요로 하는 것은 아퀴나스 신학, 루터 신학, 칼빈주의 신학, 정통주의, 종교경험주의, 실존주의도 아니요, 하르낙이나 트뢸치나 심지어 나의 바르트주의에로 돌아가는 것도 아니다. 오직 우리가 필요로 하는 것은 내가 시카고에서 행한 마지막 소강연에서 암시한 바 '자유의 신학' 그것이다. 이 신학이야말로 미래를 지향하며 미래를 향하여 개척해 나간다. 미국에서든 유럽에서든 우리에게 꼭 필요한 것은 이것(자유의 신학) 이상도 이것 이하도 아니다."[639]

이와 같이 바르트 신학에서는 시대 사조에 따라 신의 언행과 본질이 규정되므로 이러한 신의 언행이나 언약은 항상 유동적이고 가변적이다. 그러나 바르트가 말하는 신의 본성과 언행의 가변성은 정통 기독교가 말하는 하나님의 본성의 불변성과 다르다. 바르트가

---

638 한종희, 『정통주의 신학에서 본 칼 바르트 신학』, 296.
639 Barth, 『복음주의 신학 입문』, 21-23; 한종희, 『정통주의 신학에서 본 칼 바르트 신학』, 296-97, 303.

말하는 하나님께서는 다음 세대에 가서는 전연 다른 모습으로 나타나실 것이므로, 현재 여기에서는 다음 세대에 나타나실 하나님의 모습을 전혀 예측할 수 없다. 그래서 하나님께서는 자신을 계시하셔도 항상 숨어 계신다고 바르트는 표현하였다.[640]

"우리가 하나님을 영원하시다고 말할 때에, 이 말은 하나님께서 스스로 자신에게 있어 영원하심을 지칭하는 것이 아니다. 그것은 그가 예수 그리스도 안에서 우리를 위하여 가지시는 자유를 가리킨다. 하나님께서는 그리스도 안에서 영원이 되신다."[641] 이와 같이 바르트는 하나님의 영원성까지도 하나님의 자유, 즉 가변성으로 규정한다.

그러므로 이처럼 가변성(자유성)을 특성으로 갖는 신은 아무리 그 본질이 완전하게 계시되어도 언제 어떻게 변할지 알 수 없는 신이기 때문에, 동시에 항상 숨어 있는 신이요 불가해의 신이요 타자(他者)의 신으로 밖에는 표현할 길이 없다. 성경이 아니라 인간의 자유로운 신앙 고백에서 신의 계시와 언약, 신의 본질까지 다 나오니, 신이 계시나 언약을 말하는 것이 아니라 신앙고백자인 인간이 말하고, 인간이 계시하고, 인간이 신의 본질까지 규정하는 것, 바로 이것이 바르트가 내세우는 '절대 신앙'의 의미이다. 결국 바르트 신학에서 남는 것은 인간의 이성이 행하는 자유로운 신앙뿐이다.[642]

---

640 한종희, 『정통주의 신학에서 본 칼 바르트 신학』, 297.
641 Van Til, 『칼 바르트』, 27; *KD* II/1, 694.
642 한종희, 『정통주의 신학에서 본 칼 바르트 신학』, 307.

3) 비공유적 속성으로서의 불변성과 충돌

바르트가 하나님의 속성들을 배열함에 있어 자유와 사랑의 두 주관적인 개념들 아래 그것들을 함부로 축소한 것은 심각한 문제이다. 그는 성경이 가르치는 신적 속성들을 대폭 삭제하고 자기의 신관에 맞게 소수만 남겨 새로 조직하였다. 그가 기술한 하나님의 속성들은 매우 빈약하다. 즉 바르트는 하나님의 비공유적 속성들 중에서 절대, 자존, 불변, 무한, 영원, 무량(無量), 편재(遍在), 유일(唯一) 같은 속성들을 제외하고 공유적 속성들만을, 그것도 매우 줄여서 주권적 속성들과 도덕적 속성들만을 제시한다.[643] 그러니 바르트의 속성 배열에 나타나는 신관은 매우 불충분한 신관이다. 반면에 성경은 하나님의 공유적 속성들과 함께 비공유적 속성들을 명확히 가르치며, 공유적 속성들도 바르트가 제시한 것보다 훨씬 더 많이 가르친다. 바르트의 이렇게 빈약한 신관은 결코 성경에 투철한 신관이 아니다.[644] 즉 그는 하나님의 속성(屬性)들을 자기 임의대로 축소한다.

특히 바르트는 신의 가변성을 자유라 하고, 이 자유를 신의 비공유적 속성이라고 하였다. 본래 정통 신학이 말해 온 하나님의 비공유적 속성은 하나님의 초월성, 불변성, 영원성을 의미한다. 그러나 바르트가 말하는 신은 항상 변하는 자유의 신이기 때문에, 신의 비공유적 속성인 초월성, 불변성, 영원성도 다 이 가변성과 관련시켜 말하였다. 바르트는 이렇게 신의 본성을 이질화하여 그것을 '자유'

---

643 *CD* II/1, 206-7.
644 Cf. Louis Berkhof, *Systematic Theology*, 1941, 57-76; 박형룡,『박형룡 박사 저작 전집 VIII (현대신학선평 上)』, 214-15.

라는 용어로 포장한 후에 '개혁'이라고 말하면서 도리어 정통 신학을 이교적이라고 정죄하고 있다.[645]

이 사실과 관련하여 반틸(C. Van Til)은 바르트의 『교회교의학』(Die Kirchliche Dogmatik)에서 특히 다음 진술에 주목한다. "하나님께서는 자신의 계시를 통하여 인간들에게 전적으로 자신을 주신다. 그의 주심은 죄수가 주는 것 같지 않고, 자유로운 결정으로 주신다. 그 이유는 그가 그리스도 안에서 '우리를 위하여 자유하시는' 바로 여기에 그의 은혜가 있기 때문이다. 그러므로 우리는 반드시 하나님의 본성과 행위를 구별하여야 한다. 그러나 이 구별의 필요는 하나님의 본성이 전적으로 계시되어도 역시 전적으로 숨기운다는 사실을 기억하게 하는데 있다. 하나님의 불가해성(不可解性)이란 그가 계시하시지 않는 그의 어떤 내적인 완전한 본성 때문이 아니다. 그의 본성은 전적으로 계시되는데도 동시에 여전히 사람들에게 전적으로 숨기운다."[646]

바르트는 이 글에서 계시에서 자신을 주시는 신을 두 가지로 비교하여 말하였다. 첫째는 죄수처럼 자신을 계시하시는 신이요, 둘째는 자유결정하여 자신을 계시하시는 신이다. 그에 의하면, 죄수처럼 자신을 계시하시는 신이란 정통 기독교의 하나님을 말한다. 그는 정통 기독교의 하나님을, 그가 자신을 계시하실 때에 이미 주어진 성경대로만 자신을 주신다고 하여, 자유가 속박된 죄수에 비교하였다. 반대로 성경의 속박을 받지 않고 전적으로 자유결정하여 자신

---

645 한종희, 『정통주의 신학에서 본 칼 바르트 신학』, 299-302.
646 C. Van Til, *Has Karl Barth Become Orthodox?*(The Presbyterian and Reformed Publishing Company, 1954), 145; Van Til, 『칼 바르트』, 26; KD I/1, 391.

을 주시는(계시하시는) 신이 바르트의 신이다. 바르트의 하나님께서는 결코 성경의 간섭이나 속박을 받지 않으시고, 시대와 지역, 형편에 충돌하지 않으면서 자유롭게 결정하여 자신을 계시하신다.[647] 그러나 이와 같이 성경에 따르는 하나님의 행위를 성경의 속박을 받는 것으로 표현하는 데에는 분명히 적지 않은 문제가 있다.

정통 신학에서 하나님의 불변성은 필연적으로 하나님의 자존성(aseity)과 동반한다. 그것은 하나님께서 그의 존재에서 뿐만 아니라 그의 완전성과 목적과 약속에 있어서 전혀 변경이 없으시다는 의미에서 하나님의 속성이다. 이러한 속성에 의하여 하나님께서는 모든 생성하는 것들보다 더 높으시며, 그 존재나 속성에 있어서 증감과 성쇠가 전혀 없으시다. 하나님의 지식과 계획, 도덕적인 원리들과 결의는 영원히 동일하다. 이런 하나님의 불변성은 여러 성경 구절들에서 분명히 가르쳐지고 있다(출 3:14; 시 102:26-28; 사 41:4; 48:12; 말 3:6; 롬 1:23; 히 1:11-12; 약 1:17).[648]

물론 성경 구절들 중에는 변화를 하나님의 속성으로 묘사하는 것 같은 구절들도 많이 있는 것이 사실이다. 영원 속에 거하시는 하나님께서 세상의 창조에로 나아가셨고, 그리스도 안에서 성육신하셨으며, 또 성령 안에서 교회를 거처로 삼지 않으셨는가? 하나님께서 자신을 계시하시고 숨기시는 이로, 또 오고 가시는 이로, 후회하시며 자신의 계획을 변경하시는 이로, 사람의 회심 전과 회심 후에 그 사람을 달리 대하시는 이로 묘사되고 있지 않는가(출 32:10-14; 욘

---

647 한종희, 『정통주의 신학에서 본 칼 바르트 신학』, 299-300.
648 Berkhof, 『벌코프 조직신학 (상)』, 252.

3:10; 잠 11:20; 12:22; 시 18:26-27)?[649]

바르트는 성경에서 분명히 '하나님의 후회하심'이 존재한다고 주장한다.[650] 인간들의 죄악이 하나님을 후회하시게 만들었으므로 이스라엘의 역사 속에 후회하시는 하나님의 모습이 여러 군데 계시되어 있다는 것이다. 그런데 그래도 중요한 것은 인간의 죄악에도 불구하고 하나님께서 그들에게 새로운 구원의 길을 만드신다는 것이다. 그러니 하나님의 불변성은 그의 인격의 불변성을, 즉 하나님의 사랑과 은총과 약속의 불변성을 의미한다는 것이다. 인간들을 향한 하나님의 사랑이 변치 않는다는 것이다. 하나님의 불변성은 석고상 같은 무감각, 움직일 수 없음을 의미하는 것이 아니고, 하나님의 사랑의 불변성, 즉 그의 약속과 인격의 불변성을 의미한다는 것이다.[651] 그러나 이런 진술 자체에는 일리가 있지만, 성경에서 말씀하는 '하나님의 후회하심'의 의미에 대한 올바른 이해가 필요하다. 즉 하나님의 불변성이란 하나님의 사랑과 인격만 변하지 않음을 가리키는 것이 아니라 하나님의 섭리와 예정도 변하지 않음을 가리킨다.

하나님의 불변성을 하나님 안에 아무 운동도 없는 것으로, 즉 부동성(immobility)을 의미하는 것으로 이해해서는 안 된다. 신학에서는 하나님을 '순수 행동'(actus purus)으로, 즉 언제나 활동하시는 이로 말해 왔다. 하나님에 대한 인간의 관계에는 변화가 있지만, 하나님의 존재와 속성과 목적, 행동의 동기와 약속에 있어서는 아무 변화

---

649 Berkhof, 『벌코프 조직신학 (상)』, 252.
650 *KD* IV/1, 558f.
651 *KD* II/1, 583; 김명용, 『칼 바르트의 신학』, 197.

가 있을 수 없다. 만일 성경이 하나님의 후회하심이나 계획의 변경을 진술하는 것처럼 보인다면, 그것은 단지 하나님의 감정을 마치 사람의 감정처럼(anthropopathic) 표현한 때문에 그렇게 보이는 것이다. 실제로 변화는 하나님 안에 있지 않고, 인간과 그 인간이 하나님과 맺고 있는 관계 속에 있다. 만일 하나님께서 그의 지식과 의지에 있어 변화에 종속되시기 때문에 하나님의 결단이 인간의 행동에 의존한다고 주장하면, 그것은 고대의 펠라기우스주의자들이나 근세의 알미니우스주의자들의 주장과 같은 올무에 빠지게 된다.[652]

4) 인간의 기도와 하나님의 불변성

'하나님의 불변성'은 기도와 관련해서 생각할 때 언뜻 심각한 문제가 발생하는 것처럼 오해된다. 그것은 만일 하나님의 뜻과 계획이 불변이라면, 인간이 기도하는 것이 무슨 의미가 있는가 하는 때문이다. 바르트에 의하면, 하나님의 불변성은 석고상 같은 무감각이나 움직일 수 없음을 의미하는 것이 아니다. 이 진술은 비단 바르트뿐만 아니라 정통 신학도 원래 그렇게 가르쳐 온 내용이다. 그러나 칼빈주의 예정론과 '하나님의 불변성'은 결코 모순되지 않는다. 바르트는 기도가 살아 계신 하나님께 대한 기도라고 보았다. 하나님의 살아 계심과 자유를 근거로 해서 신자의 기도를 통한 하나님의 결정하심이 존재한다고 보았다.[653] 하나님과 인간과의 관계가 만남이요 역사이기 때문에, 기도를 통해 인간이 하나님의 뜻을 알고 하

---

652 Berkhof, 『벌코프 조직신학 (상)』, 252-53.
653 *KD* II/1, 579.

나님의 뜻에 복종하는 신앙 행위가 일어난다. 그러나 또한 동시에 하나님께서도 인간의 바램을 아시고 인간의 기도에 근거해 하나님께서 결정하시는 결정하심이 존재한다는 것이다. 그러니 바르트에 의하면, 하나님의 계획은 인간의 기도보다 앞서기도 하지만 또한 인간의 기도에 뒤서기도 한다고 한다.[654] 인간의 기도가 하나님의 계획과 의지 속에 포함되니 결국 하나님의 계획에 변경이 있게 된다는 것이다.

기도에는 양면적인 특징이 있다. 하나님과의 만남을 의미하는 기도에는 하나님으로부터 인간으로 향하는 방향만 있는 것이 아니고, 인간으로부터 하나님으로 향하는 방향도 있다. 그리고 여기에서 후자는 기도에서 부수적인 것이 아니라 본질적인 것이라는 것이다. 그러면 기도를 통해 하나님의 뜻이 변경될 가능성이 있을까? 기도가 참으로 힘을 얻으려면 이 가능성이 있어야 한다는 것이다. 바르트에 의하면, 하나님께서 인간의 기도에 의해 자신의 뜻을 바꾸신다고 한다. "하나님께서 우리의 기도를 들으시고 하나님의 뜻을 바꾸시는 것, 곧 하나님께서 인간의 요청에 순복하시는 것은 하나님의 약함의 상징이 아니다. 하나님께서는 자신의 장엄하심과 위엄의 영광 속에서 기꺼이 그렇게 하기를 원하셨고, 또 원하고 계신다. … 그 속에 그의 영광이 존재한다."[655]

바르트는 루터의 말을 인용하면서 인간이 기도하지 않는 것은 하나님을 화나시게 하는 것이라고 말했다. 하나님께서는 인간의 기도

---

654 KD III/4, 117.
655 K. Barth, *Prayer*(Philadelphia: Westminster Press, 1985), 35. 이 책은 D. E. Salier 가 편집하고 S. F. Terrien 이 영문으로 번역하였다: 김명용, 『칼 바르트의 신학』, 194.

를 들어주시고, 그것을 통해 인간이 하나님께 감사하기를 원하신다. 바르트의 신론에서 중요한 것은 하나님께서 인간을 원하시고, 인간과 깊은 사귐의 관계를 맺기 기뻐하시며, 인간을 통해 감사와 영광을 받기를 기다리신다는 사실이다. 이것은 정통 신학에서도 이렇게 말하는데, 바르트의 신학은 후기로 갈수록 이런 하나님의 모습이 더 진하게 나타난다. 이것은 바르트가 예수 그리스도 안에서 하나님을 발견하면서 이를 더 심화시키는 가운데 깨닫게 된 하나님의 모습이다. 예수 그리스도 안에서 하나님께서는 인간이 되시고, 인간의 언어로 인간을 만나시며 인간을 살리시고, 이 인간과 함께 영원히 사랑하며 살기 원하신다는 사실을 바르트는 깊이 깨달은 것이다. 하나님께서는 인간을 만나시고, 인간의 기도를 들으시며, 또한 그 기도에 응답하기를 원하신다.[656] 그래서 바르트 후기 신학의 집대성이라고 할 수 있는 『교회교의학』 화해론에서 그는 하나님께서 인간을 갈구하신다(begehren)라는 표현까지 사용했다.[657]

하나님께서 인간의 기도를 통해 자신의 뜻을 바꾸실 수 있다는 것은 인간의 자유를 통한 하나님의 영광이라는 바르트 신론의 대주제와 관련되어 있다. 하나님께서는 인간의 자유가 만드는 고난까지도 자신의 것으로 감당하시면서 인간을 구원의 길로 인도하신다. 하나님의 진정한 전능하심이 인간에 대한 끊임없는 사랑 때문에 겪으시는 그의 고난 한 가운데 있다는 것이다.[658] 그러나 앞에서 진술한 바와 같이, '하나님의 고난'이라는 표현은 정통 신학에서 함부

---

656 *KD* II/1, 575.
657 김명용, 『칼 바르트의 신학』, 195.
658 김명용, 『칼 바르트의 신학』, 196-97.

로 무차별적으로 사용되어서는 안 되는 표현이다. 하나님께서 자신의 뜻을 바꾸지 않으시면서 창세 전부터 예정된 그의 섭리와 경륜에 따라 우리의 기도를 들어 주시는 것이 얼마든지 가능하다고 보는 것이 이제까지 정통 신학에서 꾸준히 가르쳐진 내용이다.

4. 하나님의 선택

1) 그리스도 안에서 모든 사람의 구속과 선택

바르트는 선택도 그리스도 일원론적으로 해설한다. 선택은 예수 그리스도 안에서 은혜의 선택이다. 예수 그리스도께서는 성부와 성령과 함께 사람을 선택하시는 하나님이시다. 동시에 그는 선택을 받으시는 사람이시다.[659]

선택하시는 하나님 그리스도와 관련해 바르트는 칼빈과 그 추종자들이 선택의 문제에서 그리스도께 정당한 지위를 부여하지 않았다고 주장한다. 누구든지 그리스도를 선택의 주체로 삼는데 동의하지 않는 자는 그리스도께 정당한 지위를 귀속시키지 않음이라고 바르트는 생각한다.[660] "이리하여 그는 피택자이실 뿐만 아니라 또한 선택자이시니, 그의 선택은 반드시 먼저 능동적으로 이해되어야 한다".[661] 그러나 이 명제를 위해 바르트가 의존하는 성구들은 요한복음의 몇 구절들(요 13:18; 15:16, 19)에 제한되어 있는데, 그 구절들은 사실 사도직을 향한 그리스도의 부르심과 선택을 말한다. 이 문제

---

659 A. D. R. Polman, *Barth*, 37.
660 박형룡, 『박형룡 박사 저작 전집 VIII (현대신학선평 上)』, 217.
661 *KD* II/2, 112.

와 관련해 뷰스(E. Buess)는 에베소서 1장 4절[662]에 관해 언급하면서, 성경이 분명히 선택을 성부의 행위로 지목함으로 선택이 '직접적으로 그리스도 자신만의 행동이 아니라'는 사실을 알 수 있는데, 이에 반해 바르트가 이 점을 간과하였다고 주장한다.[663] 이 문제는 삼위하나님의 동역하시는 사역에 대해 바르트가 굳이 그리스도 일원론적으로 해설하려고 하였던 데에서 비롯된 착오라고 말할 수 있다.

또 선택되신 사람 그리스도와 관련해 바르트는 하나님께서 유일하신 사람 예수를 선택하셨고 예수 안에 대표된 모든 사람들을 선택하셨다고 주장한다. 그러면서 그는 모든 사람이 그리스도 안에서 구속되고 선택되었다고 주장한다. "선택되신 사람으로서의 그리스도께서 모든 사람들을 구속하셔서 그들로 선택된 참 사람들이 되게 하셨다. … 사람들은 그 선택에서 그리스도의 구속을 받아 그와 더불어 동료 피택자들이 됨으로 참 사람들이 되었다."[664] 그러나 이런 주장은 다음에서 보는 바와 같이 유기를 실질적으로 부정하는 주장이며, 또 보편구원론에 입각하고 있다는 비판을 피할 수가 없다.

2) 유기(遺棄)의 실질적 부정

모든 사람들이 그리스도 안에서 구속되고 선택된다는 바르트의 견해는[665] 결국 은혜가 미리 죄를 파멸하여 죄를 불가능하게 만든다

---

[662] "곧 창세 전에 그리스도 안에서 우리를 택하사 우리로 사랑 안에서 그 앞에 거룩하고 흠이 없게 하시려고" (엡 1:4).

[663] E. Buess, *Zur Praedestinationslehere Karl Barths* (Theol. Studien, 1955), vol. 43, 48-49; 박형룡, 『박형룡 박사 저작 전집 VIII (현대신학선평 上)』, 217. 또 벌카워는 바르트가 교리사를 잘못 읽었다고 말한다: G. C. Berkouwer, *The Election of God*, 1955.

[664] *CD* IV/1, 94; III/2, 34-35, 175; 박형룡, 『박형룡 박사 저작 전집 VIII (현대신학선평 上)』, 217-18.

[665] *KD* II/2, 215.

는 견해로 인도된다. 이것이 소위 바르트의 은혜관의 특징이다. 그리하여 죄는 사람들에게 불가능한 가능(impossible possibility)이 되고, 사람들은 다 하나님의 은혜의 대상으로 정의된다. 그러나 이와 같은 바르트의 선택관은 벌카워가 지적한 바와 같이 죄의 존재론적 불가능성의 관념을 포함하니, 이것은 사실 인간학적 관점에서 죄를 설명하려는 사색과 노력의 산물일 뿐이다.[666]

그리고 바르트는 모든 사람들이 그리스도 안에서 선택되었다고 말하니, 그는 비록 유기를 말하나 그 실재를 믿지 않아 결국 유기를 실질적으로 부정하는 셈이 된다. 선택과 유기가 함께 있으나 유기는 선택을 위해 있으므로 결국 그림자와 같은 것이다. 하나님께서 창세 전에 그리스도 안에서 사람을 선택하셨으니, 사람은 결코 하나님의 버림을 받는 처지에 놓이지 않을 것이라는 것이다.[667]

또한 바르트는 그리스도 안의 선택이 사람으로서의 사람에게 보편적으로 관계한다고 하며, 심지어 유기도 그리스도 안에 있다고 하니, 바르트의 선택관은 결국 하나님께서 모든 사람들을 다 선택하여 구원하신다는 보편구원설로 인도한다. 그러나 성경은 과연 모든 사람들이 다 구원 얻을는지의 문제에 대하여 우리를 무지상태 그대로 버려두지 않는다. 하나님의 작정에 의하면, 영원한 구원과 영원한 재앙이 있을 것이 확실하다. 그뿐만 아니라 하나님께서는 영원부터 자신의 택한 백성들을 미리 아시고 그 밖의 사람들은 알

---

666 G. C. Berkouwer, *The Triumph of Grace in the Theology of Karl Barth*, 221, 231, 233; 박형룡, 『박형룡 박사 저작 전집 VIII (현대신학선평 上)』, 218.
667 *CD* IV/1, 94, 356, 141; *KD* II/2, 351; 박형룡, 『박형룡 박사 저작 전집 VIII (현대신학선평 上)』, 219.

지 않으셨다.[668] 그런데 바르트는 '영원한 작정'이라는 성경의 교리를 폐기하고 보편구원론을 지향하면서 말한다: "예정이 사람들 사이에 분리를 지시하지 않고 그들의 가장 깊은 연합을 지시한다고 말하는 것은 괴상하고 비성경적이다."[669] 그러나 이것은 전통적인 예정론을 거부하는 인본주의적인 주장이다. 이렇게 하여 바르트는 감히 '하나님처럼 생각하려는 강력무쌍한 노력을' 감행한다. 그는 자기 자신의 권한을 너무 뻗혀서 심지어 하나님의 계시까지 함부로 둘러놓는다.

III. 결 론

이와 같이 바르트의 신관은 삼위일체론을 비롯한 그의 이론 전 체계에 있어 비정통적이고 비성경적인 많은 문제점들을 안고 있다. 가령 그의 삼위일체론은 그동안 뒷전으로 밀려났던 삼위일체 교리를 교의학의 핵심 위치로 다시 복구시켜 주었다는 점에서 그 공적을 찾을 수 있지만, 그의 삼위일체론이 성자 위주의 일신론적 삼위일체론으로서 양태론적 삼위일체론의 경향성을 띤다는 점, 또 관념론적이고 변증적인 삼위일체론으로서 그가 성령의 인격성을 경시한다는 점 등의 근본적인 문제를 가지고 있다.

---

668 "내가 땅의 모든 족속 중에 너희만 알았나니 그러므로 내가 너희 모든 죄악을 너희에게 보응하리라 하셨나니" (암 3:2).
669 박형룡, 『박형룡 박사 저작 전집 VIII (현대신학선평 上)』, 220-21; K. G. Idema, 'The Counsel of God', in *The Dogma of the Church*.

또 그가 강조하는 '전적 타자'(全的 他者)이신 하나님의 개념과 관련하여 볼 때, 그는 전통적인 관점을 버리고 하나님의 초월성을 하나님의 자유에서 찾음으로 결국 비성경적인 주장을 하게 되었다. 즉 바르트가 말하는 신은 항상 변하는 자유의 신이기 때문에, 그 신의 비공유적 속성인 초월성, 불변성, 영원성도 그는 다 가변성과 관련시켜 말한 것이다. 이런 사실들은 정통 신학에서 중시하는 하나님의 비공유적 속성으로서의 불변성과 정면으로 충돌하는 문제점을 야기한다. 그리고 하나님의 선택과 관련하여 바르트는 그리스도 안에서 모든 사람이 구속되고 선택받았다고 말하며 심지어 유기도 그리스도 안에 있다고 하니, 그는 실질적으로 유기(遺棄)를 부정하고 있는 셈이다. 그리고 또한 이와 관련하여 바르트의 선택관은 결국 하나님께서 모든 사람들을 다 선택하여 구원하신다는 보편구원설로 인도하는 문제점을 가지고 있다.

그러므로 우리는 바르트의 이론을 살필 때에, 그의 현란한 언어 구사 능력과 그 치밀하고 체계적인 논리구성에 휘말려 들어가지 않도록 각별히 유의해야 한다. 바르트는 자기의 이론을 구사함에 있어 자기가 주장하는 핵심적인 문제점들을 금방 드러내지 아니하고 각양 각색의 이론과 지식들을 동원하는 가운데 자기의 문제되는 주장들을 최대한 숨기는 경향이 있다. 따라서 우리는 그의 『교회교의학』을 비롯한 그의 저서들 전 체계를 분석함에 있어서, 그가 진행하는 논의의 베일 뒤에 감추어져 있는 그의 진짜 의도 즉 비성경적이고 비정통적인 의도를 놓치지 않도록 각별히 조심해야 할 것이다.[670]

---

670 김석환, 『칼 바르트의 삼위일체론 연구』, 80.

참고문헌

[해외 및 번역 서적]

Augustine, A. *On the Holy Trinity in Nicene and Post-Nicene Fathers*. Grand Rapids: Eerdmans Co., 1956.

Barth, Karl. *Die Kirchliche Dogmatik I/1*, Zürich, 1932 – *IV/4*, Zürich, 1967. (본 논문에서 *KD*로 표기함)

_____. *Der Römerbrief*, 1. Aufl. (1919), Zürich, 1963.

_____. *Der Römerbrief*, 2. Aufl. (1922), Zürich, 1978.

_____. *Church Dogmatics*. tr. by Geoffrey W. Bromiley. Edinburgh: T & T Clark, 1975. (본 논문에서 CD 로 표기함)

_____. 문성모 역. 『칼 바르트가 쓴 모짜르트 이야기』. 서울: 도서출판 한들, 1995.

Bavinck, H. 이승구 역. 『개혁주의 신론』. 서울: 기독교문서선교회, 1992.

Berkhof, Louis. *Introduction to Systematic Theology*. Grand Rapids, MI.: Baker, 1988.

_____. *Systematic Theology*. Edinburgh: The Banner of Truth Trust, 1974.

_____. 권수경 · 이상원 역. 『벌코프 조직신학 (상)』. 서울: 크리스챤 다이제스트, 1991.

Bromiley, Geoffrey W. 신옥수 역. 『칼 바르트 신학개론』. 서울: 크리스챤 다이제스트, 1995.

Calvin, John. *Institutes of the Christian Religion*. ed. by John McNeill.

Philadelphia: Westminster Press.

Chul Won Suh. *The Creation- Mediatorship of Jesus Christ*. Amsterdam: Rodopi, 1982.

Hoekema, Anthony A. *The Bible and the Future*. 류호준 역.『개혁주의 종말론』. 서울: 기독교문서선교회, 1998.

Moltmann, J. 김균진 역.『삼위일체와 하나님의 나라』. 서울: 대한기독교출판사, 1993.

Muller, D. L. 이형기 역.『칼 바르트의 신학사상』. 서울: 양서각, 1986.

Schleiermacher, F. *Der Christliche Glaube*. Berlin: Walter De Gryter & Co., 1960.

Sykes, S. W. ed. 이형기 역.『칼 바르트의 신학 방법론』. 서울: 목양사, 1986.

Tillich, P. 김경수 역.『조직신학 III상』. 서울: 성광문화사, 1986.

_____. 송기득 역.『19-20세기 프로테스탄트 사상사』. 서울: 한국신학연구소, 1980.

Walker, Williston. 송인설 역.『기독교회사 上』. 서울: 크리스챤 다이제스트, 1993.

Weber, Otto. 김광식 역.『칼 바르트의 교회교의학』. 서울: 대한기독교출판사, 1976.

[국내 서적]

간하배(Conn, Harvie M.).『현대신학 해설』. 서울: 개혁주의신행협회, 1992.

김균진.『헤겔과 바르트』. 서울: 대한기독교출판사, 1983.

_____. 『헤겔 철학과 현대신학』. 서울: 대한기독교서회, 1987.

김명용. 『칼 바르트의 신학』. 서울: 이레서원, 2007.

김영한. 『바르트에서 몰트만까지』. 서울: 대한기독교출판사, 1982.

박아론. 『현대신학연구』. 서울: 기독교문서선교회, 1989.

박아론·김석환. 『기독교 종말론』. 서울: 기독교문서선교회, 2004.

박형룡. 『박형룡 박사 저작 전집 VIII(현대신학선평 上)』. 서울: 한국기독교 교육연구원, 1988.

서철원. 『기독론』. 서울: 은혜문화사, 1997.

_____. 『신학서론』. 서울: 은혜문화사, 1997.

윤성범. 『칼 바르트』. 서울: 대한기독교서회, 1968.

이신건. 『칼 바르트의 교회론』. 서울: 성광문화사, 1989.

이장식. 『기독교 신조사』. 서울: 컨콜디아사, 1979.

조성노 편. 『현대신학 개관』. 서울: 현대신학연구소, 1994.

차영배. 『삼위일체론』. 서울: 총신대 출판부, 1990.

한국 바르트학회 편. 『바르트 신학 연구』. 서울: 대한기독교서회, 1973.

한종희. 『정통주의 신학에서 본 칼 바르트 신학』. 서울: 대한예수교장로회 총회, 2002.

[논문집 외 기타]

김석환. 『칼 바르트의 삼위일체론 연구』. 총신대 대학원 (Th. M. 학위논문), 1995.

김영한. "개혁신학의 삼위일체론." 『제 9차 기독교 학술원 심포지움』. 기독 교학술원, 1994.

서철원. "현대신학의 동향." 『총신대 신학대학원 심령수련회』. 1995.

신건일. 『K. Barth의 삼위일체론 연구』. 서울신학대학 대학원, 1987.

유태화. 『Karl Barth의 삼위일체론 연구』. 총신대 대학원, 1994.

이상직. "칼 바르트의 삼위일체론." 『제9차 기독교 학술원 심포지움』. 기독교학술원, 1994.

이영헌. "삼위일체 신관의 교리사적 고찰." 『신학지남 제1집』.

임영금. 『칼 바르트와 폴 틸리히의 하나님론 비교 연구』. 목원대 대학원, 1992.

『제2차 바티칸 공의회 문헌. 서울: 한국천주교 중앙협의회, 1969.

C. S. 루이스의 신학에 대한 연구
(C. S. LEWIS, 1898-1963)

6. C. S. 루이스의 신학에 대한 연구
(A Study on the Theology of C. S. Lewis)

Ⅰ. 들어가는 말

Ⅱ. C. S. 루이스의 성경관, 인간관, 종말관
  1. 성경관
  2. 인간관
  3. 종말관

Ⅲ. C. S. 루이스의 신관
  1. 삼위일체 하나님관
  2. 성령관
  3. 신정론의 문제

Ⅳ. 나오는 말

Ⅰ. 들어가는 말

1998년 미국 기독교 주간지인 「크리스챠니티 투데이」(Christianity Today)는 C. S. 루이스(Clive Staples Lewis, 1898-1963)의 『순전한 기독교』를 참된 기독교를 변증하면서 '작은 그리스도로의 변화'를 목표로 쓰여졌다고 평가하면서, 20세기에 가장 큰 영향력을 끼친 최우수 10권의 서적들 중 제1위의 책으로 선정하였다.[671] 1963년 C. S. 루이스가 죽은 이후 그의 책들의 판매는 연간 2백만 불에 이르렀고, 루이스는 원래 지적인 무신론자였다가 나중에 수많은 크리스천들의 삶에 큰 영향력을 끼친 인물이 되었다. 그래서 그는 '반항적 회심

---

[671] 「크리스챠니티 투데이」지는 1998년 4월 23일자 글에서 C. S. 루이스를 칭송하면서 루이스가 현대 및 후현대 세계와 함께 복음을 나눌 방법과 언어를 우리에게 유산으로 남겨 주었다고 기록하였다. 그 글은 루이스를 '20세기의 가장 위대한 기독교 변증가'라고 언급했고, 20세기 최우수 10권의 서적들 중 제2위를 본회퍼의 『제자의 댓가』로, 제3위를 칼 바르트의 『교회교의학』으로 선정하였다.

자', '회의론자의 사도', '20세기 무신론자를 위한 사도'라고 불리며, 20세기에 가장 사랑받는 작가들 가운데 한 사람이 되었다. 그는 과학 정신이 만연한 이 시대에 논리적 정밀성과 풍부한 상상력, 기쁨에 대한 영적 열망을 가지고 무신론자들의 심리를 이해하는 마음으로 그리스도를 믿지 않는 것보다 믿는 것이 더 합리적이라는 사실을 명쾌한 필치로 증명해냈다고 평가된다.[672]

젊은 시절 자기 영혼을 자기 것이라 부를 수 있기를 가장 간절한 소원으로 여겼던 무신론자 루이스를 하나님께서 어떻게 20세기의 가장 많이 인용되는 기독교 작가로 변화시키셨을까? 무신론자로부터 평신도 기독교 변증론자로 바뀌기까지 그가 언제나 간절히 원했던 바는 누구에게서도 '방해받지' 않는 것이었다.[673] 그랬던 그가 젊은 시절 자기의 소원을 '무모한 소원'이었다고 자평하면서 '내 영혼을 내 것이라 부르는' 것이야말로 지옥에 합당한 자의 단 한 가지 법칙이라고 방향 전환하게 된 과정에는 하나님의 어떤 섭리가 숨어 있을까? 루이스에 의하면, 하나님은 하나님이시기 때문에 순종해야 한다. 왜냐하면 하나님께서는 무슨 능력을 가지고 계셔서가 아니라, 그 존재 자체로 경외감을 주시는 존재이시기 때문이다. 따라서 만일 하나님의 능력이 사라지고 다른 속성만 남는 일이 있을 수 있다 해도, 그리하여 그 최고의 권위가 최고의 권력을 잃는다 해도, 우리는 여전히 지금과 똑같은 종류의 헌신을 그분께 똑같은 정도로 바

---

672   추태화, "C. S. 루이스 르네상스를 기대하면서," 『C. S. 루이스가 말하는 천국과 지옥』(서울: 사랑플러스, 2008), 8-11.
673   C. S. Lewis, *Surprised by Joy*, 『예기치 못한 기쁨』(서울: 홍성사, 2007), 330-31.

쳐야 한다는 것이다.⁶⁷⁴

이와 같은 생각의 전환이 있기까지 루이스에게 작용하였던 하나님의 섭리는 과연 어떤 것이었을까? 이 부분을 연구하기 위하여 본고는 C. S. 루이스의 신학을 분석하고자 한다. 젊은 시절 그의 사상과 회심 후의 신학, 특히 그의 시기별 작품들에 나타난 신학을 분석하면서 그 긍정적 효과의 원인들을 고찰하고, 나아가서 그 부정적 효과의 가능성도 함께 주목하여 이 시대에 루이스를 통하여 베풀어 주신 하나님의 은혜를 배가, 개선하고자 하는 것이 본고의 목적이다. 이 목적을 위하여 본고는 먼저 루이스의 성경관, 인간관, 종말관을 분석하고, 이어서 삼위일체 하나님관과 성령관, 또 오캄주의에 대한 입장, 신정론의 문제 등을 중심으로 한 그의 신학을 비평적으로 분석하게 될 것이다.

II. C. S. 루이스의 성경관, 인간관, 종말관

1. 성경관

루이스는 성경의 모든 부분들이 같은 의미에서 하나님의 말씀이라고 말할 수는 없지만, 어떤 의미에서는 성경 전체가 하나님의 말씀이라고 주장한다. 그는 구약이 영감으로 기록된 거룩한 글이며 하나님의 계시라고 말한다. 그러나 그것은 구약의 모든 문장들이 역사적 또는 과학적 진리를 담고 있다는 뜻은 아니라고 한다. 욥기

---

674 Lewis, 『예기치 못한 기쁨』, 331-32.

의 경우, 그는 단순히 욥기의 본문 자체가 역사와 연결되어 있지 않다는 이유로 욥기의 역사성을 부인해서는 안 된다고 말한다.[675] 그러나 그는 욥, 요나, 에스더, 룻 등의 역사적 실존성에 의문을 품었다. 그리고 노아의 방주와 태양이 멈췄다는 이야기도 구약에 나오는 신화적 이야기의 범주에 포함시킨다.[676]

> "어떤 이들은 기적 이야기를 너무 믿기 어려운 나머지, 제가 그런 이야기를 받아들이는 것은 오직 제가 처음부터 구약 성경의 모든 문장을 역사적, 과학적 진리로 전제하고 있기 때문이라고만 생각합니다. 그러나 그것이 제 입장이 아닌 것은, 모세가 창조에 대해 신화적으로 묘사했다고 말한 성 제롬의 입장이나, 욥 이야기가 역사적 사실인지 허구인지 모르겠다고 말한 칼빈의 입장이 그렇지 않았던 것과 같습니다. 제가 성경에 기록된 기적 이야기를 역사적인 이야기로 받아들일 수 있는 유일한 이유는, 기적이 일어나지 않는다는 보편적이고 부정적인 명제에 대한 그 어떤 철학적 근거도 아직 발견하지 못했기 때문입니다."[677]

루이스는 창세기에 나오는 이야기가 민간 설화의 형태를 띠고 있다고 단언하며, 진리가 처음에는 신화의 형태로 나타났다고 말한다. 그 후 오랜 과정을 통해 요약되고 집중되어 마침내 역사로 구체화되었다는 것이다. 루이스는 신화를 '역사 외의 진실을 상징적으로

---

675 Will Vaus, *Mere Theology: A Guide to the Thought of C. S. Lewis*, 이용중 역, 『C. S. 루이스의 신학』 (서울: 지식과사랑사, 2009), 37-38.
676 Perry C. Bramlett, *C. S. Lewis Life at the Center*, 강주헌 역, 『작은 그리스도 C. S. 루이스』(서울: 엔크리스토, 2002), 71.
677 Lewis, *Reflections on the Psalms* (San Diego: Harcourt Brace Jovanovich, 1958), 19.

표현한 것'이라는 의미로 사용하지 않았다. 그는 신화를 '인간의 상상력에 의지한 신적 진리로서 실제적이지만 집중되지 않은 빛'이라고 정의한다.[678] 그런 점에서 루이스는 창조와 타락의 이야기가 신화적 양식으로 기록되었다고 보는데, 그래도 그는 여전히 아담을 역사적 인물로 믿었다.[679]

루이스는 성경에 오류가 있고 왜곡된 생각이 있다고 얘기한다. 그는 전제주의의 입장을 거부하지만, 성경에 기록된 기적 이야기를 역사적인 이야기로 받아들이는데 어려움을 느끼지 않는다. 다만 그는 창세기의 창조 이야기가 이교적이고 신화적이었던 초기 셈족 이야기들에서 유래했다고 말하는 학자들의 견해를 받아들이는 데에도 어려움을 느끼지 않는다. 그렇기 때문에 그는 성경의 원천이 하나님의 말씀 선포로보다 다른 문학들과 똑같은 재료들로 이루어졌다는 사고를 견지한다.

> "언제 어디서든 좋은 작품은 빛들의 아버지이신 이의 원조 없이는 만들어질 수 없는 법입니다. 따라서 처음에는 종교적·형이상학적 의미가 거의 없던 창조 이야기를 일련의 이야기 전달자들이 참된 창조와 초월적 창조자를 깨닫게 해 주는 이야기로 바꾸어 놓았다면, 창세기가 그러하듯, 그 이야기 전달자들에게 하나님의 인도하심이 있었다고 제가 믿지 않을 이유는 조금도 없습니다. 이렇게 본래는 자연적인 것에 불과했던 무언가(대부분의 나라들에서 발견되는 그런 종류의 신화)를 하나님이 그 이상의 것으

---

678 Lewis, *Miracles* (New York: Macmillan, 1960), 134.
679 Vaus, 『C. S. 루이스의 신학』, 34-35.

로 들어올리셔서, 본래는 감당할 수 없었던 목적들을 감당하게끔 자격을 주어 명령하신 것입니다. 즉 모든 구약 성경은 다른 문학들과 똑같은 재료들(연대기, 시, 도덕적·정치적 고발문, 로맨스 등)로 이루어졌지만, 하나님의 말씀으로 쓰임받게끔 하나님에 의해 들어올려진 것입니다."[680]

그러나 창조 이야기가 처음에는 종교적 의미가 거의 없었다가 이야기 전달자들에 의해 새롭게 의미 부여되고 하나님의 목적에 쓰임받게끔 들어올려졌다는 인식은 창세기의 창조 기사가 처음부터 하나님의 말씀으로 선포되었다는 성경의 가르침과 그 맥을 달리 한다. 성경의 창조 기사는 시대에 따라 그 내용이 바뀌지 않았다는 것이 정통 성경학자들의 주장이다. 또한 성경의 원천이 다른 문학들과 똑같은 재료들로 이루어졌다는 것은 인본적인 사고로서 특별 계시로서의 하나님의 말씀 선포를 온전히 믿지 않는 입장이다. 루이스는 구약 성경을 하나님의 말씀을 위해 채택된 문학으로 보았다. 하나님의 말씀은 문학으로 변형될 수 없지만, 문학은 하나님의 말씀을 전달하는 그릇으로 사용될 수 있다는 것이다. 그러나 성경은 단순히 '들어올려진' 문학 정도가 아니라 위로부터 아래로 '내려온'(계시된) 하나님의 말씀임을 잊지 말아야 한다. 이런 점에서 볼 때, 루이스의 접근 방식은 급진주의와 사실주의의 중간쯤이라고 평가할 수 있으며, 오늘날이었다면 아마 그는 '유신진화론자'라고 불렸을 것이다.

루이스는 성경의 모든 단락과 문장, 모든 단어가 직접 하나님의

---

680 Lewis, *Reflections on the Psalms*, 『시편 사색』(서울: 홍성사, 2008), 157-58.

입에서 나온 것은 아니라는 점을 강조한다. 그는 이 생각을 1950년에 출판된 『흠정역 성경이 끼친 문학적 영향』이라는 논문에서 설명한다. 성경의 모든 말씀이 성령의 감동 속에서 정확하게 받아 적어졌다는 믿음은 성경을 한 명의 저자가 기록한 한 권의 책으로 만들어 버릴 것이라는 것이다. 그는 성경에 대한 그런 접근법, 즉 사람들이 성령의 감동 속에서 불러 주시는 대로 받아 적었다는 이론은 기껏해야 웃음을 자아내는 접근법이라고 생각했다.[681] 그런데 이 부분에서 루이스는 성경의 '유기적(有機的) 영감'에 대해 올바른 지식을 가지고 있지 못함을 드러낸다. 그가 비평하는 '받아 적었다'는 표현은 '기계적 영감'(口授說)에 해당하는 것으로서 개혁주의 신학에서 주장하는 '유기적 영감'과는 사뭇 다른 것이기 때문이다.

또 루이스는 창세기 제1장의 창조 기간을 문자 그대로 엿새 동안으로 보기보다는 일종의 문학적 관점으로 보았다. 그는 하나님께서 자신의 형상인 인간이 될 동물의 모습을 오랜 세월을 두고 완성하셨다는 이론을 제시한다. 그는 이 동물이 그런 상태로 오랫동안 존재하다가 마침내 인간이 되었을 수도 있다고 생각한다.[682] 그러면서 루이스는 인간 진화의 다음 단계가 이미 시작되었고, 그 다음 단계란 단순한 하나님의 피조물이었던 사람들이 하나님의 자녀가 되는 단계라고 주장함으로써,[683] 인격적인 하나님께서 이 진화 과정 전체에 관여하신다는 뜻을 드러내기 원한다. 또 루이스는 인류가 단 한 쌍이 아닌 수많은 인간들로 출발했을 가능성과 하나님께서 원래

---

681 Lewis, *The Literary Impact of the Authorized Version* (Philadelphia: Fortress, 1967), 4-5; 32-33.
682 Lewis, *The Problem of Pain* (New York: Macmillan, 1986), 77.
683 Lewis, *Mere Christianity* (New York: Macmillan, 1977), 185.

많은 인간들을 창조하셨을 가능성을 배제하지 않는다.[684] 그런데 이것은 인류가 진화 과정 중에 있다는 관점을 루이스가 진화론자들에게서 받아들인 결과인데, 이와 같은 생물학적 진화 개념은 결국 성경의 가르침과 배치된다.

2. 인간관 - 자유의지와 관련된 하나님의 주권

루이스에 따르면, 인간의 자유의지는 인간의 행위보다 먼저 존재하시는 하나님의 행위에 인간이 좋은 반응을 하느냐 악한 반응을 하느냐를 선택하는 것뿐이다.[685] '인간의 자유의지와 하나님의 주권'에 대해 루이스는 『고통의 문제』에서 진술하기를, 인간이 하나님을 찾게 되는 것은 하나님께서 먼저 그 영혼을 찾으신 결과로 나타난 하나의 양상 또는 현상(Erscheinung)에 불과하다고 말한다. 왜냐하면 모든 것이 하나님에게서 나오고, 심지어 인간이 사랑할 수 있는 것도 전적으로 하나님께서 주신 선물이기 때문이라는 것이다. 중요한 것은 자기가 결정하도록 강권함을 받았다는 사실이다. 루이스는 자기 삶에서 그랬던 것처럼 다른 많은 사람들의 삶에서도 하나님의 주권이 각자의 삶을 바꾸어 놓는다고 진술한다.[686]

인간의 책임과 하나님의 주권이 어떻게 화합할 수 있는가? 이에 대해 루이스는 1941년 출간된 『스크루테이프의 편지』에서 하나님께서 인간에게 자유의지를 주신 이유가 무엇인지를 역설적으로 보여 주려고 한다. 그것은 바로 '사랑'이다. 선택할 능력이 없는 인간

---

684 Lewis, *The Problem of Pain*, 79; Vaus, 『C. S. 루이스의 신학』, 79-80.
685 Lewis, *The Problem of Pain*, 51.
686 Vaus, 『C. S. 루이스의 신학』, 73.

은 결코 진정한 의미에서 하나님을 사랑할 수 없기 때문이다. 로봇만 가득한 세상은 창조할 가치가 없는데 반해, 자유의지는 악을 가능하게 하기도 하지만 동시에 사랑도 가능하게 하는 유일한 것이기 때문이라는 것이다.[687]

이와 같이 루이스는 인간의 자유의지보다 하나님의 주권을 더 강조하는 진술을 자주 사용한다. 즉 아브라함이 순종할 수 있었던 것은 전적으로 하나님의 은혜로 가능했던 것이며, 그런 점에서 볼 때 아브라함의 '시험'(trial)은 하나님께서 아브라함을 그런 믿음의 상태로 끌어올려 주시기 위해 허락하신 시험이라는 의미의 진술을 그는 다음과 같이 개진한다.

> "이삭을 제물로 바치라는 명령을 받았던 아브라함의 '시험'이 그 친숙한 예입니다. 저의 관심은 "하나님께서 전지하시다면 그런 실험을 하지 않아도 아브라함이 어떻게 행동할 것인지 이미 알고 계셨을 텐데, 왜 굳이 이런 불필요한 괴로움을 주셨는가?"라는 질문에 있습니다. 그러나 성 아우구스티누스가 지적했듯이, 하나님께서 무엇을 알고 계셨든지 간에 적어도 아브라함은 이 사건이 있기 전까지는 자신이 과연 이런 명령까지 순종할 수 있는지 알지 못했습니다.[688] 이처럼 아브라함 자신이 스스로 순종하는 편을 선택하게 될 것을 모르고 있었다면, 우리는 그가 의도적으로 순종하는 편을 선택했다고 말할 수 없습니다."[689]

---

687 Lewis, *Mere Christianity*, 52.
688 St. Augustinus, *De Civitate Dei*, XVI. 32.
689 Lewis, *The Problem of Pain*, 『고통의 문제』(서울: 홍성사, 2008), 153.

그런데 루이스는 또 한편 인간의 자유의지를 중시하여 구원 받기 위해 그리스도께 나올 수 있는 인간의 선택 능력을 강조함으로써, 전적 타락과 전적 무능력의 교리에 이의를 제기하기도 한다. 그는 만일 우리가 전적으로 타락했다면, 우리는 우리가 타락했다는 사실조차도 스스로 알 수 없을 것이라고 말한다. 그리고 경험적으로 볼 때에도 인간 본성에 여전히 많은 선이 존재하고 있기 때문에, 루이스는 자기가 전적 타락의 교리를 부인한다고 말한다: "제가 이 장에서 '전적 타락'의 교리를 복권시키려 한다고 생각한다면, 그것은 오해입니다. 저는 전적 타락의 교리를 믿지 않습니다. 왜냐하면 논리적으로 볼 때 우리가 전적으로 타락했다면 타락했다는 사실 자체를 스스로 아예 깨닫지 못할 것이고, 또 경험적으로 볼 때에도 인간의 본성에는 선한 것이 많이 있기 때문입니다."[690]

그러나 루이스는 사실 전적 타락의 교리를 오해하고 있다. 칼빈주의에서 말하는 전적 타락의 교리는 인간 본성에 도덕적 선 또는 윤리적 선이 있다는 사실을 부인하는 것이 아니라, 단지 인간에게 하나님께서 기뻐하시는 절대적 선이 없음을 주목하게 한다. 그렇기 때문에 인간 스스로는 구원받을 수 없는데, 하나님께서 계시에 의해 인간의 타락 사실을 알려 주시고 또 예수 그리스도를 통해 구원의 길을 베풀어 주신 사실을 부각시키면서, 구원의 은혜가 오직 하나님의 절대주권에 의해서만 나올 수 있음을 강조하는 것이 바로 칼빈주의에서 말하는 전적 타락의 교리이다. 그러니 전적 타락의 교리란 루이스가 걱정하는 대로 "우리가 무엇을 선이라고 생각하든

---

[690] Lewis, 『고통의 문제』, 110.

아무 가치가 없다"[691]라고 주장하는 교리가 아니라, "인간에게는 하나님께서 기뻐하시는 절대적 선을 행할 수 있는 능력이 전혀 없다"라고 설명하는 교리인 것이다. 그런데 루이스는 '전적 타락'의 교리를 부인하면서 '불가항력적 은혜'의 교리도 함께 부인하는데, 그는 하나님의 은혜를 인간이 저항할 수 없다는 교리를 다음과 같이 부인하고 있다.

"너희도 온전하라는 명령은 이상주의적인 과장이 아닙니다. 불가능한 것을 하라는 명령도 아닙니다. 그는 지금 우리를 그 명령에 순종할 수 있는 존재로 만들어 가고 계십니다. 그가 이 일을 하시도록 우리가 맡기기만 한다면(우리가 원한다면 못 하시게 막을 수도 있습니다), 아무리 연약하고 더러운 인간이라도 남신과 여신으로, … 그분 자신의 다함없는 능력과 즐거움과 선함을 완벽하게 반사하는 티 없이 맑은 거울로 만드실 것입니다. … 그들의 자유의지는 나침반의 바늘처럼 흔들리고 있습니다. 그 바늘은 참된 북쪽을 가리킬 수도 있습니다. 그러나 꼭 그럴 필요는 없습니다. 빙그르르 돌고 있는 그 바늘은 과연 하나님을 가리키며 멈춰 설까요? 그렇게 되도록 하나님께서 도우실 수는 있습니다. 그러나 강제하실 수는 없습니다. 말하자면 직접 손을 대서 바른 방향으로 돌려놓으실 수는 없다는 것입니다. 그것은 바늘의 자유의지를 빼앗는 일이기 때문입니다."[692]

691　Lewis, 『고통의 문제』, 55-56.
692　Lewis, *Mere Christianity*, 장경철 · 이종태 역, 『순전한 기독교』(서울: 홍성사, 2008), 312; 319-320.

3. 종말관 - 천국관, 지옥관, 연옥관

육체의 부활에 관하여 루이스는 우리가 이 세상에서 경험하듯이 몸이 영혼을 지배하는 것과 반대로 부활 후에는 영혼이 몸을 지배할 것임을 시사한다. 현재 우리는 영혼이 몸 안에 있다고 생각하지만, 부활한 영화로운 몸, 즉 '죽음에서 부활한 감각적 생명'은 영혼 안에 있을 것이라는 것이다. 이는 마치 하나님께서 우주 안에 계시는 것이 아니라 우주가 하나님 안에 있는 것과 같다. 그러니 부활한 뒤에는 육신이 약해서 영혼의 활동을 방해하는 일은 없을 것이다. 오히려 영혼은 그 속에 담게 될 부활한 '감각적 생명'을 통해 온전히 발현될 것이다. 또한 인간의 영혼 혹은 정신이 부활하여 영화롭게 되면, 결국 물리적 세계 안에 있는 모든 것들도 변화시킬 것이다. 그 날이 오면 구속받은 자들의 감각체(sense-body)에서 새로운 지구 전체가 생겨날텐데, 그것은 이 지구와 같으면서도 같지 않은 곳으로서, 썩을 것으로 심은 지구가 썩지 아니할 것으로 다시 살아날 것이라는 것이다.[693]

1) 천국관

루이스는 천국에 대한 많은 묵상들을 남겨놓고 있다. 초기에는 『고통의 문제』(*The Problem of Pain*) 마지막 장에서 천국을 다루었는데, 후기에는 『헤아려 본 슬픔』(*A Grief Observed*)의 끝 부분과 다른 작품들에서 다시 천국을 말한다. 그에 의하면, 천국은 이 우주를 초월한

---

[693] Lewis, *Letters to Malcolm: Prayer*, 『개인기도』(서울: 홍성사, 2007), 178-80. 이 책은 루이스가 죽기 전에 출판용으로 준비한 마지막 책이다.

하나님의 생명을 뜻할 수 있다. 또는 하나님의 어떤 피조물이 그 생명에 참여하는 것을 뜻할 수도 있다. 천국은 구속받은 사람들이 그런 참여를 충만하게 영원히 누릴 수 있는 새로운 성품 전체를 의미할 수도 있다. 그러면서도 루이스는 천국이 견실한 장소이며 실재하는 장소임을 보여 주고자 한다. 천국은 말 그대로 물리적인 하늘, 창공, 지구가 돌고 있는 우주 공간을 가리킬 수도 있다. 천국에서의 피조물들은 실체 없이 영혼만 떠다니는 귀신과 다른 존재일 것이다. 천국의 실재는 지옥의 실재와는 비교할 수 없을 정도로 엄청나서 사람을 보이지 않을 정도로 투명하게 만들 것이다.[694]

　천국은 하나님의 임재 안에서 계속 살기를 원하는 사람이라면 누구나 들어갈 수 있도록 문을 열어놓고 있는 곳이다. 반면에 천국은 순전한 하나님의 빛 안에 거하기를 바라지 않는 사람들과 정욕과 죄악 속에서 시간을 탕진하고 있는 사람들에게는 절대 문을 열어 주지 않는다. 그래서 하나님의 자비하심을 거부하고 자기중심적인 성향 안에서 계속 안주하려는 사람들은 살아갈 수 없는 곳이다. 이런 사람들이 갈 수 있는 곳이라곤 오직 하나, 하나님께서 계시지 않는 곳, 바로 우리가 '지옥'이라고 부르는 곳이다. 이렇게 볼 때 루이스에 의하면, 천국은 하나님께서 현존하시는 곳이며 그 인격과 창조의 재능으로부터 흘러나오는 모든 것들을 누리는 곳이다. 천국은 전적으로 현실적이어서 일정한 장소이기는 하지만(이에 반해 지옥은 장소라기보다 거의 무와 같다), 장소이기 이전에 오히려 관계라고 보아야 한다. 그래서 천국은 인간의 가능성이 충족되는 곳이며, 지옥은 인

694　Lewis, *Miracles*, 157-58.

간의 가능성이 고갈되는 곳이다.[695]

루이스에 의하면, 천국에 관한 성경의 이미지를 문자 그대로 받아들일 필요는 없다. 『순전한 기독교』에서 루이스는 천국과 관련된 성경의 이미지들은 표현할 수 없는 것을 표현하기 위한 상징적 시도라고 설명했다. 가령 수금이 언급된 이유는 음악이 황홀경과 무한성을 암시하기 때문이다. 면류관이 언급된 것은 영광과 능력과 기쁨을 표현하기 위해서이다. 또 황금이 언급된 것은 천국의 무시간성과 그 귀중함을 암시하기 위해서이다. 그런데 루이스는 천국에 관한 성경의 이미지들에 별다른 감흥을 느끼지 못하는 이들에게 천국에 대한 소망을 일깨우기 위해 자기가 생각한 몇 가지 이미지들을 제시한다. 그러한 이미지들 중 하나는 '위대한 춤'의 장소로서의 천국이다. 이 춤 속에는 기쁨이 있지만, 이 춤이 기쁨을 위해 존재하는 것은 아니다. 오히려 이 춤은 하나님을 위해 존재한다.[696] 하나님께서는 정적인 존재가 아니시고 역동적이시고 맥박이 고동치는 활동, 생명, 드라마와 같은 이시다. 그런 점에서 볼 때, 삼위일체 하나님께서는 '위대한 춤'에 가까우시다.[697]

삼위일체 하나님의 관계가 위대한 춤과 같다는 루이스의 설명으로 우리는 삼위일체 안에 있는 기쁨의 관계를 이해할 수 있다. 우리는 그 기쁨에 동참하도록 초대받은 것이다. 그러므로 기쁨은 천국에서 행하는 진지한 활동이다. 『고통의 문제』 '천국' 장에서 루이스

---

695 Vaus, 『C. S. 루이스의 신학』, 281.
696 Lewis, *Letters to Malcolm: Chiefly on Prayer* (New York: Harcourt Brace Jovanovich, 1964), 92-93.
697 Lewis, *Mere Christianity*, 152-53.

는 '위대한 춤'을 자아를 버리는 것과 연관시킨다. 자아를 버려야만 생명을 얻을 수 있다. 자아가 인간 안에서 이리저리 빠르게 움직이고 있을 때, 위대한 주인께서 친히 자신을 피조물에게 내주시고 말씀의 희생을 통해 자신에게 되돌아가심으로써 잔치를 이끄신다.[698] 그럴 때 왕의 사랑 앞에서 무릎 꿇은 자들은 연합 속에서 하나의 춤을 이루게 될 것이라는 것이다.[699]

루이스가 천국을 묘사하는데 자주 사용하는 또 다른 이미지는 '영원한 아침'이다. 그가 천국을 묘사하는데 하루 중 아침을 택한 까닭은 아침의 이미지가 지성과 감성에 신선함을 떠올리게 하기 때문인 듯하다. 『천국과 지옥의 이혼』(The Great Divorce)에서 등장인물로 나오는 '나'를 통해 루이스는 지옥에서 출발한 버스에서 내리자마자 천국에 온 첫인상을 묘사하기를, 온 몸에 느껴지는 햇살과 서늘한 공기가 마치 여름철 이른 아침 해 뜨기 1, 2분 전의 상황과 비슷하다고 묘사한다.[700] 이로 보아 루이스에게 천국은 새 날에 대한 기대감으로 가득한 아침이자 새로운 시작이며, 일몰이 아닌 일출과도 같다.[701] 또한 천국에서 우리는 완전한 인간이 될 것이므로 더 이상 법이나 도덕이 필요하지 않을 것이다. 루이스는 단테(『신곡』)가 묘사한 천국이 옳고, 군대 규율이 등장하는 밀턴(『실낙원』)이 묘사한 천국은 우스꽝스러운 이유가 바로 그것이라고 주장한다. 천국에서는 법이 사라질 것이다. 그러나 법아래서 성실히 살아온 결과물들은 사

---

698 Lewis, *The Problem of Pain*, 153.
699 Lewis, *Letters to Malcolm: Chiefly on Prayer*, 92-93.
700 Lewis, *The Great Divorce* (New York: Macmillan, 1979), 26-27.
701 Vaus, 『C. S. 루이스의 신학』, 284-85.

라지지 않을 것이다.[702] 어쨌거나 중요한 것은 하나님께서 함께 계시느냐 안 계시느냐인데, 만일 이를 떠나 천국이나 지옥 자체에 마치 실질적인 의미가 있는 양 이것들을 실체화시킨다면, 천국과 지옥에 관한 교리가 부패할 뿐 아니라 그렇게 생각하는 우리 자신도 역시 부패하게 될 것이라는 것이다.[703]

2) 지옥관

루이스에 의하면, 천국과 지옥의 차이는 '하나님께서 함께 계시느냐'의 여부에서 갈라지는데, 이 선택을 하는 주체가 하나님이 아니라 인간이라고 한다. 그래서 천국은 하나님의 임재 안에서 살기를 원하는 사람들이 선택하는 곳으로서 일정한 장소이고, 반면에 지옥이란 하나님의 자비하심을 거부하고 자기중심적인 사람들이 선택하는 곳이라고 한다. 루이스는 인간의 자유의지를 중시하여 지옥과 관련하여 자기 자신에 의한 지옥 선택을 말한다. 사람들은 스스로 지옥을 선택했기 때문에 지옥에 가는 것이다. 천국과 지옥 중 어느 쪽으로 가느냐 하는 영원한 운명은 각 사람의 선택에 달려 있다. 지옥의 문은 안쪽에서 잠겨 있기 때문이다. 천국은 우리가 받을 자격이 없는데도 주어진 약속된 선물인데 반해, 지옥은 인간 스스로가 받아들이기로 한 사막이다. 그러니 루이스에 의하면, 저주 받은 자들이야말로 어떤 의미에서 최후까지 반역에 성공한 자들이고, 이런 자들이 가는 곳이 바로 지옥이라고 한다.

---

702 Lewis, *Letters to Malcolm: Chiefly on Prayer*, 115-16.
703 Lewis, 『예기치 못한 기쁨』, 331-32.

"한 사람의 영혼이라도 궁극적으로 잃어버리는 것은 전능하신 분의 실패를 의미하는 것이 아니냐는 반대 의견이 있습니다. 그 말대로 전능하신 분은 실패했습니다. 그러나 그는 자유의지를 가진 존재들을 창조하셨을 때부터 그런 실패의 가능성을 감수하셨습니다. 여러분이 실패라고 부르는 것을 저는 기적이라고 부릅니다. 자기 자신이 아닌 것을 만듦으로써 어떤 의미에서 자기 작품에게 거부당할 수 있는 존재가 되신 것은 하나님의 위엄 중에서도 가장 놀라운 일이자 상상을 초월하는 일이기 때문입니다. 저는 저주받은 자들이야말로 어떤 의미에서 최후까지 반역에 성공한 자들이라는 것, 지옥의 문은 안쪽에서 잠겨 있다는 것을 믿는 데 망설임이 없습니다. 이것은 그 영혼들에게 지옥 밖으로 나오고 싶어 하는 바람, 시기심 많은 사람이 행복을 바랄 때와 같은 그 막연한 바람조차 없으리라는 말은 아닙니다. 그러나 그들은 영혼이 선에 이를 수 있는 유일한 길인 자기 포기의 영역에서는 그 첫 단계조차 밟으려 하지 않을 것이 분명합니다. 그들은 스스로 요구한 무서운 자유를 영원히 누린 결과 자아의 노예가 됩니다. 그러나 축복받은 자들은 영원히 순종에 무릎을 꿇음으로써 영원무궁토록 자유롭고 더 자유로운 존재가 됩니다."[704]

여기에서 우리는 루이스가 각 사람의 선택의 중요성을 말하면서 인간의 자유의지를 그만큼 강조하는 것을 확인할 수 있다. 또 지옥의 단 한 가지 법칙이 "나는 내 것이다"라는 고집스러운 원칙이라고 주장한 조지 맥도날드(George MacDonald, 1824-1905)[705]와 같은 생각

---

704 Lewis, 『고통의 문제』, 193-94.
705 맥도날드는 스코틀랜드의 시인이자 조합교회 목사였는데, 공상 작품과 아동문학 작가로 확고한 명성을 누렸고, 루이스에게 중요한 영향을 끼쳤다. 루이스는 자기의 상상력이 맥도날드의 소설 『환상』

을 루이스가 가지고 있음도 확인할 수 있다. 맥도날드는 루이스의 공상소설인 『천국과 지옥의 이혼』[706]에서 루이스와 함께 루이스의 '영적 안내자'로 등장하기도 한다. 구원받지 못한 영혼의 악마적인 태도가 영원히 고착된다는 것에 대해 루이스는 이를 의심할 여지없는 사실로 보았다. 그러나 이처럼 영원히 고착된다는 것이 곧 끝없는 지속을 의미하는지는 알 수 없다고 한 걸음 물러섰다. 또한 루이스에 의하면, 지옥은 인간을 위해 만들어진 곳이 아니다. 그러니 지옥은 결코 천국과 평행선상에 있지 않다. 지옥은 '바깥 어두움', 곧 존재가 비존재로 사라지는 바깥 테두리일 뿐이다. 이렇게 해서 루이스는 천국과 지옥의 단순한 이원론을 피해 간다.

루이스에 의하면, 주님께서는 지옥에 대해 말씀하실 때 세 가지 상징들을 사용하셨다. 그 첫째는 형벌 즉 극심한 괴로움(영벌, 마 25:46)이고, 둘째는 파멸(몸과 영혼을 능히 지옥에 멸하심, 마 10:28)이며, 셋째는 바깥 어두움으로 쫓겨나는 추방이나 박탈(예복 입지 않은 남자나 어리석은 처녀들의 경우, 마 22:1-14, 25:1-13)이다. 가장 널리 알려져 있는 불의 이미지는 극심한 괴로움과 파멸의 개념을 동시에 아우른다. 그런데 분명한 점은 이 모든 표현들의 의도가 '무언가 말할 수 없이 무서운 것'을 제시하려는 데 있다는 사실이다. 이 사실을 직시하지

(Phantastes: A Faerie Romance for Men and Women)을 읽자마자 처음으로 어떻게 세례 받았는지를 묘사했다.

[706] 루이스는 윌리엄 블레이크의 『천국과 지옥의 결혼』(The Marriage of Heaven and Hell)을 염두에 두고 이에 동감하지 않는 관점에서 『천국과 지옥의 이혼』을 저술하였다. 그런데 블레이크에게 지옥은 어떤 틀에 박힌 정신구조가 만들어낸 창조물에 불과하여, 단지 정신적인 상태이며 껍데기일 뿐이다. 19세기에 프로이드 (Sigmund Freud, 1856-1939)는 인간 무의식의 본질과 기능에 대한 새롭고 획기적인 이론들을 발표하면서 천국과 지옥에 대한 블레이크의 관념을 뒷받침하기도 하였는데, 기실 블레이크의 급진적인 공상작품 『천국과 지옥의 결혼』은 뉴에이즈 시대의 천국과 지옥관에 대해 말해줄 뿐이다.

않는 해석은 가치가 없다. 그렇다고 파멸과 박탈을 제시하는 이미지들은 도외시한 채 극심한 괴로움의 이미지에만 집중할 필요도 없지만 말이다. 천국에 들어간다는 것은 이 땅에서 살 때보다 더 인간다워진다는 뜻이다. 반면에 지옥에 들어간다는 것은 인간성을 박탈당한다는 뜻이다. 지옥에 던져지는(또는 스스로 뛰어 들어가는) 것은 인간이 아니라 인간의 잔해이다. 그런 피조물, 즉 죄인이 던져지는 것이 아니라 오히려 상극의 죄들이 성기게 뭉쳐 있는 덩어리들이 지옥에 던져진다는 것인데, 이런 피조물의 의식 상태가 과연 어떤 것일지 상상하기란 불가능하다.[707]

이런 루이스의 글을 신학적으로만 접근하는 데에는 문제의 소지가 있다. 우리는 루이스가 판타지(Fantasy)라는 문학 형태의 틀 안에서 글을 전개하고 있음을 잊지 말아야 한다. 판타지 안에서 루이스는 인간의 마음을 죄와 구원이라는 틀 안에서 간파하는 통찰력을 보여 준다. 그가 인간의 연약함과 이기주의, 또 복음에 대한 잘못된 오해를 드러내기 위해 애쓰면서 근본적으로 주장하는 죄의 모습은 바로 '자기 집착'이다. 그리고 루이스는 추측하기를, 언젠가 육신을 벗게 될 때 이런 '자기 집착'이 어떤 방해도 받지 않고 극단으로 치닫게 될 텐데, 그것이 곧 지옥의 모습이 되리라고 추측한다. 그러니 루이스는 천국과 지옥에 대해 '추측'과 '가정'을 통해 묘사하고자 애썼다고 볼 수 있다.

707　Lewis, 『고통의 문제』, 189-91.

3) 연옥관

루이스가 연옥을 믿었는가? 루이스는 연옥 교리에 대해서 로마 카톨릭과 개신교의 중간적 입장인 영국 성공회의 교리에 따른다. 즉 천국으로 갈 수 있는 두 번째 기회로서의 연옥이 아니라, 이미 구원받은 자들이 하나님을 만나기 전에 죄를 벗는 과정에서 정화된다는 의미에서의 연옥을 믿는다. 연옥에 대한 루이스의 믿음을 보여 주는 최초의 암시는 1944년에 발간된 『인격을 넘어서』에 등장한다. 하나님께서는 우리를 완전케 하시려는 의도를 가지고 계신다. 그러니 우리가 이 땅에서 사는 동안 어떤 고난을 겪든, 죽은 뒤에 상상할 수 없는 어떤 연단을 받든, 그리스도께서는 우리가 온전해질 때까지 결코 쉬지 않으실 것이라는 것이다.[708] 이후 루이스는 『천국과 지옥의 이혼』에서 죽은 후에도 연단을 받는다는 사상을 상세히 전개한다. 아무리 신실한 영혼도 죽는 순간에 온전함과 평안함을 누리는 단계로 곧바로 도약할 수 있지는 않을 것이다. 정결함을 위해 일정 기간의 연단이 필요할 것이라는 것이다.

천국에 있는 어느 빛나고 건장한 사람이 잿빛 도시(지옥)에서 온 한 혼령에게 자기도 이전에 지옥에 있었다고 말한다. 하지만 지옥으로 돌아가지 않기로 결심한 사람은 그 잿빛 도시를 '연옥'이라고 불러도 관계없다.[709] 작중 루이스는 죽은 후에도 선택의 여지가 정말 있는지에 대해 의문을 제기한다. 그러나 맥도날드는 루이스에게 선택과 시간 모두를 초월해 보기 전에는 선택과 시간의 관계를 완전

---

708 Lewis, *Mere Christianity*, 172.
709 Lewis, *The Great Divorce*, 39.

히 이해할 수 없으니, 그런 질문에 몰두하지 말라고 권한다.[710] 이 대화는 우리에게 두 가지 사실을 말해 준다. 즉 이 대화로 볼 때, 루이스는 연옥 교리를 믿는 카톨릭과 연옥을 받아들이지 않는 개신교 사이에서 중용을 취하려고 애썼음을 알 수 있다. 또 하나, 소설로서의 『천국과 지옥의 이혼』은 천국, 지옥, 연옥이 각기 어떤 모습일까에 대한 내용이라기보다 오히려 이 세상에서의 선택에 대한 내용임이 밝혀진다. 루이스는 서문에서 독자들에게 이 소설이 공상소설(판타지)임을 명심해 달라고 부탁한다. 루이스는 소설에 나오는 상황들이 사후세계의 구체적인 모습에 대해 독자들의 호기심을 불러일으키려는 의도가 전혀 없이 순전히 상상의 산물일 뿐이라는 점을 특별히 강조한다.[711]

연옥에 대한 루이스의 결정적인 진술은 그의 공식적인 마지막 작품 『말콤에게 보내는 편지(개인기도)』 20번째 글에 나온다. 그가 말하는 연옥은 천국으로 갈 수 있는 두 번째 기회(제2시련설)로서가 아니라, 이미 구원받은 자들이 거룩하신 하나님을 만나기 전에 죄를 벗는 과정에서 정화된다는 의미에서의 연옥이다. 그러니까 연옥은 그에게 영혼을 정화시켜 주는 곳으로서 의미가 있다. 이 점에서 그는 단테의 '연옥편'을 높이 평가한다. 그는 연옥이 어떻게 단테[712]의 '연옥편'에서는 구원받은 자들을 위한 '정화의 장소'로 나오다가,

---

710 Lewis, *The Great Divorce*, 69.
711 Vaus, 『C. S. 루이스의 신학』, 274-75.
712 단테는 『신곡』에서 연옥을 '형벌의 장소'가 아니라 '정화의 과정'으로 묘사한다. 만일 연옥을 '형벌의 장소'로 보면 그것은 곧 '잠정적인 지옥'을 의미하고, 만일 연옥을 '정화의 과정'으로 보면 그것은 곧 '천국 대기장소'를 의미한다. 그런데 개혁신학에서는 이 둘 모두가 다 연옥을 천국과 지옥 이외의 '제3의 장소'로 보는 것으로 보고, 이 두 개념을 모두 다 배격한다.

16세기 토머스 모어(Thomas More, 1477-1535)[713]의 『영혼들의 탄원』(Supplication of Souls)에서 '잠정적인 지옥'으로 잘못 바뀌게 되었는지를 지적한다.[714] 구원받은 영혼들은 천국에 들어가자마자 보좌에 다가가기 전에 다른 곳에 가서 깨끗함을 받기를 구한다. 루이스는 이런 의미에서 우리 영혼이 연옥을 필요로 하며, 연옥에서의 연단이 고난을 수반할 것이라고 생각한다. '성화'를 위한 연옥에서의 고난이 구원받은 영혼들에게 필요할 것이라는 것이다.[715] 루이스는 자기가 이런 의미의 연옥을 믿는다는 사실과 또 자기가 죽은 자들을 위해 기도한다는 사실을 숨기지 않았다. 죽은 자를 위한 기도가 효력이 있을 것이라고 그가 생각한 데에는 아마도 그가 노년에 사랑하였던 아내 조이(Helen Joy Davidman Grasham, 1915-1960) 때문이었을 것이다.[716]

---

[713] 영국의 인문주의자이자 작가. 그의 『영혼들의 탄원』은 연옥에 있는 영혼들이 이 세상에 있는 사랑하는 사람들에게 죄악된 삶을 피할 것을 권하며, 자기들이 연옥의 고통에서 빨리 벗어나도록 기도해 줄 것을 탄원하는 형식으로 되어 있다.

[714] Lewis, *English Literature in the Sixteenth Century*(Oxford: Oxford University Press, 1973), 172-73.

[715] Vaus, 『C. S. 루이스의 신학』, 276-77.

[716] 헬렌 조이 그레셤(Helen Joy Davidman Grasham, 1915-1960)은 뉴욕 출신 여류작가로서 루이스보다 16세 젊었는데, 전 남편과 이혼하고 9살, 7살 된 두 아들과 함께 영국으로 왔다. 조이는 영국 시민권을 얻어 자기 아이들이 영구히 영국에 머물 수 있기를 원했다. 그런데 영국 비자를 거절당하자, 루이스는 그녀에게 자기와 문서상의 결혼을 제안했다. 그러나 이렇게 비자 문제 때문에 결혼한 지 2달 만에 조이는 갑자기 병으로 쓰러졌다. 그녀는 몸의 여러 곳에 암 진단을 받았고, 그녀의 왼쪽 대퇴골은 거의 종양이 찬 상태였다. 루이스는 원래 그녀와 문서상의 결혼 이상을 감히 생각하지 않았었는데, 그녀가 앞으로 오래 살지 못한다는 사실을 알게 되자 그녀에게 구혼하고, 1957년 3월에 그녀의 병실에서 정식으로 결혼식을 올렸다. 그로부터 3년 후 1960년에 그녀는 사망했다. 루이스는 젊은 아내의 죽음을 맞이한 후, 첫 몇 개월 동안의 자기의 절망적인 심정을 자기 일기에 솔직한 표현으로 담았다. 이것이 나중에 『헤아려 본 슬픔』이라는 제목과 클러크(N. W. Clerk)라는 가명으로 1961년 9월에 출판되었다: 로널드 브레슬랜드, 송용자 역, 『C. S. 루이스와 떠나는 여행』(서울: 부흥과개혁사, 2008), 118; Douglas H. Gresham(루이스의 양아들이자 헬렌 조이 그레셤의 친아들) 해설, in C. S. Lewis, *A Grief Observed*, 『헤아려 본 슬픔』(서울: 홍성사, 2008), 115-16; Madelain L'Engle 머리말, in Lewis, 『헤아려 본 슬픔』, 9.

"나는 죽은 자들을 위해 기도하네. 이 일은 내 안에서 너무 자연스럽게 우러나고 거의 불가피한 것이어서, 이 일을 중단하려면 매우 강력한 신학적 반론이 있어야 할 걸세. 그리고 죽은 자들을 위한 기도가 금지된다면, 내가 드리는 나머지 기도가 살아남을 수 있을지 모르겠군. 우리 나이가 되면 가장 사랑하는 이들 대부분이 저 세상 사람 아닌가? 내가 가장 사랑하는 대상을 하나님께 말씀드릴 수 없다면, 하나님과 어떤 종류의 교제를 나눌 수 있겠나?"[717]

그러나 개혁주의 교리에 의하면, 죽은 자를 위한 기도는 아무 유익이 없고 따라서 필요도 없다. 성경은 의인과 악인이 다 사후에 곧바로 영생과 영벌의 처소로 간다는 것을 분명히 가르치고 있다. 다시 말해 천당과 지옥 외에 제3의 '중간기 처소'가 따로 있지 않으며, '중간기 상태'는 영혼이 육체 없이 천당과 지옥에서 보내게 된다는 것이 성경의 견해이다.[718] 이렇게 볼 때, 연옥이 천국을 준비하기 위한 지속적이고 긴 정화의 과정이며 하나님 안에서 성장하는 곳이라고 생각한 루이스의 견해는 옳지 않다. 그런데도 영국 성공회는 연옥에 간 영혼을 고통에서 건져 달라고 기도하는 로마 카톨릭의 관행을 거부했지만, 죽은 신자들의 영혼의 안식과 활력을 위해서는 여전히 기도하고 있다. 이와 같은 성공회 입장[719]의 연장선상에서 루이스는 '영혼을 정화시켜 주는 곳'으로서의 연옥의 존재를 믿었다.

---

717 Lewis, 『개인기도』, 158-59.
718 박아론·김석환, 『기독교 종말론』 (서울: 기독교문서선교회, 2004), 89-100.
719 루이스는 영국 성공회의 3대 교파인 고교회파, 저교회파, 광교회파 중에서도 개신교의 영향을 가장 많이 받은 저교회파의 배경 하에서 자랐다.

또 그의 저서 『고통의 문제』에서 그는 동물도 영원히 살 수 있는 생명체일 수 있다는 가능성을 제기하고 있다.[720] 그런데 이것은 그가 살아 있을 때 고양이를 매우 좋아했던 사실과 무관하지 않은데, 그는 고양이를 비롯한 애완동물들도 천국에서 영원히 인간들과 함께 살 수 있기를 그저 소박하게 희망하였던 듯하다.

III. C. S. 루이스의 신관

1. 삼위일체 하나님관

루이스는 그의 일반 서적뿐만 아니라 소설에서도 삼위일체 하나님을 바탕으로 한 주인공들을 등장시키고자 의도적으로 애쓴다. 가령 『우주 3부작』에는 젊은 말렐딜(Maleldil the Young, 성자 하나님), 나이든 말렐딜(the Old One, 성부 하나님), 제3의 말렐딜(the Third One, 성령 하나님)이 등장한다.[721] 또 『나니아 연대기』에는 아슬란과 아슬란의 부친인 바다 황제(the Emperor-Beyond-the-Sea, 성부 하나님)가 등장하기도 한다. 그 책에서 아슬란은 성자 그리스도의 형상으로서 하얀 마녀가 돌로 변하게 한 피조물들에게 생명을 되찾아 준다. 그는 마치 제자들에게 숨을 내쉬며 '성령을 받으라'(요 20:22)고 말씀하시는 예수님의 모습과 닮아 있다.[722]

이런 루이스는 자기가 삼위일체의 정통 교리를 받아들인다고 말

---

720 Bramlett, 『작은 그리스도 C. S. 루이스』, 71.
721 Lewis, *Perelandra* (New York: Macmillan, 1965), 210.
722 Vaus, 『C. S. 루이스의 신학』, 53.

한다.[723] 윌 바우스(Will Vaus)는 루이스가 삼위일체를 이해하고 설명할 때, 신약 성경과 믿음의 선조들의 저서와 사상에 기반을 두고 있기에, 독창적이라기보다 쉬운 언어로 삼위일체를 설명한 루이스의 창의력에 주목한다.[724] 루이스는 창조되지 않으신 삼위 하나님을 창조 질서 안에서 완벽하게 설명할 수 있는 예가 없다는 사실을 인식한다. 그러나 루이스는 이 불가능한 개념을 설명하기 위해 독특한 시도를 한다. 즉 루이스는 삼위를 다양한 공간적 차원에 비유한다. 마치 정육면체가 여섯 개의 정사각형들을 갖고 있으면서 동시에 하나의 정육면체를 이루고 있듯이, 신적 차원에도 세 인격인 동시에 하나인 존재가 있다는 것이다.[725]

> "인간적 차원에서 한 인격은 한 존재이며, 두 인격은 별개의 두 존재입니다. 2차원에서(가령 종이 위에서) 한 정사각형은 한 도형이고, 두 정사각형은 별개의 두 도형인 것처럼 말이죠. 신적 차원에도 인격체들이 있습니다. 그러나 그 인격체들은 그 차원에서 살지 않는 사람은 상상도 할 수 없는 새로운 방식으로 결합되어 있습니다. 여러분은 하나님의 차원에서 세 인격인 동시에 하나인 존재를 보게 됩니다. 정육면체가 하나의 정육면체인 동시에 여섯 개의 정사각형들인 것처럼 말이죠."[726]

루이스는 이렇게 삼위일체를 설명하기 위해 '정육면체의 비유'를

---

723 Lewis, *Christian Reflections* (London: Geoffrey Bles, 1967), 5.
724 Vaus, 『C. S. 루이스의 신학』, 47.
725 Lewis, *Mere Christianity*, 142; *Miracles*, 85; *Christian Reflections*, 79.
726 Lewis, 『순전한 기독교』, 252.

든 것으로 비난을 받았다.[727] 그는 곧 익살스러운 답변으로 응수했다. 삼위일체를 설명할 때 한 차원에서는 자기모순을 갖는 것이 어떻게 다른 차원에서는 일관성이 있을 수 있는가를 보이기 위해 평면과 입방체를 예로 든 것이 왜 저속한 것인지 이해할 수 없다고 반박한 것이다.[728] 그러나 정육면체를 삼위일체에 비유하는 것은 비록 저속한 것은 아니지만 합당한 비유가 되지 못한다. 왜냐하면 신적 속성을 가지신 삼위일체 하나님을 이 세상 자연만물 중의 어느 하나에 비유할 때, 그것은 삼위일체 하나님을 설명하기 위해 태양의 예(태양의 빛과 그 열과 태양 본체)나 또는 물의 비유(H_2O, 얼음과 물과 수증기)를 사용하는 것보다 더 나은 것이 없기 때문이다.

또 루이스는 삼위일체 하나님을 기도와 관련하여 설명하기를, 평범한 그리스도인이라면 누구나 기도할 때 삼위일체 하나님께서 역사하시는 것을 볼 수 있다고 말한다. 즉 한 평범하고 순진한 그리스도인이 무릎을 꿇고 기도할 때, 그가 지금 이런 기도를 하게 하시는 이는 바로 그의 속에 계신 성부 하나님이시다. 또 그런 그를 옆에서 기도하도록 격려하시는 이는 성령 하나님이시다. 그런데 하나님에 대한 모든 참된 지식은 하나님이셨다가 인간이 되신 성자 그리스도를 통해 온다. 그리고 그 성자 그리스도께서 지금 그의 옆에서 기도를 돕고 계시며, 그를 위해 기도하고 계신다. 그러니 하나님께서는 지금 이 사람이 기도하고 있는 대상(그가 기도로 도달하고자 하는 목표)이

---

[727] 1958년 10월 1일, 미국인 성직자 노먼 피텐저 목사가 자유주의 진영의 기독교 잡지인 「크리스천 센추리」(Christian Century)에 루이스의 비유를 비난하는 논설을 게재하였다. 이에 루이스는 11월 26일, 곧 같은 잡지에 응수했다: Vaus, 『C. S. 루이스의 신학』, 48-49.
[728] Lewis, *God in the Dock*, ed. Walter Hooper(Grand Rapids, Mich.: Eerdmans, 1994), 182.

시다. 또한 그가 기도하도록 밀어주고 계시는 주체(원동력)이시기도 하다. 동시에 이 사람이 그 목표를 향해 나아가는 길 내지 다리이시기도 하다고 한다.[729]

중요한 것은 삼위일체 하나님의 생명 속에 실제로 이끌려 들어가는 일인데, 이처럼 모든 평범한 믿는 자가 기도하고 있는 평범한 침실 안에서도 삼위일체 하나님의 삼중적인 생명 전체가 실제로 이루어지고 있다. 그래서 지금 이 사람은 하나님에 의해, 하나님 안에 이끌려 들어가고 있는 동시에 여전히 자기 자신으로 남아 있음으로써, 좀 더 높은 종류의 생명 속으로, 루이스의 표현대로라면 조에(ζωή) 또는 영적 생명 속으로 들어 올려지고 있다는 것이다.

그런데 루이스는 『인격을 넘어서』라는 그의 작은 책(후에 『순전한 기독교』라는 이름으로 확장되어 다시 출판됨)에서 삼위일체의 성격에 대해 이렇게 논의한다: "그리스도께서 인류 전체에 끼치신 효력이 무엇입니까? 그 효력이란 바로 이런 것입니다. 하나님의 아들이 되는 일, 창조된 존재에서 출생한 존재로 변화되는 일, 일시적인 생물학적 생명(βίος)에서 시간을 초월한 영적 생명(ζωή)으로 바뀌는 일이 우리에게 일어났습니다."[730] 이 과정에서 루이스는 인류 전체가 그리스도와 함께 '창조된 존재'(the created thing)에서 '출생한 존재'(the begotten thing)로 변화되었다고 진술한다. 그러나 이런 은혜로운 효력이 인류 전체에게 미친다는 것은 성경이 가르치는 교훈이 아니다.

---

729 Lewis, 『순전한 기독교』, 252-54. 이외에도 루이스는 아우구스티누스에게서 빌려온 삼위일체의 유비로서 사랑하는 이, 그 사랑을 받는 이, 그들 사이에 존재하는 사랑에 비유하여 설명하기도 하고, 또 마음 속 그림을 그리는 상상 행위, 마음 속 형상, 상상하려는 의지라는 세 관계에 비유하여 설명을 시도하기도 한다: Vaus, 『C. S. 루이스의 신학』, 50-51.
730 Lewis, 『순전한 기독교』, 276, 278.

또 그리스도께서는 '변화'가 있을 수 없다. 왜냐하면 신성은 불변하기 때문이다. 그리고 또 그리스도께서는 '창조된 존재'라는 표현을 써서는 안 된다. 설혹 여기에서 루이스가 '창조된 존재'를 말할 때에 그 인성을 마리아에게서 물려받으셨다는 의미로 사용하였다고 하더라도, 그리스도의 신격에 적용된 것으로 오해할 수 있는 이런 표현은 함부로 써서는 안 된다는 것이 신학도의 기본 상식이다. 이것은 아마 루이스가 신학을 전공하지 않은 일반 평신도였기 때문에 생겨난 오류로서, 신학적인 잘못은 아니고 평신도가 잘못 사용한 표현상의 실수로 보아야 할 것이다. 그러나 칼빈에게 심하게 대적하였던 종교개혁 때의 이단자 세르베투스(M. Servetus)도 역시 마찬가지로 평신도였던 사실을 상기할 때, 이와 같이 중대한 문제점에 대해서는 분명히 지적되어야 할 필요가 있다.

또한 루이스는 삼위일체의 세 위격 사이의 관계를 설명하면서 영원히 연결된 두 권의 책으로 설명하기도 한다. 즉 책상 위에 한 권(성자)의 책이 다른 책(성부) 위에 놓여 있다. 이제 이 두 권의 책이 그 위치대로 영원히 있다고 상상하면, 성자 하나님께서 성부 하나님께 항상 의지하시지만 세 위격 가운데 어떤 이도 다른 이보다 앞서 존재하시지 않음을 이 영원한 두 책이 보여 준다는 것이다. 삼위 하나님께서는 함께 영원한 이들이시다. 그 두 권의 책과 같이 성부 하나님께서는 아들을 영원히 받치고 계시고, 아들께서는 아버지에게 영원히 의지하고 계신다는 것이다.[731] 그러나 이것도 마찬가지로 적절하지 않은 비유이다. 성부와 성자를 책에다 비유할 수 없을 뿐만 아

---

731 Vaus, 『C. S. 루이스의 신학』, 50.

니라, 책은 두 권이 아니라 세 권이 될 수도 있고, 또 얼마든지 네 권이 될 수도 있다. 그러므로 삼위일체 하나님을 영원히 연결된 두 권 또는 세 권의 책에 비유할 수는 없다. 더욱이 루이스가 사용한 정육면체의 비유나 영원히 연결된 두 권의 책의 비유는 비인격적이라는 데에 큰 문제가 있다.

2. 성령관

루이스에 의하면, 성령께서는 인간의 영혼에 임재하시며 역사하실 수 있다. 우리 안에서 그리스도를 낳는 것은 성령의 임재에 대한 단순한 감각이 아니라 이러한 성령의 실제적인 임재이다.[732] 그래서 성령께서는 우리 안에서 적극적으로 그리스도를 낳는 이시다. 성령께서는 우리 안에서 한 번 그리스도를 낳으시면, 우리를 그리스도 안에서 자라도록 도우신다. 그런데 성령께서 이 일을 하시는 한 가지 방법은 기도를 통하는 것이다. "이와 같이 성령도 우리 연약함을 도우시나니 우리가 마땅히 빌 바를 알지 못하나 오직 성령이 말할 수 없는 탄식으로 우리를 위하여 친히 간구하시느니라"(롬 8:26). 이 구절을 루이스는 몇 번이나 언급한다.

가령 루이스는 한 미국 여인에게서 편지가 오기를 기도했는데, 마침 그 날 편지를 받았던 사실을 언급한다. 마치 성령 하나님께서 자기의 작은 믿음에 대한 자비의 선물로 주고자 하시는 그것을 위해 자기를 기도하도록 감동하신 것 같다고 루이스는 고백한다. 그리고 나서 루이스는 우리의 기도가 실은 하나님의 기도라는 것, 하

---

732 Lewis, *The Problem of Pain*, 87.

나님께서 우리를 통해 하나님 자신에게 말씀하신다는 말이 얼마나 맞는 말인지 모른다고 평한다.[733]

성령께서는 늘 우리를 통해 움직이신다. 성령께서는 실제로 우리를 통해, 또 그리스도인들의 공동체 전체를 통해 역사하시는 하나님의 사랑이신데, 삼위일체 관계에서 가장 중요한 것이 이 사랑의 관계라고 루이스는 주장한다. 성령께서는 성부와 성자 사이에 영원부터 지속되는 그 사랑이시다. 이 점에서 루이스는 삼위일체에 대한 아우구스티누스의 예를 빌린다. 아우구스티누스는 삼위일체를 사랑하는 이와 사랑받는 이와 또 그들 사이에 존재하는 사랑에 비유하였다. 루이스는 '하나님은 사랑이시라'고 할 때, 그 의미가 살아있고 역동적인 사랑의 행위가 영원히 하나님 안에서 이루어지고 있었고, 그것이 만물을 창조했다는 의미라고 설명한다. 성부와 성자의 이런 연합된 생명에서 진정한 인격체가 나오시는데, 그가 바로 제3위 하나님이신 성령님이시다. 이 사랑의 영께서 영원부터 성부와 성자 사이에 존재해 오신 사랑이시라는 것이다.[734] 그러면서 루이스는 성령에 대해 다음과 같이 진술한다:

"기독교의 하나님께서는 정적인 존재가 아니시라(심지어 한 인격체로만 그치는 이가 아니시라), 역동하며 약동하는 활동, 생명, 일종의 드라마에 가까운 이십니다. 경건치 못한 표현이 될지 모르겠지만, 그는 일종의 춤에

---

[733] Lewis, *Letters to an American Lady*, ed. Clyde S. Kilby (Grand Rapids, Mich.: Eerdmans, 1967), 21 (November 6, 1953).

[734] Lewis, *Mere Christianity*, 151-52; *The Problem of Pain*, 29-91; *The Screwtape Letters* (New York: Macmillan, 1977), 82; Christian Reflections, 80.

가까운 이십니다. 성부와 성자의 연합은 그 연합 자체를 또 하나의 인격체라고 해도 될 만큼 생생하고 구체적으로 이루어집니다. … 만일 성부께서 여러분 앞 '저기' 계시는 이시고, 성자께서 여러분 옆에서 기도를 도우시며 여러분을 하나님의 아들로 바꾸시는 이시라면, 성령께서는 여러분 안 또는 뒤에 계시는 이십니다. 하나님께서는 사랑이시며, 그 사랑께서는 인간을 통해, 특히 그리스도인 공동체를 통해 역사하십니다."[735]

한편 루이스는 성령의 영감이나 조명을 성경의 경우에만 국한시키지 않는다. 그에 따르면, 성령께서는 우리에게 다양한 수단을 통해 말씀하시고 우리를 인도하실 수 있다. 가령 성령께서 오늘날의 기독교 작가들을 통해 세상에 말씀하실 수 있는가? 이 질문에 대해 루이스는 어떤 글이 하늘에서 내려온 것인지의 여부를 알아낼 방법은 없다고 대답했다. 그러나 자기는 하나님께서 영적인 빛뿐만 아니라 자연의 빛에 대해서도 빛들의 아버지이심(약 1:17)을 믿는다고 대답했다. 이것은 곧 성령 하나님께서 기독교 작가들에게만 관심이 있으신 것이 아니라, 모든 작가들의 모든 종류의 글쓰기에 관심이 있으시다는 것이다.[736] 그런데 이렇게 되면 일반은총과 특별은총의 구분이 희미해지는 문제가 생긴다. 즉 불신 작가들 역시 하나님의 일반은총의 혜택을 받고 있는 것은 사실이지만, 그들이 받는 은혜가 중생한 기독교 작가들이 성령 하나님으로부터 받는 은혜와 동일하다고 치부하는 것은 적지 않은 문제점을 내포한다. 루이스는

---

735 Lewis, 『순전한 기독교』, 270-72.
736 Lewis, *God in the Dock*, 264.

그러면 성령께서 그의 글쓰기에도 역사하고 계시냐는 질문을 받자, 자기는 그런 문제를 판단할 용의는 없지만, 만일 자기 소설들 속에 어떤 훌륭한 요소가 있다면 그것은 자기에게서 나온 것이 아니라고 답변했다.[737] 이것은 그래도 겸손한 답변이라고 평가할 수 있다.

3. 신정론의 문제

하나님의 공의와 죄, 고통의 문제를 다루는 신정론과 관련하여, 루이스는 하나님께서 원래 의도하시지는 않지만 고통의 재료들을 이용하여 우리를 고치신다는 입장을 견지한다. 루이스는 고통을 하나님의 '신성한 메가폰'으로서, 우리가 부유하고 만족스럽고 영원히 지속되는 복락을 즐길 수 있도록 우리를 변화시켜 건강한 존재로 만드는 도구로 보았다. 그래서 그는 하나님을 손자에 대해 무조건 자상한 할아버지가 아니라, 아픈 상처를 도려내는 외과의사 또는 치과의사로 보았다.[738]

"하나님께서는 어떤 일이 옳기 때문에 명령하시는가, 아니면 하나님께서 명령하시기 때문에 그것이 옳은 일이 되는 것인가?"라는 질문에 대해 루이스는 『고통의 문제』에서 첫 번째 견해가 옳다고 단언한다. 두 번째 견해는 "사랑은 하나님께서 명령하셨다는 그 한 가지 이유 때문에 선하다"고 이해하는 것인데, 이것은 또한 만일 하나님께서 우리에게 그분 자신과 이웃을 미워하라고 명령하셨다면 미움이 옳은 것이 될 수도 있는 끔찍한 결론으로 이어질 수도 있는 오

737　Vaus, 『C. S. 루이스의 신학』, 120-21.
738　Scott R. Burson & Jerry L. Walls, *C. S. Lewis & Francis Schaeffer: Lessons for a New Century from the Most Influential Apologists of Our Time*, IVP, 1998.

류를 내포하고 있기 때문에 옳지 않다는 것이다.[739]

"악은 선이 선 되는 것과 같은 방식으로 악이 될 수 없습니다. 선은 선 그 자체입니다. 그러나 악은 선이 부패한 것에 지나지 않습니다."[740] 이 구절들은 분명히 이원론에 대한 반론일 뿐만 아니라, '우주의 가학적인 신'이라는 명제에 대한 반론이기도 하다. 루이스에게 우주의 창조자가 악하다는 생각은 타당하지 않다. 왜냐하면 악은 그 자체로 존재할 수 없으며, 악은 항상 선의 왜곡이기 때문이다. 만일 그런 가설이 옳다면, 강력한 존재가 진리로 믿어야 한다고 정한 것들을 무조건 다 믿어야 할 것이다. 그런 입장들은 자연주의와 마찬가지로 자기 부정적이다. 만일 그런 입장들이 진리라면, 아무도 진리에 대해 알 수 없을 것이다. 이런 식의 변증적 논증을 루이스는 그의 후기 작품 『헤아려 본 슬픔』에서도 '우주의 가학적인 신'이라는 가설에 응답하기 위해 계속 그대로 다시 사용한다.[741]

그런데 회의주의 철학자인 존 비버슬루이스(John Beversluis)는 루이스가 『헤아려 본 슬픔』을 쓰는 과정에서 은연중에 플라톤주의적인 하나님의 개념에서 오캄주의(Ockhamism)[742]적인 하나님의 개념으로 입장을 전환했으며, 그로 인해 이전의 변증적 주장들을 내던졌

---

739 Lewis, 『고통의 문제』, 151.
740 Lewis, 『순전한 기독교』, 81.
741 Victor Reppert, *C. S. Lewis's Dangerous Idea*, 『C. S. 루이스의 위험한 생각』(서울: 사랑플러스, 2008), 43-44; 47-48.
742 '오캄주의'는 일반적으로 14세기의 영국 철학자인 오캄(William of Ockham)과 그의 제자들의 사상을 지칭한다. 오캄은 당시 개별적인 물체와 개념의 배후에는 '보편'이라는 것이 있다고 주장하는 중세 스콜라 철학의 '실재론'(realism)에 대항하여 '유명론'(nominalism)을 주장하였다. 그래서 '유명론'은 '보편'이란 실재로 존재하는 것이 아니라 단순한 '이름'에 불과하며, 사람들이 편의를 위해 만든 허구에 불과하다는 주장이다. 여기에서 '오캄주의'는 하나님의 '선'이 실재하지 않고, 하나님께서 어떻게 행동하시더라도(설사 살인을 행하시더라도) 그 행동 자체에 편의상 붙인 이름이 바로 선이라는 주장을 설명하기 위해 사용되고 있다.

다고 주장했다. 비버슬루이스에 의하면, 플라톤주의는 하나님께서 의로우시기 때문에 어떤 행동들과 명령들을 행하신다고 말하며, 오캄주의는 하나님께서 행하시기 때문에 그것들이 무조건 올바르다고 말한다는 것이다. 그러니 만일 하나님께서 불륜과 살인과 도둑질을 명령하는 거꾸로 된 십계명을 새로 내리신다 하더라도, 오캄주의자는 이런 행동들도 하나님께서 명령하시기 때문에 올바르다고 말해야 한다는 것이다. 그에 의하면, 루이스가 심각한 고통을 겪던 중 '우주의 가학적인 신'이라는 가설을 너무 의인화된 입장이라고 생각할 때 플라톤주의에서 오캄주의로의 입장전환이 일어났다고 한다. 비버슬루이스는 오캄주의에 따르면, 만일 하나님께서 세상을 창조하시기 전에 구원받을 사람들을 일부만 선택하셨을지라도 아무도 불평할 수 없다고 하며,[743] 칼빈주의와 루이스를 동시에 폄훼한다. 그러니까 이런 식의 오캄주의가 기묘하게도 하나님의 절대주권과 제한속죄설을 강조하는 칼빈주의에 대한 잘못된 이해와 일맥상통하게 되는데, 루이스가 나중에 이런 관점을 가지게 되었다는 것이다.

그러나 『헤아려 본 슬픔』을 잘 살펴보면, 루이스가 자기의 이전의 변증적 주장들을 포기하지 않았을 뿐만 아니라, 사실은 오캄주의에 대한 반박 등 이전의 주장들을 다시 확언하고 있다는 사실을 알 수 있다. 루이스는 단지 하나님의 선 개념과 인간의 선 개념이 '공약가능'(commensurate)하다는 사실, 즉 선에 대한 하나님의 척도와 인간

---

[743] John Beversluis, *C. S. Lewis and the Search for Rational Religion* (Grand Rapids, Mich.: Eerdmans, 1985), 102-3; 150.

의 척도가 다르지 않다는 사실을 논증하기 위해 고려되어야 할 세 가지 가능성들(자연주의적 무신론, 우주의 가학적인 신 가설, 오캄주의)을 비판적으로 검토하면서, 결국 이 모든 대안들을 이전의 변증적 작품들에서 제기했던 것과 같은 이유를 들어 거부한다. 그러므로 루이스의 논증들은 전기에나 후기에나 공히 그가 가혹한 슬픔을 경험하면서 플라톤주의적인 하나님의 선 개념이건 오캄주의적인 선 개념이건 또는 유신론 외 다른 어떤 세계관을 수용하게 된 것이 아니라는 근거를 보여 준다.[744]

한편 코넬리우스 반틸(Cornelius Van Til)은 그의 저서 『변증학』(The Defense of the Faith)에서 루이스의 신학 방법론을 강하게 비판하기를, 루이스가 자연종교에 의지해 기독교 진리를 변증했다고 비판한다. 즉 루이스가 기독교의 목표를 자연적인 인간의 삶을 동물적인 생명(βίος)에서 피조되지 않은 생명(ζωή)으로 끌어올리는 것으로 보면서, 이런 일이 어떻게 일어날 수 있는지를 성육신 속에서 찾아볼 수 있다고 하는데, 이것은 인간이 은혜를 통해 신성에 참여하게 된다고 생각한 토마스 아퀴나스의 입장과 매우 흡사한 바, 루이스가 로마 카톨릭과 매우 유사하게 형이상학적인 것과 윤리적인 것을 혼동하고 있다는 것이다. 그러나 윤리적인 문제는 이런 입장을 근거로 해서는 결코 올바로 해결될 수 없다. 기독교 윤리학은 인간의 윤리적 갈등을 낳는 것을 인간의 유한성 때문으로 보지 않고, 오히려 하

---

744 Reppert, 『C. S. 루이스의 위험한 생각』, 37-39; 그래도 『헤아려 본 슬픔』의 전반부에서 하나님에 대해 '환난의 때에 도움을 주는데 인색한 신', '우주의 가학적인 신', '생체 실험하는 신'이라고 말해질 때에는, 이전 젊은 시절 루이스의 무신론적인 시각이 반영되어 있기도 하다: Lewis, 『헤아려 본 슬픔』, 52-62. 또 『우리가 얼굴을 찾을 때까지』(Till We Have Faces)의 첫 부분에는 신들에게 반항하는 주인공의 불평들이 열거되어 있기도 하며, 루이스의 거의 모든 작품들에서 기독교 불가지론자로서의 그의 초기 면모가 종종 드러나기도 한다.

나님께 대항한 피조물 인간의 불순종 때문이라고 보는데, 루이스는 이런 차이점을 분명히 나타내 보이지 못하고 있다는 것이다.[745]

그러니까 반틸에 의하면, 루이스는 사람들을 성경의 하나님께 대한 순종으로 돌아오도록 분명하고도 큰 소리로 부르지 못하고 있다. 그는 사람들에게 자기들 앞에 놓인 그리스도라는 이상을 바라보면서, 그리스도께서 그들 곁에 서 계셔서, '그가 가지신 것과 같은 영원한 생명(ζωή)과 생각을' 그들에게 부어주실 수 있도록 '그리스도와 같은 치장을 하라'고 권하고 있을 따름이다. 그러나 성경은 오직 그리스도를 통하여 하나님을 믿는 자만이 하나님께 순종하기를 추구할 수 있다고 말씀한다. 오직 그들만이 윤리의 참된 원리를 가지고 있다. 그런데 루이스가 사람들을 복음에로 돌아오도록 부르는 일에 있어서 아퀴나스의 방법을 그렇게도 대폭적으로 따르고 있다는 점에 대해서는 유감을 표시하며 안타까워 할 수밖에 없다. 그러니 '성(聖) 루이스의 복음'은 자연인의 사상과 더불어 너무 많은 타협과 양보를 하였기 때문에, 이 시대를 향한 분명한 도전이 될 수 없다는 것이다.[746]

그런데 논자는 한편으로 반틸의 이와 같은 논평에 공감하면서, 또 한편 우리가 루이스를 접근하는데 있어 기존의 선입관을 버린다면, 좀 더 풍성하고 다양한 루이스의 사상을 만끽할 수 있을 것이라는 생각을 버릴 수 없다. 루이스는 '비판적 합리주의자'로 잘 이해될 수 있는 바, 그는 전 생애동안 하나님을 향한 갈망을 자기의 모

---

745 Cornelius Van Til, *The Defense of the Faith*, 신국원 역, 『변증학』(서울: 기독교문서선교회, 1994), 79-81.
746 Van Til, 『변증학』, 81-82.

든 재능을 통해 아낌없이 드러내며 살았다. 여기에 하나님 안에서 사색하고 고민하며, 하나님 안에서 인간의 고뇌를 해결하려고 한 루이스를 '인간의 이성과 직관을 신앙으로 승화시킨 위대한 기독교 지성인'으로 볼 수 있는 충분한 근거가 있다고 판단된다.[747]

다만 루이스가 객관적인 표준을 윤리와 문학과 인생의 모든 부분에서 찾을 수 있다고 주장하는 것과 관련하여, 논자는 자칫 종교다원주의적 위험의 가능성이 농후함을 지적하지 않을 수 없다. 루이스는 기독교인과 비기독교인 사이에 공통으로 존재하는 어떤 일반적인 객관성에 대해 이야기하면서 이렇게 주장한다:

> "이 일반적 객관성은 그것이 플라톤 철학의 형태에 있어서나 아리스토텔레스적이거나 스토아 철학적이거나 그리스도적이거나 동양적이거나 간에 모든 형태에 있어서 똑같은 것이므로, 나는 그것을 앞으로는 간단하게 '타오'(Tao, 道)라고 부르고자 한다. 우리는 그것들 모두에 공통적인 것이 있다는 사실을 결코 경시할 수 없다."[748]

물론 여기에서 루이스가 말하는 '도'(道)는 단지 도덕경에 나오는 의미의 '도'만이 아니라, 서구의(그리스-로마 포함) 기독교 전통뿐 아니라, 힌두교, 유교 등을 포함한 인류의 모든 문화 전통에서 공통적으로 발견되는 보편적 도덕률, 자연법 사상을 통칭하는 말이다. 그러나 『인간 폐지』에서 루이스가 공자의 『논어』등 유교의 도덕, 동양

747　Bramlett, 『작은 그리스도 C. S. 루이스』, 5-8.
748　Lewis, *The Abolition of Man* (London: Oxford Press, 1947), 17.

철학에 대해 특별히 긍정적으로 이야기하면서, 그리스도의 특별계시와 일반계시의 구분을 약화시키는 진술을 전개한 사실은 현대의 각양 종교다원주의적 사상들에게 잘못된 피난처를 제공할 수 있음을 논자는 심각하게 경계한다.

IV. 나오는 말

독일의 실존주의 신학자 루돌프 불트만(Rudolf Bultmann)이 신약 성경의 비신화화를 주창하던 무렵, 루이스는 모든 사람이 이해할 수 있는 일상적인 언어로 기독교의 본질적인 교리들을 바꾸어 전하는 것이 자기 일이라고 생각했다. 믿음과 교리를 일상생활의 언어로 바꾸는 탁월한 능력이 그에게 있었다. 그는 기독교로 회심하기 전에 다양한 철학적 입장에 있어 보았으며, 신학적으로는 다소 알미니안적 성공회 입장에 있었다. 그리고 루이스는 비본질적이라고 판단되는 부분에 대해서는 극단을 피하는 입장에 있었기 때문에 다양한 독자층을 가지고 있다. 그는 개신교와 로마 카톨릭, 칼빈주의자들과 알미니안주의자들 모두에게서 관심을 받기도 하였고, 또 그들을 당황하게 만들기도 하였다. 그는 교단과 교파의 신학적 차이를 벗어나 모든 기독교인들이 공감할 수 있는 공통적인 진리에 대해 논증하려고 애썼기 때문에, 종파를 뛰어 넘어 모든 사람들이 그를 존경하고 사랑하게 되었다.

그러나 루이스의 전도 방식을 보면, 복음주의자들 특유의 적극적인 전도 방식을 찾아볼 수 없다. 루이스는 이방 종교의 뿌리들을 파고들어 그 뿌리들이 기독교의 것들과 양립할 수 있는 지점을 적당히 할당하는데 능숙하였다. 그래서 루이스의 『나니아 연대기』는 이방 전통들에서 온 이야기들을 기독교에 결합하였으며, 비유들과 상징들을 함께 섞어놓아 있다.[749] 그는 다분히 영국의 경험론적 관점과 윤리학에 기초하여 대화를 통해 설득하고, 또 대화를 통해 상대방의 지성과 상상력에 정감 있게 다가간다.

오늘날 진리를 향한 루이스의 끊임없는 추구와 열정, 문학적 상상력과 합리적 비판을 통한 기독교의 본질에 대한 증언들이 수많은 대중에게 강한 영향력을 행사하고 있다. 따라서 루이스에게 그 어떤 오류도 없다고 생각하거나 또는 그를 순전한 아마추어라고만 생각하지 말고, 오히려 더 탐구해 볼 가치가 있는 풍성한 생각들을 지닌 예리하고 설득력 있는 지성인이라고 생각해 보자.[750] 절대적인 실재와 가치에 대한 이성적인 접근이 그다지 힘을 발휘하지 못하고 있는 이 시대에, 그리스도 복음을 당당히 문학으로 증언할 수 있는 기독교 변증가 또는 기독교 문학가로서의 루이스가 갖는 영향력과 효용치는 결코 작지 않다고 판단된다.

---

749 Calvary Contender, September 15, 1998; May 1, 2001; 김효성, http://oldfaith.net, 2001년 5월 4일 접속.
750 Reppert, 『C. S. 루이스의 위험한 생각』, 48-49.

참고문헌

Lewis, C. S. *Christian Reflections*. London: Geoffrey Bles, 1967.

_____. *English Literature in the Sixteenth Century*. Oxford: Oxford University Press, 1973.

_____. *God in the Dock*. Hooper, Walter ed. Grand Rapids, Mich.: Eerdmans, 1994.

_____. *Letters to an American Lady*. Kilby, Clyde S. ed. Grand Rapids, Mich.: Eerdmans, 1967.

_____. *Miracles*. New York: Macmillan, 1960.

_____. *Perelandra*. New York: Macmillan, 1965.

_____. *The Literary Impact of the Authorized Version*. Philadelphia: Fortress, 1967.

_____. *The Screwtape Letters*. New York: Macmillan, 1977.

Lewis, C. S. 『개인기도』. 서울: 홍성사, 2007.

_____. 『고통의 문제』. 서울: 홍성사, 2008.

_____. 『네 가지 사랑』. 서울: 홍성사, 2005.

_____. 『순전한 기독교』. 서울: 홍성사, 2008.

_____. 『시편 사색』. 서울: 홍성사, 2008.

_____. 『영광의 무게』. 서울: 홍성사, 2008.

_____. 『예기치 못한 기쁨』. 서울: 홍성사, 2007.

_____. 『우리가 얼굴을 찾을 때까지』. 서울: 홍성사, 2007.

_____. 『인간폐지』. 서울: 홍성사, 2007.

_____. 『천국과 지옥의 이혼』. 서울: 홍성사, 2008.

_____. 『헤아려 본 슬픔』. 서울: 홍성사, 2008.

Augustinus. *De Civitate Dei*. XVI.

Beversluis, John. *C. S. Lewis and the Search for Rational Religion*. Grand Rapids, Mich.: Eerdmans, 1985.

Bramlett, Perry C. 『작은 그리스도 C. S. 루이스』. 서울: 엔크리스토, 2002.

Burson, Scott R. & Walls, Jerry L. *C. S. Lewis & Francis Schaeffer: Lessons for a New Century from the Most Influential Apologists of Our Time*. IVP, 1998.

Downing, David C. 『반항적인 회심자 C. S. 루이스』. 서울: IVP, 2005.

Gilbert, Douglas & Kilby, Clyde S. eds. 『C. S. 루이스 그의 삶 그의 세계』. 서울: 가치창조, 2010.

Kilby, Clyde S. 『C. S. 루이스의 기독교 세계』. 서울: 예영커뮤니케이션, 2006.

Martindale, Wayne. 『C. S. 루이스가 말하는 천국과 지옥』. 서울: 사랑플러스, 2008.

Nicholi, Armind M. 『루이스와 프로이드』. 서울: 홍성사, 2009.

Reed, Gerald. 『C. S. 루이스를 통해 본 거룩한 삶』. 서울: 엔크리스토, 2006.

Reppert, Victor. 『C. S. 루이스의 위험한 생각』. 서울: 사랑플러스, 2008.

Sayer, George. 『루이스와 잭』. 서울: 홍성사, 2006.

Swift, Catherine. 『순결한 영혼의 순례자 C. S. 루이스』. 서울: 기독신문사, 2005.

Van Til, Cornelius. 『변증학』. 서울: 기독교문서선교회, 1994.

Vaus, Will. 『C. S. 루이스의 신학』. 서울: 지식과사랑사, 2009.

박아론 · 김석환. 『기독교 종말론』. 서울: 기독교문서선교회, 2004.

브레슬랜드, 로널드. 『C. S. 루이스와 떠나는 여행』. 서울: 부흥과개혁사, 2008.

김효성. http://oldfaith.net.

본회퍼의 신관 분석
(D. BONHOEFFER, 1906-1945)

Dietrich Bonhoeffer

7. 본회퍼의 신관 분석
(An Analysis on D. Bonhoeffer's Viewpoint of God)

I . 들어가는 말

II . 성인이 된 세계
II.1 현대 세계의 성숙성과 세계의 자율성
II.2 "하나님이 존재하지 않는다 해도"
II.3 "하나님 없이 하나님 앞에서 하나님과 더불어 산다."

III . 기독교의 비종교적 해석
III.1 '비종교적 기독교'와 '비종교성'
III.2 종교와 기독교는 일치하지 않는다.
III.3 오늘날 하나님을 말하는 방식, 하나님 인식의 길

III.4 이 세상에서 무력하시고 수난 받으시는 하나님
III.5 본회퍼의 『그리스도론』

IV . '차안성'의 강조
IV.1 우리 삶의 한복판에 계신 초월자
IV.2 하나님의 세상성
IV.3 세상 영역과 교회 영역의 정적 분리는 있을 수 없다.
IV.4 본회퍼 사상의 전후기 연속성 문제

V . 나오는 말

I. 들어가는 말

1920년대에는 칼 바르트(Karl Barth)가 『로마서 주석』에서 발견했던 '그리스도 중심의 신학'이 당시 허무주의 사상의 팽배로 인해 절망적이었던 유럽의 현실에 신선한 빛을 던져 주었었다. 그런데 그 신학이 '계시실증주의'에 불과하며 더 이상 자유주의도, 또 정통주의도 아니라는 사실이 분명해질 무렵, 1960년대에 이번에는 전후

젊은 세대들이 본회퍼를 '새로운 종교개혁자'[751] 또는 '현대판 사도행전'[752]이라고 환영하며, 그를 전통에 대한 항거의 선구자로 열광적으로 환호하기 시작했다.

1960년 이후 기독교 신학은 전반적으로 급진화되는 경향이 있어 왔다. 이런 신학적 변화에 결정적인 역할을 한 사람이 바로 본회퍼(Dietrich Bonhoeffer, 1906-1945)였다. 그로 말미암아 지금까지 쓰지 않았던 새로운 신학 용어들이 신학계에서 사용되기 시작하였는데, 가령 '성인이 된 세계', '하나님이 존재하지 않더라도', '하나님 없이 하나님 앞에', '해결책으로서의 하나님'(deus ex machina), '타자를 위한 삶', '세상적 해석' 등이 바로 그것이다. '기독교 세속화론'도 본회퍼의 이 요구의 메아리였는데, '기독교의 비종교화' 또는 '무종교적 기독교'는 '기독교 세속화론'의 신학적 해명이라고도 할 수 있다.[753] 특히 그가 『옥중서간』에서 주장한 '성경의 비종교적 해석'은 기독교의 새로운 방향을 제시했으며, 세속화 신학, 신 죽음의 신학, 상황윤리 등이 그와 직접적인 연관이 있고, 정치신학, 혁명의 신학, 해방신학이 간접적으로 연관되어 있다. 이런 급진신학의 중심에는

---

[751] J. A. T. Robinson, *The New Reformation*, Westminster Press, 1965, 25.

[752] 제2차 세계대전이 일어나기 직전에 본회퍼로 하여금 미국의 신학교 강사직을 버리고 고국인 독일로 돌아오도록 결심하도록 만든 성경 본문은 딤후 4:21(겨울 전에 너는 어서 오라)이었다. 그는 중요한 결정을 내려야 할 때마다 헤른후터파의 성경독송집인 '로중엔'(Losungen)을 참고하곤 했는데, '로중엔'이란 1732년 이래로 해마다 출간되어 온 '매일의 명상을 위한 1년치 성경본문 선집'이다. 그는 1939년 6월 26일자 로중엔 본문 말씀에서 다음과 같은 확신을 얻었다. "이 말씀이 온종일 나에게서 떠나지 않고 있다. 마치 잠시 휴가를 받아 고향에 머물다가 다시 전투에 임해야 하는 병사처럼 … 나는 이 말씀을 나 자신의 삶에 적용하더라도 하등의 오류가 없으리라는 확신이 섰다." 그리고 독일로 돌아가는 배 위에서 그는 이런 글을 썼다. "이 배를 타고나서부터는 나의 앞날에 대한 염려가 사라졌고, 미국에서의 체류가 짧아진데 대하여도 아무런 후회가 없다": Dietrich Bonhoeffer, 김찬종 역, 『본회퍼의 시편 명상』(서울: 열린서원, 2004), 117.

[753] 박봉랑, 『기독교의 비종교화: 본회퍼 연구』(서울: 범문사, 1975), 5.

항상 본회퍼의 사상이 자리 잡고 있다.[754]

이러한 현대의 급진신학들과 본회퍼의 관계성을 추적하고자 하는 맥락에서 그가 왜 항상 현대 신학 논쟁의 중심에 위치하고 있는지를 밝히고자 하는 것이 본 논문의 궁극적인 목적이다. 본회퍼가 과연 하나님 없는 세상을 추구하였는가? 또는 본회퍼가 '비종교성'을 주장하면서 탈기독교화를 꿈꾸었는가? 이를 밝히기 위해 본회퍼가 생각하였던 신관을 추적하되, 그의 전기 사상과 후기 사상을 비교하고, 이를 통하여 그가 추구하였던 오늘날 하나님을 말하는 방식과 하나님 인식의 길을 논구함으로써, 그의 사상에서 긍정적인 부분과 부정적인 부분을 걸러내 오늘 우리의 신학에 경계로 삼고자 하는 것이 본 논문의 핵심적인 목적이다.

본회퍼는 1943년 4월 5일 군정보부의 유대인 고용인들을 스위스로 도피시키는 계획에 관여했다는 혐의로 비밀경찰에 체포되어 베를린에 있는 테겔(Tegel) 군형무소에 수감되었다. 그는 그곳에서 18개월 동안 반복된 심문과 고문을 당하면서도, 현대 세계에서 기독교가 어떤 의미가 있는지 사색하며 검토했다. 그의 핵심 사상인 '성인된 세계'와 '성경의 비종교적 해석'에 대한 개념이 그곳에서 형성되었다.[755] 또 히틀러 암살 음모의 정당성에 관한 본회퍼의 미치광이 운전자 사상은 미완성으로 끝나 그의 『윤리학』에서 '궁극적인 문제' 이전의 일상적인 문제 즉 '궁극 이전의 문제'가 우리의 윤리적 결단에서 매우 중요한 것으로 제시되게끔 이끌었다. 교회와 세계를 위

---

754 목창균, 『현대신학 논쟁』(서울: 도서출판 두란노, 1995), 261.
755 목창균, 『현대신학 논쟁』, 268.

해 이와 같이 중요한 질문들을 제기하기만 하고 향년 39세로 일생을 끝마친 그의 질문들은 오늘날에도 여전히 우리의 물음으로 남아서 현대 신관에 계속 반추되고 있는 것으로 판단된다.[756]

본회퍼처럼 이 세상에서 억울한 일을 당하면서 묵묵히 악조건 하에 살았던 사람들. 그들의 의식 깊숙한 곳에 어떤 마음과 생각들이 오가고 있었을까? 하나님에 대한 섭섭한 마음들이 어떤 식으로 표출되거나 정리되었을까? 나이 어린 약혼녀를 세상에 남겨 놓고[757] 졸지에 감옥에 갇혔던 본회퍼의 사상과 생각들을 통해 인류 역사에서 끊임없이 제기되었던 '왜?'라는 질문에 대한 그의 갈등과 소망을 그의 신관과 관련해서 미안한 마음으로 분석해 본다.

II. 성인이 된 세계

옥중에서 본회퍼는 새롭고도 충격적인 두 가지 혁명적인 개념을 제시했다. 그것은 1960년대에 급진적인 젊은 신학자들과 세속화 신학자들이 하나님 없이 살아가야 한다고 외치는 주장의 주요한 근거가 되었는데, 그것은 바로 '무종교 시대'(religionslose Zeit)와 '무종교적 기독교'(ein religionsloses Christentum)이다. 그것은 또한 '성인이 된 세계'와 '기독교의 비종교적 해석'이라고도 한다.[758]

---

756 박형규, "디이트리히 본회퍼", 『현대 신학자 20인』(서울: 대한기독교서회, 1992), 107.
757 본회퍼는 1943년 1월 13일 마리아 폰 베데마이어(Maria von Wedemeyer)와 약혼하였는데, 그때 그의 나이 37세, 마리아는 만 19세가 채 안되었던 때로, 둘 사이에는 18년이라는 큰 나이 차이가 있었다. 그런데 그는 약혼 후 채 3개월이 안된 4월 5일 체포되어 군형무소에 수감되었다.
758 목창균, 『현대신학 논쟁』, 269.

1. 현대 세계의 성숙성(Mündigkeit)과 세계의 자율성

본회퍼가 테겔 형무소에서 그의 제자이며 친구인 베트게(Eberhard Bethge, 본회퍼보다 3년 6개월 어림)[759]와 자기 부모에게 쓴 편지들은 그의 사후 베트게가 편집하여 출판한 『저항과 복종』(Wiederstand und Ergebung, 1953)에 수록되었다. 이것의 영역본이 『옥중서간』(Letters and Papers from Prison, 1953)이다. 그는 세계가 중세 이후 세속화의 과정을 겪어 왔으며, 인간 세계는 점진적으로 '성인이 된 세계'에 이르렀다고 생각했다. 이와 같이 세상이 자기 확신에 찬 성인이 되었으므로, 기독교의 하나님이 이제 세상에서 밀려나게 된 사태 발전에 대하여 본회퍼는 이 모든 움직임을 하나님으로부터, 그리스도로부터의 대이탈로 보았고, 그 사태 발전에 대항하여 하나님과 그리스도라는 말을 더 많이 쓰면 쓸수록 그 자체가 적그리스도적이라고 여겼다. 그러면서도 그는 '우리가 성인됨'(our coming of age)은 우리가 하나님과 얼굴을 맞대고 있는 상황을 인정하지 않으면 안 되도록 한다고 하였다.[760]

그러니까 본회퍼가 옥중에서 발견했던 것은 현대의 성인성(成人性)이었다. 그는 현대 세계를 성인이 된 세계로, 또 현대인을 성인이 된 세계에 살고 있는 성인된 인간으로 규정했다. 현대인은 종교가 필요 없는 사람들이다. 그들은 하나님을 의지하지 않고 자신의 책임 아래 모든 일을 처리할 수 있는 사람들이다. 여기에서 말하는

---

759 베트게는 1970년에 본회퍼의 생애와 사상을 담은 900면에 가까운 전기 『디트리히 본회퍼』(Dietrich Bonhoeffer)를 내놓음으로써, 본회퍼의 생애와 사상을 구석구석 알 수 있는 충분한 자료들을 마련해 주었다.

760 John D. Godsey, The Theology of Dietrich Bonhoeffer (Philadelphia: Westminster Press), 유석성·김성복 역, 『디트리히 본회퍼의 신학』(서울: 대한기독교서회, 2007), 293, 322-23; PFG 163.

'성인이 된 인간'(die mündig gewordene Menschen)의 개념은 인간이 오래 전에 자연을 숭배의 대상으로 섬기던 것을 극복하고 자연으로부터 독립할 만큼 성인이 되었다는 의미를 포함하고 있다.[761] 따라서 본회퍼는 성인이 된 세계에 사는 우리는 더 이상 하나님을 필요로 하지 않거나 또는 하나님 없이 살기를 배워야 한다고 주장했다. 하나님은 우리가 하나님 없이 살아갈 수 있는 사람으로서 살지 않으면 안 된다는 사실을 우리에게 가르쳐 주고 계신다는 것이다.[762] 그러면 "내가 항상 너희와 함께 하리라"는 성경의 약속은 어떻게 된다는 것인가? 이에 대해 본회퍼는 우리가 이제 우리 자신의 자원들, 즉 환경과 사회가 우리에게 제공하는 것에만 의존하는 법을 배워야 한다고 주장한다.

이와 같은 내용의 논지를 본회퍼는 우선 역사적인 상황을 통찰함으로써 정립한다. 즉 13세기에 시작된 인간의 자율성을 위한 운동은 르네상스에서 이른바 '내면성의 발견'으로 시작되었는데, 신학에서는 우선 허버트(Herbert von Cherbury)가 종교적 인식에 있어서 이성의 권한을 주장했고, 도덕에서는 몽테뉴와 보댕(Bodin)이 계명들 대신에 생명의 법칙들을 제시했으며, 또 정치에서는 정치를 일반 도덕으로부터 분리시키고 국시론을 창설한 마키아벨리를 들 수 있다고 한다.[763] 또한 내용적으로는 마키아벨리와 매우 다르지만 인간 사회의 자율성이라는 방향에서는 그와 유사하게 생각했던 그로티우

---

761 이성주, 『현대신학』(제2권)(서울: 성지원, 1994), 145.
762 목창균, 『현대신학 논쟁』, 270.
763 마키아벨리에 대해서는 W. Dilthey, WuA, 24-36을 참조하라. 마키아벨리의 주된 관점은 도덕과 종교를 부정하더라도 '국시의 관점에서' 모든 인간의 문제들을 고찰하는 것이었다. 마키아벨리의 '시대정신'에 대한 본회퍼의 평가에 대해서는 DBW 6 (『윤리학』), 272f를 참조하라.

스(Hugo Grotius)도 이에 속하는데, 그로티우스는 자연법이 '하나님이 존재하지 않는다 해도'[764] 타당한 법이라고 하면서 자연법을 국제법으로 제시하였다. 그리고 철학적 도정에 있어서 데카르트의 이신론은 세계를 하나님의 간섭 없이도 잘 돌아가는 장치라고 생각했는데,[765] 본회퍼는 이신론이나 범신론이나 공히 그 궁극적인 귀결이 인간과 세계의 자율성이라는 사실에 주목한다.[766] 이래서 도덕적, 정치적, 자연과학적 작업가설로서의 하나님은 폐기되고 극복되었으며, 또 철학적이고 종교적 작업가설로서의 하나님도 마찬가지라는 것이다.

따라서 그는 1944년 4월 30일자로 베트게에게 쓴 편지에서 '성인된 세계' 혹은 '무종교 시대'의 도래를 선언했다.

> "나를 끊임없이 움직이고 있는 것은 '기독교란 무엇인가?', 혹은 '오늘의 우리들에게 예수는 과연 누구인가?'라는 물음이다. 그것이 신학적인 말이든 혹은 신앙적인 말이든, 인간에게 모든 것을 말로 표현할 수 있는 시대는 지나갔다. 내면성과 양심의 시대, 즉 일반적으로 종교의 시대도 역시 지나

---

764 W. Dilthey, WuA, 280: "신이 존재하지 않는다 해도 자연법의 명제들은 그 독립된 보편타당성을 가지게 될 것이다." 여기에서 딜타이는 H. 그로티우스의 『전쟁과 평화의 권리에 대한 세 권의 책들』, 서론, 11, 31에 의존하고 있다: "하나님이 존재하지 않거나 그가 인간의 사안들에 관여하지 않아도, 여기에 서술된 명제들은 자기 자리를 차지하게 될 것이다." 초기 본회퍼에게 나타나는 '하나님이 존재하지 않는다 해도'라는 개념의 전역사와 해석에 대해서는 DBW 5 (『신도의 공동생활』), 100을 참조하라: "심리학자는 하나님이 없는 것처럼 나를 바라본다." 또 이 반대명제에 대해선 A. Harnack, Was hat die Historie an fester Erkenntnis zur Deutung des Weltgeschens zu bieten?, 192를 참조하라: "인류가 역사 속에서 하나님이 존재하는 것처럼 일해 왔고, 자신들이 좀 더 높은 근원으로부터 왔으므로 다시 그곳에 도달해야 하는 것처럼 일해 왔다는 것은 확실하다."

765 Dilthey, WuA, 283: "자신의 건축자와 무관하게 독립적으로 존재하고 구성된 이신론적 우주론은 데카르트의 세계 기계 개념에 근거하고 있다."

766 C. F. v. Weizsäcker, Zum Weltbild der Physik, 119-129 (세계의 무한성의 개념에 대한 비판)를 참조하라; Dietrich Bonhoeffer, 손규태·정지련 역, 『저항과 복종: 옥중서간』(서울: 대한기독교서회, 2010), 675-79.

갔다. 우리는 완전히 무종교적인 시대를 맞이하고 있다."⁷⁶⁷

이와 같은 테겔에서의 역사적 종교비판은 본회퍼가 딜타이(W. Dilthey)의 책, 특히 『르네상스와 종교개혁 이후의 세계관과 인간의 분석』에 크게 영향 받았음을 증거한다. 또 그는 바이체커(C. F. von Weizsäcker)의 책 『물리학의 세계상』과 오토(W. F. Otto)의 책 『그리스의 신들』에 의해서도 크게 영향 받았다. 이 과정에서 그는 자기의 입장을 역사적으로 이해하려 했는데, 가령 그는 13세기경 시작된 인간의 자율성을 추구하는 운동 중에서도 법칙들의 발견을 중시하였으며, 약 100년 전부터는 그것이 점차 종교적인 문제들에도 적용되게 된 사실에 주목한다.⁷⁶⁸

세상의 모든 문제를 다 포기한다 해도, 언제나 이른바 '궁극적인 물음들'(죽음, 죄책)은 여전히 남아 있고, 이에 대해서는 오직 하나님만이 대답할 수 있으며, 그렇기 때문에 하나님과 교회, 또 목사가 필요하다고 생각하는 사람들이 있는데, 그러나 언젠가 그런 물음들이 그 자체로서 더는 존재하지 않게 되면, 말하자면 그 물음들이 '하나님 없이'도 대답된다면, 어떻게 될까? 이 문제를 생각하면서 그는 이제 모든 승려풍의 목회를 포기해야 하고, 또 심리치료나 실존철학 같은 것들을 하나님의 길을 예비하는 것으로 보지 말아야 한다고 주장한다.⁷⁶⁹

---

767 Dietrich Bonhoeffer, *Letters and Papers from Prison* (New York: Macmillan Publishing Co., 1978), 279; 고범서 역, 『옥중서간』(서울: 대한기독교서회, 1995), 166.
768 Bonhoeffer, 『저항과 복종: 옥중서간』, 650.
769 Bonhoeffer, 『저항과 복종: 옥중서간』, 608.

2. "하나님이 존재하지 않는다 해도"

'마치 하나님이 없는 것처럼', 이는 본회퍼에 의하면 전혀 새로운 개념이 아니었다. 사실 칸트는 자신의 노력에 아랑곳없이(즉 사람들이 자기에게 많은 주의를 하지 않았다고 할지라도), 사람들이 이제 '성숙한 세계'(world come of age)의 문턱에 서 있다고 믿었다. 그렇다고 본회퍼가 현대인들이 앞서간 사람들보다 더 성숙한 방식으로 행위한다고 말한 것은 아니었다. 그러나 현대인은 앞선 사람들과 달리 하나님의 친권적 구속의 모든 형식을 내던지고 있으며, 자기 자신을 벗어난 외부의 그 어떤 권위에도 주의를 기울이지 않고 있다는 것이다. 이런 과정은 르네상스 이래 죽 계속되어 왔다. 교회는 그런 시대에 직면해 있고, 현대는 '마치 하나님이 없는 것처럼'(as if God were not there) 살아감을 인식해야 할 때라는 말이다.[770] 우리가 하나님이라고 부르던 분이, 마치 미개척 학문 분야가 점차 밀려나듯이, 점점 그 영역을 잃어버리고 말았다. 과학, 예술, 정치 분야 및 심지어 윤리학의 질문에 대해서조차 하나님은 피상적인 답변이 되어버렸으며, 이런 사실은 종교 문제에도 점점 더 해당하게 되었다. 그 결과 인간은 세상의 존재를 다스리는 법, 곧 하나님이 없이도 유효할 수 있는 법을 발견하게 되었다는 것이 본회퍼의 확신이었다.[771]

> "'하나님이 존재하지 않는다 해도' 우리는 세상에서 살아야 한다는 것을 인식하지 않고는 성실해질 수 없지. 그리고 이것을 인식하게 되는 것은 바로

770　Bonhoeffer, *Letters and Papers from Prison*, 121.
771　유고 그로티우스(Hugo Grotius)는 이를 '마치 신이 없는 것처럼'(esti deus non daretur)이라고 표현했다: Godsey, 『디트리히 본회퍼의 신학』, 292.

하나님 앞에서지. 하나님 자신이 우리로 하여금 이런 인식을 갖도록 만드신다네. 따라서 우리의 성인됨이 우리로 하여금 하나님 앞에서 우리의 상태를 진정으로 인식하도록 만들지. 하나님은 우리가 하나님 없이도 삶을 살아갈 수 있는 자로 살아야 한다는 것을 인식시켜 주신다네. 우리와 함께 하시는 하나님은 우리를 떠나버리신 하나님이시니까!(막 15:34)"[772]

이렇게 세계의 무신성(無神性)을 말하는 본회퍼에 의하면, 성인이 된 사람은 미성년자와 달리 결코 한 곳에 머물러 있을 수 없다. 그것이 바로 성인의 본질이며, 그렇지 않다면 그는 아마도 설익은 인간일 것이다. 그러니 성인은 언제나 전체적 인간(Ganzer)이며, 그 어느 것도 그를 현재로부터 이탈시키지 못한다. 이런 점에서 이루어지지 않은 많은 소원이 있음에도 불구하고 완성된 삶이 존재한다는 것이다.[773] 우리는 완전한 것에 대해 대체로 지루하다고 생각하는 경향을 가졌는데, 본회퍼는 완전한 것을 아폴론적인 것에서 구하지 않으며, 그렇다고 디오니소스적인 것이나 파우스트적인 것에서 구하지도 않는다. 그런데 우리는 너무나 쉽게 니체적인 양자택일에 빠져 아폴론적인 아름다움과 디오니소스적인 아름다움의 개념 또는 오늘날 흔히 말해지는 악마적인 개념의 양자만이 대립되어 있는 것처럼 흔히 생각하기 쉽다는 사실을 지적한다.[774] 그러나 그는 모든

---

772 막 15:34의 성경 구절 (제 9시에 예수께서 크게 소리 지르시되 엘리 엘리 라마 사박다니 하시니)은 후에 추가된 것이다. 이와 관련하여 M. Luther, '시편 강해'(WA 5: 25-28), 1519-21을 보라: "그는 하나님으로부터 버림받은 것처럼 울부짖었지만 하나님을 불렀고, 그렇게 함으로써 하나님이 그를 버리시지 않았음을 고백할 수 있었다. 왜냐하면 나의 하나님을 부른 자는 완전히 버림받은 것이 아니기 때문이다": Bonhoeffer, 『저항과 복종: 옥중서간』, 680.
773 Bonhoeffer, 『저항과 복종: 옥중서간』, 462-63.
774 Bonhoeffer, 『저항과 복종: 옥중서간』, 702. '아폴론적인 것' (빛의 신인 아폴로부터 온 특성으로서

방향에서 좀 더 중간적인 것, 온건한 것을 바람직스럽게 생각하며, 따라서 인간적인 것, 살아 있는 것, 지상적인 것을 아주 중히 여긴다. 그래서 결국 '성인이 된 세계'는 무신성이 더 강하지만, 바로 그렇기 때문에 성숙하지 못한 세계보다 하나님께 더 가깝다고 한다.[775]

3. "하나님 없이 하나님 앞에서 하나님과 더불어 산다."

하나님께서 종교에서조차 '작업가설'(working hypothesis, Arbeitshypothese)이 아니라는 사실은 세상이 성인됨과 우리가 하나님 없이도 살 수 있다는 점을 적시한다. 하나님 없이도 살아갈 수 있는 세상, 종교가 필요 없는 세계가 곧 성인이 된 세계이다. 그러면 만일 우리가 '마치 신이 없는 것처럼'(esti deus non daretur, as if there were no God) 세상을 살아야 한다면, 그때는 어떻게 삶의 중심에서 하나님을 발견할 수 있단 말인가? 이 답변에서 본회퍼는 다음과 같은 놀랍고 과격한 설명을 하고 있다. 하나님께서는 우리가 하나님 없이도 잘 지낼 수 있는 인간으로 살아야 한다는 사실을 우리에게 가르치고 계신다. 우리와 함께 하시는 하나님은 우리를 버리시는 하나님이시다(막 15:34). 하나님을 '작업가설'로 이용하지 않고도 우리로 하여금 이 세상에서 살아가도록 하시는 하나님은 우리가 함께 서 있는 그 하나님이시다. 그래서 우리는 하나님 앞에서, 하나님과 함께, 하나님 없이 산다. 하나님께서는 자신을 세상 밖으로, 또 십자가로 밀려나도

적절한 것, 조화롭고 격식을 갖춘 것을 의미함)과 '디오니소스적인 것' (술의 신인 디오니소스로부터 온 특성으로서 엑스타시적인 것, 한계와 격식을 뛰어넘은 것을 의미함)의 대립은 니체의 논제에 의하면 다음과 같다: "예술의 계속적 발전이란 아폴론적인 것과 디오니소스적인 것을 복제하는 것과 연관되어 있다. 그것은 세대가 성 (性)의 이중성에 의존하는 것과 같다."

775 DBW 6 (『윤리학』), 115에서 '소망 있는 무신성.'

록 스스로 허용하신다. 하나님께서는 이 세상에서 연약하고 힘이 없으신데, 그것이 바로 그가 우리와 함께 하실 수 있고 또 우리를 도우실 수 있는 유일한 방식이다.[776]

> "작업가설이라는 하나님 없이 우리를 세상에서 살도록 하시는 하나님은 우리가 항상 그 앞에 서 있는 하나님이지. 우리는 하나님 없이 하나님 앞에서 하나님과 더불어 산다네."[777]

이것은 '하나님 앞에서 하나님과 함께 하나님 없이' 살아야 하는 인간의 자율운동이 성취된 것이다.[778] 따라서 성인이 된 세계에 대한 본회퍼의 진술은 새로운 시대에 대한 선언이나 마찬가지이다. 또 그것은 당시의 종교적 상황에 대한 새 진단이며, 새로운 종교에 대한 예측이다. 그 예측은 하나님에 대한 인간의 자율성과 세계의 자주성, 또 세계의 비신격화와 세상성(Weltlichkeit)의 발견을 의미한다. 이런 의미에서 그리스도의 십자가와 현실 속에서 하나님께서 인간이 되셨다는 것은 종교적인 세상의 의미를 극복하고 성인이 된 세계를 인정하라는 것을 가르친다고 한다.[779]

---

776 Godsey, 『디트리히 본회퍼의 신학』, 301.
777 Bonhoeffer, 『저항과 복종: 옥중서간』, 680.
778 Bonhoeffer, *Letters and Papers from Prison*, 360; 『옥중서간』, 223.
779 목창균, 『현대신학 논쟁』, 270.

III. 기독교의 비종교적 해석

그러면 본회퍼에게 있어서 종교적 의미를 극복해야 한다는 것은 과연 무엇을 의미하는가? 본회퍼는 1944년 4월 30일자 옥중서간(편지 137번)에서 '무종교적(religionslos) 시대'에 대해 말하면서, '무종교적 기독교'라는 말을 처음으로 사용했다. '무종교적 기독교'라는 용어 대신 흔히 '기독교의 비종교적 해석,' '비종교적 기독교,' '종교 없는 기독교'(religionless Christianity)[780]라는 말이 사용되기도 한다. '무종교적 기독교' 또는 '기독교의 비종교적 해석'은 본회퍼가 생애 마지막 기간을 옥중에서 보내면서 몰두했던 문제를 압축해서 표현한 개념인 동시에 『옥중서간』 신학의 중요한 내용이기도 하다.[781]

1. '비종교적 기독교'와 '비종교성'(Religionslosigkeit)

본회퍼는 종교가 구원의 조건이냐 아니냐 하는 질문은 할례[782]가 의인(義認)의 조건이냐 아니냐 하는 바울의 질문과 유사한 질문이며, 이는 그리스도의 빛에 비추어보면 양자 모두 부정적인 대답을 듣게 된다고 암시하고 있다. 그리스도께서는 종교의 대상이 아니시라 참으로 세상의 살아 계신 주님이시라는 것이다.[783]

---

780 로빈슨(John A. T. Robinson, 1919-1983) 주교는 본회퍼의 저서인 『옥중서간』을 읽고 깊은 영향을 받아 '종교 없는 기독교'라는 주제로 현대인들에게 정통적인 하나님 개념을 적용하도록 표현하려고 시도하였는데, 그 결과 『신에게 솔직히』(Honest to God)라는 저서를 저술하게 되었다.
781 박봉랑, 『기독교의 비종교화』, 399.
782 '할례'와 '종교'를 기능적으로 같은 위치에 두는 것에 대해서는 K. Barth, *Römerbrief*, 102, 106f를 참조하라: "따라서 다음과 같은 물음이 제기되어야 한다. 즉 종교는 역사적 현실 속에서 인간에 대한 하나님의 적극적 참여의 전제와 조건이 되는가?"
783 박형규, "디이트리히 본회퍼", 106.

"할례가 칭의의 조건인가라는 바울의 물음은(내 생각으로는) 오늘날에는 종교가 구원의 조건인가라는 물음을 의미하네. 할례로부터의 자유는 또한 종교로부터의 자유도 되지. 나의 기독교적 본능(christlicher Instinkt)은 나로 하여금 종교적인 인간보다는 비종교적인 인간의 편에 서도록 만든다네. 그것도 전적으로 전도하려는 의도가 아니라 차라리 형제로서 말하고 싶다네. 나는 종교적인 인간들에 대해선 하나님의 이름을 부르는 것이 가끔 부끄러워지며, 비종교적인 인간들에 대해선 때때로 아주 편안하고 자명하게 하나님의 이름을 부를 수 있다네."[784]

본회퍼가 '종교'라는 용어를 이렇게나 혐오스럽게 생각했던 이유는 '종교적' 기독교가 성인의 세계 앞에 속수무책이기 때문이다. 종교의 하나님은 인간의 한계상황에서 요청된 하나님(deus ex machina)[785]이다. 인간의 인식이 다하고 인간의 자본이 다하게 될 때, 인간이 난관에 부딪칠 때, 한계에 왔을 때 임기응변적으로, 미봉책으로 생각하거나 우리의 문제를 해결할 수 있는 가설자로 생각하는 그런 하나님은 성인이 된 자율적인 인간에게는 무용한 것이 된다는 것이다. 따라서 본회퍼는 종교에 호소하여 하나님을 위해 자리를 만들려고 하는 이런 기독교 선교의 방법과 신학적 시도가 선험적(a priori) 종교의 전제가 깨진 오늘날의 무신의 세계, 무종교의 시대에는 부적당하다고 보았다. 이런 판단에서 그는 틸리히의 종교적 신

---

[784] Bonhoeffer, 『저항과 복종: 옥중서간』, 521. 이 인용 문단의 괄호 표시 중 독일어 표기를 위한 것이 아닌 괄호 표시는 본회퍼 자신이 줄표 (hyphen, -)로 표시한 것이다.
[785] 'deus ex machina'란 '기계장치의 신'이라는 뜻인데, 고대 극장에서는 기계장치의 도움으로 갑자기 등장해서 문제를 초자연적으로 해결하는 인물이 있었다. 이런 용어는 R. Seeberg, *Christliche Dogmatik II*, 314에서도 나타난다. 또 DBW 3 (『창조와 타락』), 97에 나오는 '악마와 기계' (diabolia et machina)도 참조하라.

학과 목회상담학적 선교 방법을 포함한 모든 종교적 변증의 시도를 신랄하게 비판한다.[786]

그러면 비종교적 해석이란 무엇인가? 무신의 세계에서 우리는 신에 대해 어떻게 말할 수 있겠는가? 그것은 전능성에 대한 추상적인 신앙이 아니다. 포이에르바하가 공격한 대로 '인간의 상상의 산물', 종교의 신은 불필요한 신이고, 니체가 생각했던 것과 같은 그런 신은 죽어도 좋다, 아니 죽어야 한다고 본회퍼는 보았다. 하나님은 가장 구체적으로, 현실적으로 말해야 한다. 그렇기 때문에 비종교적 해석은 모든 것을 그리스도의 십자가와의 관계 속에서 생각하고 말하는 것이다. 가령 하나님의 초월성을 절대자와 무한자 같은 형이상학적인 개념으로 이해하는 것이 아니라, 인간의 형태 속에 있는 하나님, 즉 타자를 위해 존재하는 인간인 십자가에서 죽으신 그리스도로 해석하는 것이다. 그러므로 비종교적 해석은 무엇보다도 참된 기독론적 해석을 의미한다는 것이다.[787]

그리스도께서는 어떻게 비종교인의 주님도 될 수 있는가? 만일 종교가 단지 기독교의 의상에 지나지 않는다면, 비종교적 기독교란 어떤 것일까? 유일하게 이런 방향으로 생각하기 시작했던 바르트는 이런 생각을 철저하게 밀고 나가지 못했고 오히려 '계시실증주의'에 빠졌는데, 결국 그 본질에 있어서는 복고주의에 머무르고 말았다고 본회퍼는 평가한다.[788]

---

786 박봉랑, 『신의 세속화』(서울: 대한기독교출판사, 1988), 30.
787 박봉랑, 『기독교의 비종교화』, 422-45; 『신의 세속화』, 31-33.
788 '계시실증주의'라는 용어는 본회퍼가 자기의 종교비판의 귀결들을 도출하기 위해 차용한 기획어라고 할 수 있다: Bonhoeffer, 『저항과 복종: 옥중서간』, 518.

"바르트는 종교비판을 시작한 최초의 신학자라네. 그것은 그의 커다란 공로로 남아 있지. 그러나 그는 종교의 자리에 실증주의적 계시론을 들여앉혔지. 그는 이 문제를 먹느냐 먹히느냐는 식으로 몰고 갔다네. 가령 그는 동정녀 탄생, 삼위일체론, 또는 그 밖의 어떤 것이든지 모든 것은 똑같이 중요하고 똑같이 필요하기 때문에 모두를 다 취하든지 아니면 다 버려야 한다고 주장하고 있지. 그러나 그렇게 말하는 것은 성경적이 아니지. 인식에도 단계가 있고, 의미에도 단계가 있다네. 말하자면 신앙의 비밀훈련을 회복시켜 기독교 신앙의 비밀들이 세속화되는 것을 막아야 된다는 말일세. '계시실증주의'는 결국 신앙의 율법을 세우고, 또한 그리스도의 성육신을 통해 우리에게 선사된 것을 파괴함으로써 문제를 너무나 간단하게 처리해 버렸지. 이렇게 해서 교회가 종교를 대신하게 되었지만(그것 자체는 성경적이지), 세상은 어느 정도 독자적이 되고 자신을 의지하게 되었다네. 바로 그것이 잘못된 점이지. 나는 지금 참회, 신앙, 칭의, 신생, 성화 등의 개념들이 어떻게 하면 구약 성경적 의미로, 요한복음 1장 14절의 의미로, 또 세상적으로 재해석될 수 있을지를 심사숙고하고 있다네."[789]

또한 본회퍼는 테겔에서 베트게에게 보낸 두 번째 신학적 편지(1944년 5월 5일자)에서 불트만의 논거도 복음을 제약한다는 이유로 그 근본에 있어서 자유주의적이라고 비판하면서, 참된 신학적 사고는 다음과 같이 진행해야 한다고 제안한다:

---

[789] Bonhoeffer, 『저항과 복종: 옥중서간』, 531-32. 이하 인용 문구들 중 괄호 표시는 본회퍼 자신이 줄표 (hyphen, -)로 표시한 것이다.

"자네도 '신약 성경의 비신화화'에 관한 불트만의 논문을 잘 기억하고 있겠지. 대다수의 사람들은 그가 너무 지나치게 많이 나갔다고 생각하지만, 나는 그렇게 생각하지 않네. 오히려 그가 너무 덜 나갔다는 것이 나의 생각이라네. 기적, 승천 등과 같은 '신화적' 개념들뿐만 아니라(그것들은 원칙적으로 하나님, 신앙 등의 개념과 분리될 수 없네), '종교적' 개념 그 자체가 문제라네. 우리는(불트만이 생각했던 것처럼) 하나님과 기적을 서로 분리할 수 없으며, 이 둘을 '비종교적으로' 해석하고 선포할 수 있어야 하네. 그러면 종교적으로 해석한다는 것은 무엇을 말하는가? 그것은 한편으로는 형이상학적으로 말하는 것이고, 다른 한편으로는 개인주의적으로 말하는 것을 뜻하지. 이 둘은 성경의 메시지에도, 또 오늘날의 인간들에게도 맞지 않는 것이라네. 영혼구원을 개인주의적으로 다루는 것은 이미 사라져 버린 구시대의 유물이 아닌가? 이런 사실보다 더 중요한 것이 존재하고 있다는 것을 우리는 잘 알고 있지 않은가? 이것이야말로 근본에 있어서는 성경적이 아닐까? 구약 성경에 도대체 영혼구원에 대한 물음이 존재하는가? 지상에서의 정의와 하나님 나라가 모든 것의 중심이 아닌가? 로마서 3장 24절 이하의 사상이 목표로 하는 것도 하나님만이 의롭다는 것이지, 개인주의적인 구원이 아니지 않은가?"[790]

이와 같이 본회퍼는 틸리히의 '존재의 신학'은 물론 불트만의 '비신화화'에서도 만족할만한 해답을 얻지 못했고, 또한 바르트의 '배타적인 계시신학'에서도 해결을 얻지 못했다. 그러면서 그는 개인구원이 아닌 사회구원에 천착(穿鑿)했다. 이것은 루터의 신학이 개인의

---

790 Bonhoeffer, 『저항과 복종: 옥중서간』, 530-31.

믿음과 구원에 초점을 두었던데 반해, 본회퍼의 신학은 공동체적 집단 인격과 성숙한 세상에 주목했던 데에서 오는 차이라고 말할 수 있다. 그래서 루터가 신학의 주된 관심을 수도원에서 세상으로 옮겨 왔다면, 본회퍼는 세상 안에서의 공동체적인 신앙훈련을 추구하고 실현하려 했다. 그리고 그 과정에서 루터는 개인이 자기 죄를 회개해야 할 것을 강조했던데 반해, 본회퍼는 타인들을 위해 타인들의 죄책까지 짊어져야 할 것을 강조했다.

2. 종교와 기독교는 일치하지 않는다.

무종교적 시대의 도래를 선포한 본회퍼는 종교를 떠나서 기독교를 이해하려고 했다. 그는 그렇게 이해한 기독교를 '무종교적 기독교'(또는 비종교적 기독교)라고 했다. 그가 테겔 형무소에서 사고한 것들 가운데 가장 중요한 결론은 종교와 기독교가 일치하지 않는다는 사실이다. 이 사고가 본격적으로 시작된 것은 그가 구금된지 1년 후부터, 곧 1944년 4월 말부터였다. 그러나 그는 1939년 미국 여행 당시의 일기에 이미 다음과 같이 기록한 적이 있다: "하나님 자신만이 계시고 그의 말씀이 없다면, 우리가 종교 없이도 선하게 살 수 있고 또한 더 잘해낼 수 있으리라는 것을 사람들이 실제로 모르고 있는 것일까? … 그리스도께서는 새로운 종교를 가져오신 것이 아니라 하나님을 가져다 주셨다." "인간이 실제로 철저하게 비종교적으로 된다면, 그것은 기독교에 무엇을 의미하는가? 우리는 종교 없이 하나님에 관해서 어떻게 말할 수 있는가?"[791] 또한 그는 편지 177번

---

[791] DBW 15, 225 (1939년 6월 18일자 기록); DBW 10, 321.

에서 "예수께서는 우리를 새로운 종교가 아니라 삶으로 부르신다" 라고 기록하기도 한다.[792] 그러니까 1944년 4월 30일자로 테겔에서 쓴 편지(편지 137번)를 통해 우리가 확인하게 되는 사실은 '종교적 선험성'(religiöse Apriori)에 대한 전통적인 가르침이 새로운 근본 전제로 대치됨으로써 이미 5년 전부터 그에게 있었던 신학적 성찰이 자라고 발전하다가 어느덧 확신으로 가득 차 있다는 사실이다.

그렇다면 본회퍼는 왜 종교를 떠나서, 즉 비종교적으로 기독교를 이해해야 한다고 보았을까? 그에게 종교는 과연 무슨 의미인가? 첫째, 종교는 그에게 개인주의를 의미한다. 그것은 인간이 자기 자신의 내적 상태와 경건 문제에 몰두하여 세상으로부터 도피하고 이웃을 잊어버리는 것이다. 그러나 그리스도의 존재는 타자를 위한 존재여야 한다는 것이다. 둘째, 종교는 형이상학적인 것을 의미한다. 종교가 관심을 가지는 것은 이 세상적인 것이 아니라 저 세상적인 것이다. 하나님을 이 세상으로부터 분리하고, 거룩한 것을 세속적인 것으로부터 분리하는 것이다. 그러나 하나님을 개인주의적으로 해석하여 우리 안에 존재하시는 이로 간주하거나, 또는 형이상학적으로 해석하여 세계를 전적으로 초월하여 존재하시는 이로 간주하는 것은 하나님의 타자성(otherness)을 간과하는 것이다. 셋째, 종교는 부분적인 것이다. 종교적 행위는 교회의 예배와 종교적 행사에만 제한되어 있다. 따라서 그것은 항상 부분적이다. 반면에 신앙은 전체적이며 생활 전반에 걸친 행위이다. 그런데 예수께서는 인간을

---

[792] Bonhoeffer, 『저항과 복종: 옥중서간』, 822-23.

종교로 부르신 것이 아니라 삶으로 부르셨다는 것이다.[793]

이런 사고에서 본회퍼는 인간의 자아를 중심으로 한 어떤 형태의 경건운동이나 종교운동에 대해서도 비판적이었다. 왜냐하면 이런 개종(회심) 중심의 기독교 운동이 사람들로 하여금 자기 자신들의 시작에만 머물게 하기 때문이라는 것이었다.[794] 가령 그는 다음과 같은 글을 쓴 적이 있다: "제발 우리 눈을 우리 자신으로부터 다른 곳으로 돌리자!"[795] 여기에서 본회퍼가 의미한 '다른 곳'이란 아마도 세상 또는 타자(다른 사람)를 의미하는 것으로 해석되는데, 그러나 성경적인 관점에서 세상구원보다 더 먼저여야 할 것이 개인구원이고, 또 그렇기 때문에 개인의 변화, 즉 죄로부터의 회심을 정통 신학이 중시한다는 사실을 본회퍼는 간과하고 있다. 이에 대해 베트게는 "복음에 대한 증언이 개인의 변화에 대한 증언으로 대체된 사실에 본회퍼가 몹시 분개하였다"라고 기술하고 있다.[796]

3. 오늘날 하나님을 말하는 방식, 하나님 인식의 길

오늘날 하나님의 존재가 어떻게 주장될 것인가? 본회퍼는 현대 인식론의 전망에서 하나님을 말하는 방식을 모색하려 하였다. 하나님을 세상적으로 말한다는 것은 무엇을 의미하는가? 자율을 빙자하여 하나님을 거부하는 현대 무신론의 요구 앞에서 기독교의 하나님 인식이 어떤 성격이 되어야 할까? 인간 자기의 사고에서 출발하

---

[793] 목창균, 『현대신학 논쟁』, 273.
[794] 이런 비판적인 입장에 동조하고 나선 것이 '옥스포드 그룹'에 의한 후일의 '도덕재무장운동'이었다.
[795] Bonhoeffer, 『본회퍼의 시편 명상』, 124.
[796] Eberhard Bethge, *Dietrich Bonhoeffer: Man of Vision, Man of Courage*, trans. Ross (New York: Mosbacher, 1970), 388-89, 497.

여 하나님의 확실성을 세우려고 하였던 인간학적 인식의 길은 결국 포이에르바하의 뒤를 따라 '종교는 인간의 산물'이라는 귀결로 그 대답이 될 수 없었다. 그래서 본회퍼는 바르트가 『교회교의학』 제2권 제1부에서 전개한 하나님 인식의 길을 오히려 더 바람직한 것으로 생각했다. 즉 하나님의 확실성으로부터 인간과 세계의 확실성을 세우려고 하였던 하나님에 의한 하나님 인식의 길을 따르는 것으로 그의 인식론적 사고가 출발하였던 것이다.[797]

본회퍼는 하나님에 대한 이전의 견해가 틀렸다고 주장했다. 여기에서 이전의 견해란 '여백을 메우기 위한 하나님'(God-of-the-Gaps), 즉 다른 방법으로 설명될 수 없는 것들에 대한 책임적 존재로서 끌어들여진 신 개념을 말한다. 과거에는 인간 지식의 불완전성을 얼버무릴 대체물로서 신이 이용되었다. 그러나 과학이 진보하기에 이르자, 신학자들은 이제 하나님을 삶의 문제들에 대한 답이라고 선포하였다.[798] 그리고 이런 과정이 그 한계에 이르자, 이제 하나님은 삶의 대부분의 영역에서 밀려나게 되었고, 기독교 신학은 그 관심사를 개인의 내면세계의 문제로 돌려서 이 세상에서 밀려난 하나님이 적어도 인간의 내면세계에서만은 하나님으로 계신다고 말하려는 시도를 꾀하게 되었다는 것이다.[799]

그러나 본회퍼는 당시(1944년 6월) 고대 언어학자인 오토(W. F. Otto)의 책 『그리스의 신들』(Götter Griechenlands)이라는 대작을 읽으면서 인간 존재의 불안과 동경에서 나오는 신앙세계가 아니라 현존재의

---

797 박봉랑, 『신의 세속화』, 584-85.
798 Bonhoeffer, *Letters and Papers from Prison*, 114-15.
799 Stanley J. Grenz & Roger E. Olson, 신재구 역, 『20세기 신학』(서울: IVP, 1997), 240.

부요함과 깊이에서 나오는 신앙세계에 대해 숙고하고 있었다. 그래서 그는 기독교의 일정한 형식들로 표현된 신들보다 오히려 인간의 자연적 형태 속에서 발견되는 신들이 오히려 그리스도를 더 잘 요청할 수 있다고 생각하였다. "그들(다른 민족들)은 신적인 것을 인간 가능성의 완전성에서, 즉 절대적 권력, 지혜, 정의 혹은 사랑에서 찾는 반면, 그리스인들은 신을 인간의 자연적 형태 속에서 발견한다."[800] 그래서 오토와 딜타이에게서 영감 받은 본회퍼의 결론은 신적인 것이 절대적인 것 안에 존재하는 것이 아니라 인간의 자연적인 모습 안에 존재한다는 것이다. 이와 같은 사고를 거쳐 그는 결국 인간이 십자가에 달려 죽으신 그리스도를 따라 '타자를 위한 존재'가 되어야 한다는 사실에 그 궁극적인 초점을 맞춘다.

> "인간의 모습을 취하신 하나님, 그것은 동방 종교에 나타나는 것과 같은 괴상한 것, 혼돈스러운 것, 먼 것, 무서운 야수의 모습이 아니다. 또한 절대자, 형이상학적인 것, 무한한 것 등의 개념들도 아니다. 그러나 그것은 인간 자체의 그리스적 신인 형태도 아니며, 오직 '타자를 위한 인간'이며, 따라서 십자가에 달려 죽으신 자다. … 내게 중요한 것은 우리가 회피하기를 원하는 것들을 단순하게, 또 분명하게 말해 보고자 하는 것이지. 나는 이렇게 함으로써 교회의 미래를 위해 봉사할 수 있게 되기를 바란다네."[801]

그래서 본회퍼에 의하면, 앞으로 새 시대에 신학적 사고가 추구

800　W. F. Otto, *Götter Griechenlands*, 232; Bonhoeffer, 『저항과 복종: 옥중서간』, 624-27.
801　Bonhoeffer, 『저항과 복종: 옥중서간』, 710-12 (1944년 8월 3일자의 연구를 위한 기획), 715.

해야 할 경향은 실존적이 아니라 역사적이어야 하고, 수직적이 아니라 수평적이어야 하며, 현재적이 아니라 미래적이어야 한다. 역사와 질서에 대한 이해가 아니라 변혁이 중요하다. 왜냐하면 진리는 형이상학적, 본질적으로가 아니라 실증적으로, 행동적으로 규정받기 때문이다. 따라서 신앙의 바른 진술(orthodoxy)에 관한 것보다는 행동의 바른 성격과 방향(orthopraxy)에 더 관심을 기울이자는 것이 본회퍼의 중요한 논점이 되었다. 이런 맥락에서 기독교의 선교는 단순히 말씀의 전파(복음화)만이 아니라 인간의 인간화, 인간의 사회화, 사회의 인간화, 인간의 해방을 위한 인간 내면성의 변화와 아울러 환경과 조건의 변혁도 포함해야 한다는 것이다. 왜냐하면 악은 개인의 생각과 행동에서만이 아니라 구조에서 취급되기 때문이다. 정치적 억압, 경제적 불평등, 인간의 인종적, 문화적 소외, 심리적 억압, 기술화에 따르는 생태학적 환경의 위협, 이 모든 영역들이 다 악이 현실적으로 지배하는 장소들로서 인간 해방의 영역인 바, 기독교 선교는 이 모든 영역들을 다 포괄해야 한다는 것이다.[802]

4. 이 세상에서 무력하시고 수난 받으시는 하나님

본회퍼는 하나님께서 이 세상에서 무력하시고 수난 받고 계시다는 논제를 '부재의 형태 속에 현존하시는 하나님'으로부터 시작한다. "하나님 없이 하나님 앞에서 하나님과 더불어 산다"라는 도식에 내재되어 있는 '부재의 형태 속에 현존하시는 하나님' 이해는 1943년 그가 체포되기 직전에 시작한 그의 『윤리학』 작업에서 준비되었

---

802 박봉랑, 『신의 세속화』, 25.

다. "화해의 십자가는 하나님 없는 세상 한가운데서 하나님 앞에서의 삶으로 해방되는 것을 말한다."[803] 이것은 어느 정도 루터의 '숨어 계시는 하나님' 개념에 의존하는데, 루터에 의하면 인간 삶의 질서들과 역사의 사건들은 가면과 복면을 쓰고 있다고 한다. 그것들의 배후에서 하나님께서는 자신의 행동을 숨기신다. "모든 피조물들은 하나님의 가면이고 복면이다. 하나님께서는 그것들로 하여금 자신과 함께 활동하게 만드시며, 온갖 것을 창조하시는 데 돕도록 만드신다."[804]

> "나는 가끔 여기에서 운명에 대한 불가피한 저항(Widerstand)과 불가피한 복종(Ergebung) 사이의 경계가 어디에 있는지를 생각해 본다네. … 우리는 운명에 때로는 굴복해야 하지만, 때로는 그 운명에 결연히 맞서야 한다고 생각하네. 우리는 이런 이중적인 사실 저편에서야(jenseits) 비로소 인도하심을 말할 수 있다네. 하나님께서는 우리를 당신으로 만나 주실 뿐 아니라, 복면하신 이[805]로도 만나 주시지. 따라서 내 물음에서 근본적으로 중요한 것은 우리가 어떻게 이런 '그것'(운명) 안에서 '당신'(Du)을 발견할 수 있는가에 달려 있지. 내 생각은 이렇다네. 즉 중요한 것은 운명이 인도하심이 되는 것이지. '저항과 복종' 사이의 경계가 원칙적으로 정해져 있는 것은 아니지. 그러나 이 둘은 존재해야 하며, 결단 속에서 파악되어야 한다네. 신앙은 이와 같이 동적이고 생동적인 행동을 요구하고 있다네. 그렇게 함으로써만 우리는 그때마다의 현재적 상황을 극복할 수 있고, 또 열매 맺

---

803 DBW 6, 404; 편지 177번.
804 Martin Luther, WA 40, 1: 174, 13-15.
805 DBW 9, 277 각주 20번 참조.

도록 만들 수 있다네. 여기에서 신학적 실존과 법적 실존 사이의 차이가 드러나지 않을까?"[806]

이어서 본회퍼는 성경이 인간에게 하나님의 무력함과 수난을 가르친다고 주장한다. 그가 일찍이 1942년 5월 21일자로 라이브홀츠(Leibholz)[807]에게 보낸 영문 편지에 의하면, 하나님과 수난이 모순되는 것이 아니라 필연적 통일을 이룸을 미리 배워두는 것이 좋다고 한다.[808] 또 나중에 그는 테겔의 감옥에서 쓴 시 '그리스도인들과 이방인들'(편지 174번)에서도 언급하기를, "인간들은 곤궁에서 하나님을 향하고, 그리스도인들은 하나님의 수난에서 하나님 곁에 서 있다"라고 진술한다. 이와 같이 하나님이 수난 받고 있다는 생각은 아마도 본회퍼 자신이 수난 받고 있기 때문에 더 절실하게 든 생각이었을 텐데, 이 생각은 루터의 1518년 하이델베르크 논쟁시 논제 11이었던 "그러나 하나님은 오직 수난과 십자가 속에서만 발견되신다"[809]라는 논제에서 그 근거를 찾으려 한 것이라고 말할 수 있다. 어쨌든 본회퍼에 의하면, 오직 수난 받으시는 하나님만이 우리를 도우실 수 있다. 이 점에서 우리는 '성숙한 세계'의 과정이 종래의 그릇된 하나님 관념을 일소했다고 말할 수 있고, 또 이 세계에서 그 연약함에 의해 능력과 공간을 획득하시는 성경의 하나님에 대한 안목을 확실하게 가질 수 있다고 한다. 또 이것이 바로 '세상적 해석'

---

806 Bonhoeffer, 『저항과 복종: 옥중서간』, 431-32.
807 라이브홀츠(Leibholz)는 본회퍼의 쌍둥이 여동생 사비네(Sabine)의 남편으로서 유대인이었는데, 나중에 사비네와 함께 영국으로 이민을 갔다.
808 DBW 16, 759.
809 Martin Luther, QA 1: 362, 28f.

에 대한 출발점이라는 것이다.

> "인간의 종교성은 곤궁에 빠졌을 때 세상에 존재하시는 하나님의 능력에 의지하는 법을 인간에게 가르치지. 그것은 '기계장치로서의 신'(deus ex machina)이지. 반면에 성경은 하나님의 무력함과 수난을 인간에게 지시하고 있지. 오직 수난 받으시는 하나님만이 도우실 수 있지. 이런 전제하에서만 앞에서 말한 '성인이 된 세계'를 지향해 나가는 발전과정이 그릇된 신 관념을 제거하고, 또 이 세상에서 그의 무력함을 통해 능력과 공간을 획득하시는[810] 성경의 하나님을 볼 수 있는 눈을 열어준다고 할 수 있지. 여기에서 '세상적 해석'(die weltliche Interpretation)이 시작되어야 하지."[811]

하나님은 세계 밖으로, 십자가에로 밀려나가는 것을 스스로 허락하셨다. 하나님은 세상에서 약하고 무력하시다. 마태복음 8장 17절[812] 말씀에 의하면, 그리스도께서 우리를 도와주시는 것이 그의 전능에 의해서가 아니고, 오히려 그의 약함과 고난에 의해서임을 분명하게 보여준다고 한다. 그래서 성경은 인간을 하나님의 무력과 고난으로 향하게 한다. 오직 수난 받으시는 하나님만이 도우실 수 있다. 세상은 참으로 하나님을 필요로 하지 않는 세상이 되었지만, 그러나 하나님은 살아서 그리스도 안에서 이미 세상을 심판하시고 긍정하셨으며, 십자가의 고난으로 세상 짐을 지시고 세상을 구원하셨

---

810 '획득'이라는 용어는 나중에 추가되었다. 그런데 하나님을 향하여 '획득'이나 '발전과정'이라는 용어들을 사용하는 것이 과연 합당한지의 여부는 또 별도로 고찰해 보아야 한다.
811 Bonhoeffer, 『저항과 복종: 옥중서간』, 681-82.
812 "… 우리의 연약한 것을 친히 담당하시고 병을 짊어지셨도다 함을 이루려 하심이더라" (마 8:17).

다. 이 살아 계신 하나님이 고난 받으시는 하나님이므로, 오늘의 하나님의 이름은 바로 '수난 받으시는 하나님'이라는 것이다.[813]

그러나 하나님에 대한 이런 관점은 정통 신학에서의 '신성의 비수난성'(impassibilitas divinitatis) 문제와 충돌을 일으키며, 또한 성경의 가장 중요한 가르침인 재림 교리와도 상충된다.[814] 또 하나님 자신께서는 우리가 약할 때에 약하시지 않고 오히려 강함이 되신다는 것이 성경의 약속이요 가르침인 사실을 굳이 외면할 필요는 없을 것이다. 또한 수난 받으시는 하나님에 대한 그의 견해가 어느 정도 이신론(理神論, deism)의 새로운 형태를 띠고 있다는 사실도 간과할 수 없다. 왜냐하면 그에게 있어 하나님은 이전의 이신론의 경우와 마찬가지로 적극적인 어떤 일을 실제적으로 행하시지 않는 것이 사실이기 때문이다.[815]

본회퍼는 하나님께서 이 세상에서 무력하시고 수난 받으신다는 사실을 신약 성경을 통해 증명한다고 하면서, 누가복음 19장에서 삭개오의 회심에 그 어떤 죄 고백도 동반되지 않은 사실, 누가복음 7장에서 죄인인 한 여인의 행위가 어떤 죄 고백도 없이 칭찬받은 사실, 어린이들이 그냥 받아들여진 사실, 동방에서 온 박사들과 목자들이 회개한 죄인으로서가 아니라 단지 있는 그대로 구유에로 이끌려 경배하게 된 사실, 가버나움의 백부장, 회당장 야이로, 에디오피아 내시(행 8장), 고넬료(행 10장) 등이 그 어떤 죄도 고백하지 않았는

---

813 박봉랑, 『신의 세속화』, 644-45.
814 재림 예수께서는 영광 중에 오시지 수난 상태로 오시지 않는다는 것이 성경의 가장 기본적인 교리들 중 하나이다.
815 Colin Brown, *Philosophy and the Christian Faith* (Chicago: Inter-Varsity Press, 1969), 문석호 역, 『철학과 기독교 신앙』(서울: 기독교문서선교회, 1999), 244.

데 신앙의 모범으로 제시된 사실 등을 열거하면서, 그들 모두에게 유일하게 공통적인 것은 그리스도를 통해서 하나님의 고난에 동참한 것뿐이라고 강조한다. 여기에서 종교적 방법이 아무 것도 아니고, 종교적 행위 역시 뭔가 부분적이며, 오직 신앙만이 항상 전체적인데, 그것이 바로 삶의 행위라고 한다. 그래서 예수께서는 우리를 새로운 종교로 부르신 것이 아니라 삶으로 부르셨고, 이런 삶이 바로 세상 안에서 하나님의 무력함에 동참하는 삶이라는 것이다.[816]

> "인간은 하나님을 상실한 세상에서 하나님의 고난에 동참하도록 부름 받고 있다네. 그리스도인이 된다는 것은 특정한 방식의 종교인이 되는 것이 아니라네. 그것은 어떤 방법에 근거해서 자신으로부터 뭔가를(회개한 죄인, 참회한 자, 또는 성인 등을) 만들어내는 것이 아니라네. 그리스도인이 된다는 것은 인간 존재가 되는 것이라네. 그리스도께서는 우리 안에서 특별한 인간 유형이 아니라 인간을 만드시지. 종교 행위가 그리스도인을 만드는 것이 아니라, 세상의 삶에서 하나님의 고난에 동참하는 것이 그리스도인을 만든다네. 그것이 회개(참회) 즉 자기 자신의 곤궁, 문제, 죄, 불안을 생각하지 않고 예수의 길에 들어서서 메시야 사건에 동참하는 것이고, 이로써 이사야 53장이 이제 성취되도록 하는 것이지."[817]

그래서 예수 그리스도와의 구체적인 만남은 예수께서 '오직 타

---

816 Bonhoeffer, 『저항과 복종: 옥중서간』, 684-85.
817 E. Bethge, *Dietrich Bonhoeffer und die Juden*, 205f; Bonhoeffer, 『저항과 복종: 옥중서간』, 682-83.

자를 위해 현존하신다'⁸¹⁸는 사실에서만 가능하다고 한다. 오직 자기 자신으로부터의 자유, 죽기까지 '타자를 위한 존재'의 범주 내에서만 하나님의 전능과 전지, 또 편재에 대해 말할 수 있는 가능성이 주어지는데, 신앙은 바로 이런 예수의 존재에 참여하는 것이라는 것이다. 그리고 하나님과 우리와의 관계는 종교적으로 생각할 수 있는 최고의, 최강의, 최선의 본질이 아니라, 예수의 존재에 참여하는 가운데 주어지는 '타자를 위한 존재'에서 드러나는 새로운 삶이라는 것이다.⁸¹⁹

그러나 인간이 자기 자신의 죄와 회개를 고려하지 않고 과연 온전하게 예수 그리스도의 길에 들어설 수 있는지, 또 메시야 사건에 동참할 수 있는지 잘 긍정되지 않으며 또 염려스럽기까지 하다. 그런데 이와 같이 본회퍼가 세상에서 고난 받는 약한 하나님을 말함으로써 그의 『옥중서간』에서 '성숙한 세계'와 '비종교적 해석'을 전개한 것은 루터의 '십자가의 신학'의 연장선상에서 자기 신학을 전개하고자 했던 본회퍼의 노력과 상당 부분 연결되어 있다고 할 수 있다. 그리고 또 본회퍼가 비판한 '종교적 하나님' 이해는 루터가 1518년에 하이델베르크 논쟁에서 비판하였던 로마 카톨릭의 '영광의 신학'에 대한 하나님 이해와 어느 정도 유사한 점이 있다. 왜냐하면 이 둘 다 세상 안에서 약하지 않고 전능하신 종교적 하나님만을

---

818 '타자를 위해'가 '오직'과의 연관성 속에서 사용된 것은 이미 루터(WA 7: 64, 15-17)에게서 나타났다: "인간은 이 죽을 몸에서 자기 자신만을 위해 살지 않고, 지상의 모든 인간을 위해서도 산다. 그렇다. 인간은 오직 타자를 위해서만 살고, 자신만을 위해 사는 것이 아니다"; DBW 6 (『윤리학』), 404도 참고하라: "하나님께서 인간이 되셨다는 사실에 직면해, 인간으로서 하나님 앞에 설 수 있다는 사실은 오직 자기 자신을 위해서가 아니라, 하나님과 다른 사람을 위해 존재하는 자가 되는 것을 의미한다."

819 Bonhoeffer, 『저항과 복종: 옥중서간』, 715.

강조하기 때문이다.

5. 본회퍼의 『그리스도론』

이와 같은 '수난 받으시는 하나님'의 맥락 하에서 본회퍼는 그의 그리스도론을 정초시킨다. 그리스도께서는 인간 예수 안에서 인간을 위해 사시고, 대속적인 죽음을 죽으시고, 다시 살아나신 하나님 자신이시다. 그리스도께서는 성령을 통해 말씀의 설교에서, 성례전에서, 또 그의 제자들의 날마다의 삶에서 현재하시며, 낮아지신 예수 그리스도의 존재이시다. 이 내용이 그의 『그리스도론』에 잘 나와 있다. 이 책은 1933년 여름 학기에 본회퍼가 베를린 대학에서 강의한 내용이다. 그러나 그의 강의의 텍스트 그대로는 아니다. 1960년에 베트게(Eberhart Bethge)가 학생들의 필기노트를 토대로 재구성하여 출판한 것이다. 이 강의는 원래 3부로 구성되었으나, 제3 부의 강의는 마치지 못했기 때문에, 베트게의 재구성에서 제3 부는 빠져 있다.[820] 본회퍼를 부단히 움직였던 것은 예수 그리스도께서 어떻게 하나님이신 동시에 인간이신가 하는 것이 아니라, 오늘날 그리스도께서 우리를 위해 누구신가라는 물음이었다.[821] 그는 예수를 하나님이라고 부르는 것은 인간 예수에게 하나님으로서의 자격부여라는 의미이지, 그에게 제2의 신적 본질을 첨가한다는 의미는 아니라고 주

---

[820] 이 강의는 원래 제1 부가 현재하는 그리스도: 나를 위한(pro me) 존재, 제2 부가 역사적 그리스도, 제3 부가 영원한 그리스도로 계획되어 있었다. 그러나 제3 부가 진행되지 못한 채, 9주 후에는 그에게 더 이상 강의가 허락되지 않았다. 이 강의는 주 2시간 강의로서 수요일과 토요일 오전 8시부터 9시 사이에 행해졌었는데, 약 200명의 학생들이 수강할 정도로 인기 있는 강의였다: 박봉랑, 『기독교의 비종교화: 본회퍼 연구』, 280.

[821] Bonhoeffer, 『저항과 복종: 옥중서간』, 827; 편지 137번.

장했다. 그리고 그리스도께서는 자신을 위한 존재가 아니라, 나를 위한 존재, 즉 타인을 위한(für andere) 그리스도이심을 강조했다.[822]

이 강의가 중요한 것은 그리스도론 강의에 와서 그의 사상이 수렴되고, 그 이후의 강의는 이 강의에서부터 다시 출발한다고 할 수 있기 때문이다.[823] 이 강의가 행해졌던 1933년 여름학기는 히틀러가 집권한 직후에 사회적으로 소란한 가운데 진행된 학기로서 본회퍼에게는 학문적으로 절정에 도달한 시기였다. 일반적으로 그리스도론은 예수 그리스도의 인격과 본성의 관계를 그 대상으로 하였지만, 본회퍼는 예수께서 누구신가를 물었다. 그는 예수를 중심(Mitte), 중보자(Mittler)로 파악하였다. 예수는 나를 위한(pro me), 우리를 위한(pro nobis), 타자를 위한(pro aliis) 그리스도이시다. 그리고 그는 『저항과 복종』에서 예수를 '타자를 위한 존재 예수'(Das Für-andere-dasein Jesu / The Being-for-others Jesus)로 표현하였다. 기독교 신앙은 이 예수의 존재에 참여하는 것이다.[824] 여기에서는 사회성이 중요한 관건이 된다. 그러나 예수 그리스도께서는 타자를 위한 존재이시기 이전에 삼위일체 하나님의 제2 위격이시며 절대적 주권자이심을 소홀히 해서는 안 될 것이다.

『그리스도론』의 출발점과 관련하여 본회퍼는 기본적으로 존재론적으로 접근하였다. 그 목적은 '누구'의 존재론적 구조를 탐구하는 것이다. 초대 교회는 이 '누구' 즉 인격에 치중했고, 현대신학은 '어

---

822 목창균, 『현대신학 논쟁』, 265.
823 Dietrich Bonhoeffer, *Christologie*, 유석성 역, 『그리스도론』(서울: 대한기독교서회, 2010), 107.
824 Bonhoeffer, 『그리스도론』, 108.

떻게'와 '무엇' 즉 사역에 치중했다.[825] 이 점에 있어 본회퍼는 그리스도론 물음(예수의 인격 문제)이 구원론 물음(예수의 사역 문제)보다 신학적으로 우위를 점한다고 강조한다. 그래서 그는 슐라이어마허, 리츌, 또 현대의 불트만과 같이 그리스도의 하신 일에서가 아니라 그리스도의 인격에서 출발함으로써, 구자유주의 신학의 기독론에서 떠나 칼 바르트의 방법에 따라 그리스도론을 취급한다. 그리스도의 하신 일이 그리스도의 인격을 해석하는 것이 아니라, 그의 인격이 그 하신 일을 해석하기 때문이다.[826] 다만 그리스도론 물음은 구원론 물음으로 소급되며, 그 안에서 처리된다. 그리스도의 '누구'(Wer)는 오직 그의 사역으로부터 인식되어야 한다. 그럼에도 불구하고 인격과 사역을 분리시키는 결과를 가져오는 것은 잘못된 것이다. 신학적인 물음은 그 본성상 전체적인 그리스도에게 제기된다. 역사적이며 전체적인 그리스도께서 물어지고 대답하시는 이시다. 그래도 그리스도론에서는 그의 행위(Tun)가 아니라 그의 존재(Sein)가 질문되어진다. 이를 추상적으로 말하자면, 전체적인 역사적 그리스도의 인격적 존재 구조가 바로 그리스도론의 대상이다.[827]

그래서 중요한 것은 그의 존재(Sein)이다. 누구인지를(Wer) 묻는 물음은 초월성에 대한 물음이다. 반면에 어떻게(Wie)를 묻는 물음은 내재성(Immanenz)에 대한 물음이다. 물음의 대상이 아들이기에 '어떻게'를 묻는 내재적인 물음으로는 그를 결코 파악할 수 없다. 당신이 '어떻게' 가능합니까라는 물음(이 물음은 무신론적인 물음이요, 뱀의 물

825　박봉랑,『기독교의 비종교화: 본회퍼 연구』, 282.
826　박봉랑,『기독교의 비종교화: 본회퍼 연구』, 282.
827　Bonhoeffer,『그리스도론』, 25-26.

음이다)이 아니라 당신은 '누구십니까?'라는 물음이 올바른 물음이다. '누구인지'를 묻는 물음은 타자의 타자성(他者性, Andersartigkeit)을 표현하는 물음이다. 동시에 '누구인지'를 묻는 물음은 질문하는 사람 자신의 실존 물음이기도 하다. 왜냐하면 실존에 대한 물음은 초월에 대한 물음인데, '누구인지'를 묻는 물음 속에서 물음을 던지는 사람은 자신을 한정하는 존재에 대해 묻기 때문이다.[828]

그래서 내가 내 자신의 존재를 넘어서서 물을 수 있는 유일한 물음인 '누구 물음'은 동시에 초월과 실존에 대한 물음이기도 하다. 이 '누구 물음'은 인간에 의해 대답될 수 없다. 인간은 오직 하나님으로부터만 자신이 누구인지를 알 수 있다. 실존 자신은 대답할 수 없다. 왜냐하면 인간 실존은 자신의 테두리를 빠져나올 수 없으며, 전적으로 자신에게 예속되어 있고, 또 자신 안에서만 나타나기 때문이다.[829]

1) 현재하는 그리스도: 나를 위한 존재(Das Pro Me. Dt.: für mich)

본회퍼의 그리스도론은 그리스도의 인성과 신성 문제에서 출발하는 것이 아니라, '현재하는 그리스도', 즉 '나를 위한(pro me) 존재'에서 출발한다. 그는 신인(神人) 예수 그리스도의 '나를 위한' 구조를 분명히 하면서 현재하는 그리스도에 대해 진술한다. 그가 그리스도이신 것은 '나를 위해서'이다. 이 나를 위한 존재는 그에게서 나오는 영향이나 우연으로 이해될 것이 아니라, 본질로 즉 인격 자신의 존

---

828 Bonhoeffer, 『그리스도론』, 14.
829 Bonhoeffer, 『그리스도론』, 17-18.

재로 이해되어야 한다. 이것은 도그마나 복음서의 역사비판이 아니고 교회의 경험이다. 이런 점에서 본회퍼의 그리스도론은 철저하게 교회 위에 서 있는 그리스도론이라고 할 수 있다.[830]

십자가에 달렸고 부활하신 예수께서는 동시에 현재하는 그리스도이시다. 그의 현재는 시간적이며 장소적으로 이해되어야 한다. 그래서 현재하는 그리스도는 "예수는 누구신가?"(그리스도의 형상)의 문제와 "예수는 어디 계신가?"(그리스도의 위치)의 문제를 포함한다. 지금 그리고 여기에서, 양자는 교회 개념 안에서 만난다. "예수는 십자가에 죽고 부활하신 자로서 여기 그리고 지금 현재하는 그리스도이시다." 이것이 그의 『그리스도론』의 첫째 규정이고, "그리스도께서는 인격으로서 교회 안에 현재하신다." 이것이 둘째 규정이다. 그리스도께서는 그의 인격 속에서 교회 내에 현재하신다. 그것도 인격으로서 말이다.[831]

현재(Gegenwart)한다는 것은 동시적으로 존재하는 것을 의미하며, 같은 장소에 존재하는 것(현존, Anwesenheit)을 의미한다. 부활하신 예수께서도 인간 예수로 현재하신다. 그는 인간이시기에 우리에게 현재하실 수 있다. '예수 그리스도의 현재'는 다음과 같은 명제를 강요한다: 예수께서는 완전한 인간이시며 동시에 완전한 하나님이시다. 그렇지 않다면, 그는 현재적일 수 없을 것이다. 이로써 그리스도의 현재로부터 그의 인간과 하나님으로서의 이중적 규정이 제시된다. 누가 현재적이며 동시적이고 현존하시는가? 대답은 다음과 같다:

---

830 박봉랑, 『기독교의 비종교화: 본회퍼 연구』, 285.
831 Bonhoeffer, 『그리스도론』, 27.

인간-하나님(Mensch-Gott) 예수. 인간 예수 그리스도 안에서 하나님께서는 하나님이 되신다. 오직 예수 그리스도 안에서만 하나님께서는 현재하신다.[832] 그리고 이 현재하심은 그리스도의 Pro-me 구조 때문에 교회 안에서 다음의 세 가지 형태를 갖는다: 말씀으로서, 성례전으로서, 공동체(Gemeinde)로서.

① 말씀으로서의 그리스도

하나님께서는 말씀 안에서 자신을 계시하시기를 원하신다. 하나님께서는 오직 이 말씀 안에서만 인간에게 말씀하실 수 있다. 하나님께서는 자신을 말씀에 붙들어 매셨다. 인간이 로고스를 가지고 있기 때문에, 하나님께서는 로고스 안에서 인간을 만나는 것을 선택하셨다. 그리스도 안에서 하나님의 로고스가 인간의 로고스 안으로 들어오셨다. 이것이 예수 그리스도의 낮아지심이다.[833] 또 하나님의 말씀으로서의 그리스도께서는 인간 로고스와 구분되실 뿐만 아니라 분리되신다. 왜냐하면 그리스도께서는 인간을 향해 살아 있는 말씀의 형태로 존재하시는 말씀이시지만, 인간의 말은 관념의 형태로 존재하는 말이기 때문이다. 그리고 인격 안의 말씀이신 그리스도께서는 교회의 말씀 속에서, 또는 교회의 말씀으로서 현재하신다. 그리스도께서는 단지 교회의 말씀 안에만 현재하고 계시는 것이 아니라, 또한 교회의 말씀으로, 설교의 말씀으로도 현재하신다. 그러니 그의 현재하심은 본질상 설교로서의 현존재이다. 설교는 우리와

---

832 Bonhoeffer, 『그리스도론』, 30-31; 34.
833 박봉랑, 『기독교의 비종교화: 본회퍼 연구』, 286.

결합되어 있으며, 우리가 꼭 붙잡아야 하는 현존하시는 그리스도의 형태이다. 하나님의 말씀이신 예수 그리스도께서는 인간이 된 하나님의 말씀으로서 낮고 낮은 인간의 말로 내려오신 하나님의 말씀이시다.[834] 따라서 본회퍼에게 설교는 현재의 하나님의 말씀의 형태로서 강조되며, 그리스도께서는 설교된 말씀으로서 교회 안에 현재하신다. 즉 그리스도께서는 설교 안에서 실재적으로, 또 인격적으로 현재하신다.

② 성례전으로서의 그리스도

성례전은 설교와 같이 하나님의 말씀이다. 그리스도께서는 자신께서 인간으로서 그의 교회에 현재하기를 원하신다는 사실을 성만찬을 제정하는 말씀 속에서 언급하셨다. 이것은 그리스도의 사역이 우리에게 도움을 주려면, 인간 그리스도께서 현존하셔야 한다는 인식이다. 모든 것은 인간 예수 그리스도의 교회 내 현존과 동시성에 달려 있다. 설교에 있어서와 마찬가지로 성례전은 어떤 다른 것에 대한 상징이나 어떤 것을 의미하지 않고, 어떤 것이다. 즉 하나님의 말씀이다. 성례전 속에 있는 그리스도의 현재하심의 문제는 그의 인성과 신성의 문제로 표시되고 분석될 것이 아니라, 단순히 그의 낮아지심의 형태인 신인의 현재하심으로, 또는 거치는 돌로 표시되고 분석될 수 있다.[835] 신인의 전 인격이 그의 높아지심과 낮아지심에서 현재한다. 그리스도께서는 실재적으로 성례전에 현재하

834　Bonhoeffer, 『그리스도론』, 35-37.
835　박봉랑, 『기독교의 비종교화: 본회퍼 연구』, 288.

시는 그런 방식으로 현재하신다. 이것이 그가 교회 안에 존재하시는 방식이다. 성례전 속에 현재하시는 그리스도와 말씀으로서 현재하시는 그리스도는 동일한 그리스도이시다. 심판하고 용서하시는 그리스도이시다. 말씀 안에서 그는 우리 인간의 로고스를 사용하시고, 성례전 안에서 그는 우리의 몸을 사용하고 만지실 수 있는 본질의 영역 속에 현재하신다.[836]

③ 공동체(Gemeinde)[837]로서의 그리스도

말씀과 성례전으로서의 그리스도께서는 교회 공동체로서, 교회 공동체 안에 현재하신다. 그리스도께서는 '나를 위한' 존재이시기 때문에 공동체이시다. 승천과 재림 사이의 교회 공동체는 그리스도의 새 인류로서의 형태이다. 말씀으로서의 그리스도께서 또한 공동체로서의 그리스도이시라는 것은 무슨 뜻인가? 본회퍼에 의하면, 그것은 하나님의 로고스가 공동체 안에서, 또 공동체로서 공간과 시간 안에 자리를 가지고 있다는 것을 의미한다. 말씀은 시간과 공간적인 실존을 가지며, 언어 행위를 통해 교회 공동체의 형태를 창조한다. 성례전 역시 교회 공동체 내에 존재하며 교회 공동체로서 존재한다. 성례전은 말씀을 넘어서서 그 자체로서 이미 신체적 형태를 갖는다. 이 말씀을 신체화한 형태가 바로 그리스도의 몸이며, 그 자체로서 동시에 교회 공동체의 모습이다. 그러므로 그리스도께서는 단지 공동체의 머리이신 것만이 아니라 공동체 자체이시라고

---

836 박봉랑,『기독교의 비종교화: 본회퍼 연구』, 289.
837 독일에서는 'Gemeinde'라는 용어로 '교회 공동체'를 의미하고, '교단'을 의미할 때엔 'Kirche'라는 용어를 사용하는 경우가 많이 있다.

한다.[838] 그러나 이런 진술은 정통 신학에서 교회를 곧 그리스도가 아니라 그리스도의 몸으로 보며, 또 그리스도께서 교회 자체가 아니라 교회의 머리이시라고 정의하는 것과 상당히 상충하는 부분이다. 왜냐하면 교회 공동체 안에 내재하는 수다한 오류와 죄악들이 곧 그리스도 자신의 오류와 죄악들이라고 말할 수는 없기 때문이다.

한편 그리스도의 위치에 대해 묻는 것은 그리스도의 '누구-구조' 내에서 '어디에-구조'를 묻는 것이다. 그는 어디에 계신가? 나를 위해, 내가 있어야 할 곳에서 내 자리에 계신다. 내가 그곳에 있을 수 없기에, 그가 그곳에 계신다. 즉 그는 내 실존의 한계에서,[839] 그러나 내 자리에 서 계신다. 이것은 내가 내 힘으로는 넘을 수 없는 한계에 의해 본래의 나로부터 분리되어 있다는 사실을 말하는 것이다. 이런 한계가 나의 옛 자아와 새 자아 사이에 놓여 있다. 그리스도께서는 이런 한계로서 동시에 나에 의해 다시 발견되신 중심이시다. 이런 위치에 대한 물음을 다시 누구에 대한 물음으로 되돌아간다면, 그리스도께서는 '나를 위해 현존하시는 중보자'라는 대답이 주어진다. 이것이 바로 그의 본질이며 실존 방식이다. 그리고 중심에 존재한다는 것(Das in-der-Mitte-Sein)은 다음과 같이 삼중적인 의미를 가지고 있다: ① 인간을 위한 현존재 ② 역사를 위한 현존재 ③ 자연을 위한 현존재. 이 중보자성은 그리스도께서 인간 실존, 역사, 또

---

838 Bonhoeffer, 『그리스도론』, 45.
839 이와 같은 표현과 사상은 본회퍼가 다분히 실존주의적 사고방식에 영향 받았음을 입증한다.

자연의 중심으로 이해될 수 있다는 사실 속에서 입증된다고 한다.[840]

① 인간 실존의 중심으로서의 그리스도

인간은 율법과 성취 사이에 서 있다. 인간은 율법을 가지고 있지만, 이 율법을 성취시킬 가능성은 가지고 있지 않다. 그런데 중심으로서의 그리스도께서는 성취된 율법이라는 의미를 가지고 계신다. 이로써 그리스도께서는 인간 실존의 한계가 되시며 또 동시에 인간에 대한 심판을 의미하신다. 그러나 그리스도께서는 존재의 끝, 즉 한계뿐 아니라 새로운 존재의 시작, 즉 중심도 되신다. 그리스도를 우리 존재의 중심이라고 말하는 것은 그가 심판과 동시에 칭의가 되심을 말하는 것이다.[841]

② 역사의 중심으로서의 그리스도

그리스도께서는 역사(Geschite)의 중심이시다. 이것은 역사의 한계와 동시에 중심이 되신다는 의미이다. 역사는 약속과 성취 사이에 존재한다. 역사는 하나님의 백성이 되리라는 약속을 가지고 있다. 역사는 오직 이런 약속의 성취를 지향해 나아간다. 역사의 의미는 다름 아닌 메시야의 도래이다. 그러나 역사는 약속 아래 서 있다. 이것은 개인이 율법 하에 있는 것과 마찬가지이다. 역사는 약속을 홀로 성취할 수 없다. 역사는 메시야 안에서 자신을 영화롭게 하려 한다. 하나님께서 이 약속을 성취하시는 장소가 바로 이스라엘이다. 역사의 의미는 인간의 삶의 깊은 은폐성 속에서 십자가에서 일어나

---

840 Bonhoeffer, 『그리스도론』, 46-47.
841 Bonhoeffer, 『그리스도론』, 48.

는 사건에 의해 삼켜진다. 그러므로 역사의 의미는 낮아지신 그리스도 안에서 일어난다. 역사는 그 본질에 따라 종말 앞에 다다르게 된다. 그러나 이로써 한계는 동시에 중심이 된다. 여기에서도 그리스도께서는 역사 존재의 한계와 중심이 되신다. 역사가 서 있어야 하는 곳에 그리스도께서 하나님 앞에 서 계신다. 따라서 그리스도께서는 역사의 중재자도 되신다.[842]

③ 자연의 중심으로서의 그리스도

자연은 지금 하나님께서 아담의 땅에 내리신 저주 아래 있다. 자연은 지금 새로운 자유를 고대하는 피조물이다. 자연은 예속과 해방, 예속과 구속 사이에 존재한다. 자연은 화해되는 것이 아니라, 자유로 구속받는다. 교회의 성례전 안에서 옛 피조물은 예속으로부터 해방되어 새로운 자유에 이르게 된다. 성례전 안에서만 그리스도께서는 자연과 하나님 사이의 중재자로서 자연의 중심이 되신다.[843]

사실 인간 실존은 동시에 역사와 자연이다. 그리스도만이 이 모든 것이 되실 수 있다. 왜냐하면 그는 내 장소에서 나를 위해, 하나님 앞에서 나를 위해 존재하는 이시기 때문이다. 중재자로서의 그리스께서는 타락한 옛 세계의 종말이심과 동시에 하나님의 새 세계의 시작이시다.[844] 그러므로 말씀 안에, 성례전과 공동체 안에 현재하시는 이가 곧 인간 실존, 역사, 자연의 중심 가운데 계신다고 한다.

---

842 Bonhoeffer, 『그리스도론』, 49.
843 Bonhoeffer, 『그리스도론』, 51.
844 Bonhoeffer, 『그리스도론』, 51-52.

2) 역사적 그리스도

본회퍼는 이 부분에서 주로 '역사적 예수'의 문제에 대해 많이 다룬다. 그가 『그리스도론』을 강의할 1933년 무렵에는 이미 디벨리우스(M. Dibelius)의 『복음의 양식사』(1919)와 불트만(R. Bultmann)의 『공관복음서 전승사』(1921)가 나왔던 때이다. 그러나 본회퍼는 그의 『그리스도론』에서 엄밀한 성서 비판의 작업을 한 것이 아니고, '역사적 예수' 문제에 대해 교의학적으로 대답을 주고자 하였다. '역사적 예수'와 '케리그마의 그리스도'의 논의에 있어서 그의 『그리스도론』에 의하면, 케리그마의 그리스도와 역사적 예수, 즉 나사렛 예수는 같은 분이어야 한다. 역사적 예수를 지금 현재하시는 그리스도로부터 분리해서는 안 된다는 것이다.

구자유주의 신학이 공관복음의 예수를 바울의 그리스도로부터 분리하려고 한 시도는 역사적으로, 또 교의학적으로 실패할 수밖에 없었다. 왜냐하면 만일 이 예수를 그리스도로부터 분리하는 것이 가능하다고 하면, 교회의 선포는 착각일 것이기 때문이다. 구자유주의 신학의 문제는 과학적 연구가 역사적 예수의 핵심을 발견해야만 했고, 그리스도로서의 예수를 처리해야만 했던 것이었다. 그러나 구자유주의 신학은 이 시도에 의해 역사적으로 믿을 수 있는 예수의 생애를 쓰는 것이 불가능했다. 슈바이처(A. Schweitzer)는 역사적 예수의 연구가 그 자체로 불가능하다는 결론을 내리게 되었고, 브레데(W. Wrede)는 역사적 예수를 순전히 생각할 수 없다는 것을 명백하게 했다. 결국 브레데에서 구자유주의 신학이 끝난 것은 다음과 같은 이중적인 의미를 갖는다. 부정적 의미: 예수가 그리스도와 다르다는 전제는 실질적으로 파괴되었다. 긍정적 의미: 예수가 주님이시

라는 신약 성경의 전제가 진지하게 고려될 때, 신약 성경은 역사적으로 올바르게 해석될 수 있다.[845]

"현재하시는 그리스도(gegenwärtiger Christus)는 역사적 그리스도(geschichtlicher Christus)이시다. 역사적 그리스도(geschichtlicher Christus)는 역사적 예수(historischer Jesu)이시다. 만일 그렇지 않다면, 바울의 말처럼 우리의 신앙이 헛되고(고전 15:17), 우리의 교회는 실체를 잃어버리게 될 것이다. 공관복음의 예수를 바울의 그리스도와 구분하려는 자유주의[846] 신학의 시도는 교의학적으로 불가능할 뿐만 아니라 역사적으로도 불가능하다. 왜 그런가? 왜냐하면 예수와 그리스도의 구분이 가능하다면, 교회의 선포는 환상에 그치고 말 것이기 때문이다. 이런 구분은 역사적으로도 불가능하다. 1900년까지의 자유주의 신학은 교의학적으로 필요한 이 문장을 간접적이며 부지불식간에, 따라서 좀 더 인상적으로 인정했다고 말할 수 있다. 그러나 자유주의 신학의 귀결은 그 자신의 자기 파멸이었다. 자유주의 신학은 자신을 스스로 지양시켰으며, 따라서 예수와 그리스도께서 동일하시다는 전통적인 명제를 뒷받침해 주는 결과만을 가져왔다. 왜냐하면 자유주의 신학의 성패는 전적으로 예수와 그리스도의 구분에 달려 있기 때문이다."[847]

'역사적 예수'의 탐구 결과로 이제 예수는 그리스도와 분리될 수

---

845 박봉랑, 『기독교의 비종교화: 본회퍼 연구』, 292-93.
846 본회퍼가 여기에서 '자유주의'라고 말한 것은 구자유주의 신학에 당시의 리츨, 하르낙 등의 사상을 포함해서 일컫는 말이다. 리츨로부터 하르낙에 이르는 구자유주의 신학과는 브루너가 이미 격렬한 논쟁을 벌인 바 있었다: E. Brunner, *Der Mittler*, 219-33.
847 Bonhoeffer, 『그리스도론』, 53-54.

없다는 사실이 밝혀졌다. 구자유주의 신학이 끝나가는 시점에서 역사와 교의학의 새로운 제휴가 체결되었다. 역사는 교의학의 전제를 신약 성경에 새롭게 적용했으며, 그 결과 현재하시는 그리스도께서 역사적 그리스도이시며, 선포된 그리스도께서 역사적 그리스도이심을 밝혀냈다. 켈러(Martin Kähler)의 책 『소위 역사적 예수와 역사적, 성경적 그리스도』(Der sogenannte historische Jesus und der geschichtliche, biblische Christus)에 의하면, 가장 중요한 것은 예수께서 그리스도이시라는 사실이 역사(Historie) 자신에 의해 -비록 역사(Geschichte)는 이것을 반대했지만- 인정을 받게 되었다는 것이다.[848]

그러면 내가 어떻게 예수 그리스도의 역사적 사실을 확신할 수 있는가? 예수 그리스도의 역사적 사실에 대한 확신 문제에 관해 본회퍼는 역사적 연구 방법의 한계를 긋는다. 역사적인 연구는 역사적 예수에 대해 절대적 부정이나 긍정을 할 수 없다. 다만 그것이 역사적 예수에 대한 회의를 줄 수 있고, 또 증명할 수 없는 것으로 나타날 수 있을지 모른다. 역사에는 신앙의 절대적 근거가 없다. 그러면 신앙은 어디에서 역사적 예수를 알 수 있는 충분한 근거를 얻을 것인가? 본회퍼는 부활하신 그리스도 자신의 자신에 대한 증거를 가리킨다. 이 부활하신 이의 자기 증거를 통해서 교회는 그를 역사적 예수로 증거한다. 부활하신 이 자신께서 신앙을 창조하시고, 또 이와 같이 자신을 역사적 예수로 가리키신다. 여기에서 본회퍼는 신앙이 꼭 역사로부터 확증을 받아야 할 필요를 보지 않는다.

---

848 Bonhoeffer, 『그리스도론』, 55.

"신앙은 역사로부터의 확증을 필요로 하지 않는다."[849] 오히려 그것은 오늘 교회, 말씀, 성례전 안에서 현재하시는 역사적 예수의 자기 증거의 문제이다. 이 '예수 그리스도의 자기 증거'는 성경 말씀에 의해서가 아니고서는 다른 길로 우리에게 오지 않는다. 성경 자체가 스스로를 증거한다. 그리스도 자신께서 현재 교회에서 역사적 예수를 증거하신다고 한다.

그밖에 본회퍼는 '비판적 그리스도론'(또는 부정적 그리스도론)에서 "칼케돈 기독론의 역설은 옳다"고 말하면서, 오히려 그 역설을 예수 그리스도의 인격을 다루는 모든 신학적 교리들에 대해 구속력을 갖는 것으로 이해한다. 그러면서도 "루터는 유티키즘의 가장자리에, 칼빈은 네스토리안주의의 가장자리에 그 위험성을 가지고 있다"라고도 말한다. 그에 의하면, 이단의 교훈은 '긍정적 그리스도론'을 세우는 데에 다음의 세 가지 의의를 가지고 있다고 한다: 첫째, 예수 그리스도에 관한 획일적인 설명은 불합리하다. 둘째, 예수 그리스도의 인성과 신성을 비인격적으로 말하는 것은 건전하지 못하다. 셋째, '어떻게'라는 물음이 아니고 '누구'에 관한 물음을 물어야 한다.[850]

그러면서 그는 우리가 어떻게 '비판적 그리스도론'의 토대 위에서 '긍정적 그리스도론'을 세울 수 있을까에 대하여 진술하기를, 그리스도께서는 궁극적으로 '성육신하신 이로서의 예수 그리스도'와 '낮아지고 높아지신 예수 그리스도'로 종합된다고 한다. '성육신하

---

849 박봉랑, 『기독교의 비종교화: 본회퍼 연구』, 293-94.
850 박봉랑, 『기독교의 비종교화: 본회퍼 연구』, 295. 그런데 '누구-물음'과 '어떻게-물음'은 원래 브루너(E. Brunner)에 의해 사용된 구분이다.

신 이로서의 그리스도'란 '누구'에 대한 대답이다. 그에게 있어서 중요한 문제는 성육신하신 이에 대해 어떻게 생각할 수 있는가가 아니고 그가 누구신가이다. 그는 나와 꼭 같은 완전한 인간이 되신 하나님, 우리를 위한 하나님이시다. 우리 신앙의 관심사는 이 성육신하신 이의 구체성이다. 만일 우리가 예수 그리스도를 하나님으로 묘사할 수 있다면, 이것은 그의 신적 본질이나 그의 엄숙하심을 말하는 것이 아니다. 오히려 우리는 죄인들 가운데 계신 이, 연약한 인간, 그의 구유와 십자가를 말해야 한다. 그리스도에 있어서는 예수라고 하는 온전히 역사적인 인간을 바라보고 이 사람이 하나님이시라고 해야 한다는 것이다.[851]

본회퍼는 그의 강의에서 바르트와 브루너의 변증법적 신학에 많이 의존하면서도 리츨, 하르낙 등 구자유주의 신학의 역사적 작업을 그렇게 간단하게 무시하지는 않았다. 오히려 그는 구자유주의 신학의 연구 결과를 받아들였다. 그래도 그는 예수 그리스도의 인격에 대한 모순적 진술 내에 존재하는 물리적 범주의 의미에 대해 거듭 질문을 던진다. 그의 대답은 이렇다: 물리적 사고는 이런 사고방식으로는 붕괴될 수밖에 없다. 물리적 사고는 단지 신인의 신비를 증언하고 계속되는 '어떻게-물음'을 금지시키는 역할만을 수행할 뿐이다. 본회퍼는 하르낙에게서 배웠던 역사적 신학에 대한 성실성을 고대 교회 신학을 그래도 긍정적으로 받아들이려던 바르트와 브루너의 관심에 결합시킨다. 이런 점에서 그가 구자유주의 신학을 변증법적 신학으로 지양시키는 것에 관심을 가지고 있었다고

---

851 Bonhoeffer, 『그리스도론』, 87f.

말할 수 있다.[852]

IV. '차안성'(Diesseitigkeit)의 강조

1. 우리 삶의 한복판에 계신 초월자

본회퍼는 하나님을 '우리 삶의 한복판에 계신 초월자'로 보는 이해가 자리잡아야 한다고 주장했다. 그에 의하면, 우리는 우리가 모르는 것 가운데서 하나님을 찾으려 하기보다 우리가 알고 있는 것 안에서 하나님을 찾아야 한다고 한다. 초월은 우리의 영역과 능력을 넘어가는 과제들에 있는 것이 아니고, 가장 가까운 곳에, 즉 인간의 삶, 현실 속에 있다. "가장 가까운 것이 초월적인 것이다"(편지 187번). 초월이란 우리가 범접할 수 없고 우리 힘으로 미칠 수 없는 과업들을 말하는 것이 아니라, 우리가 손을 내밀면 닿을 수 있는 가장 가까운 곳에 계시는 당신(Thou)이시다.[853] 하나님의 초월은 인식론적 초월도, 저 세상적 초월도 아니며 오히려 이 세상적 초월인데, 그 이유는 하나님께서 우리 삶의 한복판에 계시는 '피안'(beyond)이시기 때문이다(PFG 124). 하나님의 초월은 절대자, 무한자, 형이상학적 존재로서가 아니라 인간의 형태 속에 계시는 하나님으로서, 타자를 위해 존재하시는 인간, 십자가에 죽으신 예수 그리스도로서이다.[854] 하나님의 전능은 이 낮아지고 고난 받고 죽으신 예수 그리스

---

852 Bonhoeffer, 『그리스도론』, 101-2.
853 Bonhoeffer, *Letters and Papers from Prison*, 93; 104.
854 박봉랑, 『신의 세속화』, 31-32. '초월' 개념은 칸트 이후 '우리 인식 능력의 피안'으로 파악되었었는

도의 사건에서 나타난다.

그래서 본회퍼에게 있어 초월하시는 하나님이란 '이 세상 가운데 계시지만 이 세상 너머에 계시는 이,' '제2의 궁극적 세계에 의미를 부여하시는 궁극자의 실재', 신자나 교회로 하여금 그들이 이 세상에 존재하는 사명을 감당할 수 있도록 지탱해 주는 '은밀한 제자도'로 나타나시는 그의 임재이다.[855] 하나님과 우리와의 관계는 절대적 권능과 선이신 '지존자'[856]에 해당하는 종교적 관계가 아니라, 하나님의 존재에의 참여를 통한 타자를 위한 새로운 삶과 믿는 관계이다. 하나님의 초월은 '이 세상적 초월'(this-worldly transcendence)이다. 따라서 하나님께서는 타자를 위한 구체적인 삶 안에서만, 곧 타자를 위한 예수의 존재에 참여함으로써만 알 수 있다. 그래서 신앙은 이 예수의 존재(성육신, 십자가, 부활)에 참여하는 것이다. 그리고 만일 초월의 경험이 타자를 위한 새로운 삶 안에서만, 곧 그의 유일한 관심인 타자였던 예수의 존재에 참여함으로써만 발견된다면, 전능이니 전지니 편재라는 용어로 나타내는 하나님에 대한 추상적인 개념은 단호히 버려야 한다는 것이다. 왜냐하면 하나님께서는 인간의 모습이 아니고서는, 타자를 위해 존재하시는 인간이 아니고서는, 달리 알려지실 수 없기 때문이라는 것이다.[857] "기독교는 구체적인 인간, 즉 예수와의 만남에 의해 이루어진다. 이것이 바로 초월 경험이

데 (편지 170), 이것이 본회퍼의 박사 학위 논문인 『성도의 교제』에서 이미 거부되었다: DBW 1, 31; 27f.
855 Grenz & Olson, 『20세기 신학』, 246.
856 본회퍼는 '지존자'라는 표현을 '초월'의 잘못된 개념이라고 꼬집는다: Godsey, 『디트리히 본회퍼의 신학』, 299-300.
857 Godsey, 『디트리히 본회퍼의 신학』, 300; 332-33.

다"(편지 181번).

그리스도인의 '세상적 실존'(die weltliche Existenz)과 관련하여, 본회퍼는 하나님께서 세상 없이는 이해되실 수 없고, 세상은 예수 그리스도를 통해 세상 안에 들어오신 하나님 없이는 이해될 수 없다는 생각을 항상 가지고 있었다. 그래서 그는 '하나님과 세계의 상호 소속성'을 강조하였는데, 그에 의하면 세상에서 십자가로 쫓겨나신 하나님께서는 우리가 그를 버린 곳에서 우리와 관계를 가지신다(편지 177번). 바로 여기에서 종교를 통해 전능하신 하나님의 권력을 차지하는 대신 예수의 존재에 동참해야 할 필요성이 등장한다. 그것을 본회퍼는 루터의 표현을 빌어 '해방 가운데 주어지는 즐거운 교환'으로 묘사했다. 인간은 어쨌든 하나님 앞에서 해야 할 것을 허락받았고, 세상적으로 살도록 허락받았다(편지 177번).[858] 하나님 자신께서 이 인식을 우리에게 강요하신다. 하나님께서는 하나님 없이 살 수 없게 만드시는 하나님이시라는 것이다.

그래서 본회퍼는 하나님을 인식할 때 한계에 직면해서가 아니라 삶의 한가운데에서,[859] 인간의 약함에 의해서가 아니라 강함에 의해서, 죽음과 죄가 아니라 삶과 인간의 선에서, 고통 중에서가 아니라 건강과 활력 가운데에서 하나님을 인식하고 이해하려고 했다. 이를 위한 근거는 그리스도 안에 나타난 하나님의 계시에 있다. 그리스도께서는 삶의 중심이시며, 결코 우리의 미해결된 문제에 답하기

---

858 Bonhoeffer, 『저항과 복종: 옥중서간』, 827-29.
859 "하나님께서는 우리의 가능성들의 한계가 아니라 삶의 한가운데에서 인식되어야 한다. 예수 그리스도께서는 삶의 중심이시다": 편지 152번. '한계'(주변)와 '중심'이라는 개념들에 대해서는 DBW 3(『창조와 타락』) 79-82, 84f를 참조하라.

위해 오신 것이 아니다.[860] 그러므로 우리는 우리가 모르고 있는 것 가운데에서가 아니라 우리가 알고 있는 것 가운데에서, 미해결된 문제가 아니라 우리가 해결한 문제 안에서 하나님을 발견해야 한다고 본회퍼는 믿었다.

> "나는 한계가 아니라 삶의 중심에서, 약점이 아니라 강한 곳에서, 인간의 죽음과 죄책이 아니라 삶과 선 안에서 하나님을 말하고 싶다네. 한계에 처해서는 침묵하고, 해결할 수 없는 것은 미해결로 남겨두는 것이 더 좋다고 생각되네. 하나님께서는 우리의 삶 한가운데에서 피안적이시지. 교회는 인간의 능력이 실패한 곳, 한계에 있지 않고 마을 한가운데에 있지. 이것이 구약 성경적이며, 이런 의미에서 우리는 신약 성경을 너무 구약 성경으로부터 읽지 않고 있다네."[861]

2. 하나님의 세상성

본회퍼는 기독교 신앙의 세상성을 강조할 때 하나님께서 인간이 되신 성육신 사건을 통해서 강조했다. 그러니까 기독교적 세상성은 예수 그리스도의 성육신, 십자가형, 부활에 대한 그의 이해로부터 나온 판단이다.[862] 이것은 그의 『그리스도론』뿐만 아니라 『윤리학』에서도 설명된다. 『윤리학』에서 그는 주장하기를, 성육신의 의미는 "하나님께서 모든 인간을 자신 위에 육체적으로 받으셨고, 이제부터 하나님의 존재는 다름 아닌 인간의 모습으로만 발견될 수 있

860　Bonhoeffer, *Letters and Papers from Prison*, 282;『옥중서간』, 170.
861　Bonhoeffer,『저항과 복종: 옥중서간』, 522-23.
862　목창균,『현대신학 논쟁』, 268.

다"는 의미라고 주장한다. 인간은 예수 그리스도 안에서 하나님 앞에 사는 진정한 인간이 되도록 자유롭게 되었다는 것이다. 또 속죄의 십자가는 순전한 세상성 안에서의 삶을 위해 자유롭게 놓아준다는 의미라는 것이다.[863] 1944년 7월 21일 히틀러 암살 음모가 실패한 다음 날, 그는 감옥 속에서 다음과 같은 편지를 보낸다:

> "나는 지난 몇 년 동안 기독교의 차안성(Diesseitigkeit)을 알고 이해하는 법을 배웠지. 기독교인은 종교적 인간(homo religiosus)이 아니라 인간 그 자체라네. 이는 마치 예수가 세례 요한과는 다른 인간이었던 것과 같다네. 내가 말하는 차안성이란 교양인이나 사업가, 게으른 자나 호색가의 천박하고 비속한 차안성이 아니라, 완전히 성숙한 깊은 차안성과 죽음과 부활에 대한 인식이 항상 현존하는 차안성을 말하지. 루터는 이런 차안성 속에서 살았다고 나는 믿고 있네. … 나는 전적인 삶의 차안성 속에서야 비로소 믿는 것을 배울 수 있다는 사실을 체험했고, 지금까지도 체험하고 있다네. 우리가 성인이든 회개한 죄인이든, 또는 그리스도인이든(이른바 사제적 인물), 아니면 의로운 자든 불의한 자든, 병든 자든 건강한 자든, 자기 자신으로부터 무언가를 만들어내려는 것을 완전히 포기하는 것, 바로 이것이 내가 말하려는 차안성인데, 말하자면 많은 과제들, 문제들, 성공과 실패들, 경험과 무력함 가운데 사는 것이라 할 수 있지. 우리는 자신을 전적으로 하나님의 팔에 내던지고, 자기 자신의 수난이 아니라 세상 내에서의 하나님의 수난을 진지하게 생각하고, 또한 겟세마네의 그리스도와 함께 깨어 있지. 그것이 신앙이고 회개(참회)라고 생각하네. 또 이렇게 해서 우

---

863 Godsey, 『디트리히 본회퍼의 신학』, 320.

리는 인간이 되고 그리스도인이 되지. 예레미야 45장을 참조하게."[864]

본회퍼에 의하면, 기독교에서의 무게 중심은 흔히 죽음의 한계의 피안(Jenseits)에 주어지지만, 그러나 기독교의 부활 희망은 전혀 새로우면서도 예리한 방식으로 이 세상에서의 삶을 지시하고 있다고 한다. 바로 이 점에서 그리스도인은 구속 신화의 신봉자들처럼 지상에서의 과제들과 난관들로부터 영원으로 도피할 것이 아니라, 지상에서의 삶을 그리스도와 함께 전적으로 맛보아야 한다는 것이다. 그래서 '차안성'이 성급하게 폐기되어서는 안 된다는 것이다. 왜냐하면 구속 신화들은 인간의 한계 경험에서 생기지만, 그러나 그리스도께서는 인간을 삶의 한가운데서 붙잡으시기 때문이다.[865] 그리스도께서는 세상을 위해 죽으셨다. 세상 어느 곳에도 그리스도께서 위하여 죽지 않으신 곳은 없다. 그리스도께서 그리스도가 되시는 것은 오직 세상 한 복판 가운데서이다.[866]

이 과정에서 본회퍼는 특이하게도 구약은 영혼구원에 전혀 관심을 기울이고 있지 않으며, 전체 성경의 참된 관심은 '의'와 '땅위에 있는 하나님의 나라'에 있다고 주장한다. "우리의 관심사는 다음 세상이 아니라 창조되고 보존되며 새롭게 만들어진 이 세상이다." 그리스도를 다양한 동양 종교의 구원 신화의 빛에 비추어 해석하여, 기독교를 이 세상으로부터 풀려나가는 것을 강조하는 구원 종교로 생각하는 것은 큰 잘못이라고 한다. 그런 해석은 역사적인 구속, 곧

864　Bonhoeffer, 『저항과 복종: 옥중서간』, 689-91.
865　Bonhoeffer, 『저항과 복종: 옥중서간』, 637.
866　D. Bonhoeffer, *Ethics*, 71; 박봉랑, 『신의 세속화』, 185.

죽음의 이쪽 면에 있는 구속을 말하는 구약으로부터 그리스도를 떼어놓는다는 것이다.[867]

그래서 하나님의 참된 모습은 곧 인간을 위한 하나님, 인간의 하나님이시라고 본회퍼는 주장한다. 하나님께서는 하나님 자신의 영광을 위해서가 아니라, 인간의 영광을 위해서 계신다. "하나님이 전부이시고 인간은 아무 것도 아니다"는 것은 기독교의 소리가 아니다. 하나님께서는 인간의 존엄을 위해 예수 그리스도의 삶과 고난과 죽음에서 아주 고귀한 값을 치루셨다. 하나님께서 이 모든 것을 하심은 인간의 자유, 인간의 존엄, 인간의 인간됨을 위해서 그러셨다는 것이다.[868] 본회퍼의 이런 하나님 이해는 '거룩한 세속'(holy worldiness)으로 특징지어지는 그리스도인의 급진적인 제자도와 연관된다. 그는 교회가 마을의 한가운데 서야 하며, 그리스도인의 삶은 이 세상에서 사는 삶이어야 한다고 주장했다.[869] 그리스도인은 이 세상을 조급하게 버리지 말아야 하고, 그리스도처럼 이 세상의 잔을 찌꺼기까지 다 마셔야 한다고 한다. 그렇게 하는 중에만 십자가에 달리시고 부활하신 주께서 그와 함께 하시며, 또 그도 역시 그리스도와 함께 십자가에 못 박히고 부활할 수 있다는 것이다.[870]

그러므로 그리스도인은 '세상적' 삶을 산다. 그리스도인은 성인이기보다 진정한 인간이기를 갈망한다. 한 사람이 신앙이 무엇인가를 배우는 때는 오직 이 세상에서 철저히 살아가고 있을 때이다.

---

867 Godsey, 『디트리히 본회퍼의 신학』, 302-3.
868 박봉랑, 『신의 세속화』, 639-40.
869 Bonhoeffer, *Letters and Papers from Prison*, 93.
870 Grenz & Olson, 『20세기 신학』, 242-43.

종교적 너울을 벗어버리고 자기에게 주어진 삶을 태연히 살아가는 것, 바로 이것이 그가 말하는 '세속' 또는 '세상적으로 됨'의 의미이다.[871] 그래서 그가 말하는 '세상성'(worldliness, Diesseitigkeit, 차안성)이란 삶의 모든 의무와 문제들, 성공과 실패, 경험과 당혹스러운 일들에도 불구하고 이 세상을 거침없이 살아가는 것을 뜻한다. 바로 이것이 믿음이고 회개라는 것이다. 바로 이 방법으로 사람은 인간이 되고 그리스도인이 된다는 것이다.[872] 왜냐하면 교회는 이 세상 사람들을 위해 존재할 때에 비로소 참된 자기 모습을 갖기 때문이라는 것이다.[873] 그러나 본회퍼는 이렇게 진술하면서 정작 참 회개에서 꼭 필요한 요소인 죄 고백이나 죄의 문제를 전혀 언급하지 않는다. 그리고 또 그는 교회의 존재 목적을 하나님의 영광을 위한 것으로 보지 않고 이 세상 사람들을 위한 것으로 보는데, 이런 관점 역시 그의 사고가 수직적 사고가 아니라 수평적 사고에서 나온 것이며, 따라서 그가 성경을 따라 사고하지 않고 지극히 인본주의적인 입장을 따라 사고하였다는 평가를 피할 수 없다. 하나님께서 하나님 자신의 영광을 위해서가 아니라 인간의 영광을 위해서 계신다는 그의 논리는 성경과 정통 신학으로부터 많이 벗어난 것이다.

그런데 그로부터 20여년 후인 1968년에 세계교회협의회(WCC)가 펴낸 『타자들을 위한 교회』(The Church for Others)에서는 세속화를 '복음의 열매'로 평가했다. WCC의 이해에 의하면, 세속화는 만물의 창

---

871 Bonhoeffer, *Letters and Papers from Prison*, 125.
872 PFG 168f. 이것은 히틀러 암살 기도가 실패로 끝난 다음 날 쓴 그의 편지에서 인용한 것이다. 이 편지에서 그는 13년 전에 한 젊은 프랑스 목사(Jean Lasserre)와 나눈 대화에 대해 언급하고 있다: Godsey, 『디트리히 본회퍼의 신학』, 310-11.
873 Bonhoeffer, *Letters and Papers from Prison*, 166; Brown, 『철학과 기독교 신앙』, 244.

조자시며 홀로 거룩하신 한 분 하나님에 대한 신앙의 본질에 속한다고 한다. 성경에서 세계는 완전히 세속적(secular)이고, 하나님에 대해 책임적인 청지기로서의 인간의 위임 아래 있다는 것이다.[874] 그리고 그 무렵 한국 교회에서 유동식은 『기독교사상』 1967년 12월호 특집인 "성육신의 현대적 의의"에서 "복음의 세속성"이라는 주제로 복음을 세속화 작업으로, 세속화를 역사화로, 따라서 현대를 하나님의 역사 지배로 해명하였다.

그러나 이에 대해 이종성은 "기독교 세속화와 복음의 주체성"(1966. 3)에서 서남동(전 연세대 교수)의 세속화 해명에 비판을 가하고, 이를 복음의 주체성의 상실로 보았다. 그는 차라리 '세속화'라는 말 대신에 '기독교의 사회화', '복음의 생활화'라고 부를 것을 제안했다. 또 한철하는 "복음의 세속적 해석"(1967. 10)에서 미연합장로교회의 '1967년 신앙 고백'을 비판했다. 그는 '1967년 신앙 고백'을 일관하는 특징인 '예수 그리스도의 은혜', '하나님의 사랑', '성령의 교통하심', '화해의 역사'에 대한 해명을 전반적으로 세속화라고 본 것이다. 이것은 곧 옛날 팔레스틴에서 일어났던 한 사건의 의의를 오늘날의 사상으로 환원하는 환원주의에서 기인한 것으로서, 그리스도 사역의 통일성을 깨뜨렸다고 그는 비판한다. 그리고 또 김의환에 의하면, 세속화는 복음의 주체성을 무시했기 때문에 그것은 복음이 아니고 변질된 복음이다. 산 위의 중생의 경험을 생략한 산 아래만의 몰두, 오늘의 세속화론에 나타나는 이것을 그는 베드로와

---

874 WCC, *The Church for Others*, Geneva, 1968, 8-10.

바울의 세속화 운동이 아니라 탈선된 세속화론이라고 비판한다.[875] 이렇게 한국 교회에서 서남동, 유동식, 홍현설, 서광선, 이계준 등은 세속화론을 긍정적으로 한국 교회에 추천했고, 반면에 이종성, 도양술, 한철하, 김의환 등은 정도의 차이는 있어도 세속화론의 위험성과 탈선을 경고하면서 그 논의에 제동을 걸었다. 어쨌든 이런 세속화 논의는 한국 교회에서 1967년경에 끝이 났다.[876]

3. 세상 영역과 교회 영역의 정적 분리는 있을 수 없다.

본회퍼는 그리스도 안에서 인간이 되신 하나님의 한 현실 위에서 루터의 두 왕국론에 새로운 해석을 가하여, 거룩과 세속이라는 두 영역의 개념을 극복하고 하나로 통일한다. 거룩과 세속의 두 영역을 나누어 생각하는 방식에 의하면, 그리스도의 영역이 아무리 중요하다고 해도, 그것은 여전히 다른 실재들 가운데 하나에 불과한 부분적 실재일 뿐이다. 전체 실재를 거룩한 영역과 속된 영역, 기독교의 영역과 세속의 영역으로 분리하는 것은 이 두 영역 중 하나에서만 하나님께서 실존하시는 가능성을 만들어낸다.[877] 이렇게 그리스도와 세상을 서로 상반되고 반발하는 영역으로 생각하는 한, 세상 없이 그리스도를 찾든가 또는 그리스도 없이 세상을 찾든가 하게 된다. 그러나 그 어느 경우에나 그는 자신을 속이고 있다. 그렇지 않으면 그는 동시에 두 장소에 서려고 하기 때문에 영원한 갈등의

---

875 박봉랑, 『신의 세속화』, 188-89.
876 박봉랑, 『신의 세속화』, 190.
877 Bonhoeffer, Ethics, 63; 박봉랑, 『신의 세속화』, 182.

사람이 된다고 한다.[878]

그래서 거룩과 세속의 두 영역으로 갈라서 생각하는 것은 성경의 사상에는 물론, 종교개혁의 사상에도 모순이 된다. 하나님의 현실은 세상의 현실 안에서 그리스도 안에 나타난다. 우리는 그리스도 안에 참여함으로써 동시에 하나님의 현실과 세상의 현실 안에 있게 된다. 그리스도의 현실은 그 자체 안에 세상의 현실을 포함하고 있다. 세상은 그리스도 안에 있는 하나님의 계시로부터 독립적으로 그 자체의 현실을 가지고 있지 않다. 그렇기 때문에 두 영역이 있는 것이 아니라, 한 영역 즉 그리스도의 현실이 있을 뿐이다. 이 영역에서 하나님의 현실과 세상의 현실이 결합되었다는 것이다. 이 두 영역의 통일은 오직 그리스도의 신앙 안에만 있다. 이 통일에 있어서 세속적인 요소와 기독교적인 요소는 서로 독립을 주장할 수 있는 것이 아니고, 서로서로 비판적인 태도를 가지고 있다. 로마 카톨릭 교회가 세상을 지배할 때 루터가 세속적 권세를 위해 싸웠던 것과 같이, 또한 19세기 프로테스탄트 독일의 세속주의가 세상 자체의 독립을 주장할 위험이 있을 때, 그리스도인들 또는 영적 변증가들은 여기에 맞서 싸워야 한다고 본회퍼는 주장한다.[879]

하나님의 현실이 이 땅에서 어떻게 현실로 되는가? 이에 대해 그는 『윤리학』에서 답변하기를, 계시는 오직 이 현실적 삶의 맥락에서만 궁극 이전의 것에 덧붙여지기 때문에 "세상 영역과 교회 영역의 정적 분리는 있을 수 없다"고 말한다. 그것이 기독교 신앙의 '이 세

---

878 Bonhoeffer, *Ethics*, 63; 박봉랑, 『신의 세속화』, 183.
879 Bonhoeffer, *Ethics*, 64-65; 박봉랑, 『신의 세속화』, 183-84.

상적'인(this-worldly) 성격(세상성)을 긍정하게 만든다는 것이다.[880] 이와 같이 신적 현실과 우주적 현실 모두가 그리스도 안에 있기 때문에, 본회퍼는 두 정적(靜的) 영역, 즉 '기독교적'과 '세상적', '거룩한'과 '세속적', '초자연적'과 '자연적', '계시적'과 '이성적'이라는 두 용어들로 사고하기를 그치도록 교회에 촉구하였다. 반면 그 영역들이 일치될 수 없어 구분은 필요하겠지만, 그리스도 안에서 이루는 그들의 일치는 '기독교적'인 것은 '세상적'인 것 안에서만 발견될 수 있고, 또 '거룩한' 것은 오직 '속된' 것 안에서만 발견될 수 있다고 한다. 그래서 그리스도인의 세상성은 그를 그리스도에게서 분리하지 않으며, 그의 기독교 신앙은 그를 세상으로부터 분리하지 않는다. 그는 그리스도께 전적으로 속해 있으면서, 동시에 전적으로 세상 안에 서 있다는 것이다.[881]

한편 모든 국가에는 질서를 창출한다는 사상 아래 메시야적 사상이 숨겨져 있다. 국가와 교회와의 관계는 그리스도의 십자가 이후 새로워졌는데, 그리스도께서는 교회와 국가라는 이중적인 형태로 우리에게 현재하신다. 따라서 루터는 다음과 같이 말할 수 있었다: 국가는 "왼손으로 통치하시는 하나님의 나라이다."[882] 그리스도께서 지상에 계셨을 때에는 그만이 전적으로 하나님 나라였다. 그러나 그리스도께서 십자가에 달려 돌아가셨기 때문에, 그의 형태는 왼쪽과 오른쪽으로 찢겨졌다. 그의 형태는 오직 교회와 국가라는

---

880 Godsey, 『디트리히 본회퍼의 신학』, 314.
881 E 67; Godsey, 『디트리히 본회퍼의 신학』, 319-20.
882 루터의 시편 109편 해석(1518, WA 1: 692, 8-12); 루터의 1532년 12월 15일자 설교(WA 36: 385, 6-11).

이중적인 형태 속에서만 인식될 수 있다. 역사의 중심으로서의 그리스도께서는 교회의 형태 속에서 국가와 하나님 사이의 중재자가 되신다. 또한 역사의 중심으로서의 그리스도께서는 국가의 형태 속에서 교회와 하나님 사이의 중재자도 되신다. 왜냐하면 교회가 역사의 중심인 한, 그리스도께서는 교회의 중심도 되시기 때문이다. 교회는 우리 가운데 감추이신 그리스도이다. 교회는 국가의 중심인 것과 같이 또한 국가의 한계이다. 또 교회는 국가의 숨은 의미와 약속이다. 교회는 그 본질에 있어서 국가를 심판하고 정당화한다.[883]

4. 본회퍼 사상의 전후기 연속성 문제

『저항과 복종』의 '감동적이며 신학적으로도 자극을 주는 스케치'는 그때까지 거의 알려지지 않았던 본회퍼의 초기 작품들[884]을 다시 읽어보도록 만들었다. 본회퍼 사상의 신학적 발전과정을 연속적으로 보느냐, 아니면 비연속적으로 보느냐 하는 문제는 후기 작품에 의해 야기된 전기 작품에 대한 연구를 새롭게 촉진시켰다.[885] 이 문제에 대해 베트게(Eberhard Bethge)는 이렇게 말한다: 1920년대의 본회퍼는 신학자들을 향해 "당신들의 주제는 교회이다"라고 말했고, 1930년대의 그는 교회를 향해 "당신들의 주제는 이 세상이다"라고 말했으며, 1940년대의 본회퍼는 이 세상을 향해 "당신의 주제는 하

---

883 Bonhoeffer, 『그리스도론』, 50-51.
884 여기에서 '초기 작품'이란 『나를 따르라』 등 '전기 작품'을 일컫고, '후기 작품'이란 『저항과 복종』 등을 일컫는다. 1954년에 발간된 본회퍼의 학위논문인 『성도의 교제』는 비록 늦게 출판되었지만, 1927년에 쓰였기 때문에 '초기 작품'에 해당한다.
885 후세 사람들이 흔히 자기들이 원하는 신학을 세우기 위해 본회퍼의 마지막 편지들의 미완성적인 부분과 다의적인 부분을 이용하려는 목적으로 『저항과 복종』을 연구하는 것에 대한 비판에 대해서는 D. Schellong, *Kirchliches Schuldbekenntnis*, 56, 주 5를 참조하라.

나님이다"라고 말했다.[886] 베트게가 구분하였던 이와 같은 본회퍼의 지적 여정 세 기간 중 제1기는 그가 베를린 대학에서 교수 생활을 하던 시기였고, 제2기는 고백교회에 가입하여 체제와의 갈등을 겪으면서 사람들을 가르치던 시기였으며, 제3기는 히틀러 체제에 대한 저항기였다.[887] 제1기에 본회퍼가 가졌던 주된 관심은 교회를 공동체로 보아야 한다는 것이었고, 제2기의 그의 관심사는 대가를 지불하는 제자도에 대한 것이었으며, 또 제3기에는 그의 생애를 마감하면서 세상 안에서의 거룩함(worldly holiness)에 그 초점을 맞추었다.[888]

본회퍼의 박사 학위 논문인『성도의 교제』(communio sanctorum, 1927)는 보이는 공동체로서 존재하시는 그리스도에 대해 다루고 있으며, 그의 교수자격 취득논문(Habilitation)인『행위와 존재』(Akt und Sein, 1931)는 예수 그리스도의 인식 문제(계시)에 대해,『나를 따르라』(Nachfolge, 1937)는 예수 그리스도를 따르는 제자의 길에 대해, 그의 1933년 베를린 대학의 강의인『그리스도론』은 예수 그리스도의 구조적 해명에 대해, 그의 미완성 작품인『윤리학』(1949, 사후 출간)은 예수 그리스도의 형상에 따라 사는 그리스도인의 책임적인 삶에 대해 다루고 있다. 이와 같이 그의 저서와 생애를 일관해서 끌고 온 주된 멜로디는 바로 '예수 그리스도의 존재'에 대한 새로운 관심의 집중이었는데, 그것은 그의 최후를 운명 짓는 감옥 안에서의 그의 현실

---

886 박형규, "디이트리히 본회퍼", 105-6.
887 Eberhard Bethge, "Dietrich Bonhoeffer: Person and Work," in *Die Muendige Welt* 1:16-23.
888 Kenneth Hamilton, *Life in One's Stride* (Grand Rapids, Mich.: Eerdmans, 1968), 55.

로부터 이끌어져 나온 것이었다.[889]

『나를 따르라』에서는 세상으로부터 교회로 가는 움직임에 강조가 주어진다. 그리스도인들은 이 세상에서 계속 살아가야 하지만, 그들의 시민권이 하늘에 있기 때문에, 그들은 세상의 존재가 되지 않은 채 이 세상에서 살아갈 수 있다(CD 49). 그들은 이 세상과 하늘 왕국 사이에 있는 면도날 위를 걸어가고 있다(CD 163). 반면에 제3기의 작품인 『옥중서간』이나 『윤리학』에서는 교회로부터 세상으로 가는 움직임에 강조가 주어진다. 참으로 교회는 세상으로부터 분리되기를 원할 수 없다. 왜냐하면 세상 안에, 세상을 위해 교회가 철저히 관여해야만 교회가 교회되기 때문이다. 그래서 본회퍼 신학의 마지막 기간의 주된 주제는 기독교적 세상성(Christian worldliness)이다. 예수 그리스도께서는 '교회의 주'이실 뿐만 아니라 동시에 '세상의 주'이시다. 하나님 없는 세상조차도 그의 주권 아래 선다. 그리고 세상이 그와 맺고 있는 긍정적인 관계 때문에 소망이 없진 않다.[890]

가령 『윤리학』에서 본회퍼는 '삶의 충만한 동기들과 더불어 사는 것'과 '무한한 동기들의 다양성 가운데에서 구체적인 삶의 과제들과 사건들 가운데 함께 살아가는 것을 배우는 것'을 묘사하고 있다.[891] 여기에서 가장 중요한 것은 인간관계이다(편지 190번). 당시 교만했던 체제 권력자들과 반신(半神, Halbgötter)들로 자처하던 무리들에 대해서 본회퍼는 '인간관계에 대해 아무 것도 모르는 미치광이'

---

889 박봉랑, 『신의 세속화』, 28.
890 Godsey, 『디트리히 본회퍼의 신학』, 317-18.
891 DBW 6 (『윤리학』), 372f; "신앙의 검증은 사회 세계 밖이 아니라 그 중심(즉 정치와 경제)에서 완성된다"는 말은 마르틴 루터가 이미 강조했던 말이다(WA 43: 214, 3f. 창세기 강해. 1533-45).

라고 진술하였다. 이런 배경 하에서 본회퍼의 신학적 유언이 다음과 같이 기술되어 있다(편지 190번): "하나님께서는 우리로 하여금 인간적인 것 안에서 하나님 자신을 섬기도록 하신다."[892] 그러니까 본회퍼에 의하면, 하나님께서는 인간관계를 중시하도록 하신다. 또 하나님께서는 다양성을 존중해 주시고, 이웃과 더불어 함께 사는 가운데, 다른 사람의 삶이 자기 삶의 일부임을 잊지 말라고 늘 우리에게 깨우쳐 주신다(롬 12:15). 즉 인간은 타자와의 관계를 통해서 비로소 자기 자신을 실현시켜 갈 수 있다는 것이다. 여기에 본회퍼의 타인을 위한 배려와 책임의식이 깃들여 있다.

특히 그는 그가 지내 왔던 순례 여정의 다양한 단계들마다에서 그리스도의 현존과 실재의 초점들이 달라지는 것을 놓고 씨름했다. 가령 그가 학자로서 출발했던 제1기에는 그리스도의 현존을 공동체로 이해한 교회 안에서 발견했기 때문에 교회론적 초점을 발전시켰다.[893] '교회 안에 계시는 그리스도의 현존'이라는 이 주제는 제2기와 제3기의 그의 생애가 마감될 무렵, '이 세상 안에 계시는 그리스도의 현존'이라는 또 하나의 주제와 연결된다.[894] 그래서 『옥중서간』이 보여 주듯이, 본회퍼 신학의 제3기에는 세상의 주(Lord of the World)이신 예수 그리스도의 성육신 사건을 통하여 그리스도와 세상, 교회와 세상, 하나님과 세상과의 관계가 새롭게 정립되었음을 밝힌다. 예수 그리스도 안에서 하나님께서 세상과 화해하셨다. 그래

---

892 Bonhoeffer, 『저항과 복종: 옥중서간』, 836-37.
893 Heinrich Ott, *Reality and Faith: The Theological Legacy of Dietrich Bonhoeffer*, trans. Alex A. Morrison (Philadelphia: Fortress, 1972), 222.
894 Grenz & Olson, 『20세기 신학』, 237.

서 기독교적인 삶이란 세상의 삶 속에서 하나님의 고난에 동참하는 것이라는 것이다.[895]

따라서 본회퍼의 전후기 사상 사이에서 그리스도론과 관련하여 비연속성을 보려고 하는 시도는 무리이다. 비록 그의 진술 중에 교리사적 근거가 약하다, 성경의 인용문이 적다, 역사적 예수와 케리그마의 그리스도와의 관계를 너무 쉽게 다루었다, 성경의 역사적 연구 비판의 자리가 약하다 등의 비판의 소리들을 다 받아들인다고 해도, 그의 1933년의 『그리스도론』은 바르멘(Barmen) 선언[896]과 함께 나찌(Nazi) 독일에 대한 교회 투쟁의 산 기록들 중의 하나인 점에서 아주 소중하다.[897]

칼 바르트와 관련하여 본회퍼는 처음에 바르트를 존경하였지만, 후기에는 점점 바르트 사상과 상이한 면들을 보여 주었고, 특히 '성숙한 세계'와 그 성숙한 세계 안에 계시는 '그리스도의 현존'이라는 문제와 의식적으로 씨름하면서 바르트 사상으로부터 점점 더 멀어져 갔다.[898] 본회퍼는 『로마서 주석』 2판이 신칸트적인 껍질을 가지고 있음에도 불구하고, 바르트의 공로를 예수 그리스도의 하나님을 종교와 대립시키고 영을 육과 대결시킨 데에 있다고 보았다. 그

---

895 Godsey, 『디트리히 본회퍼의 신학』, 10 (역자 서문).
896 히틀러가 1933년 1월 30일에 독일 제3공화국의 총통이 되자, 나찌(Nazi)당은 '독일 기독교 신앙운동'을 조직했으며, 루드비히 뮐러를 비롯한 많은 목사들이 여기에 가담했다. 반면 이에 항거하여 니뮐러(Martin Niemöller)가 주도한 '긴급 목사동맹'에 7천 명 이상의 목사들이 서명했으며, 이것이 모태가 되어 '독일 고백교회'가 출범했다. 그리고 1934년에 독일의 북부 소도시인 바르멘(Barmen)에서 고백교회 회의를 개최하고 신앙 고백서를 채택하였는데, 칼 바르트가 기초한 이 신앙 고백서가 곧 '바르멘 선언'이다. '바르멘 선언'은 6개 항목과 결론으로 구성되어 있다. 각 항목마다 성경 본문이 먼저 제시되고 그것에 대한 신앙 고백이 뒤따른 후, 잘못된 교훈의 거부로 끝을 맺고 있다. 이 선언은 자연신학을 배척하고 예수 그리스도 계시의 유일성을 강조한 것이 그 특징이다: 목창균, 『현대신학 논쟁』, 266.
897 박봉랑, 『기독교의 비종교화: 본회퍼 연구』, 301.
898 Grenz & Olson, 『20세기 신학』, 237-38.

리고 바르트가 후에 쓴 『교회교의학』에서는 이런 구별을 모든 면에서 관철시키기 위해 바르트가 교회를 등장시켰다고 보았다. 그러나 신학적 개념들의 비종교적 해석에서 바르트가 교의학이나 윤리학에서조차 구체적인 지침을 제시하지 않은 데에 바르트의 한계가 있다. 따라서 바르트의 계시신학은 '계시실증주의'가 되고 말았다고 비판한다.[899]

또한 불트만에 대해서는 불트만이 기독교의 소위 '신화론적' 요소들을 제거함으로써 전형적인 자유주의적 환원에 빠지고 말았는데, '신화론적' 개념들을 포함한 전체 내용들을 존속시켜야 한다고 주장한다. 신약 성경은 보편적인 진리를 신화적으로 옷 입힌 것이 아니며, 이런 신화론은 사실 그 자체라는 것이다. 이런 개념들은 마치 바울에게서의 할례처럼 종교를 신앙의 조건으로 전제하지 않는 방식으로 해석되어야 한다고 하면서, 이렇게 할 때 비로소 자유주의 신학이 극복된다고 한다. 그리고 이제 세상의 성숙성은 논쟁과 변증을 위한 동기를 부여해 주지 않지만, 그러나 세상은 자신을 복음과 그리스도로부터 이해할 때 자신을 스스로 이해하는 것보다 훨씬 더 잘 이해할 수 있다고 하면서, 본회퍼는 자기 논리를 세상으로부터 전개한다.[900]

899　Bonhoeffer, 『저항과 복종: 옥중서간』, 611-12.
900　Bonhoeffer, 『저항과 복종: 옥중서간』, 613-14.

V. 나오는 말

본회퍼가 21세기를 향해 재해석하려 했던 기독교는 추상적인 구원의 종교가 아니라, 지금 여기에서 삶에 대해 책임성을 지는 기독교이다. 그래서 그는 예수 그리스도를 '구주'(saviour)라고 하는 대신에, '책임적 인간', '타자를 위한 존재', '대리적 삶', '삶의 중심성'이라는 비종교적인 언어를 사용하여 표현했다.[901] 본회퍼의 사상은 그 자신이 충분하게 완성하지 못한 과제로 끝났기 때문에, 그에 따르는 문제들과 토의되어야 할 문제들이 적지 않게 있다.

가령 첫째, '비종교적'이라는 말의 애매성이다. 본회퍼는 종교를 부정하는가? 인간에게는 어떤 의미에서 '종교', '하나님'이라는 지울 수 없는 낙인이 찍혀 있다고 할 수 있다. 그래서 쯔빙글리는 '참된 종교와 거짓 종교'에 대해 말했고, 칼빈의 저명한 교의학은 '기독교 강요'이다. 본회퍼가 종교적 기독교를 공격했을 때, 종교의 보편적 사실을 부정하려고 했던 것이 아니었을 것이라는 것은 상식의 문제이다. 본회퍼는 종교 일반에 대해 관심이 있었던 것이 아니라, 기독교적인 것의 형태 변화에 관심이 있었다.[902] 따라서 종교의 시대가 지나갔다는 것은 예수 그리스도의 시대가 지나갔다는 것이 아니라, 기독교를 종교적으로 해석하는 시대가 지나갔다는 것이다. 이런 의미에서 그는 무종교 시대의 하나님은 종교의 하나님이 아니라, '그 약함에 의해 세상에서 권세와 자리를 차지하시는 하나님' 즉

---

[901] 박봉랑, 『신의 세속화』, 37.
[902] Heinrich Ott, *Wirklichkeit und Glaube*, 137; 박봉랑, 『신의 세속화』, 33.

'예수 그리스도의 하나님'이셔야 함을 말하려 했던 것이다.[903]

둘째, '세속화'라는 표현의 애매성이다. 이 표현에서 본회퍼가 세상적인 기독교를 말하려고 한 것이 아님은 물론이다. 다만 그는 이 현실 속에 있는 그리스도와 그의 제자들, 이 현실 속에 있는 신앙과 기독교를 강조하려 하였다. 본회퍼가 요구한 것은 예수 그리스도의 제자는 그의 스승과 같이 살고 죽어야 한다는 것이었다. 그리고 그는 그 자신이 그것을 실천했다. 물론 그가 부활에서 오는 희망, 성령의 내재를 통해 우리에게 주어지는 확신과 기쁨을 그다지 많이 강조하지 못한 것이 사실이긴 하다. 실제로 그에게서는 고난 속에서 갖는 기쁨, 죽음에서 보는 희망, 십자가의 길에서 부르는 찬송, 이런 영광의 약속이 십자가 속에 너무 가리워져 있다는 아쉬움이 있긴 하다. 그런데 우리에겐 십자가를 지는 고난만이 아니라, 십자가를 지고 타자의 짐을 질 수 있게 하는 힘, 능력, 또 타자의 짐을 지는 것 자체에서 오는 기쁨이 있다. 본회퍼가 이렇게 '십자가의 신학'에서 멈추었기 때문에, 1970년대에 몰트만에 의해 '희망의 신학'이 그 뒤를 이었다고 볼 수 있고, 또 앞으로 우리는 '성령의 신학'이 신자들에게 참 기쁨과 힘을 줄 것을 기대한다.[904]

『저항과 복종』 책이 출간되자, 게르하르트 에벨링, 에어빈 주츠(Erwin Sutz), 헬무트 틸리케 등 많은 사람들이 긍정적인 입장을 표명하였다. 그러나 힐데브란트(Franz Hildebrandt)는 다음과 같이 조심스럽게 자기의 견해를 표명했다: "나는 지금까지도 여전히 그(본회퍼)

---

903 Bonhoeffer, *Prisoner for God*, 164; 박봉랑, 『신의 세속화』, 34.
904 박봉랑, 『신의 세속화』, 34.

의 차안성으로의 전환과 세상성의 찬양을 믿지 않고 있습니다." 또 칼 바르트는 다음과 같이 불쾌하게 응답했다:

> "그 자신에게 물어볼 수 없다면, 우리가 뭔가 잘못 알고 있는 것이 아닌가 라는 생각이 든다. … 다른 상황과 맥락에 있었다면, 그가 좀 더 분명하게 자신의 입장을 표명할지, 또는 경우에 따라 자신의 주장을 철회할지, 또는 계속 밀고 나갈지 우리로서는 알 수 없는 일이 아닌가? 비종교적인 진술이 어떻게 전개되어야 할지를 그는 물론 어렴풋이 알고는 있었지만, 어떻게 관철시킬 것인지에 대해서는 전혀 알지 못하고 있었다는 것을 여러 곳에서 분명하게 털어놓지 않았는가? 그는 사실상 편지에서 수수께끼 같은 표현들을 사용함으로써 우리를 혼란에 빠뜨리고 있다."[905]

이로써 본회퍼가 복음 정신에 투철한 그리스도인이 아니었던 것은 분명하다. 만일 그가 복음 정신에 투철한 그리스도인이었다면, 옥중에서 그의 사상이 영적으로 더 깊은 경지에 들어가는 경험을 했을 것이다. 그런데 그의 사상과 신앙은 그 반대의 방향으로 빗나가고 말았다.[906] 가령 그는 기독교의 종말을 선언하고, '하나님의 부재' 상황에 대해 필요 이상의 과도한 기우에 휩싸였다. 물론 감옥 안에서는 '하나님의 부재' 상황이 더더욱 심각했을 것이다. 그런데 우리는 본회퍼의 사상에서 두 극을 볼 수 있는데, 그 한 극은 이 세상의 긍정과 이 세상적 기독교이고, 또 한 극은 이 세상성 속에서 바

---

905 이것은 칼 바르트가 1952년 12월 21일에 Walter Herrenbrück에게 보낸 편지 내용 중 일부이다: Mündige Welt I, 121f; Bonhoeffer, 『저항과 복종: 옥중서간』, 831.
906 이성주, 『현대신학』(제 2권), 152.

른 신앙을 유지할 수 있는 신앙공동체, 예배, 모임, 명상, 기도훈련에 대한 강조이다.[907] 그리고 본회퍼의 사회참여는 그 어떤 윤리적 이념을 실현하는 것이 아니라, 현존하시는 그리스도의 현실에 동참하는 성례전적 성격을 갖는다. 이런 체험 때문에 그는 만나는 모든 사람들을 밝고 신실하게 대할 수 있었다. 즉 타자를 세심하게 배려하는 그의 인간성이 돋보일 수 있었던 것이다. 만 2년이 넘는 기간 동안(1943. 4. 5 - 1945. 4. 9) 혹독한 환경의 감옥 안에서 '하나님의 부재'와 '그리스도의 현재하심'을 시시각각 교차적으로 느끼면서, 또 야간 공습의 참혹한 두려움을 자기 마음속으로만 안고 버티다가, 결국 오래 가지 못해 자기의 속마음을 친구에게 넋두리하듯 토해내는 그의 편지를 대하면서, 그를 평가하기 전에 먼저 미안한 마음이 드는 것을 어찌할 수 없다.

"마지막으로 나는 자네에게 이렇게 말하고 싶다네. 가령 내가 지금까지 써 보낸 모든 것에도 불구하고 무섭다는 것, 때로는 밤늦도록 무서운 환상들에 사로잡힌다는 것, 무수한 찬송가 가사를 암송해야만 그 공포를 극복할 수 있다는 것, 또 자주 하나님 찬양 대신 탄식으로 아침을 맞이한다는 사실들 말일세. … 나는 내가 보고 듣는 것들에 의해 더 늙어간다는 기분을 갖게 되고, 또 세상도 내게는 자주 메스꺼움과 짐이 된다네."[908]

---

907 박봉랑, 『기독교의 비종교화: 본회퍼 연구』, 9.
908 Bonhoeffer, 『저항과 복종: 옥중서간』, 308-9. 이것은 1943년 성탄절을 앞둔 12월 15일자로 본회퍼가 베트게에게 보낸 편지문 중의 일부이다.

■ 참고문헌

[D. Bonhoeffer 의 저술들]

Bonhoeffer, Dietrich. *Letters and Papers from Prison*. New York: Macmillan Publishing Co., 1978.

_____. 강성영 역.『창조와 타락』. 서울: 대한기독교서회, 2010.

_____. 고범서 역.『옥중서간』. 서울: 대한기독교서회, 1995.

_____. 곽계일 역.『말씀 아래 더불어 사는 삶』. 서울: 빌리브, 2010.

_____. 김찬종 역.『본회퍼의 시편 명상』. 서울: 열린서원, 2004.

_____. 문익환 역.『신도의 공동생활』. 서울: 대한기독교서회, 1990.

_____. 손규태 역.『기독교윤리』. 서울: 대한기독교서회, 1992.

_____. 손규태·정지련 역.『저항과 복종: 옥중서간』. 서울: 대한기독교서회, 2010.

_____. 유석성 역.『그리스도론』. 서울: 대한기독교서회, 2010.

_____. 유석성·이신건 역.『성도의 교제』. 서울: 대한기독교서회, 2010.

_____. 이신건 역.『디트리히 본회퍼 묵상 52』. 서울: 신앙과지성사, 2010.

_____. 정지련 역.『행위와 존재』. 서울: 대한기독교서회, 2010.

_____. 정지련·손규태 역.『신도의 공동생활 & 성서의 기도서』. 서울: 대한기독교서회, 2010.

_____. 최재훈 역.『본회퍼의 삶과 대강절 설교』. 파주: 솔라피데, 2008.

_____. 최재훈 역.『본회퍼의 삶과 옥중시집』. 파주: 솔라피데, 2009.

_____. 최진경 역.『본회퍼의 시편 이해』. 서울: 홍성사, 2007.

_____. 허혁 역.『나를 따르라』. 서울: 대한기독교서회, 1987.

[D. Bonhoeffer 에 관한 저술들]

Bethge, Eberhard. *Dietrich Bonhoeffer: Man of Vision, Man of Courage*. trans. Ross. New York: Mosbacher, 1970.

_____. "Dietrich Bonhoeffer: Person and Work." in *Die Muendige Welt 1*.

Brown, Colin. *Philosophy and the Christian Faith*. 문석호 역.『철학과 기독교 신앙』. 서울: 기독교문서선교회, 1999.

Godsey, John D. *The Theology of Dietrich Bonhoeffer*. Philadelphia: Westminster Press. 유석성 · 김성복 역.『디트리히 본회퍼의 신학』. 서울: 대한기독교서회, 2007.

Grenz, Stanley J. & Olson, Roger E. 신재구 역.『20세기 신학』. 서울: IVP, 1997.

Hamilton, Kenneth. *Life in One's Stride*. Grand Rapids. Mich.: Eerdmans, 1968.

Matthews, John W. 공보경 역.『그리스도 중심적 영성』. 서울: SFC, 2006.

Ott, Heinrich. *Reality and Faith: The Theological Legacy of Dietrich*

Bonhoeffer. trans. Morrison, Alex A. Philadelphia: Fortress, 1972.

Robinson, J. A. T. *The New Reformation*. Westminster Press, 1965.

목창균. 『현대신학 논쟁』. 서울: 도서출판 두란노, 1995.

박봉랑. 『기독교의 비종교화: 본회퍼 연구』. 서울: 범문사, 1975.

_____. 『신의 세속화』. 서울: 대한기독교출판사, 1988.

박형규. "디이트리히 본회퍼". 『현대 신학자 20인』. 서울: 대한기독교서회, 1992.

이성주. 『현대신학』. 제2권. 서울: 성지원, 1994.

몰트만의 삼위일체론 비판

(J. MOLTMANN, 1926-)

8. 몰트만의 삼위일체론 비판
(A Critical Analysis on Jürgen Moltmann's Doctrine of the Trinity)

I. 서론

II. 본론
1. 일신론적 삼위일체론에 대한 몰트만의 비판
   1) 몰트만의 칼 바르트 비판
   2) 몰트만의 칼 라너 비판

2. 삼위일체론적 십자가의 신학
   1) 양성론과 그리스도의 수난
   2) 하나님의 파토스 (Pathos)
   3) 속성 전달 (communicatio idiomatum) 이론
   4) 성육신의 동인

3. 성령의 위치
   1) 성령의 인격성
   2) 삼위일체 하나님의 내부 도식?
   3) 성령께서 아들로부터 받으시는 것?

4. 교제 공동체로서의 삼위일체 하나님
   1) 세상과의 관계에서의 삼위일체
   2) 아버지와 아들과 성령의 사귐의 관계
   3) 몰트만의 사회적 삼위일체론

III. 결론: 몰트만 신관의 문제점

I. 서론

칼 바르트(Karl Barth)가 예수 그리스도의 십자가에서 하나님의 고난과 하나님의 죽음을 발견한 것은 위대한 발견이었다. 그런데 이 하나님의 고난과 죽음을 표현하는 바르트의 표현이 삼위일체 신학적으로 충분히 정립되어 있지 않은 것은 문제였다. 왜냐하면 바르트가 '하나님의 고난' 혹은 '하나님의 죽음'이라는 표현을 쓸 때, 그 표현이 성부수난설의 올무에 빠질 수 있기 때문이다. 그런데 이 문제를 극복한 20세기 후반의 결정적인 저술이 바로 위르겐 몰트만(Jürgen Moltmann, 1926-)의 1972년 저술인 『십자가에 달리신 하나님』

(Der gekreuzigte Gott)이다. 몰트만은 바르트가 발견한 '하나님의 고난' 및 '하나님의 죽음'의 개념을 이어받아서 이를 삼위일체 신학적으로 발전시켰다.

몰트만은 '하나님의 죽음'이라는 표현이 성부수난설의 위험이 있다고 보고, 그 표현 대신에 '하나님 안에 있는 죽음'(Der Tot in Gott)이라는 표현을 사용했다. 몰트만에 의하면, 예수 그리스도의 죽음은 성자의 죽음이지 성부나 성령의 죽음이 아니다. 그래도 성자의 죽음 안에서 성부와 성령께서 함께 고통당하셨다. 성자께서는 인간을 살리시기 위해 자신을 버리시는 고난을 당하셨고, 성부께서는 인간을 살리시기 위해 자신의 외아들을 버리셔야 하는 고난을 당하셨다. 몰트만에 의하면, 바르트가 사용한 '하나님의 고난'이라는 용어는 옳지만 '하나님의 죽음'이라는 용어는 잘못되었다고 한다. 왜냐하면 인간을 살리시기 위해 성자께서 죽으신 것이지 삼위일체 하나님께서 죽으신 것이 아니기 때문이다. 그래도 삼위일체 하나님께서는 십자가에서 함께 고난당하셨다. 그런 까닭에 '하나님의 고난'이라는 표현은 신학적으로 유효하고 매우 중요한 표현으로 보인다는 것이다.[909]

그러나 정통 신학적 입장에서 볼 때, 예수 그리스도의 인성의 수난으로 말미암아 신성이 고난을 위격적으로 감수하시기는 하지만, 그렇더라도 하나님의 본성은 고난에 종속하시지 않는다. 만일 하나님의 본성이 고난에 종속하시면, 하나님께서 변화에 종속하시는 것

---

909 Jürgen Moltmann, *Der gekreuzigte Gott: Das Kreuz Christi als Grund und Kritik christlicher Theologie*(München: Kaiser Verlag, 1972); 김균진 역, 『십자가에 달리신 하나님: 기독교 신학의 근거와 비판으로서의 예수의 십자가』(서울: 한국신학연구소, 1979), 239-47.

이 되어[910] 신성의 불변성을 말할 수 없게 되기 때문이다. 구약 성경에서 하나님의 백성 때문에 겪으시는 주님의 눈물과 통곡에 대해 묘사하는 구절이 있기는 하지만(렘 13:17), 그렇더라도 신성이 인성의 고난에 동참하시지 않는다는 '신성의 비수난성'(The Impassibility of Divine Nature) 관점은 정통 신학의 기본적인 입장이다. 그런 점에서 볼 때, '하나님의 고난'이라는 용어도 함부로 마구 쓰여질 수 있는 용어가 아니라는 점을 주의해야 할 필요가 있다.

그런데 몰트만은 하나님의 세 인격으로부터 출발하여 하나님의 단일성으로 나아가고자 시도한다. 그리고 그의 소위 '사회적 삼위일체론'을 위하여 바르트처럼 기독교 일신론에서 출발하지 않고 신약 성경에 나타난 그리스도의 역사로부터 출발한다. 몰트만은 신약 성경의 역사란 바르트가 주장하는 것처럼 하나님의 자기 계시의 역사가 아니라 '그리스도 안에 계신 하나님'의 역사라고 본다. 물론 몰트만도 정통 신학을 온전하게 대변한다고는 볼 수 없는데, 그의 견해 중에서 적어도 신약 성경에 기술되는 성자 하나님의 역사가 바르트에게서처럼 단 하나의 주체에 의해 일원론적으로 수행되는 것이 아니라, 삼위일체론적으로 기술된다고 주장하는 부분만큼은 분명히 사실이다. 그것은 '세상을 향하여 개방된 아버지와 아들과 성령의 사귐의 관계'를 나타낸다. 그리고 예수 그리스도의 역사는 아버지와 아들과 성령 하나님의 상호 작용에서 이루어진다. 그러므로 예수 그리스도의 역사는 자기를 변화시키고 그래서 생동성을 얻게 되는 아버지와 아들과 성령 하나님 상호 간의 관계의 역사이다.

910　서철원, 『기독론』(서울: 은혜문화사, 1997), 83.

그런데 몰트만이 내세운 삼위일체론이 신니케아파의 삼위일체론, 즉 캅바도키아(Kappadozier) 교부들의 삼위일체론을 그대로 이어받은 것이라는 관점이 있어서 그를 정통 신학의 소유자로 오해할 수 있는 소지가 많이 있다. 가령 다음과 같은 진술이 그중 하나에 해당한다: "삼위일체론에 대한 현대 신학자들의 재해석은 결국 고대에 이미 시도했던 삼위일체론에 대하여 그다지 큰 진전을 보지 못한 셈이다. 위르겐 몰트만이 바르트와 라너에 반대하여 내세운 삼위일체론은 결국 신니케아파의 삼위일체론을 재론한데 불과하다. 또한 H. 오트(Heinrich Ott)의 실존론적 해석은 아우구스티누스의 해석에 대하여 인격성을 강조한 것이고, 로흐만(J. M. Lochman)은 이에 덧붙여 사회성을 중요시한 점이 독특할 뿐이다."[911]

더구나 몰트만은 캅바도키아 교부들의 위대한 희랍 신학으로 말미암아 신학 전체가 삼위일체에 관한 이론임이 효과적으로 부각되었다고 하면서[912] 마치 자기가 정통 캅바도키아 신학의 연장선상에 있는 것처럼 진술하였기 때문에, 오늘날 몰트만 때문에 정통 신학과 캅바도키아 교부들의 신학이 오해받으면서 심각하게 도전받고 있는 실정이다. 그러면 몰트만은 과연 캅바도키아 교부들을 바로 인용하고 바로 이해하였는가? 몰트만의 삼위일체론이 캅바도키아 교부들의 삼위일체론을 온전히 추종하였는가, 아니면 단지 표방만 하였는가? 본고에서는 이 문제를 집중적으로 분석하여 살펴보고자 한다. 따라서 이 연구는 현대신학의 어지러운 사상으로부터 정통 신

911　김광식, 『조직신학 I』(서울: 대한기독교서회, 1993⁴), 186.
912　Moltmann, 『십자가에 달리신 하나님』, 252.

학을 온전히 지켜내는 데에 특히 삼위일체론의 관점에서 기여가 있을 것이다.

II. 본 론

1. 일신론적 삼위일체론에 대한 몰트만의 비판

몰트만은 하나님의 세 위격에서 출발하여 실체의 단일성으로 나아가고자 한다. 이것은 캅바도키아 교부들의 방법론과 유사한 점이라고 할 수 있다. 캅바도키아 교부들에 의해 기초된 니케아-콘스탄티노플 신조(381년)가 하나님의 삼위성을 강조하면서 성령의 신격성을 강조한 것과 몰트만이 하나님의 삼위성을 강조하면서 성령을 강조하는 것 사이에는 적어도 어떤 상관성이 있기는 하다. 그런데 캅바도키아 교부들이 성령을 강조한 것은 특별히 그 당시 성령을 업신여기던 이른바 '성령훼손당'(πνευματόμαχοι, Pneumatomachians, 영의 항쟁자들)과 같은 이단 때문이었다. 그런데 몰트만이 성령을 강조한 것은 그의 삼위일체론을 교회론과 신국론에 결부시키는 과정에서 그렇게 되었다고 할 수 있다.[913] 즉 몰트만은 고대 교회의 형이상학적이고 전통적인 삼위일체론을 현 시대의 상황으로 옮기는 과정에서 그동안 각광 받아 온 칼 바르트와 칼 라너의 '일신론적 삼위일체론'이 사실은 관념론적 양태론에 지나지 않음을 잘 분석해서 지적해

---

913 몰트만은 교회론과 관련해서『성령의 능력 안에 있는 교회』(1975)를 썼고, 신국론과 관련해서는『삼위일체와 하나님의 나라』(1980)를 썼다.

주고 있다. 그리고 '사회적 삼위일체론'[914]이라는 이름 아래 내재적 삼위일체론을 바탕으로 한 하나님 안에서의 인간들끼리의 사귐을 현 시대 상황에 맞게 부각시켜 보려고 노력하였다.

1) 몰트만의 칼 바르트 비판

삼위일체 하나님에 관한 몰트만의 관점은 그의 저서 『삼위일체와 하나님의 나라』(Trinität und Reich Gottes, 1980)와 『십자가에 달리신 하나님』(Der gekreuzigte Gott, 1972)에 집약적으로 잘 나타나 있다. 『삼위일체와 하나님의 나라』에서는 친교적 특징을 갖는 '사회적 삼위일체론'이 일신론적 신정통치의 의미를 갖는 하나님의 나라와 신학적, 정치적으로 어떤 관련성을 갖는지가 고찰되어 있으며, 『십자가에 달리신 하나님』에서는 '삼위일체론적 십자가의 신학'이라는 관점 아래 십자가라는 역사적 사건을 통하여 자신을 스스로 변화시키심으로써 '되어져 가시는 하나님'에 관하여 고찰되어 있다.

몰트만은 그의 삼위일체론을 신약 성경의 십자가에 나타난 그리스도의 역사에서 출발한다. 몰트만의 이해에서 신약 성경에 의하면, 예수의 역사는 자신을 변화시키시고 그리함으로 생동성을 얻게 되시는 아버지와 아들과 성령 상호간의 관계의 역사이다. 신약 성경의 증언에 의하면, 하나님께서 자기 자신을 계시하시는 것이 아니라 아들께서 아버지를 계시하시고 아버지께서 아들을 계시하신다.

---

[914] 몰트만은 '사회적 삼위일체론'(social doctrine of the Trinity)이라는 용어를 그의 저서에서 사용한다: Jürgen Moltmann, *Trinität und Reich Gottes*, 1980, trans. by Margaret Kohl, *The Trinity and The Kingdom*(Fortress Press, 1993), 19, 199. 그리고 그는 '신적 사회'(divine society)라는 용어를 삼위일체 논의에서 빈번하게 사용하면서 '신적 사귐의 관계'를 강조한다. 그래서 그는 흔히 '사회적 삼위일체론'을 발전시켰다고 말해진다.

그럼에도 불구하고 '하나님의 자기 계시'에 대하여 말할 수밖에 없다. 신약 성경에서 기술되는 아들의 역사는 바르트의 경우처럼 단 하나의 주체에 의하여 수행되지 않고 삼위일체론적으로 기술된다. 따라서 신약 성경에 증언되어 있는 역사를 단 하나의 주체에 의해 수행되어지는 것으로 환원시킬 수 없다.[915] 그런데 바르트의 기독교적 일신론은 그리스도의 역사적 기술을 단 하나의 신적 주체에 의해 수행되어지는 것으로, 즉 일신론적으로 환원시켜 버린다. 그래서 바르트의 삼위일체론은 바르지 못하다는 것이다.[916]

따라서 몰트만은 '사귐의 역사'가 중시되어야 한다는 관점 하에서 자기의 삼위일체론을 다음과 같은 전제로부터 출발한다: "신약 성경은 하나님에 관하여 이야기하는데, 곧 세계를 향하여 개방된 아버지와 아들과 성령의 '사귐의 관계'를 선포함으로써 그렇게 한다."[917]

이 전제로써 몰트만은 삼위일체를 세상과의 관계에서 말하고자 하는데, 여기 '세상과의 관계에서의 삼위일체'란 곧 '세상을 향하여 개방된 아버지와 아들과 성령의 사귐의 관계'를 나타낸다.[918] 따라서 예수의 역사는 아버지와 아들과 성령의 상호 작용에서 이루어지며, 삼위일체 하나님께서는 이 상호 작용을 통하여 자신을 스스로 변화시켜 나가시며, 또 세상과의 관계에서도 스스로를 변화시켜 나가신

---

915 몰트만은 전통적인 '실체적 삼위일체론'도 긍정하지 않고 근세의 '주체적 삼위일체론'도 긍정하지 않으면서, '삼위일체적 사귐의 관계'를 표방하고 그러면서 소위 '사회적 삼위일체론'(a social doctrine of the Trinity)을 정립하고자 한다: Moltmann, *The Trinity and The Kingdom*, 19.
916 Moltmann, *The Trinity and The Kingdom*, 63.
917 Moltmann, *The Trinity and The Kingdom*, 64.
918 Moltmann, *The Trinity and The Kingdom*, 64.

다는 것이다. 그래서 몰트만에 의하면, 신약 성경의 역사란 바르트가 주장하는 것처럼 '하나님의 자기 계시의 역사'가 아니라 '그리스도 안에 계신 하나님의 역사'라고 한다. 그러면서 몰트만은 칼 바르트의 삼위일체론을 '삼위일체론적 단일군주론'이라고 비판하고, 칼 라너의 삼위일체론을 '삼중의 자기 전달'이라고 비판한다.

특히 몰트만은 바르트가 신스콜라주의자인 디에캄프(F. Diekamp)처럼 '단 하나의 위격적 하나님'을 주장한다고 비판한다. 몰트만이 보기에 바르트가 말하는 '하나님의 세 존재 방식'이란 사벨리우스의 양태설에 나오는 세 양태와 유사하다는 것이다. 몰트만은 삼위의 위격들을 강조하면서 바르트를 비판하기를, 바르트의 삼위일체론에서 성령의 위치가 성부와 성자라는 '이위일체'를 연결시키는 '사랑의 끈'(vinculum amoris) 정도로 밖에 인정되지 못한다고 하면서 비판한다. 즉 바르트가 성령의 인격성을 인정하지 않고 단 하나의 신적 주체라는 관념론적 반추의 동일성을 받아들였다는 것이다.[919]

그래서 몰트만에 의하면, 바르트에게는 창세기 1장 26절에서 "우리의 형상을 따라 우리의 모양대로 우리가 사람을 만들자"라고 할 때에 하나님의 내신적(內神的) 협의 형태도 신격 내에서의 둘 또는 세 신적 주체들 간의 협의를 의미하는 것이 아니다. 오히려 이것은 신적 존재 내부 안에 어떤 상대가 있으며 그 상대 안에 일체와 평화와 공동의 결정이 존재함을 의미한다고 한다.[920] 왜냐하면 바르트에 의하면, 하나님께서는 '위격'이 아니라 '존재 양식들'이라는 표현을

---

919 Moltmann, *The Trinity and The Kingdom*, 141-43; 김광식, 『조직신학 I』, 179.
920 Chul Won Suh, *The Creation-Mediatorship of Jesus Christ*(Amsterdam: Rodopi, 1982), 49-50.

써서라도 하나이신 하나님의 일체성을 지켜야 하는 이시기 때문이라는 것이다. "계시하시는 하나님과, 계시와, 또 계시의 결과 사이에는 분리할 수 없는 어떤 일체성이 존재한다. 하나님께서는 이런 삼중의 존재 양식 안에서 동일하신 한 분으로 존재하신다."[921]

몰트만이 바르트의 입장을 '관념주의적 양태론'으로 평가하는 그 평가는 옳다. 왜냐하면 하나님의 실체 개념에서 주체 개념으로 변환되는 과정에서 바르트에게는 위격적으로 단 한 하나님만 남게 되기 때문이다. 바르트는 삼위일체의 뿌리를 계시의 개념과 주권의 개념에서 찾았다. 그래서 바르트는 그의 삼위일체론을 '하나님의 자기 계시'의 개념으로부터 전개하였으며, 바르트에게 있어서는 삼위일체보다 하나님의 주권이 논리적으로 더 선행한다. 왜냐하면 하나님 자신의 단일성이 하나님의 통일된 주권에 있기 때문이다. 삼위일체론은 하나님의 주권을 모든 면에서 보호하고 해석해야 한다. 따라서 그의 삼위일체론은 '하나님의 엄격하고 절대적인 단일성에 대한 주장과 강조'일 뿐이다.[922] 이것은 그의 1927년 작품 『기독교 교의학 개요』에서도 그렇고, 또 1932년 작품 『교회교의학』 I/1에서도 마찬가지이다. 바르트는 삼위일체를 '영원 가운데에서 영원의 반복'이라고 생각하며, 이것을 '하나님은 자신을 주로 계시하신다'라는 문장으로 표현할 수 있다고 생각한다. "하나님은 세 존재 방식 안에 있는 한 분이시다." 바르트의 이 명제는 하나님은 '세 번의 반복 가운데에서 한 분 하나님'이시라는 내용 그 이상이 아니다. 그러나

921　Karl Barth, *KD*, I/1, 315; Chul Won Suh, *The Creation-Mediatorship of Jesus Christ*, 49-50.
922　Moltmann, *The Trinity and The Kingdom*, 140.

하나님의 삼중성을 '영원한 반복'이나 '거룩한 중복'으로 이해한다는 것이 삼위일체적으로 생각한다는 것을 뜻하지는 않는다. 동일한 것이 세 번 정립되는 그런 일이 삼위일체론의 내용이 될 수는 없다. 세 인격을 동일한 한 하나님의 세 번 반복으로 보는 것은 공허한 일이다.

바르트가 물려받은 관념주의적 유산은 하나님의 주체성과 인격성을 안전케 하기 위하여 반추 구조를 사용하는 데에서 나타난다. 하나님께서는 자기 구분과 자기 회상을 통하여 자신을 절대 주체로 증명하신다. 이것이 절대 주체성의 반추 구조이다. 그러나 이러한 주체성의 반추는 하나님의 역사에 대한 성경의 증언과 관련되어 있지 않다. 세 존재 방식을 통하여 자기 자신을 계시하시는 하나님께서는 자신의 계시의 능력, 곧 성령에 있어서의 주체성을 증명할 수 없다. 왜냐하면 그 경우 성령께서는 아버지와 아들을 결합시키시는 사랑의 공통적인 끈에 불과하시기 때문이다.[923] 또 '아버지와 아들의 자기 개방의 능력'에 불과하시기 때문이다.[924]

바르트의 문제점에 대한 이와 같은 몰트만의 지적은 '그리스도 중심적인 삼위일체론'이라는 미명하에 복음주의 권내에서 큰 영향을 미치고 있는 바르트 신학을 비교적 올바로 분석한 것이라는 점에서 큰 가치가 있다.[925] 사실 바르트의 일신론적인 삼위일체론은 칼

---

923 "성령께서는 하나님의 이 두 존재 방식 사이의 관계의 본질인 사랑이시다": KD I/1, 351, 504; Moltmann, *The Trinity and The Kingdom*, 141-43.
924 Moltmann, *The Trinity and The Kingdom*, 141-43.
925 이 밖에 바르트 신학에 대한 좋은 비판 서적으로 틸리케(Helmut Thielicke)의 『신학적 윤리학』[*Theologische Ethik*, vol. 1: *Foundations*, edited by William H. Lazareth(Philadelphia: Fortress Press, 1966, 107-14)]과 『복음적 신앙』[*The Evangelical Faith*, vol. 2: *The Doctrine of God and of Christ*, trans. and ed. Geoffrey W. Bromiley(Grand Rapids: Eerdmans, 1991)]도 참고하라. 다만 틸

바도키아 교부들의 주요한 원리인 '위격들의 상호 상통', 즉 '페리코레시스'라는 원리에서 보아도 그 원리에 충실하지 못한 이론이다. 왜냐하면 참된 상호 상통은 세 위격 모두에 골고루 적용되어야 하는데 반해, 바르트의 이론은 한 위격 특히 제2 위격에 기울기 때문이다. 브레이(Gerald Lewis Bray)는 몰트만의 이런 바르트 비판에 대하여 비교적 긍정적인 관점에서 다음과 같이 정리한다.

① 예수께서 사람들에게 자신을 하나님의 자기 계시로 제시하신 것은 사실이다. 그러나 예수께서는 또한 사람들에게 성부에 대해서도 언급하셨다. 우리가 성부를 성자 안에서, 또 성자를 통해서 계시되었을 때만 알 수 있다고 말하는 것만으로는 충분하지 않다.[926]

② 우리는 또한 성경에 근거하지 않은 방식으로 성령을 그리스도에게 종속시키지 않도록 주의해야 한다. 성령께서는 예수 그리스도의 지상 사역의 나머지가 아니시다. 성령을 아예 거의 없애버리다시피 하는 극단적인 형태의 '그리스도 중심주의'가 있을 수 있는데, 바르트의 신학은 확실히 그런 경향으로부터 자유롭지 못하다.

③ 만일 하나님께서 전적으로 그리스도 안에서만 계시되신다면, 그리스도에 대해 얘기되는 모든 것은 반드시 논리적으로 하나님께 적용되어야만 한다. 바르트 자신은 이 논리를 충분히 발전시키지는 않았다. 그러나 그의 제자들 가운데 몇몇이 그렇게 했다. 그 결과 십

리케의 저서에서 주의해야 할 것은 속성 전달 교리와 케노시스 이론 등 그의 루터교 신학에 입각한 신학 체계 부분이다.

[926] Gerald Lewis Bray, *The Doctrine of God: Contours of Christian Theology*(InterVarsity Press, 1993), 김재영 역, 『신론』(IVP, 1999), 226.

자가 사건이 바로 하나님의 죽음으로 이해되었다. 그런 사상은 물론 용납될 수 없다. 그래도 만일 성자의 위격이 신적 실체의 위격화의 무게를 견뎌내야 한다면, 그런 일이 논리적으로 응당 따라오게 마련이다.[927]

브레이는 몰트만의 바르트 비판에 긍정적인 입장을 표명하면서도, 몰트만이 결국은 바르트의 제자일 뿐이라고 하면서 몰트만의 '삼위일체론적 십자가의 신학'을 비판한다. 그런데 여기에서 브레이는 몰트만 신학의 문제점을 언급하면서도 몰트만의 논리에 일리가 있음을 언뜻 내비친다. 그러나 브레이의 이 마지막 진술은 기독론적 관점에서 잘못 진술되어 있다. 그리스도의 인성에 생긴 일이 신성에 직접적으로 속성 전달되는 일은 발생하지 않는다. 그리고 인성의 일이 위격적 전달을 통하여 신성에 전달될 수는 있으나, 그리스도의 인성이 무인격적 인성으로 신격에 의존적으로 존재하기 때문에, 그리스도의 육신의 고통과 죽음이 하나님의 신격에까지 전달되지는 않는다.[928]

2) 몰트만의 칼 라너 비판

몰트만은 칼 바르트의 삼위일체론뿐만 아니라, 칼 라너의 삼위일체론도 비판한다. 몰트만이 이해한 라너에 의하면, 근대의 인격 개념 즉 'Person'은 삼위일체론 상의 위격 개념, 즉 'persona'와 달

927　Bray, 『신론』, 227.
928　서철원, 『기독론』, 27-28.

리 변화되어 있으므로 '한 실체와 세 위격'이라는 뜻으로 쓰인 'una substantia- tres personae'라는 공식이 그대로 타당성을 가지지 못한다고 한다. 만일 근대적 인격 개념을 가지고 이 공식을 이해하게 되면, 부득불 삼신론에 빠지게 된다는 것이다. 따라서 라너는 삼위의 세 위격을 '인격'이라고 하지 않고 '세 구분된 존립 방식'이라고 한다. 그러나 몰트만은 라너가 근대의 인격 개념을 단순히 개인주의적으로만 생각했기 때문에, 세 위격을 세 인격을 가진 삼신 사상에 결부시켰다고 한다.[929]

그러니까 몰트만은 칼 라너가 삼신론을 피하기 위하여 사벨리우스적 양태론, 정확히 말해서 관념론적 양태론에 빠졌다고 비판한다. 왜냐하면 라너가 말하는 '세 존립 방식'이란 비인격적으로 이해된 것이기 때문이다. 그것은 주체도 의식도 의지도 없는 소여 방식(Gegebenheitsweise)에 불과하다는 것이다. 즉 라너가 말하는 존립 방식은 내재적 삼위일체에 있어서 서로 구분된 의식 중심과 행동 중심을 가지고 있지 못하다는 것이다. 이들 존립 방식 사이에는 인격적인 너(Thou)가 있을 수 없다고 몰트만은 비판한다.[930] 몰트만의 이 비판은 라너의 삼위일체론에 실질적으로 위격상의 구분이 없음을 의미한다. 즉 라너에게 있어서는 바르트에게 있어서와 마찬가지로 단 하나의 주체이신 하나님만이 강조되는데, 그 주체가 성부일 뿐이라는 것이다. 만일 다른 점이 있다면, 그것은 라너가 '세 존립 방식'이라는 용어를 사용하면서 '삼중의 자기 전달'을 강조한다는 사실뿐이

---

929 김광식, 『조직신학 I』, 179-80.
930 Moltmann, *The Trinity and The Kingdom*, 146.

다. 라너는 '성령 안에서 아들을 통한 절대적인 자기 전달'을 말한다. 이에 대하여 몰트만은 라너의 삼위일체론을 '절대 주체의 삼위일체적 성찰 구조에 대한 관념론'이 저지른 신비적 와전이라고 혹평한다. 결국 몰트만이 볼 때에는 칼 바르트의 '세 존재 방식'(Seinsweise)이나 칼 라너의 '세 존립 방식'(Subsistenzweise)이나 모두 다 대동소이한 것으로 보인다. 이런 견해들은 결국 삼신론의 위험을 피하려다가 양태론적 군주론의 위험에 빠진 것이라는 점에서 공통적이라는 것이다.[931]

> "라너의 견해에 의하면, 하나님 안에 세 위격이 있다는 말은 하나님 안에 세 상이한 의식, 정신적 활동성 등이 있다는 오해를 오늘날 불가피하게 초래한다. 그런데 삼위일체의 세 위격을 그렇게 상이한 행동 중심을 가진 상이한 세 '인격성'으로 생각하는 것은 삼신론적이며 잘못된 것이다. 그러므로 세 '주체성'이 의미할 수 있는 모든 것을 위격의 개념으로부터 멀리 해야 한다. 라너의 주장에 의하면, 기독교 삼위일체론에서 행동 중심은 오직 '단 하나의 유일한 하나님의 실체'에 대해서만 얘기될 수 있다. 이리하여 라너는 하나님 안에 있는 '한 실체, 한 인식, 한 의식'에 대한 명제를 반복한다. 이 명제를 바르트도 추종하고 있다. 라너는 우리와 '삼중으로' 관계되는 '한 하나님'의 주체성을 강조하기 위하여 '삼위일체'라는 일반적인 표현보다 '삼중성'이라는 표현을 더 즐겨 사용한다. 그러나 이 표현은 '삼위성'에 대한 좋지 못한 독일어 번역으로서 양태론적이다."[932]

---

931 김광식, 『조직신학 I』, 180-81.
932 Moltmann, *The Trinity and The Kingdom*, 146-48.

라너는 '통속적 삼신론'의 문제점을 비판하면서 '사벨리안주의적 양태론'보다 더 큰 위험이 없다고 말한다. 그러면서 그는 '관념주의적 양태론'에 빠지고 만다. 그것은 바르트의 경우에도, 또 그 이전에 슐라이어마허의 경우에도 마찬가지로 있었던 위험이요 오류였다. 그런데 몰트만은 라너의 '관념주의적 양태론'이 하나님의 신비적인 고독으로 끝나고 만다고 하면서, 라너의 해석이 성경에 증거된 아버지와 아들과 성령의 구분된 역사를 흐리게 한다고 주장한다. 그러면서 '이 양태론보다 더 큰 위험이 있는가?'라고 반문한다.[933]

라너에게 있어 단 하나의 유일한 하나님, 주체는 아버지이시다. 아들께서는 하나님의 자기 전달의 수단이실 뿐이고, '우리 안에 있는' 성령께서는 그 장소이실 뿐이다. 만일 그렇다면 아들의 자기 전달과 자기희생에 대하여 어떻게 말해질 수 있겠는가? 구원의 역사가 '아버지의 자기 전달'로 환원될 경우, 아들의 역사는 더 이상 인식될 수 없다. 몰트만에 의하면, 신적 본질은 '아버지의 자기 전달' 과정에 있는 것이 아니라 삼위일체적인 자기 전달 과정에 있다. 몰트만은 바르트가 하나님의 주권의 계시에 있어서 '하나님의 자유로운 은혜'를 강조하는 것과 마찬가지로, 라너가 '하나님의 자기 전달의 절대적 비의무성'을 강조한다고 주장한다. 그러나 하나님의 주권이 하나님의 실체이고 또 하나님의 실체가 그 자신의 자기 전달이라면, 하나님의 삼위일체적 구분이 포기될 위험이 있을 뿐만 아니라, 하나님과 세계의 구분마저 상실될 염려가 있다는 것이다.

---

933 Moltmann, *The Trinity and The Kingdom*, 146-48.

이와 같이 몰트만이 라너를 '관념주의적 양태론'의 입장이라고 평가한 것은 바르게 평가한 것이다. 몰트만의 이런 비판은 신니케아파의 세 캅바도키아 교부들이 니케아 신조(325년)를 바탕으로 하여 성부와 성자와 성령의 '동일실체성'을 인정하였으면서도 세 위격을 분명히 구분하였던 사실과 대조해 볼 때, 라너의 경우에는 '세 존립방식'이라는 이름에 머물고 말아 결국 '일신론적 삼위일체론'에 빠지게 된 오류를 분명히 지적한 것이라고 할 수 있다.

한편 '아버지의 자기 전달'이 삼위일체의 유일한 내용일 경우, 칼 라너에게는 다음과 같은 'is 명제'('이다' 공식)가 가능해진다.

A. 삼위일체는 하나님의 본질'이며', 하나님의 본질은 삼위일체'이다'.
B. 경세적 삼위일체는 내재적 삼위일체'이며', 내재적 삼위일체는 경세적 삼위일체'이다'.[934]

여기에서 라너의 명제가 갖는 'is'의 신학적 의미를 어떻게 해석하느냐가 현대 삼위일체 논의의 핵심이라고 할 수 있다.[935] 그런데 몰트만은 여기에서 특히 두 번째 명제(B)에 주목하여 "경세적(경륜

---

934 "The economic Trinity is the immanent Trinity and the immanent Trinity is the economic Trinity": Karl Rahner, Bemerkungen zum dogmatischen Traktat 'De Trinitate,' in *Schriften zur Theologie IV*, 115f; Moltmann, 『십자가에 달리신 하나님』, 251-53.

935 라너의 'is 명제'는 조직신학의 각론에서 해당 주제에 맞추어 각각 다르게 설정된다. 가령 기독론에서 라너의 'is 명제'는 "예수께서 하나님이시다"이다. 전통적인 하강기독론에서 진술되어 온 이 "예수께서 하나님이시다"라는 명제가 라너에게는 '단성론적' 의미로, 즉 주어와 술어를 단순하게 동일시하는 공식으로 이해될 위험성이 있다. 왜냐하면 그것은 우리가 '예수'라고 말할 때 보는 인간성에 따라서는 예수께서 하나님이 '아니시고', 또 그의 신성에 따라서는 실제의 동일성의 의미에서 그가 사람이 '아니시기' 때문이라는 것이다: Karl Rahner, *Jesus Christus*, 290-91.

적) 삼위일체가 내재적 삼위일체이다"라는 라너의 명제를 비판하는 것이 아니라 그대로 받아들인다. 그러나 캅바도키아 교부들이나 아우구스티누스와 같은 정통 신학자들은 내재적 삼위일체와 경세적 삼위일체를 구분하였다. 바르트 역시 이와 같은 구분에 긍정적이었다. 바르트는 그리스도 안에 계시된 모든 것이 '먼저 자기 자신 안에 계신' 하나님이시며, 이 하나님께서 자기 자신에게 그대로 상응하신다고 생각하였다. 그런데 몰트만은 캅바도키아 신학이 경세적 삼위일체와 내재적 삼위일체를 구별하였다고 말하면서도,[936] 캅바도키아 교부들의 선(線)에 서서 이 양자를 구별하는 것이 아니라 칼 라너의 선(線)에 서서 이 양자를 동일시한다. 즉 몰트만은 양자의 구분이 타당하지 못하다는 칼 라너의 'is 명제'에 대하여 동의하면서, 라너와 마찬가지로 경세적 삼위일체와 내재적 삼위일체를 동일시하는 것이다. 그런데 이와 같은 사고가 더 진전될 경우, 그 논리적 결과는 경륜적 삼위일체를 더 중시하면서, 계시 이전의 성부, 성자, 성령의 관계가 계시 사건 속에서 드러나는 것으로 보는 것이 아니라, 영원하신 삼위일체 하나님께서 경륜적 삼위일체 안에 종속되어 (subordinate) 역사의 마지막에 가서야 비로소 완성되신다는 경지에 이르게 된다.[937]

이와 같은 사고는 십자가를 지나치게 중시하다가 심지어 '성자의 영원성'까지 부인 또는 경시하게 되고, 또 하나님까지도 인간의 좁

---

[936] Moltmann, *The Trinity and the Kingdom of God*, 151; 이승구, "존재론적 삼위일체와 경륜적 삼위일체의 관계", 『개혁신학의 현대적 조명』(한국개혁신학회 논문집 제 5권)(서울: 한들출판사, 1999), 121-22.

[937] 신문철, "이승구 교수의 '존재론적 삼위일체와 경륜적 삼위일체의 관계'에 대한 논평", 『개혁신학의 현대적 조명』(한국개혁신학회 논문집 제 5 권)(서울: 한들출판사, 1999), 160-61.

은 역사 이해 안에 한정시키게 되는 '기능론적 사고'라고 말하지 않을 수 없다. 그러나 하나님께서는 무엇으로부터 영향을 받지도 않으시고 또 변하지도 않으신다. 하나님께는 회전하는 그림자도 없으시다. 그런데 몰트만의 경우처럼 십자가 사건이 하나님께 영향을 미치고 있다고 보려는 시도와, 바르트의 경우처럼 하나님을 계시 자체에 한정하려는 시도와, 또 하나님을 이해함에 있어 우리 인간의 구원 역사를 중심으로 하나님을 이해하려는 시도들은 결국 하나님을 변화시키는 결과를 초래하게 된다.[938] 그러니 우리는 영원하신 하나님의 불변성을 잘 유지하는 것이 곧 전통적으로 전해져 내려온 바른 신학이라는 사실을 잊지 말아야 할 것이다.

2. 삼위일체론적 십자가의 신학

바르트가 단 하나의 신적 주체를 강조함으로써 '그리스도 중심적인 삼위일체론'을 개진하였다면, 몰트만은 십자가상에서의 그리스도를 그의 삼위일체론의 중심에 놓음으로써 역시 삼위일체론을 기독론적인 입장에서 접근하였다. 그래서 그의 신학을 '삼위일체론적 십자가의 신학'이라고 부른다.

1) 양성론과 그리스도의 수난

몰트만은 전통적인 양성론(兩性論)이 십자가의 사건을 정적(靜的)으로만 파악하여 고통을 당할 수 없는 신성(神性)과 고통을 당할 수 있는 인성(人性), 질적으로 다른 이 두 본성 사이에 일어난 교환적 관

---

938 신문철, "이승구 교수의 '존재론적 삼위일체와 경륜적 삼위일체의 관계'에 대한 논평," 162-63.

계로 이해한다고 비판한다. 그러면서 그는 십자가의 사건을 삼위일체론적으로 파악하여 위격들 상호간에 일어난 관계의 사건으로 해석해야 한다고 주장한다. 그래서 이 십자가의 사건에 있어서 각 위격들이 상호간의 관계 속에서 자신들을 구성하는 것으로 생각해야 한다고 주장한다. 예수의 아버지와의 관계에서 중요시되어야 할 것이 그리스도의 신성과 인성과 또 이들 상호간의 관계가 아니라, 예수의 아들 신분의 전체적이며 위격적(인격적)인 면이라는 것이다.[939]

그러면서 몰트만은 그리스도께서 단지 '육에 따라', '육 안에서', 즉 그의 '인간적인 본성'에 있어서만 고난을 당하였을 뿐이라는 종래의 기독론을 비판하면서 그리스도의 수난에 대하여 삼위일체적으로 접근하자고 제안한다. 즉 종래 불변의 진리로 인정되어 온 '하나님의 무고통성'에 대하여 관심을 집중시키면서 이 초대 교회적이며 전통적인 기독론의 여러 전제들을 다시 한 번 점검해 보자고 한다. 그리스도의 고난을 하나님 자신에게로 돌리는 것이 정말 불가능하였던가?

몰트만은 옛 신학자들이 고난에 대한 하나님의 수용가능성을 인정하지 않은 이유가 하나님께서 본질적으로 무감각하시다는 플라톤적 공식(Apathie-axiom)에 영향 받은 때문이라고 진술한다. 다른 모든 피조물들과 똑같이 고난을 받는 하나님은 하나님일 수 없다는 플라톤적 공식이 우리로 하여금 그리스도의 고난을 인지하지 못하게 방해한다는 것이다. 그러나 한 위격이 다른 위격의 영향을 깊이 받으실 정도로까지 다른 위격에게 자발적으로 복종하시면서 겪게

---

939 Moltmann, 『십자가에 달리신 하나님』, 257-59.

되는 고난은 하나님께 얼마든지 가능하다고 몰트만은 주장한다. 왜냐하면 하나님께서는 자유로우신 하나님이시기 때문이라는 것이다. 그것이 하나님의 자유라는 것이다. 또 하나님께서는 그런 고난을 자발적으로 원하실 만큼 사랑으로 충만한 하나님이시기 때문이라는 것이다. 몰트만은 이런 고난을 사랑의 '감정적인 고난'(emotional suffering)이라고 부른다. 성자께서는 십자가상에서 혼자가 아니셨다는 것이다. 성자와 다른 두 위격들 사이의 관계가 진정으로 의미 있는 관계일진대, 십자가 사건에서 성부와 성령께서도 함께 고난을 받으셨다는 것이다.[940]

그러면서 몰트만은 하나님 내면의 변화와 관련하여 다음과 같이 주장하면서 정통 니케아 신조의 진술을 상대화시킨다.[941]

> "니케아 신조는 아리우스에 반대하여 다음과 같이 정당하게 말하고 있다. 즉 하나님은 변화될 수 없다는 것이다. 그러나 이것은 절대적 진술이 아니라 단지 하나의 비교적 진술에 불과하다. 곧 하나님이 피조물과 같은 의미에서 변화하는 존재는 아니라는 것이다. 즉 하나님께서 모든 면에서 변화될 수 없다는 것은 하나님께서 비신적(非神的)인 것으로 인한 어떠한 결함도 가지고 있지 않다는 것만을 말한다. 여기에서 이 변화의 부정이 하나님께서 그의 내면에 있어서도 변화되지 않는다는 결론에 이를 수는 없다. 하나님께서 피조물처럼 어떤 다른 것을 통해 변화될 만큼 그렇게 수동적이 아니라 하여도, 그는 그 자신의 내면에 있어서는 자신을 변화시킬 수 있을

---

940 Bray, 『신론』, 227-28.
941 Moltmann, 『십자가에 달리신 하나님』, 240-41.

만큼 자유로우시며, 또한 스스로의 의지에 따라 어떤 다른 것을 통해 자신을 변화되도록 허용하실 만큼 자유로우시다고 우리는 말할 수 있다."

이것은 곧 '하나님의 자유'를 빙자하여 하나님을 변화하는 존재로 만들어 버리는 진술이다. 능동적인 고난 즉 자기를 스스로 개방함으로써 일어나는 사랑의 고난에 대해서는 하나님의 자유 측면에서 가능하다고 보아야 한다는 것이다. 이런 의미에서 '고난에의 무능력'이라는 옛 명제가 '하나님께서 사랑이시다'라는 기독교의 기본 명제와 모순된다는 것이다. 존재의 결핍으로 인한 하나님의 고난의 능력에 대한 정당한 부인이 존재의 충만함으로 인한 고난에의 능력까지 부인하는 결과에 이르러서는 안 된다는 것이다.[942] 그래서 몰트만은 바로 그것이 하나님 자체 내에서 무한한 잠재력을 가진 생동성의 의미에 있어서의 가변성을 뜻하며, 또 충만한 내적 운동의 한 새로운 삶이라고 주장한다.[943] 그러면서 몰트만은 토마스 아퀴나스에 있어서도 그리스도의 고난이 신적 본질의 주체(Suppositum)에 속하는데, 이것이 고난받을 수 있는 인성과의 관련에서만이 아니라 고난받을 수 없는 신성과의 관련에서도 그렇다고 하면서 자기 주장을 전개해 나간다.[944]

---

942 Moltmann, 『십자가에 달리신 하나님』, 241-42.
943 Moltmann, 『십자가에 달리신 하나님』, 242-43.
944 H. Küng, *Menschwerdung Gottes*, Exkurs II: *Kann Gott leiden?*, 634; H. Mühlen, *Die Veränderlichkeit Gottes als Horizont einer zukünftigen Christologie*, 1969, 16f; Moltmann, 『십자가에 달리신 하나님』, 239-40.

2) 하나님의 파토스(Pathos)

몰트만은 '하나님의 파토스'(Pathos, 情念)에 대한 이론을 전개하면서 랍비 학자들과 카발리스트 학파(the Kabbalists)의 이론, 영국의 '영원한 사랑의 제물'에 대한 신학, '하나님의 고통'의 오묘한 신비, '하나님의 비극'에 대한 러시아 정교회의 종교 철학 등 주로 변두리 신학들의 이론을 취택하여 자기 논리로 발전시킨다.[945]

하나님의 무감정의 신학을 거부한 최초의 신학자들 가운데 한 사람인 헤셸(Abraham Heschel)에 의하면, 하나님께서는 자신 안에서 자유로우시며 어떤 운명에도 예속되지 않으신다. 그러나 하나님께서는 그의 파토스 가운데에서 계약 관계를 맺으심으로써 자신을 스스로 구속시키셨다. 인간의 공감은 신적인 파토스의 경험에 대하여 답변한다. 이 공감도 하나님에 의하여 결정된 것이다. 하나님의 파토스에 대하여 하나님으로부터 오는 영의 공감이 답변한다. 여기에서 하나님의 두 번째 자기 구분이 인식될 수 있다. 주 하나님께서는 '일체이신 하나님'이시다. 그러나 이것은 하나님께서 일원론적인 의미에서 하나(monas)이시라는 말은 아니다. 하나님의 파토스를 인식할 때, 오히려 우리는 필연적으로 한 분이신 하나님의 자기 구별성을 인식하게 된다.[946] 이렇게 해서 몰트만은 '한 하나님의 자기 차별화'를 강조하려고 하는데, 이런 시도는 결국 나중에 위격 개념을 해소하게 되는 것으로 귀착되고 만다. 그렇다고 해서 그가 양태론에 빠지는 것은 아니지만, 그에게 있어 예수께서는 단지 사람이실 뿐

945　Moltmann, *The Trinity and The Kingdom*, 25-28.
946　Moltmann, *The Trinity and The Kingdom*, 27.

인 것이다.

그런데 하나님의 파토스로부터 출발할 때 필연적으로 이를 수밖에 없는 논리적 귀결은 '자기 낮추심'이다. 사랑은 자유롭게 답변하며 독립적으로 응답하는 사랑받는 대상의 자유 때문에 자기를 낮춘다. 하나님께서 사랑하시는 그 대상되는 사람이 하나님께 대하여 가진 자유가 너무도 크기 때문에 하나님께서는 고난당하실 수 있고 또 인내하실 수도 있다.[947] 이렇게 해서 예수의 고난이 바로 하나님의 고난이 된다. 그러나 '사랑'이라는 이름으로 하나님을 묶어두고, 인간에게는 '자유'라는 이름으로 죄악의 여지를 활짝 열어두며, 심지어 하나님까지도 고난을 당하시게끔 만드는 이런 사고는 하나님 중심적인 사고가 아니라 인간중심적인 사고로서 바르트의 '하나님의 자기 대칭' 개념과 별로 다를 바가 없다. 이와 같이 몰트만은 삼위일체를 '하나님의 수난'으로 축소시켜 버리고 만다. 이것은 마치 바르트가 삼위일체를 '계시 작용'으로 축소시켜 버리는 것과 비슷한 대조를 이룬다.

몰트만은 루터의 '십자가의 신학'을 어떤 면에서 받아들이고 또 어떤 면에서 거부한다. 거부하는 측면은 루터가 초대 교회 양성론의 틀에서 벗어나지 못한 채 기독론의 관점에만 머물면서 철저하게 삼위일체적으로 생각하지는 못하였다는 점이다. 또 받아들이는 측면은 루터에게 있어 그리스도의 인격이 속성 전달에 의해 신적 인격을 통하여 결정되어 있다는 점이다. 그러므로 그리스도의 고난과 죽음 속에서 신적 인격도 고난받으시며 죽으신다는 점이다. 그래서

---

947 Moltmann, *The Trinity and The Kingdom*, 29-30.

루터는 다음과 같이 말할 수 있었다. "참으로 말한다: 이 사람이 세상을 창조하셨으며, 이 하나님께서 고난을 당하셨고, 죽임을 당하셨으며, 무덤 속에 묻히셨다."[948] 그러나 사실 이 관점은 쯔빙글리를 비롯한 개혁신학의 입장에서는 받아들이지 않는 관점이다. 왜냐하면 개혁신학에 의하면, 그리스도께서는 우리를 위하여 그의 인성에 따라, 즉 육으로 된 그의 가죽에 따라 고난받으셨으며 죽으셨기 때문이다. 또 하나님께서는, 비록 그리스도께서 지니신 인성이 고려된다고 할지라도, 자신의 주권을 침해받지 않으시기 때문이다.

이와 같은 의미에서 루터교에서는 '하나님의 죽음'에 대해 말할 수 있다. 동시에 예수께서 이 세계를 창조하셨으며, 나사렛 출신의 그 사람이 어디에나 계시다는 얘기가 가능해진다. 루터 자신 역시 다음과 같이 말하였다. "하나님께서는 그의 본성에 있어서 죽으실 수 없다. 그러나 하나님과 인간이 한 인격 속에 연합되어 계시기 때문에, 하나님과 하나이며 한 인격인 인간이 죽을 때 그것은 곧 '하나님의 죽음'을 의미한다."[949] 따라서 리스트(Johann Rist)가 쓴 '성 금요일의 찬송가'에는 원래 "오 말할 수 없는 고통, 하나님이 죽어 있네!"라는 가사가 기록되어 있었다. 그러나 이 구절을 1915년에 편찬된 독일 개신교 교회찬송가 73장에서는 다음과 같이 교의학적으로 수정하고 있다. "오 말할 수 없는 고통, 하나님의 아들이 죽어 있네!"

---

948 WA 39, II: 93f; Moltmann, 『십자가에 달리신 하나님』, 245-46.
949 WA 50: 590, 19; Moltmann, 『십자가에 달리신 하나님』, 245-46.

3) 속성 전달(communicatio idiomatum) 이론

몰트만은 주장하기를, 그렇다고 해서 예수의 죽음을 간단히 성부수난론적(聖父受難論的)으로 이해하여 '하나님의 죽음'이라 이해해서는 안 된다고 주장한다. 다만 십자가 위에서 예수와 그의 하나님 아버지 사이에 일어난 것을 파악하기 위하여 우리가 삼위일체론적으로 생각하여야 한다는 것이다.[950] 그러면서 몰트만은 결국 루터를 빙자하여 전통적인 양성론(兩性論)을 다음과 같이 수정하여 이해한다.[951]

"이 양성론은 하나님으로부터 버림받은 그리스도 안에서 하나님 자신을 생각하고, 십자가의 고난과 죽음을 그리스도의 '神人 인격'에 돌리는 것을 가능하게 하였다. 영원한 하나님의 아들의 인격 속에 있는 '신성'이 그리스도의 인격을 이루는 중심부라면, '신성'도 고난을 당하였고 죽었다고 말하게 된다."

몰트만의 이 진술은 루터교에서 주장하는 소위 '속성 전달'(communicatio idiomatum)에 관한 이론을 그 바탕으로 하고 있다. '속성 전달이론'이란 스콜라 철학에서 그 이전부터 제기되었던 질문, 즉 인격이 지닌 '양 본성의 단일성'을 근거로 해서 신성의 술어들이 인성에로 이월될 수 있는지, 또 인성의 술어들이 신성에로 이월될 수 있는지의 여부에 관한 질문의 답변으로 제시된 이론이다. '속성 전달

---

950 Moltmann, 『십자가에 달리신 하나님』, 256.
951 Moltmann, 『십자가에 달리신 하나님』, 247.

이론'은 양 본성의 술어들이 서로 간에 이월될 수 있다는 데에 답변의 촛점을 모으고 이론을 전개해 나간다. 그러나 이 이론에 대하여 개혁신학 안에서 대체적으로 검증된 답변들은 다음과 같다: 첫째, '속성들의 추상적인 전달'(communicatio idiomatum in abstracto) 즉 그리스도의 위격을 떠난 속성들의 교통은 있을 수 없다. 둘째, '속성들의 구체적인 전달'(communicatio idiomatum in concreto)은 있을 수 있다.[952] 즉 두 본성의 속성들의 교류는 두 본성 간에 직접 이루어진 것이 아니고 '위격적 전달'을 한 것이다.[953]

이 진술에서 몰트만이 이야기하는 바는, 그리스도의 '인성'에 부과된 고난과 죽음이라는 인간적 속성들이 비록 곧바로 '신성'으로 전달되지는 않는다고 하더라도 '속성들의 구체적인 전달' 즉 '위격적 전달'을 통하여 그리스도의 신인 인격에 돌려질 수 있다는 것이다. 그리고 그리스도의 신인 인격 중에서 '신성'이 그 주도적인 위치에 있음으로 '신성' 역시 고난을 당하였고 죽었다고 말하는 것이 가능하다는 것이다. 그렇다고 해서 신성이 사멸적이라고 말하는 것은 가능하지 않지만, 그 대신 그리스도의 인격이 사멸적이라고 말할 수는 있다는 것이다.[954]

그러나 그것은 그렇지 않다. 그리스도의 신성과 그리스도의 인격은 서로 분리되지 않는다. 또 그리스도의 신성은 '위격적 전달'을 통하여 속성 전달이 되지만, 그리스도의 인성은 신성과 똑같은 의미에

---

952 R. Schwarz, *Gott ist Mensch: Zur Lehre von der Person Christi bei den Ockhamisten und bei Luther*, ZThK 63, 1966, 289-351; Moltmann, 『십자가에 달리신 하나님』, 243.
953 서철원, 『기독론』, 42-44.
954 Moltmann, 『십자가에 달리신 하나님』, 243-44.

서 똑같은 정도로 속성 전달이 되지 않는다. 왜냐하면 그리스도의 인성은 '무인격적 인성'으로서 신적 인격에 의존적으로 존재하기 때문이다. 따라서 그리스도의 인성 중 '죽음'과 같은 치명적인 부정적인 성격이 그리스도의 인격에까지 영향을 미치지는 않는다. 따라서 그리스도의 인격이 사멸적이라고 말해서도 안 된다. 영원하신 신성이 주도적으로 계시는 그리스도의 인격은 결코 사멸적일 수 없다.

속성 전달 이론과 관련하여 '그리스도의 인성과 인격'에 대한 논의는 인간의 머리로 이해할 수 없는 쉽지 않은 문제이다. 이에 대하여 서철원 박사는 다음과 같이 말한다.[955]

> "성육신의 방식(modus incarnationis)에 있어 로고스 곧 성자께서 인성을 취하사 성육신하신 로고스(Logos incarnatus), 신인(God-man)이 되셨을 때, 무인격적인 인성을 취하사 사람이 되셨다. 무인격적(anhypostatia) 인성의 취택이다.[956] 따라서 그리스도의 인성은 무인격적 인성이다. 그러나 인성은 신적 인격에 결합되어 인격적(enhypostatia) 결합을 하였다(unio personalis). 그리스도의 인성은 그의 인격에 의존해서 존재한다(subsistere).[957] 무인격적 취택이기 때문에 그렇다. 이것이 그리스도의 인성이 우리의 인성과 다른 점이다. 우리의 인성은 인격을 가짐으로 독립적

---

955 서철원, 『기독론』, 27-28.
956 여기에서 'anhypostasis'는 '무인격성', '비인격성', '비위격성' 등으로 번역될 수 있다. 서철원은 이것을 '무인격성'이라고 번역한다: "그리스도의 인성은 무인격적 인성이다." 이 용어의 전통적 사용을 고찰하기 위해서는 다음의 교의학 서적을 참고하라: ① Louis Berkhof, *Systematic Theology*, Fourth Revised and Enlarged Edition(Grand Rapids: Eerdmans, 1941), 322; ② Charles Hodge, *Systematic Theology*, vol. II(Grand Rapids: Eerdmans, 1977), 391; ③ Otto Weber, *Foundation of Dogmatics*, vol. 2, trans. Darrell L. Guder(Grand Rapids: Eerdmans, 1983), 121-24. ④ 이외에 이 용어 사용에 대한 비판과 자기 견해를 덧붙이고 있는 것으로는 D. M. Baillie, *God Was in Christ: An Essay on Incarnation and Atonement*(London: Faber and Faber Limited, 1947), 85-93도 있다.
957 이와 관련하여 몰트만은 다음과 같이 말한다: "그리스도 안에서 신성은 위격적으로(hypostatisch) 한

존재이다. 한편 하나님의 인격이 인성을 취하사 사람이 되셨을 때, 신성도 성육신에 동참하였다고 말할 수 있다. 그러나 성육신하신 이는 하나님의 인격이지, 신성이 성육신한 것이 아니다."

4) 성육신의 동인

이 주제와 관련하여 몰트만은 성육신이 하나님 편에서는 단지 하나의 '비상조치'(Emergency- Measure)에 불과하다는 판 룰러(A. A. Van Ruler)의 견해와 언뜻 보면 반대되는 것 같으나 사실상 그것과 다를 바 없는 바르트와 라너의 관점⁹⁵⁸에서 크게 벗어나지 못한 채 자기의 논리를 전개한다. 즉 창조도 성육신을 위해 준비된 것인데, 그 성육신 자체가 '죄의 문제'와 연관될 때에는 하나의 '비상조치'에 불과하다는 것이다. 몰트만은 다음과 같이 말한다.⁹⁵⁹

"하나님께서 왜 사람이 되셨는가(Cur Deus homo)? 성육신은 하나님에게 우연적인 것인가, 아니면 필연적인 것인가? 그것은 그의 의지에 근거하는가, 아니면 그의 본질에 근거하는가? 교의학의 전통은 이 문제에 대해 다음과 같은 두 가지 답변을 알고 있다:

a. 하나님 아들의 성육신은 인간의 죄로 인하여 인간의 화해 때문에 필연

인격으로 나타나며, 이에 반하여 인성은 비위격적으로 이 신적 인격의 구체적 실존으로 나타난다": Moltmann, 『십자가에 달리신 하나님』, 243.

958 성육신의 동기와 결과에 관한 보다 더 세부적인 관점에서 볼 때, 판 룰러와 바르트와 라너는 그 선(線)을 달리 한다. 즉 바르트와 라너는 '앙양(昂揚) 신학(Elevation Theology)' 라인에 있고, 판 룰러는 '회복(回復) 신학(Restitution Theology)' 라인에 있다. 이 라인들에 대한 교의적 평가에서 서철원 박사는 '앙양신학' 라인에 몇 가지 문제들(problems)이 있고, '회복신학' 라인에는 몇 가지 이의들(questions)이 있다고 평가한다. 이에 관한 세부적인 논의는 Chul Won Suh, *The Creation-Mediatorship of Jesus Christ*(Amsterdam: Rodopi, 1982), 291-302 를 참고하라.

959 Moltmann, *The Trinity and The Kingdom*, 114.

적으로 되었다.

b. 하나님 아들의 성육신은 영원으로부터 하나님께서 의도하셨다. 그것은 세계의 관념보다 더 선행한다. 그래서 세계의 창조는 아들의 성육신의 외적인 틀과 준비를 뜻한다.

첫 번째의 경우, 성육신은 세계의 죄의 곤경을 극복하기 위한 하나님의 '비상조치'에 불과하다. 두 번째의 경우, 그것은 영원히 자기 자신을 나누어 주시는 하나님 자신의 사랑에 속한다."

그런데 여기에서 죄의 문제를 말하면 '비상조치'에 불과하고, 죄의 문제를 말하지 않으면 '영원하신 하나님의 사랑'에 합당하다는 논리는 인본주의적이고 편의주의적인 발상이다. 그러면서 이 논리는 죄의 문제를 희석시키려는 의도를 가지고 있다. 또한 몰트만은 아들께서 마지막에 나라를 아버지께 바치실 때 성육신이 해소된다는 판 룰러의 '기능기독론'을 인용하면서 다음과 같이 주장한다.[960]

"첫 번째의 경우, 성육신은 십자가의 화해의 희생제물을 위한 기능상의 전제에 불과하다. 그러므로 화해가 완성되고 죄와 그 결과들이 제거될 때, 그리스도 안에서 일어난 하나님과 인간의 결합이 해체되어 버린다. 두 번째의 경우, 아들의 성육신은 아들 그리스도께서 보여주시는 하나님과 인간의 새로운 결합을 통하여, 또 신앙인들을 그 안으로 받아들이시는 형제애를 통하여 태초의 창조를 완성한다. 그렇다면 아들의 성육신이 새 창조의 근거가 된다."

---

960 Moltmann, *The Trinity and The Kingdom*, 114-15.

그런데 이와 같이 아들의 성육신에서 '새 창조'를 말할 때 조심해야 할 부분이 또 있다. 그것은 전통기독론을 기능기독론으로 치부하면서 판 룰러 또는 몰트만의 입장이 마치 하나님의 사랑에 근거한 '형제애의 구현' 또는 '창조의 완성'이나 되는 것처럼 평가하는 것은 하나님의 사랑에 대한 왜곡이라는 사실이다. 또 인간들끼리의 사랑을 하나님 사랑보다도 더 우선하는 것은 현대 인본주의적 사고의 발상이라는 사실이다. 또 태초 '창조의 완성'은 그리스도의 재림과 더불어 이루어지는 것이지, 아들의 성육신으로 이루어지는 것이 아니라는 사실이다. 만일 성육신에다 '창조의 완성'의 의미까지 부여한다면, 그리스도의 십자가에서의 속죄 사역이 무슨 의미가 있으며, 또 성도들의 재림 소망이 무슨 의미가 있겠는가?

"만일 우리가 아들의 성육신에 있어서 죄로 인하여 필연적으로 된 화해의 희생제물에 대한 기능상의 전제만을 인정한다면, 성육신은 구원하고자 하는 하나님의 의지의 밖을 향한 표현을 뜻하게 된다. 이때 그것은 세계에 대한 하나님의 관계에만 해당하지, 자기 자신에 대한 하나님의 관계에는 해당하지 않는다. 하나님께서는 그의 아들을 파송하심으로써 죄인들을 구하실 수 있다. 그러나 하나님께서는 이것을 반드시 해야만 하시는 것은 아니다. 그 자신의 본질은 인간의 죄로 인하여 고통을 당하지도 않고, 세계의 화해를 통하여 무엇을 얻지도 않는다. 인간이 되신 하나님의 아들께서 하나님과 세계의 화해를 이루셨을 때, 아들 자신은 불필요하게 된다. 은혜로운 하나님과 죄된 인간 사이의 화해는 아들 자신이 불필요하게 되면서 끝난다. 여기에서 단지 기능적이고 구원론적이기만 한 기독론은 지양되어야

한다는 것이 명백해진다."⁹⁶¹

이것은 즉 첫 번째 경우인 전통기독론이 죄를 말하기 때문에 옹졸한 사고방식이며, 또 '밖을 향한 하나님의 의지'만을 말하기 때문에 보다 더 넓은 관점을 위하여 지양되어야 한다는 논리이다. 하나님 자신의 내부 관계를 다루지 않으므로 한계가 있고, 또 나중에 세계의 화해가 이루어졌을 때 아들께서 불필요해지게 됨으로 단지 기능적이고 구원론적이기만 한 기독론이어서 지양되어야 한다는 논리이다. 그러나 이 논리는 전통기독론을 기능기독론으로 치부하면서 오히려 아들의 사역을 기능적으로 다루려고 하다가 빠지게 되는 오류이다. 하나님과 세계 사이에 온전한 화해가 이루어질 때에도 아들께서 불필요해지게 되는 일은 결코 없다. 아들 자신께서 친히 하나님이신데, 하나님께서 불필요해지는 일은 있을 수 없다. 이런 식으로 기능기독론을 말하는 현대신학은 온전한 삼위일체 교리의 토대 위에 있지 않다.

> "그런데 사랑받는 자의 절박한 곤경이 제거되었을 때에도, 사랑은 사랑하는 일을 중단할 수 없다. 또한 사랑은 단지 죄를 극복하는 것으로 만족할 수 없다. 사랑은 죄의 가능성에 대한 조건까지 극복했을 때에야 비로소 그 목적에 도달한다. 그러므로 아들의 성육신은 세계에 대한 삼위일체 하나님의 완성된 자기 전달이다."⁹⁶²

961　Moltmann, *The Trinity and The Kingdom*, 115.
962　Moltmann, *The Trinity and The Kingdom*, 115-16.

이것은 두 번째의 입장이, 즉 성육신에 관한 현대적 기독론이 보다 더 넓은 관점이며 또 하나님 자신의 내부 관계까지 고려하기 때문에 삼위일체론적인 관점에서 보다 더 바람직스럽다고 주장하는 내용이다. 그러나 이 관점은 죄에 대한 책임을 하나님께 돌리면서 아들의 성육신에서 인간의 죄의 문제를 희석한 채 '삼위일체 하나님의 세계에 대한 자기 전달'을 성육신의 목적으로 간주하는 인본주의적이고 현대주의적인 발상이다.

몰트만은 바울에 의할 경우,[963] 그리스도께서 단지 '우리의 죄 때문에만 희생을 당하신' 것이 아니라고 한다. 그는 우리를 의롭다 하심 즉 의인(義認)이, 또 은혜가 성육신의 보다 더 큰 목적이라고 주장한다.[964] 그러나 이런 주장은 성육신의 목적에서 인간의 죄를 제거하면서 '새 창조의 능력'으로 촛점을 전환시키기 위하여 성경을 억지로 꿰어 맞추는 부당축의에 불과할 뿐이다.

> "그는 부활을 통하여 새로운 의, 새로운 생명을 창조하신다. 죄인의 의인(義認)은 죄 용서 그 이상의 것이다. 그것은 새 삶으로 인도한다. 바울은 죄와 은혜의 무게가 같지 않으며 죄보다 은혜가 더 크다는 것을 표현한다. 은혜가 죄 용서를 넘어선다는 이 사실은 태초의 창조를 완성하는 새 창조의 능력을 말하고 있다(P. Ricoeur). 여기에서 다음의 사실이 추론된다. 즉 하나님의 아들께서는 단지 사람의 죄 때문에 사람이 되신 것이 아니라, 창조의 완성을 위하여 사람이 되셨다는 것이다. '만일 사람에게 죄가 없었다

---

963 "예수는 우리 범죄함을 위하여 내어줌이 되고 또한 우리를 의롭다 하심을 위하여 살아나셨느니라" (롬 4:25).
964 Moltmann, *The Trinity and The Kingdom*, 116.

고 할지라도, 하나님의 아들께서는 사람이 되셨을 것이다.'"[965]

이것은 오시안더(Osiander)의 "인간의 타락이 아니었더라도 하나님께서 인류를 방문하시게 되어 있었다"라는 주장과 그 맥을 같이 한다. 이것은 비현실적인 사변일 뿐만 아니라 논리의 비약이다. 모든 것이 다 하나님의 섭리 안에 있기 때문에 인간의 행위 여하에 따라 하나님의 작정이 달라지지 않는다는 논리는 옳지만, 그렇다고 해서 인간이 타락하지 않았을 경우까지 가상하면서 하나님의 주권을 침해하는 것은 하나님의 섭리를 경시하는 태도이다. 인간의 자유의지에도 불구하고 하나님의 주권은 결코 침해될 수 없다는 관점에서 비현실적인 사변은 진리가 아니며, 더 나아가서 유해한 논의가 될 수밖에 없다.

한편 몰트만은 성자에 관하여 논하면서 아버지에게는 '영원하신' 이라는 수식어를 붙이지만, 아들에게는 '영원하신'이라는 수식어를 잘 붙이지 않는다. 이것은 종교개혁 시대 세르베투스(M. Servetus)의 경우에도 마찬가지였다. 그런데 몰트만에게는 그리스도께서 하나님 자신의 '영원하신' 상대편(마주섬)이라는 관념적 선재 개념, 즉 바르트적인 선재 견해가 내포되어 있는데, 그런 의미에서는 몰트만이 '영원하신'이라는 수식어를 아들에게 붙일 때도 있다. "하나님 자신의 아들께서는 영원하신 아버지의 아들이시다."[966] "아들의 생성과 출생은 아버지의 실체로부터 오는 것이지, 그의 의지로부터 오는

---

965 Moltmann, *The Trinity and The Kingdom*, 116.
966 Moltmann, *The Trinity and The Kingdom*, 86-87.

것이 아니다. 그러므로 아들의 영원하신 생성과 출생에 대하여 논의된다."[967]

3. 성령의 위치

1) 성령의 인격성

캅바도키아 교부들이 특히 관심을 가졌던 '성령의 인격성'에 대하여 몰트만은 그 비인격화를 우려한다고 하면서도, 사실은 성령을 인격체로서 한 위격으로 보기보다 오히려 '십자가의 힘', '하나님의 능력', '신적 에너지'에 불과한 것으로 표기한다: "성령께서는 분리 가운데에서 결합하시는 이시며, 아버지와 아들을 서로 결합시키신다. 이것을 삼위일체적으로 표현한다면, 아버지께서는 성령을 통하여 아들을 자기에게 바치게 하신다. 아버지께서는 십자가에 못 박으시는 이시다. 아들께서는 십자가에 달리신 이시다. 성령께서는 패배할 수 없는 '십자가의 힘'이시다. 삼위일체의 한 가운데에 십자가가 있다."[968] "예수께서는 성령을 통하여 부활되셨다. 성령께서는 죽은 자들을 일으키시는 '하나님의 능력'이시다. 예수께서 성령을 통하여 부활되셨다면, 그는 분명히 성령 안에서 부활되셨다. 부활하신 그는 '살리시는 영'이 되셨다. 여기에서 '주는 영이시다'라는 고린도후서 3장 17절의 일치 공식이 가능해진다. 이로 인하여 예수께서 성령의 활동의 한 대상으로부터 공동체를 향하신 성령의 파송 주체로

---

967 Moltmann, *The Trinity and The Kingdom*, 166-68.
968 Evdokimov, *Christus im russischen Denken* (Trier, 1977), 64, 227; Moltmann, *The Trinity and The Kingdom*, 83.

전향될 수 있다. 성령 그가 주체이신 아버지 혹은 객체이신 아들과 관련되신다면, 이것은 하나님이나 그리스도로부터 나오는 힘, 능력, 에너지를 의미할 수도 있다."[969]

또한 몰트만은 십자가의 사건을 십자가 위에서 버리시는 아버지와 버림받은 아들 사이에 일어난 종말론적 사건으로 파악하고, 성령을 생명을 창조하시는 '사랑의 현재적 영(靈)'으로 이해하면서 그 '사랑의 현재적 영' 가운데에서 사랑하시는 아버지와 사랑받는 아들 사이에 일어난 역사적 사건이 바로 십자가 사건이라고 이해한다.[970] 몰트만에 의하면, 성령의 종말론적 사역은 몸의 부활, 몸의 변형, 몸의 실존하는 형식의 변화 등에 나타나는데, 성령께서는 부활하신 그리스도의 변형된 인성으로부터(from the transfigured humanity) 나오신다.[971] 그러나 칼빈의 말대로 '그리스도의 인성이 은혜의 통로'인 것은 사실이지만, 그렇다고 해서 성령께서 '부활하신 그리스도의 변형된 인성'으로부터만 나오신다고 말할 수는 없다. 왜냐하면 은혜와 성령이 동일시될 수 없기 때문이다. 또한 그리스도의 신성도 있고 성부의 위격도 있으며 하나님의 실체도 있는데, 굳이 성령께서 그리스도의 변형된 인성으로부터 나오신다고만 말하는 것은 곤란하기 때문이다.

반면에 몰트만은 예수의 부활은 종말론적으로만 이해될 수 없다고 말한다. 예수의 부활은 그 내적 진행에 있어서 삼위일체론적으

---

969 Moltmann, *The Trinity and The Kingdom*, 122-23.
970 Moltmann, 『십자가에 달리신 하나님』, 257-59.
971 Moltmann, *The Trinity and The Kingdom*, 123-24.

로도 이해되어야 한다는 것이다.⁹⁷²

-- 아버지께서는 성령을 통하여 아들을 부활시키신다.
-- 아버지께서는 성령을 통하여 아들을 계시하신다.
-- 아들께서는 성령을 통하여 하나님의 주권의 주로 정립되신다.

그런데 여기에서 몰트만의 세 명제들에는 공통적으로 '아들께서는 인간 예수이실 뿐인데도 …' 라는 관념이 내포되어 있다. 그런데도 불구하고 아버지께서 성령을 통하여 아들을 부활시키시고, 또 주권의 주로 정립시키셨다는 것이다. 이와 같은 사고는 판 룰러의 영향을 많이 받은 것이다. 또 H. 벌코프(H. Berkhof)도 이와 동일한 견해를 가지고 있다.

① 아버지께서는 누구신가?

몰트만은 성부, 성자, 성령 삼위의 구분에 있어서 어느 정도까지 캅바도키아 교부들을 따르는가? 몰트만은 아버지를 '아들과 성령의 근원'이시라고 이해한다. 또 '원리가 없는 원리'시요 '근원이 없는 근원'이시라고 이해한다. 이것은 캅바도키아 교부들의 이해를 그대로 따른 것이다. 성부께서는 신성의 근원이시되, 완전히 또 절대적으로 근원이 없는 근원이시다. 내재적 삼위일체의 과정론에서는 예로부터 형이상학적인 '근원'에 대한 사고가 적용되었다. 이 사고에 의하면, 세계의 근원이신 삼위일체께서는 '아버지 안에 있는 한

---

972 Moltmann, *The Trinity and The Kingdom*, 88.

영원한 신성의 근원'으로 소급되신다.⁹⁷³ 근원에 대한 이 사고는 사실 우주론으로부터 유래한 것이다. 그런데 몰트만은 특별히 '아버지 안에 있는 한 영원한 신성의 근원'이라는 말로 캅바도키아 교부들의 사고를 지칭하고 있다. 캅바도키아 교부들은 삼위의 구분을 위해 인과성(因果性)을 강조하면서, 동시에 삼위의 단일성의 보증이 성부 즉 '한 원인'에 있다고 보았다.

그런데 몰트만은 캅바도키아 교부들을 직접적으로 지칭하지 않으면서 이 사고 안에 위험성이 잠재해 있다고 말한다. 그 위험성이란 삼위일체이신 하나님을 한 군주로 환원시키고 비삼위일체적으로, 단 한 근원으로 생각하는 위험성인데, 이 위험성이 극복될 때에만 이 사고가 적절하게 사용될 수 있다는 것이다. 그래서 몰트만은 강조하기를, 아버지께서 아들과 성령의 '근원'이심에도 불구하고 아버지를 포함하는 세 인격의 '동일한 근원성'이 확보되어야 한다고 강조한다. 왜냐하면 만일 그렇지 않을 경우, 삼위일체가 일신론적으로 해소될 위험에 봉착하게 되기 때문이라는 것이다.⁹⁷⁴ 그러나 몰트만의 이런 우려나 지적이 캅바도키아 교부들에게는 전혀 해당하지 않는다. 왜냐하면 캅바도키아 교부들은 비록 성부 안에서 단일성의 보증을 보았다고 하더라도, 그 이해가 일신론적 방향으로 나아가게 될 가능성은 전혀 없었기 때문이다. 세 위격들로부터 논의를 시작한 캅바도키아 교부들의 경우에는 오히려 삼신론이라고 오해받을 소지가 있어서 그런 오해로부터 벗어나기 위하여 '한 단일성의 보

---

973   Moltmann, *The Trinity and The Kingdom*, 162-66.
974   Moltmann, *The Trinity and The Kingdom*, 162-66.

증'을 말하지 않을 수 없었던 것이기 때문이다.

② 아들께서는 누구신가?

몰트만에 의하면, 아들께서는 아버지의 단 하나의, 독생하신 영원하신 아들이시다. 그는 아버지의 실체로부터 나셨다. 그러므로 아들께서는 '아버지와 같은 실체'이시며, 그의 위격의 특성 외에는 모든 것들을 아버지와 함께 가지고 계신다. 아버지께서는 자신의 신성과 능력과 영광을 아들에게 나누어 주시지만, 아버지의 신분은 나누어 주지 않으신다. 아들께서는 신성과 위격적 존재를 아버지로부터 받으신다. 그러나 아들께서 '신성의 원천'이 되지는 않으신다.[975] 아들에 대한 이와 같은 몰트만의 진술들 중 여기까지는 겉으로 보기에 캅바도키아 교부들의 견해를 잘 따르고 있는 것처럼 보인다. 또 니케아-콘스탄티노플 신경에 충실한 것처럼 보인다. 그러나 이 진술들 중에서 몰트만이 비록 겉으로는 아들께서 '아버지와 같은 실체'이심을 인정한다고 하더라도, 그가 실제로 캅바도키아 교부들이 고백하는 것과 똑같은 의미에서의 '동일실체'의 개념을 아들에게 돌리느냐 하면 그렇지 않다. 왜냐하면 몰트만은 아들께서 근본적으로 사람이시라는 관점에는 충실하지만, 아들의 신성 문제에 있어서는 다른 현대 신학자들과 마찬가지로 그 신성을 온전하게 고백하고 있지 않기 때문이다.

몰트만은 계속해서 캅바도키아 교부들이 언급하지 않은, 즉 니케아-콘스탄티노플 신경이 천명하지 않은 내용들에 대해서도 진술

---

[975] Moltmann, *The Trinity and The Kingdom*, 166-67.

하는데, 그는 다음과 같이 말한다. "아들의 생성과 출생은 아버지의 실체로부터 오는 것이지, 그의 의지로부터 오는 것이 아니다. 그러므로 아들의 영원하신 생성과 출생에 대하여 논의된다. 전통적으로 신학은 아들의 아버지로부터의 영원하신 출생과 아들의 시간 안으로의 파송을 구분한다. 시간적인 파송은 아버지와 아들의 자유로부터 오며, 영원하신 출생은 존재의 필연성으로부터 온다."[976] 그런데 캅바도키아 교부들을 포함한 정통 신학은 아들의 출생에 대하여 말할 때 성부의 '의지'와 관련하여 말하지 않는다. 왜냐하면 하나님의 '실체'와 관련하여 말하면 필연성이 내포되는데 반해, '의지'와 관련하여 말하면 임의성이 내포될 수 있기 때문이다. 또 아들의 시간적인 파송에 있어 아버지와 아들의 '자유'와 관련하여 '의지'의 문제가 제기되면서 논의가 더욱 첨예하게 갈라지게 되기 때문이다. 가령 성자의 '의지'와 관련하여서만도 성자께서 두 의지를 가지셨는지 아니면 한 의지를 가지셨는지에 대하여서 논란의 여지가 계속 끊임없이 이어지고 있기 때문이다.

2) 삼위일체 하나님의 내부 도식?

몰트만에게는 미래가 하나님이다. 그에게는 하나님께서 인격자로 계시는 것이 아니다. 그러니까 몰트만에게는 삼위일체께서 하늘에 계신 세 위격의 관계가 아니라 인간들을 향하여, 또 미래를 향하여 개방되어 계시는 소위 '사귐의 관계'인 것이다. 그는 '미래에 이루어질 화해'를 강조하면서 예수의 다른 모든 존귀의 칭호들(그리스

---

976 Moltmann, *The Trinity and The Kingdom*, 167.

도, 퀴리오스, 예언자, 제사장, 왕 등)이 시간적인 구원의 의미를 표현하는 잠재적인 칭호들인데 반해, '아들'의 이름은 영원히 남는다고 진술한다. 그래서 바울이 말하는 바 나라가 아들로부터 아버지에게 양도되는 내재적 삼위일체의 과정에서 기독교의 종말론 전체가 끝난다고 한다. 따라서 종말론은 본질적으로 하나님 자신 안에서 일어난다는 것이다. 아들께서 사랑과 생명의 완성된 나라를 아버지께 넘겨주심으로써 하나님의 나라가 한 신적 주체로부터 다른 신적 주체로 넘어가며 이를 통하여 그 형태가 변모한다는 것이다.[977] 그러나 성부와 성자께서는 몰트만이 진술하는 바와 같이 서로 '다른 신적 주체'가 아니시다. 이 진술로부터 몰트만이 앞에서 말한 '아들께서 아버지와 같은 실체'시라는 진술의 허구성이 드러난다. 몰트만은 실제로는 삼신론적 개념을 가지고 있으면서 캅바도키아 교부들의 이름을 빌어 그것을 교묘히 위장하고 있는 것이다.

  이 과정에서 몰트만은 주장하기를, 신약 성경의 역사적이고 종말적인 증언에서 단 하나의 삼위일체적 질서만이 발견되는 것이 아니라, 아버지와 아들과 성령의 삼위일체적 공동의 활동들이 교차되는 모형에 따라 다르게 발견된다고 주장한다. 즉 지금까지 전통적인 교의학에서 인식되어 오던 '아버지-아들-성령'의 순서만이 아니라 다른 유형의 내부 도식들도 인식될 수 있다는 것이다. 그래서 몰트만은 '개방된 삼위일체'라는 이름 아래 삼위일체 하나님의 내부도식을 다음과 같이 변경시킨다.[978]

---

977 Moltmann, *The Trinity and The Kingdom*, 92-93.
978 Moltmann, *The Trinity and The Kingdom*, 93-94.

① 그리스도의 파송, 내어주심, 부활에 있어서는 : 아버지-성령-아들
　　(성령으로 세례주어 아들 삼으심, 성령으로 부활시키심)
② 그리스도의 주권과 성령의 파송에 있어서는 : 아버지-아들-성령
③ 종말론적 완성과 영광의 면에 있어서는 : 성령-아들-아버지

　아버지와 아들과 성령께서는 단지 한 모형에 따라 활동하시지 않고 적어도 세 모형 이상에 따라 활동하신다. ① 파송과 내어주심과 부활에 있어서는 아버지께서 행동하시는 이시며 아들께서는 받으시는 이시다. 이때 성령께서는 아버지께서 아들 안에서 활동하시고 아들께서 아버지로부터 받으시는 매개체이시다. ② 아들의 주권과 창조적인 영의 확장에 있어서는 아들께서 아버지와 함께 행동하시는 이시다. 성령께서는 아버지로부터 나오시지만, 아들에 의해 파송되신다. 성령께서 사람들에게 부어지실 때, 성령께서는 아버지로부터 아들을 통하여 오신다. 아버지께서는 성령을 파송하신다. 아들께서는 성령의 파송을 간청하신다. 또 아들께서는 성령을 매개하신다. 또 아들께서는 성령을 아들됨의 영으로 조형 (mould: 형성)하신다. 여기에서 몰트만은 피조물에게 사용되는 '조형'이라는 용어를 성령께 적용한다. 즉 몰트만은 성령을 피조물로 간주하는 것이다.

　③ 종말론적 완성에 있어서는 성령과 아들께서 행동하시는 이시다. 아들께서는 그의 나라를 아버지께 넘겨주시며, 자신을 하나님의 발 아래 두신다. 그리고 성령께서는 그리스도의 주권을 통하여, 해방된 모든 피조물들의 찬양을 통하여 아버지를 영화롭게 하신다. 아버지께서는 받으시는 이시다. 아버지께서는 아들로부터 그의 나

라를 받으시며, 성령으로부터 그의 영광을 받으신다. 이 영화의 과정 속에서 찬양과 단일성이 성령으로부터 아들을 통하여 아버지께로 온다고 몰트만은 주장한다. 성령의 영화 가운데에서 세계와 시간, 인간과 사물들이 모두 아버지께로 수렴되어 그의 세계를 형성한다는 것이다. 또한 몰트만은 덧붙이기를, 아들을 통하여 아버지로부터 성령께서 파송되시는 삼위일체적 활동은 (② 도식의 경우) '밖을 향한 사역'으로 간주될 수 있지만(물론 이 사역보다 이 운동이 생성되는 신적 삼위일체 내부에서의 변화가 더 선행한다), 성령께서 아들을 통하여 아버지께로 수렴되는 삼위일체의 활동은 (③ 도식의 경우) '안을 향한 사역'이라고 덧붙인다.[979]

그러나 소위 삼위일체 하나님의 '안을 향한 사역' 가운데에서 꼭 아버지를 영화롭게 하는 찬양과 단일성만이 '안을 향한 사역'의 전부가 아닌데, 이 사역이 아버지로부터 시작하지 아니하고 성령으로부터 시작한다고 보는 것은 지나친 획일화요 단순화가 아닐 수 없다. 또 아버지-아들-성령의 순서라던가 또는 성령-아들-아버지와 같은 순서의 도식화에도 문제가 있다. 하나님 내부의 삼위일체적 구조를 이렇게 단순하게 획일화, 도식화해서는 곤란하다. 왜냐하면 아버지께서 영광을 받으시는 것은 성령으로부터만 받으시는 것이 아니라 아들로부터도 받으시기 때문이다. 삼위일체 하나님의 내부 관계를 굳이 도식화한다면, 이와 같은 일직선적 관계라기보다 오히려 삼각형적이거나 또는 그보다 오히려 입체적 관계로 파악하는 것이 훨씬 더 진리에 가까울 것이다.

---

979 Moltmann, *The Trinity and The Kingdom*, 126-27.

그리고 몰트만은 이와 같이 교차되는 삼위일체적 여러 모형들의 공통분모가 의심할 바 없이 '하나님의 주권'이라고 말한다. 성경적 증언의 주제는 하나님 나라의 역사라고 말할 수 있지만, 하나님 나라의 역사에서 중요시되는 것은 '하나님의 주권'을 바탕으로 한 하나님 나라의 삼위일체적 역사라는 것이다. 또 몰트만은 이 역사가 땅 위에서만 일어나는 것이 아니라, 오히려 차안의 방법으로 삼위일체 내부에서 일어난다고 말한다. 그러면서 하나님 나라의 삼위일체적 역사는 지금 종말론적으로 개방되어 있는 역사라고 말한다. 그런 의미에서 몰트만은 삼위일체론의 실천을 세례에서 찾는다. 왜냐하면 인간은 세례를 통하여 하나님 나라의 삼위일체적 역사에 통합되기 때문이라는 것이다.[980] 이렇게 해서 몰트만은 삼위일체를 인간 내에서 진행되는 사건으로 해소시켜 버린다.

몰트만이 세 위격을 중시한다는 사실 때문에 흔히 그의 신학이 터툴리안적인 서방 신학보다 캅바도키아 교부들적인 동방 신학에 더 가깝다고 말해지곤 한다. 그러나 몰트만이 캅바도키아 교부들의 신학을 올바로 충실히 반영했는가라는 점을 생각해 볼 때, 우리는 결코 그렇다고 말할 수 없다. 왜냐하면 몰트만의 경우에는 단일성을 확보하는 데에 성공하지 못했지만, 캅바도키아 교부들의 경우에는 삼위성으로부터 시작하였으면서도 일체성을 충분히 확보하고 있기 때문이다. 캅바도키아 교부들의 입장에서 볼 때, 세 위격으로부터 출발한다고 해서 '단일성의 확보'가 불가능한 것은 아니다. 캅바도키아 교부들은 '위격들의 상호 상통', 즉 '페리코레시

---

980 Moltmann, *The Trinity and The Kingdom*, 94-96.

스'(Perichoresis) 원리를 통하여 이 문제를 해결하였다.[981]

어쨌든 몰트만에게 삼신론의 혐의가 있고 바르트에게 일신론의 혐의가 있다는 사실은, 캅바도키아 교부들이 삼신론자라고 비판받았고 아우구스티누스가 양태론자라고 비판받은 사실과 관련하여 볼 때 자못 흥미로운 데가 있다. 그러나 바르트가 캅바도키아 교부들보다 아우구스티누스의 선(線)을 따르려고 노력한데 반하여, 몰트만이 아우구스티누스보다 캅바도키아 교부들의 선(線)을 따르려고 노력하였다고 흔히 말해진다고 해서, 몰트만이 캅바도키아 교부들의 정통 사상을 온전하게 물려받았다고 말할 수 없음은, 마치 바르트가 아우구스티누스의 정통사상을 기묘하게 변형해서 비정통화시켰기 때문에 우리가 바르트를 아우구스티누스의 연장선상에 놓을 수 없는 것과 마찬가지이다.

3) 성령께서 아들로부터 받으시는 것?

몰트만은 러시아 정교회와 시리아 정교회의 사상들을 규합하여 필리오케 문제에 관한 자기 자신의 명제를 세워 나간다.

명제: "성령께서는 '아들의 아버지'로부터 나오시며, 아버지와 아들로부터 그의 '형태'를 받으신다."[982]

우리는 몰트만의 이 명제를 분석하기 전에 그가 이런 명제를 설

---

981 몰트만도 페리코레시스 원리에 대해 적지 않은 비중을 두어 진술한다. 몰트만이 이해하는 페리코레시스 원리가 정통적이지 않음에 대하여는 뒤에서 살펴보기로 하겠다.

982 Moltmann, *The Trinity and The Kingdom*, 187: "The Holy Spirit proceeds from the Father of the Son and receives his form from the Father and the Son."

정하게 되기까지 그의 사고 진행 과정이 어떠했는지를 먼저 고찰해 볼 필요가 있다. 그의 사고 진행 과정은 다음과 같다.

① 먼저 몰트만은 러시아 교회사가인 볼로토프(Boris Bolotov)가 1898년에 발표한 명제가 서방교회의 전통과 동방교회의 전통이 서로 이해할 수 있는 방향을 제시하고 있다고 생각하면서 거기에 주의를 집중한다. 볼로토프의 명제란 "성령께서 '오직 아버지로부터만' 나오시지만, 아들께서 아버지와 너무도 가까이 계시기 때문에 아들께서는 성령께서 아버지로부터 나오시는데 대한 '논리적 전제'와 '사실적 조건'(the logical presupposition and the factual condition)이 되신다"라는 것이다. 몰트만은 볼로토프의 명제에서 서방교회가 필리오케(Filioque)를 통해 표현하고자 하였던 진리에 접근하고자 하는 신학적 노력을 발견할 수 있다고 하면서 이 명제를 긍정하지만, 우리는 몰트만의 이같은 관점에 동의할 수 없다. 왜냐하면 볼로토프의 명제는 사실상 필리오케를 거부하는 입장이기 때문이다. 그러나 볼로토프의 이 명제는 세계교회협의회(W.C.C)의 '신앙과 직제'(Faith and Order) 분과위원회에서 연구되었으며,[983] 1980년에 채택되어 발표되었다.

② 두 번째로 몰트만은 '아들의 아버지로부터 나오시는 성령'이라는 관점을 개진한다. 이 관점은 성령의 존재가 아버지의 존재뿐만 아니라 아들의 존재도 전제한다는 것이다. 왜냐하면 성령께서

---

983 Moltmann, *The Trinity and The Kingdom*, 178-80: 세계교회협의회(W.C.C.)의 '신앙과 직제' 분과위원회가 1978년과 1979년 사이에 필리오케 문제에 대한 회의를 개최한 것은 몰트만의 권고로 말미암은 것이었는데, 몰트만이 그의 저서 『삼위일체와 하나님의 나라』를 집필한 것은 1054년 이래 이 문제로 인해 계속되어 온 동방교회와 서방교회의 분열을 극복하기 위한 의도에서 집필한 것이다.

아버지로부터 나오신다고 할 때 아버지께서 '아들의 아버지'이시기 때문에 그렇다는 관점이다. 아버지께서는 성령의 아버지가 아니시므로 성령께서 아버지로부터 나오시는 것은 곧 아들의 영원하신 출생을 전제한다는 것이다: "아들께서는 아버지와 같이 성령의 원인이 아니시다. 그러므로 성령께서 아버지로부터 나오시는 것이 아들의 출생과 근본적으로 구분되어야 하지만, 또 한편 이것과 관련을 가질 수밖에 없다. 왜냐하면 성령께서 아버지로부터 나오시는 것은 곧 아버지께서 신성의 원천이실 뿐만 아니라 독생자의 아버지이시기 때문이다. 그렇다면 성령께서는 하나님의 아버지 신분으로부터, 다시 말하여 아들에 대한 아버지의 관계로부터 나오시는 것이다."[984]

그러나 이 설명은 성령의 출래를 존재론적으로 증명하는 것이 아니라 아버지라는 용어와 아들이라는 용어로부터 연역하여 추측하고 있는 것으로서 객관적 논리성을 결여하고 있다.

그런데도 몰트만은 말씀(로고스)과 성령의 관계에서 양자의 출현이 동시에, 또 함께 일어난다고 주장한다. 그러나 이것은 잘못된 단순화이다. 그 이유는 몰트만이 성자와 성령에게 공히 'procession'이라는 용어를 적용하고 있기 때문이다.[985] 그러나 성자께는 'generation'(출생)을, 성령께는 'procession'(출래)을 구분해서 사용해야만 위격에 대한 바른 이해가 가능하다. 그런데 몰트만은 자주 이 개념을 함께 사용하면서 성자와 성령의 위격상의 바른 구분을 왜곡시키려고 한다. 또 몰트만은 'Filioque'를 'per Filium'(아들을 통하

---

984 Moltmann, *The Trinity and The Kingdom*, 183-84.
985 Moltmann, *The Trinity and The Kingdom*, 184: "The two processions are simultaneous and in common."

여)이라 해석하는 데에 대하여 서방교회의 신학자들도 반대하지 않았다고 말한다. 왜냐하면 서방교회의 신학자들 역시 성령의 나오심에 있어서 아들과 아버지께서 서로 경쟁하신다고 보지는 않았으며, 신격(Godhead)의 두 원천들에 대하여 말하지도 않았기 때문이라는 것이다. 'Filioque' 용어 그 자체는 결코 아버지의 '단일체제'를 거부하지 않았고, 또 성령의 신적 실존과 실체가 아버지이신 '신성의 원천'으로부터만 나온다는 데에 대해 서방 신학자들 역시 반대하지 않았다는 것이다. 그러니 결국 니케아-콘스탄티노플 신앙 고백의 해석에 있어서 "성령께서 '아들의 아버지'로부터 나오신다"라고 말할 수 있다고 몰트만은 주장한다.[986]

③ 세 번째로 몰트만은 '아버지와 아들로부터 그의 형태를 받으시는 성령'이라는 관점을 개진한다. 이 관점은 에피파네스(Epiphanes)의 유명한 명제를 몰트만이 발전시킨 것이다. 에피파네스의 명제에 의하면, "성령께서는 아버지로부터 나오시며 아들로부터 받으신다." 성령께서 아들로부터 무엇을 받으시는가? "성령께서는 아버지로부터 그의 완전하신 '신적 실존'(hypostasis, hyparxis)을 가지시며, 아들로부터 그의 '관계적 형태'(eidos, prosopon)를 받으신다. 우리는 성령의 신적 실존이 오직 아버지로부터 온다고 생각해야겠으나, 그의 형태 내지 모습은 아버지와 아들에 의해 형성되는 것임을 인식해야 한다."[987]

그러나 성령의 '형태'나 '모습'을 아들로부터 받으신다는 이런 생

---

[986] Moltmann, *The Trinity and The Kingdom*, 182-85.
[987] Moltmann, *The Trinity and The Kingdom*, 186: "This form or visage is moulded by the Father and by the Son."

각은 성령과 아들의 관계를 무엇인가 적극적으로 표현해 보고 싶은 바람에서 나온 것이긴 하지만, 이것이 결코 성경적인 생각은 아니다. 성령께서는 신적 실존과 형태 내지 모습을 따로 따로 구분해서 받지 않으신다. 삼위일체 하나님의 내부 사역 중에서 각 위격들의 사역을 그렇게 인위적으로, 도식적으로 구분해서는 안 된다. 또 성령의 '형태' 내지 '모습'이 아버지와 아들에 의해 형성된다고 하면서 성령께 '형성된다'(is moulded)라는 용어를 적용하면, 자칫 성령을 피조물로 간주하게 되는 오류를 범하게 된다.

몰트만은 자기의 명제를 설정함에 있어 남인도 시리아 정교회의 다음과 같은 오순절 기도를 인용한다: "우리가 아버지라고 말할 때, 아들과 성령께서 그에게서 오신다. 우리가 아들이라고 말할 때, 아버지와 성령께서 그를 통하여 인식되신다. 우리가 성령이라고 말할 때, 아버지와 아들께서 그 안에서 완전하시다. 아버지께서는 출생되지 않은 창조자이시다. 아들께서는 출생되셨지만 출래하시지는 않는다. 성령께서는 아버지로부터 오시며, 아버지의 위격과 본성(the person and the nature of the Father)을 아들에게서 얻으신다."[988]

그러나 시리아 정교회의 이 고백은 진리로부터 심히 왜곡되어 있다. 우선 먼저 '아버지와 성령께서 아들을 통하여 인식되신다'고 할 때, 그 표현이 직접적으로는 틀리지 않으나 아버지와 아들께서도 성령을 통하여 인식되시기 때문에 그 표현은 오류를 내포하고 있다. 마찬가지로 '아버지와 아들께서 성령 안에서 완전하시다'고 할 때, 그 표현이 직접적으로는 틀리지 않으나 아들과 성령께서도 아

---

988 Moltmann, *The Trinity and The Kingdom*, 185-87.

버지 안에서 완전하시기 때문에 그 표현은 오류를 내포하고 있다. 이와 같은 오류는 위격들 간의 페리코레시스를 온전하게 적용하지 않기 때문에 생기는 오류로서, 캅바도키아 교부들 중 특히 바실이 그의 성령론에서 이단들의 엄격한 전치사 사용[989]에 관하여 언급하면서 비난한 바 있는 당시의 이단들이 범했던 오류와 똑같은 오류에 해당한다. 또한 무엇보다 아버지께서만 창조자이신 것이 아니라, 아들과 성령께서도 함께 창조자이시다. 이 점에 대해서는 설명할 필요도 없이 너무나 당연하지만, 아버지에 대해서만 창조자이심을 언급하고 아들과 성령에 대하여 그 부분을 침묵하면, 숱한 오해의 가능성들이 있다. 그리고 또 마지막 문장에서 '성령께서 아버지의 위격과 본성을 아들에게서 얻으신다'라는 표현도 함부로 쓰기에 곤란한 표현이다. 어떻게 성령께서 아버지의 위격과 본성을 아버지를 제치고 아버지가 아닌 아들로부터 받으시는가? 삼위 각 위격들의 사역을 그렇게 인간적인 관점에서 인위적으로 구분하고 배정하는 것은 삼위일체 하나님을 모독하는 행위이다. 삼위일체 하나님 내부의 사역을 이단들처럼 그렇게 인위적으로 한정하고 제한해서는 안 된다.

④ 네 번째로 몰트만은 자기의 명제를 검증받기 위하여 몇 마디의 주장들을 더 첨언한다. 즉 그는 우리가 아들의 출생(나심)과 성령의 출래(나오심)에 대하여 총괄 개념을 형성할 것이 아니라, 구체적

---

989 '그에게서'(of whom)라는 표현을 성부에게 돌리고, '그를 통하여, 그로 말미암아'(through whom, by whom)라는 표현을 성자에게 할당하며, '그 안에서'(in whom)라는 표현을 성령에게 한정하는 용법에 대하여, 바실은 이런 구분들이 비실제적인 철학과 공허한 망상에서 비롯된 것으로서, 이단들이 먼저 이것을 연구하고 감탄하며 적용했지만, 성경의 용법은 이를 구별하지 않고 함께 사용하고 있음을 하나하나 예시하며 논박한다: St. Basil, "On the Spirit" in *NPNF(Nicene and Post-Nicene Fathers)* 2nd series, vol. 8(Grand Rapids: Wm. B. Eerdmans), 3-8.

이며 차례차례로 이야기할 수 있도록 우선 시간을 가져야 한다고 첨언한다. 성령께서 아버지로부터 '나오시는 것'과 또 아버지와 아들로부터 그의 관계적, 순환적 형태를 '얻으시는 것'은 두 다른 과정이라는 것이다.[990] 그러나 성령께서 아버지로부터 나오시는 과정을 구체적으로 표현한다고 해서 그 단계를 의도적으로 구분하고 또 시간상의 간격을 인위적으로 설정하는 것은 인간의 머리로 삼위일체 하나님을 이해하려는 오류와 다를 바가 없다. 삼위일체 하나님께는 시간상의 간격 개념이 적용될 수 없고, 또 이것은 단계를 구분할 수 있는 성격의 것도 아니다.

또 몰트만은 서방교회의 필리오케(Filioque) 교리에 의하면, 성령께서 아버지와 아들 안에 그의 실존의 '두 근원들'을 가지고 계시다는 인상을 가지게 되며, 또 무엇이 아버지로부터 오고 무엇이 아들로부터 오는지가 분명하지 않다고 주장한다.[991] 그러나 필리오케 교리의 명확하지 못한 부분을 개선한다고 하면서 오류임이 분명한 인위적인 구분을 가상한다면, 그것은 더 큰 오류가 된다.

한편 칼빈은 성령의 이중출래(필리오케)에 관하여 아우구스티누스와 동일한 입장의 노선에 선다. 즉 몰트만과 같이 위험하고 오류투성이인 명제들을 함부로 설정하지 않으며, 또 캅바도키아 교부들처럼 '아들을 통하여'를 강조하지도 않는다: "성부께서 제1 위로 간주되시고, 다음에 그로부터 성자께서, 마지막으로 성부와 성자로부터 성령께서 오신다. 왜냐하면 각 인간의 마음은 천성적으로 먼저 하

---

990 Moltmann, *The Trinity and The Kingdom*, 188.
991 Moltmann, *The Trinity and The Kingdom*, 188.

나님을, 다음에 그로부터 나오는 지혜를, 또 마지막으로 그 계획의 결정을 수행하는 능력을 생각하게 되어 있기 때문이다. 이런 이유로 성자께서는 성부로부터만 오시고(come forth), 성령께서는 성부와 성자로부터 나오신다고 말한 것이다."[992]

헤르만 바빙크의 관점도 칼빈의 관점과 마찬가지이다: "성자께서는 성부에 의해 보냄을 받으시고, 성령께서는 성부와 성자에 의해 보냄을 받으신다(요 14:26; 16:7). 성자의 나심은 로고스의 성육신의 영원한 원형이고, 성령께서 성부와 성자로부터 나오시는 것은 성령의 쏟아 부어주심의 원형이다."[993]

4. 교제 공동체로서의 삼위일체 하나님

1) 세상과의 관계에서의 삼위일체

몰트만은 삼위일체 하나님을 교제 공동체로서 이해한다. 교제 공동체이신 삼위일체 하나님께서 자신의 밖을 향하여 세상과 교제하시면서 세상의 창조, 성육신, 구원, 세상의 변용(밖을 향한 삼위일체의 사역들) 등을 행하시고, 자신의 내부에서는 아들에 대한 아버지의 사랑, 아버지에 대한 아들의 사랑, 성령을 통한 아버지와 아들의 영광(glorification)(안을 향한 삼위일체의 사역들) 등을 통하여 스스로 교제하신

---

992 John Calvin, *Institutes of the Christian Religion*, edited by John T. McNeill, translated and indexed by Ford Lewis Battles (Philadelphia: The Westminster Press, 1960), vol. I, xiii, 18.

993 Herman Bavinck, *The Doctrine of God*, trans. William Hendriksen (Grand Rapids: Eerdmans, 1951; reprinted, Grand Rapids: Baker, 1977), 이승구 역, 『개혁주의 신론』(서울: 기독교문서선교회, 1988), 467f.

다는 것이다.[994] 하나님께서는 자기 통보를 양방에서 원하신다. 그런데 하나님의 '밖을 향한 교제'와 '안을 향한 교제' 중에서 몰트만은 '밖을 향한 교제'를 더 중시하고, 삼위일체 논의에서도 그것을 우선적으로 더 앞에 위치시킨다. 그만큼 몰트만에게는 삼위일체 논의에서도 세상과의 관계가 중요한 것이다. 그런 몰트만의 관심을 다음의 진술들이 잘 설명해 준다: "하나님의 내적 생명은 단지 밖을 향한 그의 행동에 대한 근거로서 의미를 가진다. 하나님께서는 '자신의 원인'(causa sui)으로서만이 '세상의 원인'(causa mundi)이실 수 있다."[995]

여기에서 몰트만은 "삼위일체의 사역들, 곧 위격들의 교통의 영역들이 나누어져 있지 않지만, 그들의 거룩한 질서와 구분을 통하여 그것이 이루어진다"라는 아우구스티누스의 명제를 인용한다.[996] 그러나 그의 관점은 기본적으로 바르트적이다. 하나님께서 사랑이시니까, 언약이 창조의 내적 근거라는 것이다. 그래서 세상과의 교제가 이루어진다는 것이다. '밖을 향한 삼위일체의 사역' 중에서 창조는 하나님께서 자신의 단일성 가운데에서 외부를 향하여 행하시는 사역이자 동시에 교제요 또 관계이다.

창조에 대한 설명에서 몰트만은 과정신학의 개념을 사용하는데, 이 과정신학의 사고 안에서는 하나님과 세상이 동격으로서 서로 상호 영향을 미치게 된다. 몰트만에 의하면, '태초의 창조'라는 삼위일체의 외적 사태를 삼위일체의 내적 상태와 연관해서 생각해 볼 때,

---

994 Moltmann, *The Trinity and The Kingdom*, 98-99.
995 Moltmann, *The Trinity and The Kingdom*, 108.
996 Augustine, *De trin.*, XV, 1, 4, 7.

아버지께서는 먼저 아들을 통하여 밖을 향하여 자기를 외화시키셨다. 하나님 자신에게 있어서 이 외화(外化, Äußerung)는 '하나님의 자기 비움', 즉 '하나님의 자기 제한'을 목적으로 하는 자기 규정을 뜻한다. 하나님께서 창조를 위하여 자신으로부터 나오시기 위하여 먼저 자기 자신을 퇴거시키셨다는 것이다. 그래서 하나님께서 자신을 퇴거시킨 한 영역을 자신의 본질 안에 남겨 두셨으며, 나중에 그의 창조와 계시에 있어서 그 속으로 들어가실 수 있었던 '일종의 신비적인 원 영역'을 남겨 두셨다는 것이다. 몰트만은 "계약신학의 전통이 이것을 세상의 창조를 위한 '하나님의 삼위일체적 결의'로 표현하였으며, 이 결의를 '하나님의 내재적 삼위일체의 계약'으로 이해하였다"라고 진술한다.[997]

몰트만은 "전능하고 편재하시는 하나님께서 도대체 어떤 밖을 가지실 수 있는가? '밖을 향한 사역들'이라고 할 때 도대체 '하나님 밖에'가 있는가? 이것은 하나님의 신성, 곧 그의 무소부재하심과 모순되지 않는가?"라고 반문하면서도,[998] 다음과 같은 해괴한 논리를 전개하기 시작한다. 즉 몰트만은 하나님의 창조를 2단계로 구분하여 먼저 제1막에서 '하나님의 자기 철수'가 이루어지고, 다음에 제2막에서 하나님께서 그 공간에 자신을 집어넣으신다고 추정한다. 이것은 '창조를 위한 자기 축소' 개념으로서 하나님께서 자신을 축소해서 공간을 만들어 두신다는 관점인데,[999] 이와 같은 관점은 '하나님

---

997 C. Olevian, *De substantia foederis gratuiti inter Deum et electos itemque de mediis, quibus ea ipsa substantia nobis communicatur*, Geneva, 1585; Moltmann, *The Trinity and The Kingdom*, 111.
998 Moltmann, *The Trinity and The Kingdom*, 108-9.
999 Moltmann, *The Trinity and The Kingdom*, 108-11.

자신으로부터 자신으로의 자기 철수'라는 이삭 루리아(Isaak Luria)와 게르숌 숄렘(Gershom Scholem)의 사상에 근거를 두고 있다.[1000] 이것은 소위 케노시스(Kenosis) 이론을 성육신에만이 아니라 창조에까지 적용하는 관점으로서 비진리일 뿐만 아니라 해로운 신학이다. 한마디로 말해서 해괴망칙한 논리이다. 하나님께서 자기 자신을 비워내심으로 창조하신다는 논리가 어떻게 성경에 입각한 논리가 될 수 있는가?

2) 아버지와 아들과 성령의 사귐의 관계

몰트만은 페리코레시스 [Perichoresis, περιχώρησις, circumincessio, 位格들의 상호 상통, 상호 내재성(co-inherence), 순환]에 대하여 적지 않은 비중을 두어 진술한다. 그러나 그에게 중요한 것은 하나님 내부의 관계의 문제가 아니라 하나님 외부의 관계, 즉 이 세상에서 '인간적인 사회'의 달성이다. 그래서 몰트만은 페리코레시스를 '아버지와 아들과 성령의 사귐의 관계' 측면에서 접근한다. 몰트만이 볼 때에 삼위일체의 생명은 바로 이 페리코레시스에 있다. 세 위격들은 공통된 신적 실체 가운데에서 실재하시고(subsistieren), 또 다른 위격들과의 관계 속에서 실존하신다(existieren). 그뿐만 아니라 세 위격들은 서로 상대의 위격 안에서, 상대의 위격을 통하여 생동하신다. 몰트만은 다메섹의 요한(Johannes Damascenus)의 이론을 기초로 하여 페리코레시스를 다음과 같이 정의한다: "다른 위격들 안에 계

1000 Gershom Scholem, *Die jüdische Mystik in ihren Hauptströmungen*, Frankfurt, 1967, 285f; the same, *Schöpfung aus Nichts und Selbstverschränkung Gottes*, Eranos-Jahrbuch, 1956, 87-119; Moltmann, *The Trinity and The Kingdom*, 110.

시는 한 위격의 깊고 완전한 거하심."¹⁰⁰¹

이 정의는 캅바도키아 교부인 대바실의 명제("세 위격은 각각 자신 안에 한 동일실체 전부를 갖는다. 그리고 각 위격은 실체에 관한 한, 다른 위격들을 완전히 포괄하고 관통한다")¹⁰⁰²와 아우구스티누스의 명제("각 위격은 신적 존재 전체와 동일하고, 또 다른 두 위격을 합한 것이나 세 위격 전체와도 동일하다. 이 세 위격은 모두 합하여 각자와 동일하다")¹⁰⁰³와 비교해 볼 때, 위격 상호간의 '사귐'의 관계만 지나치게 중시함으로 존재론적 측면에서 중요한 착안점들을 간과하고 있는 정의이다. 그런데 몰트만은 다메섹의 요한을 인용하면서 세 위격들의 영원하신 페리코레시스에 관하여 다음과 같이 진술한다.¹⁰⁰⁴

"이 개념은 영원한 신적 생명의 '순환'(circulation)을 표현한다. 삼위일체이신 하나님 안에서 영원한 생명의 과정이 에너지들의 교환을 통하여 일어난다. 아버지는 아들 안에서 존재하고(exist), 아들은 아버지 안에, 아버지와 아들은 성령 안에 존재한다. 그리고 성령은 아버지와 아들 안에 존재한다. 이들은 너무도 깊이 서로 상대방 안에서 살며 영원한 사랑의 힘으로 거하기 때문에 하나이다. 그것은 가장 완벽하고 강렬한 감정이입(empathy)의 과정이다. 그들을 서로 구분하는 위격적 특성들(the personal characteristics), 바로 그것을 통하여 아버지와 아들과 성령은

1001 Moltmann, *The Trinity and The Kingdom*, 174: "intima et perfecta inhabitatio unius personae in alia."
1002 서철원, 『신학서론』(은혜문화사, 1997), 54-55.
1003 Augustin, *De Trinitate*, VIII, 1, 2.
1004 Johannes Damascenus, *De Fide Orthodoxa*, MPG 94, 789-1228; 이에 대한 새로운 비판적 문헌으로는 *Die Schriften des Johannes Damaskenos*, PTSt 12, Band II, ed. B. Kotter, 1973을 보라; Moltmann, *The Trinity and The Kingdom*, 174-75.

서로 상대 위격들 안에서 거하며 영원한 생명을 서로 나눈다. 그들을 구분하는 바로 그것이 그들을 페리코레시스 가운데에서 영원히 결합하는 것이 된다. 영원한 신적 생명의 '순환'은 영원한 사랑 속에 있는 세 다른 위격들의 사귐(fellowship)과 단일성(unity)을 통하여 완전해진다. 삼위일체의 위격들이 세 다른 개체들로 이해될 수 없는 것은 바로 이 페리코레시스 때문이다."

몰트만은 페리코레시스 원리가 하나님의 삼위성과 단일성을 놀라운 방법으로 결합시킨다는 사실을 인정한다. 페리코레시스 원리를 온전하게 적용하면, 세 위격들을 서로 다른 개체들로 보면서 단지 부차적인 의미에서만 서로 관계를 갖는 것으로 이해하는 '삼신론'의 위험을 면할 수 있다. 또 위격들을 한 하나님의 세 존재방식들이나 세 반복들로 이해하는 '양태론'의 위험도 피할 수 있다. 아버지와 아들과 성령께서는 그들의 위격성을 통하여 서로 구분되시지만, 동시에 서로 함께 상대의 위격 안에서 하나이시다. 몰트만은 다음과 같이 말한다.

"그러므로 하나님의 단일성은 신적 위격들의 페리코레시스(Perichoresis) 속에서 인지될 수밖에 없다. 만일 하나님의 단일성이 삼위일체이신 하나님의 일치에서 순환적(perichoretische) 단일성으로 인식되지 않는다면, 아리안주의와 사벨리안주의가 계속해서 기독교 신학의 피할 수 없는 위협으로 존속할 것이다."[1005]

1005 Moltmann, *The Trinity and The Kingdom*, 148-50.

"삼위일체 하나님을 단일화시키는 '하나임'(at-oneness)은 아버지, 아들, 성령의 영원한 페리코레시스에 있다: 하나님의 삼위일체적 사귐의 관계들로 이루어지는 역사는 삼위일체의 영원한 페리코레시스와 상응한다. 왜냐하면 이 삼위일체의 역사는 아버지와 아들과 성령, 그들의 구원 사건에 있어서(in their dispensation of salvation) 영원한 페리코레시스 그 이상이 아니기 때문이다."[1006]

그런데 여기에서 몰트만은 아버지와 아들과 성령을 기술할 때 주체 개념과 관련하여 복수 용어(subjects, their)를 사용함으로써 그의 입장이 삼신론에서 벗어나지 못하고 있음을 드러낸다. 전통적인 입장은 하나님의 위격에 복수 개념을 사용하더라도 실체나 주체에 있어서는 복수 개념이 아니라 단수 개념을 사용한다. 왜냐하면 터툴리안(Tertullian) 이래 현재까지 '한 실체-세 위격'이 정통 신학이 표방해 온 바른 신학의 입장이기 때문이다. 그러나 몰트만은 바르트나 라너와 같은 현대 신학자들의 관념론적 양태론을 비교적 정당하게 비판하면서, 정작 자기 자신은 삼신론의 오류를 범하고 있는데, 즉 아버지와 아들과 성령의 구원 사건을 '세 주체들'(three subjects), '그들의 구원 사건'이라고 하면서 복수 개념을 사용함으로써 삼신론적 입장에 있는 그의 삼위일체관을 그대로 드러내고야 만다.

또한 몰트만은 삼위일체이신 하나님의 단일성에 대하여 다음과 같이 세 관점들에서 말할 수 있다고 주장한다: "첫째, 삼위일체의 구성에 있어서 아버지께서는 신성의 '근원 없는 근원'이시다. 아버

1006 Moltmann, *The Trinity and The Kingdom*, 157.

지께서는 신성의 구성에 있어 삼위일체의 '단일군주론적' 단일성을 형성하신다. 둘째, 그러나 삼위일체의 내적 생명에 있어서 세 위격들께서는 그들 상호간의 관계를 통하여, 또 사랑의 영원하신 페리코레시스 가운데에서 그들의 단일성을 스스로 형성하신다. 그런데 이 단일성은 영원하신 아들에게 집중된다. 이것이 삼위일체의 순환적 단일성이다. 셋째, 서로를 결합시키는 이 상호성과 공동성(this uniting mutuality and community)은 성령으로부터 나온다. 따라서 결국 삼위일체의 단일성은 아버지에 의해 구성되고, 아들에게 집중되며, 성령을 통해 밝혀진다고(illumined) 요약될 수 있다."[1007]

그러나 이것은 지나치게 인위적이며 도식적인 구분이다. 삼위일체의 구성에 있어 아버지께서 그 단일성의 근원이시라고 말할 수는 있으나, 그것이 아들에게 집중된다는 것은 바른 삼위일체의 균형을 깨뜨리는 발상이다. 페리코레시스로 인한 단일성이 아들에게 집중된다는 이런 사고는 캅바도키아 교부들의 경우와 다른 점이며 잘못된 점이다. 또 서로를 결합시키는 상호성과 공동성이 성령으로부터 나온다는 관점도 성령의 인격성을 저해하는 관점이다. 각 위격이 상호 관계하고 있는 페리코레시스 그 자체가 바로 서로를 결합시키는 상호성과 공동성인데, 그것이 왜 성령으로부터만 나와야 하는가? 그것은 다른 위격들로부터도 얼마든지 나올 수 있고, 또 당연히 나온다.

한편 몰트만의 페리코레시스 이해와 관련해서 부언해야 할 사실이 한 가지 더 있다. 그것은 페리코레시스 원리가 삼위일체론에서

1007 Moltmann, *The Trinity and The Kingdom*, 177-78.

위격들 사이에, 또 위격과 실체 사이에 상호 작용하지만, 기독론에서 그리스도의 두 본성들 사이에는 합당하게 적용될 수 없다는 사실이다. 흔히들 그리스도의 한 위격의 단일성에 근거하여 신성과 인성의 두 본성이 상호 관통한다고 하면서, 페리코레시스 원리를 루터교에서의 소위 속성 전달(속성 교류, communicatio idiomatum) 교리와 혼동하는 경우가 많이 있다. 그러나 성육신하신 성자의 두 본성들의 상호 관통은 엄밀하게 말해서 상호적이지 않다. 왜냐하면 그 운동은 신성으로부터 시작해서 인성에로 이르기 때문이다.[1008] 또 성자의 인성이 무인격적인 인성이기 때문이다. 성자의 인성이 그리스도의 신격에 의존적으로 존재하기 때문에,[1009] '상호 관통'을 의미하는 페리코레시스는 기독론에서 성자의 신성과 인성에 있어서 온전하게 똑같이 적용될 수 없다. 교회사적으로 볼 때에도, 고대 안디옥의 신학자들은 페리코레시스 원리를 기독론에 적용하는 것에 반발하여, 만일 그런 상호 관통 개념이 용인된다면 예수 그리스도의 인성이 위험에 빠지게 된다고 강력히 주장하였다.[1010] 그러므로 페리코레시스 원리는 삼위일체론에서 세 위격들 간에, 또는 실체와 각 위격들 사이에 작용한다. 만일 페리코레시스 원리가 기독론에서 성자의 신성과 인성에 대하여 적용된다면, 루터교 신학에서 말하는 '속성 전달 교리'와 구분하기 어렵게 되어 많은 혼동이 생기게 된다. '속성 전달 교리'는 하나님의 신적 속성인 '전지(全知)'와 '편재(遍在)'가 그리스도의

1008 Walter A. Elwell ed., *Evangelical Dictionary of Theology* (Grand Rapids, Michigan: Baker Book House, 1994), 843-44.
1009 서철원, 『기독론』, 27-28.
1010 Elwell ed., *Evangelical Dictionary of Theology*, 843-44.

인성에 전달되었다고 말하는데, 만일 그 명제가 사실이라면 그리스도의 성장 과정에 희한한 돌출사태가 발생했어야 하지만, 정경은 그런 돌출사태에 대하여 전혀 보고하고 있지 않다. 또 하나님의 '불변성'과 관련해서도 신성은 '속성 전달'에도 불구하고 인간적인 제한들을 받지 않는다. 즉 인성의 치명적인 약한 것들이 신성에 전달될 수 없다.

그런데 최근에 한 복음주의 신학사전에서는 마치 몰트만이 페리코레시스 개념을 기독론에서 그리스도의 두 본성에 적용한 것처럼 다음과 같이 기술하고 있다.[1011]

> "최근에 몰트만(Jürgen Moltmann)은 십자가와 관련하여 페리코레시스 문제에 중요한 관점을 제공해 오고 있다. 그는 주장하기를, 인성 안에 있는 신성의 페리코레시스 때문에 그리스도의 죽음 안에서 하나님께서 수난당하셨다는 사실이 확증될 수 있고 또 확증되어져야 한다고 주장한다. 십자가에 관한 새로운 통찰들이 이런 종류의 페리코레시스 개념의 적용으로부터 새롭게 다가올 수 있다."(S. M. Smith)

그러면 몰트만이 과연 그의 저서 『십자가에 달리신 하나님』에서 '페리코레시스' 용어를 사용하면서 그런 논조로 말했는가? 그렇지 않다. 사실 몰트만은 '페리코레시스'의 용어가 아니라 '속성 전달'의 용어를 사용하면서 그렇게 말하였다.[1012] '페리코레시스'의 용어와

1011 Elwell ed., *Evangelical Dictionary of Theology*, 844.
1012 Moltmann, 『십자가에 달리신 하나님』, 243-44.

'속성 전달'의 용어는 분명히 다른 개념이다. 그런데 이 사전의 편집자는 몰트만이 그의 저서 『십자가에 달리신 하나님』에서 양성론과 관련하여 '속성 전달'에 대해 언급한 것을 마치 그가 '페리코레시스' 개념을 그리스도의 두 본성에 적용한 것처럼 기술하고 있다.[1013] 권위 있는 신학사전에서까지 이런 식의 오류가 있을 정도이니, 일반 신학서적들을 대할 때 우리의 주의가 얼마나 필요한지를 더욱더 절감하게 된다.

한편 '성자의 인성이 왜 무인격적 인성인가?'라는 기독론에서의 질문에 대한 답변은 다음의 두 가지 차원들에서 간단하게 설명될 수 있다. 첫째는 만일 그리스도의 인성도 인격을 소유하게 되고 또 신성도 인격을 소유하게 되면, '한 인격 두 본성'이 아니라 '두 인격 두 본성'이 되어 그리스도께서 두 머리를 가지신 괴물과 같이 되어 버린다는 점 때문이다. 둘째는 현대신학에서 오해되는 바, 그리스도의 인성 안에 있는 신성의 '페리코레시스' 때문에(사실은 '페리코레시스' 때문에가 아니라 '속성 전달' 때문에) 성부 하나님께서 그리스도의 죽음 안에서 수난당하셨다는 사실을 이끌어낼 수 있다는 주장의 허구성 때문에도 그렇다. 그러나 성부께서는 수난당하지 않으신다. 또 성부께서는 변하지도 않으신다. 정통 삼위일체 신학을 그렇게 무분별한 논리로 기묘하게 흐트러뜨리지 말아야 할 것이다.

1013 한편 몰트만은 그의 또 다른 저서 『삼위일체와 하나님의 나라』에서는 페리코레시스 개념을 삼위일체 이론과 관련하여 언급한다. 그러나 비록 그렇다 하더라도, 기본적으로 사회적이고 현대신학적인 그의 접근 방법 때문에 몰트만은 그 책에서도 역시 페리코레시스 개념을 올바르게 다루고 있지 않다.

3) 몰트만의 사회적 삼위일체론

삼위일체에 관한 이제까지의 서구의 일반적인 전통은 먼저 하나님의 단일성으로부터 시작한 다음 나중에 삼위에 대하여 질문하였다. 이에 반하여 몰트만은 먼저 세 인격으로부터 출발한 다음 나중에 하나님의 단일성에 대하여 질문한다. 그런데 몰트만에게서 하나님의 단일성은 동질적 실체나 동일한 주체로 전제되지 않고, 오히려 삼위일체의 역사로부터 질문된다. 왜냐하면 몰트만은 아들이신 예수의 역사 안에서 삼위일체적 구조를 설명하기 때문이다. 그래서 몰트만은 실체 삼위일체나 주체 삼위일체에 반하여 '사회적 삼위일체론'을 발전시키고자 시도한다. 이 삼위일체의 해석학은 관계와 사귐 가운데에서 이루어지는 사고가 그 중심인데,[1014] 몰트만의 이와 같은 사고에는 삼위일체 교리를 사회적으로 보는 뮐렌(H. Müllen)의 관점이 그 주된 배경을 이루고 있다. 삼위일체를 주체로 보아서도 안 되고, 실체로 보아서도 안 되며, 사회적으로 보아야 한다는 것이다.

몰트만의 사회적 삼위일체론은 내적으로는 삼위의 사귐의 관계로 특징지어지고, 또 외적으로는 삼위의 관계를 인간의 사회적 관계로까지 적용하는 것으로 특징지어진다. 그러면서 하나님의 존재론적 측면보다 인간의 사회적 관계를 더 중시하고 인간들끼리의 화해, 특히 동방교회와 서방교회 삼위일체 교리 간의 인간적인 조화를 무엇보다 우선한다. 먼저 하나님의 존재가 바로 얘기될 때 거기에서 비로소 인간들의 바른 사회적 관계가 확립될 수 있는데도 불

1014 Moltmann, *The Trinity and The Kingdom*, 19-20.

구하고, 그는 인간들의 사회적 관계를 하나님의 존재와 동등시, 병렬시하거나 또는 우선시까지 한다. 또 그는 페리코레시스 원리에 의한 하나님 내부의 영원하신 본질적 관계를 인간들의 사회적 관계로 적용하면서, 영원하신 삼위 하나님을 각각 구별된 주체(subject)로서 각기 개별적인(individual) 인격과 의식을 소유한 아버지, 아들, 성령의 관계로 이해하는 오류를 범한다.[1015] 그러니 그의 사회적 삼위일체론은 전통 신학이 이제까지 비판해 온 삼신론(tritheism)의 위험으로 다시 되돌아 갈 뿐이다.

이와 같이 존재론적 삼위일체와 경륜적 삼위일체를 동일시하며 경륜적 삼위일체가 존재론적 삼위일체를 형성한다는 몰트만의 새로운 십자가 신학에는 영원하시며 세상을 초월하신 하나님을 인간의 경험과 역사 속에 묶어두려는 위험성이 내재되어 있다.[1016] 그러므로 우리가 추구해야 할 방향은 이 두 관점을 조화시켜서 영원하신 삼위일체 하나님께서 이 세상에 종속되지 않으신다는 것과, 동시에 계시 속에 나타나신 삼위일체 하나님께서 그 이전부터 영원하신 하나님이시라는 전통적인 관점을 발전, 심화시키는 것일 것이다. 그런데 이 '사귐의 관계'와 관련하여 몰트만은 서방교회와 동방교회에 대하여 다음과 같이 진술한다.[1017]

> "기독교 삼위일체론은 인간의 사귐 속에서 '개별 인격성과 사회성' (personality and sociality) 중에 어느 하나를 희생시키지 않고 서로 조화

1015 Moltmann, *The Trinity and The Kingdom*, 94-96.
1016 신문철, "이승구 교수의 '존재론적 삼위일체와 경륜적 삼위일체의 관계'에 대한 논평", 164.
1017 Moltmann, *The Trinity and The Kingdom*, 198-200.

시킬 수 있는 사고 수단을 제시한다. 서방교회의 삼위일체론에서는 무엇보다도 개별 인격의 개념이 발전되었다. 오늘날 우리가 인격을 '혼동될 수 없고 옮겨질 수 없는 개별 현존'(the unmistakable and untransferable individual existence)이라고 이해한다면, 이것은 기독교 삼위일체로부터 오는 것이다. 그러나 인격들의 페리코레시스, 단일성과 사귐의 개념이 동일하게 발전되지 않은 이유는 무엇인가? 서구 세계에서 '사회적 삼위일체론'이 사라짐으로써 개인주의, 특히 '소유적 개인주의'가 발전하게 되었다. 그리하여 각자는 자기 자신을 실현해야 한다고 생각하게 되었다. 그러나 공동체는 누가 실현시켜야 하는가? '사회적 관계와 사귐'을 '인격'과 같은 근원을 가진 것으로 생각하지 않는 것이 서구의 대표적인 일면성을 보여주고 있다.

기독교 삼위일체론은 개인주의와 사회주의의 대립을 해소한다. 왜냐하면 서구의 개인주의는 오늘까지 일신론과 연합되어 있었던 반면, 동구의 사회주의는 무신론적 기초를 가진 것이 아니라 오히려 범신론적 기초를 가지고 있기 때문이다. 그러므로 서구의 개인주의와 동구의 사회주의는 지금까지 서로 중재될 수 없었다. 참으로 '인간적인 사회'를 위하여, 오늘날 반드시 필요한 양자의 조화를 위하여, 기독교 삼위일체론은 중요한 역할을 할 수 있다. 이런 면에서 동방교회의 삼위일체론과 서방교회의 삼위일체론에 대한 에큐메니칼 대화는 미래를 가리키는 의미를 가지고 있다."

몰트만은 필리오케 교리에서도 그렇고, 또 '사귐의 관계'와 관련하여서도 에큐메니칼적인 입장에서 동방교회와 서방교회의 삼위일체론을 조화시키려고 시도한다. 그러나 결국 그는 동방교회의 입장에 기울어지면서, 서방신학을 향하여 자기처럼 '개방된 마음'을 가지라고 질책, 권면하는 논조를 견지한다. 그러면서 몰트만은 에큐메니칼 대화를 긍정적으로 보도록 하기 위해 무리한 논리를 전개하고 있다. 그러나 몰트만의 주장처럼 기독교 삼위일체론의 주요한 목표가 '인간적인 사회'의 달성에 있는 것은 아니다. 하나님께서 삼위로 계신 주요한 이유가 무엇보다 하나님 자신의 영광을 위한 것이기 때문에, 기독교 삼위일체론의 주요한 목표도 바로 하나님의 영광에 있지 '인간적인 사회'의 달성에 있지 않다.

이와 같이 몰트만은 예수 그리스도의 십자가 사건을 삼위일체 논의의 핵심에 놓음으로써 '경륜적 삼위일체'를 중시하였고, 또 삼위일체 내부의 사회적 성격을 강조하면서 '한 실체'보다 '세 위격'을 더 강조하였다. 캅바도키아 교부들 역시 '세 위격'을 '한 실체'보다 더 중시하였는데, 이 면에 있어서는 몰트만이 캅바도키아 교부들의 노선을 따르려고 애썼다고 평가할 수도 있다. 그러나 캅바도키아 교부들에게 '사회적 삼위일체론'의 경향이 있었던 것은 아니며, 더욱이 캅바도키아 교부들은 '경륜적 삼위일체'를 중시한 것이 아니라 '존재적 삼위일체'를 중시하였다. 그런 점에서 볼 때, 몰트만이 비록 캅바도키아 교부들의 중요성과 공적을 중시한 것이 사실이라고 할지라도, 그가 전체적으로는 캅바도키아 교부들 삼위일체론의 원리로부터 아주 멀리 떨어져 있음을 놓치지 말아야 한다.

이것은 마치 바르트(K. Barth)가 기독론적 삼위일체론을 전개한다고 하면서 그 이전의 다른 많은 현대 신학자들의 오류를 올바르게 지적한 것이 사실이기는 하지만, 실제로 바르트에게는 '삼위일체 신학'이 존재하는 것이 아니라 '일위일체 신학', 또는 기껏해야 '이위일체 신학' 밖에 존재하지 않는 커다란 문제점이 있는 사실과 비견될 수 있다. 결국 몰트만은 몇 가지 관점에서 캅바도키아 교부들을 인용함으로써 마치 그가 캅바도키아 교부들의 삼위일체론을 그대로 답습한 것처럼 고무적으로 인식되고 있으나, 사실 그가 캅바도키아 교부들의 신학을 제대로 견지한 것보다는 그렇지 못한 점이 훨씬 더 많음을 고려할 때, 우리는 그의 신학을 주의하고 또한 경계해야 할 것이다.

III. 결 론: 몰트만 신관의 문제점

한국의 정통 신학자 박형룡 박사는 그의 『현대신학선평』에서 몰트만의 신학에 대하여 다음과 같이 비판한다: "몰트만은 여러 신정통주의의 개념들을 비평하면서도, 실은 바르트주의의 원칙들을 더욱 극심하게 적용한다. 바르트의 전제들이 역사와 신앙 사이의 진정한 상관성을 파괴하여 버린다면, 몰트만의 것은 역사 자체의 가능성까지 파괴해 버렸다. 몰트만이 바르트에게 있다고 반대했던 칸트의 변증법이 몰트만 자신에게 덮친 것이다. 그리고 몰트만은 그보다 더 맑스주의에 더 많이 힘입었다."[1018]

또 박형룡 박사의 아들이면서 '한국의 A. A. 핫지'라고 불리는 박아론은 몰트만 신학에 대하여 다음과 같이 비판한다: "몰트만은 『십자가에 달리신 하나님』에서 예수의 십자가에서의 죽음이 '삼위일

[1018] 박형룡, 『박형룡 박사 저작전집 제8권 (현대신학선평 상권)』(서울: 한국기독교교육연구원, 1988), 308-10.

체 하나님의 죽음'으로 이해되어야 한다고 주장한다. 이것을 예수의 '십자가의 죽음 안에서의 하나님 안에 있는 죽음'으로 표현함이 적절하다고 한다. 몰트만이 루터의 '십자가의 신학'(Theologie des Kreuzes)의 영향을 받은 것은 사실이나, 아들의 고통과 죽음의 사건에 하나님을 개입시킴으로써 하나님에게 죽음과 고통과 가사성을 부여하는 결과를 가져 왔다. … 몰트만은 또한 서구 기독교의 아우구스티누스적인 삼위일체론을 공격하고 희랍정교회의 '사회적이며 교통적인 삼위일체론'을 본받아서 교회 회원들의 사랑의 교제 가운데 우리가 경험하는 하나님을 강조하며, 또 십자가상의 삼위일체적 하나님 사건이 인류의 삶 가운데서 정치적 해방과 가난한 자의 경제적 구원의 결과로 나타날 것을 역설한다."[1019]

"몰트만의 『희망의 신학』은 역사의 미래에 희망을 거는 '종말론적 신앙'을 대변하는 신학이다. 그러나 그가 겉으로 보기에는 비록 삼위일체 하나님을 말하나, 실제로 그는 과거와 현재와 미래라는 역사의 세 차원들을 창조하시고 주권적으로 섭리하시는 기독교의 초자연적인 하나님을 추방시켜 버린다. 그러므로 그가 주장하는 '역사의 미래에 희망을 거는 종말론적 신앙'이라는 것은 사실은 패배와 비참한 종말을 가져오게 하는 불신앙일 따름이며, 또 그와 같은 불신앙을 대변하는 신학이야말로 '희망의 신학'이기는 커녕 오히려 '희망이 없는 절망의 신학'이라고 부름이 더 마땅할 것이다."[1020]

[1019] 박아론, 『현대신학 속의 보수신학』(서울: 기독교문서선교회, 1999), 41-43.
[1020] 박아론, 『현대신학연구』(서울: 기독교문서선교회, 1991), 213-14.

또한 브레이(Gerald Lewis Bray)는 몰트만의 삼위일체론이 십자가에 싸여 있는 정도가 아주 심해서, 신적 초월성에 대해서나 또는 그리스도께서 죄악과 죽음을 이기신 사실에 대해 아무 여지도 남겨 놓지 않을 정도라고 지적한다. 기독교의 복음은 고난의 메시지만이 아니라 고난과 죽음으로부터의 승리와 구원의 메시지인데도 불구하고, 몰트만이 고난 그 자체를 목적으로 보고 있다는 것이다. 그러면서 브레이는 성자의 고난과 죽음에서 '하나님의 우선적인 목적'을 존중해야 한다고 주장한다. 성자께서는 이 '하나님의 우선적인 목적'을 수행하시기 위해 오셨는데, 그것은 바로 우리를 대신하여 십자가에 달리시는 것이었다. 즉 '동일시'(identification)가 아니라 '대신하는 것'(substitution)이 바로 '하나님의 우선적인 목적'이라는 것이다. 그리스도께서 우리 고난에 동참하기 위해 오신 것이 아니라 그 고난들에 답을 주기 위해 오셨는데, 지금 우리는 그리스도의 고난이 하나님께서 고통을 느끼실 수 없는 이가 아니시며, 또 하나님께서 우리 삶에 동참까지 하시는 이심을 말해 준다고 하는 해석이 유행하는 시대에 살고 있다. 그러나 우리는 그런 입장이 가져오기 쉬운 '불균형'에 대해 분명하게 지적해야 한다고 브레이는 올바르게 분석한다.[1021]

결국 몰트만의 삼위일체론은 다음의 몇 가지 점들에서 비판받아야 할 것으로 분석된다.

첫째, 몰트만은 인간의 교제 공동체를 강조하기 위해서 하나님의

1021   Bray, 『신론』, 293-94.

엄위하신 삼위일체 교리를 무분별하게 이용한 결과 삼신론을 주장하게 되었다. 즉 그는 인간의 사귐을 말하기 위해서 하나님 내부의 사귐을 말하고, 하나님 내부의 사귐을 말하기 위해서 주체의 단일성을 거부함으로써, 초대 교회에서 양태론에 빠지지 않으려다가 삼신론의 오류에 빠졌던 이단들과 같은 결과를 초래하게 된 것이다. 정통적인 삼위일체 교리는 '한 실체 세 위격'을 말하는데, 몰트만은 단자적인 단일성(a monadic unity)을 배제한다고 하면서 '세 신적 주체들'(three divine subjects)[1022]이라는 표현을 사용함으로써 삼신론으로 빠져 들어갔다. 그러니까 바르트가 계시 작용을 강조하면서 결국 '한 실체 한 위격'을 주장한 셈이 되었다면, 몰트만은 사귐을 강조하다가 결국 '세 주체 세 위격'을 주장한 셈이 되고 만 것이다.

둘째, 몰트만은 필리오케 논의를 다시 재개하면서 에큐메니칼 신학의 입장에서 성령께서 성부로부터만 나오시는데, 그 성부께서 성자의 아버지이신고로 결과적으로 성령의 출래에 아들께서 배제되지 않으신다고 주장한다.[1023] 그러나 이런 주장은 성령의 출래를 존재론적으로 증명하는 것이 아니라, '아버지'라는 용어와 '아들'이라는 용어로부터 연역하여 추측하면서 제기하는 주장으로 객관적인 논리성을 결여하고 있다. 그리고 몰트만은 성령께서 아버지로부터 그의 완전하신 신적 실존(hypostasis, hyparxis)을 가지시며, 아들로부터 그의 관계적 형태(eidos, prosopon)를 받으신다고 주장한다.[1024] 성령의 신적 실존은 오직 아버지로부터 오는 것이라고 생각해야겠으나, 그

1022　Moltmann, *The Trinity and The Kingdom*, 95.
1023　Moltmann, *The Trinity and The Kingdom*, 182-85.
1024　Moltmann, *The Trinity and The Kingdom*, 186.

의 형태 내지 모습은 아버지와 아들에 의해 형성된다는 것이다.[1025] 그러나 성령의 형태나 모습을 아들로부터 받으신다는 이런 관점은 결코 성경적인 관점이 아니다. 성령께서는 신적 실존과 형태 내지 모습을 따로따로 구분해서 받지 않으신다. 몰트만은 이렇게 삼위일체 하나님의 내부 사역 중에서 각 위격들의 사역을 인위적으로, 도식적으로 구분하는 오류를 범하였다. 또 그는 성령의 형태 내지 모습이 아버지와 아들에 의해 형성된다고 하면서 성령께 '형성된다'(is moulded)라는 용어를 적용함으로써 성령을 피조물로 격하시키는 오류도 함께 범하고 말았다.

셋째, 몰트만은 삼위의 위격 구성이 십자가 사건에서 '되어지는' 것으로 이해한다: "우리는 십자가 사건을 삼위일체론적으로 파악하여 위격들 상호간에 일어난 관계의 사건으로 해석하였으며, 이 사건에 있어서 위격들이 상호간의 관계 속에서 그 자신들을 구성하신다고 생각하였다."[1026] 그러니까 몰트만은 하나님의 존재론적 삼위일체가 십자가 사건에서 수립되는 것으로 보는 것이다.[1027] 몰트만의 이 관점은 융엘(Eberhard Jüngel)이 말하는 '하나님의 역사성'(God's historicity)과 그대로 상응한다. '하나님의 역사성'을 잘 요약하는 명제는 "하나님의 존재가 생성 중에 있다(God's being is in coming)"라는 명제이다. 융엘은 이 '하나님의 역사성'을 내재적 삼위일체로 본다. 융엘은 이 진술이 '하나님의 존재는 그가 자기 자신에게로 오시는

1025 Moltmann, *The Trinity and The Kingdom*, 126-27, 186.
1026 Moltmann, 『십자가에 달리신 하나님』, 258.
1027 Richard Bauckham, "Jürgen Moltmann", in *One God in Trinity: An Analysis of the Primary Dogma of Christianity*, eds. Peter Toon and James D. Spiceland (Westchester, Illinois: Cornerstone Book, 1980), 120; 이승구, "존재론적 삼위일체와 경륜적 삼위일체의 관계", 137.

(또는 자기 자신이 되시는) 사건'임을 함의한다고 말한다: "하나님께서는 영원히 자기 자신에게로 오신다(또는 자기 자신이 되신다)."[1028] 이에 대하여 보쿰(Richard Bauckham)은 "몰트만이 예수의 역사 안에서 하나님께서 삼위일체가 되시는(becoming) 것으로 생각하고 있다"고 지적한다. 또한 덧붙여 지적하기를, "몰트만은 성부와 성자의 삼위일체적 관계를 예수의 역사에서, 특히 십자가에서 '발생하는'(happens) 관계로 이해하기를 소망하고 있으며, 이 발생이 단순히 초시간적 진리의 반영이 되는 것을 허용하지 않으려 한다"라고 지적한다.[1029]

넷째, 아들의 고양(高揚)과 관련하여 몰트만은 '예수의 부활'을 말하지 '그리스도의 부활'을 말하지 않는다. 몰트만은 그리스도의 육체적 부활을 부인한다. 그에게 있어서 부활은 실제로 일어난 것이 아니다. 그는 단지 묵시문학적 부활만을 인정할 뿐이다. 그는 부활을 일종의 상징으로 본다.[1030] 그러니까 그는 죽음으로부터의 육체적인 부활을 완전히 배제하는 것이다. 오히려 그는 믿음으로의 부활이 아니라 미래로의 부활을 강조한다. 그에게 있어 신은 단지 '사회활동을 위한 참조점'일 뿐이다. 그에게 있어 삼위일체 하나님께서는 단지 '교제 공동체'로서의 의미만을 가지실 뿐이다. 이런 현상은 그가 에큐메니칼적인 입장에서 그의 신학을 전개하기 때문에 비롯된 것이다. 결국 바르트의 삼위일체 하나님이 '단일군주론적'인데 반하여, 몰트만의 삼위일체 하나님은 '교제 공동체'로서의 의미만을 가질

1028 Eberhard Jüngel, *God as the Mystery of the World*, trans. Darrell L. Guder (Grand Rapids: Eerdmans, 1983), 380-81.
1029 Bauckham, "Jürgen Moltmann", 116f; 이승구, "존재론적 삼위일체와 경륜적 삼위일체의 관계", 137-38.
1030 Moltmann, *The Trinity and The Kingdom*, 83-86.

뿐이다.

다섯째, 몰트만은 '하나님의 나라에서의 자유'를 논하면서 '하나님과의 친구 관계'를 빙자하여 '인간의 신화(神化)'를 최종적인 목표로 내건다. 이때 그는 심지어 "하나님께서는 종들의 겸손이나 자녀들의 감사한 마음을 영원히 원하지 않으신다. 인간은 하나님에게 구걸하는 일 없이 그에게 기도하며 하나님에게 가까이 간다"라는 표현까지 구사하고 있는데,[1031] 이것 역시 인간이 기본적으로 죄인이며 피조물의 신분이라는 사실을 망각한 진술로서 '교만의 신학'이라고 하지 않을 수 없다. 삼위일체 하나님께로부터 은혜로 받는 구원에 감사치 아니하고, 자기가 신이 아닌 사실에 대해 아쉬워하며 인본주의적인 자유만을 강변하는 몰트만은 결국 현대 자유주의 신학자에 불과할 뿐이다.

1031　Moltmann, *The Trinity and The Kingdom*, 220-22.

■ 참고문헌

[해외 및 번역 서적]

Augustine, A. *On the Holy Trinity in Nicene and Post-Nicene Fathers*. Grand Rapids: Eerdmans Co., 1956.

Baillie, D. M. *God Was in Christ: An Essay on Incarnation and Atonement*. London: Faber and Faber Limited, 1947.

Barth, Karl. *Die Kirchliche Dogmatik I/1*, Zürich, 1932 - IV/4, Zürich, 1967. (본 논문에서 *KD*로 표기함)

Basil, St. "On the Spirit" in *NPNF(Nicene and Post-Nicene Fathers)* 2nd series. vol. 8. Grand Rapids: Wm. B. Eerdmans.

Bauckham, Richard. "Jürgen Moltmann". in *One God in Trinity: An Analysis of the Primary Dogma of Christianity*. eds. Toon, Peter and Spiceland, James D. Westchester, Illinois: Cornerstone Book, 1980.

Bavinck, H. 이승구 역. 『개혁주의 신론』. 서울: 기독교문서선교회, 1992.

Berkhof, Louis. *Introduction to Systematic Theology*. Grand Rapids, MI.: Baker, 1988.

_____. *Systematic Theology*. Edinburgh: The Banner of Truth Trust, 1974.

_____. 권수경·이상원 역. 『벌코프 조직신학 (상)』. 서울: 크리스챤 다이제스트, 1991.

Bray, Gerald Lewis. *The Doctrine of God(Contours of Christian*

Theology). InterVarsity Press, 1993. 김재영 역.『신론』. 서울: IVP, 1999.

Calvin, John. *Institutes of the Christian Religion*. ed. by John McNeill. Philadelphia: Westminster Press.

Chul Won, Suh. *The Creation- Mediatorship of Jesus Christ*. Amsterdam: Rodopi, 1982.

Hodge, Charles, *Systematic Theology*. vol. II. Grand Rapids: Eerdmans, 1977.

Jüngel, Eberhard. *God as the Mystery of the World*. trans. Guder, Darrell L. Grand Rapids: Eerdmans, 1983.

Moltmann, Jürgen. *Trinität und Reich Gottes*. 1980. trans. by Margaret Kohl. *The Trinity and The Kingdom*. Fortress Press, 1993.

_____. 김균진 역.『삼위일체와 하나님의 나라』. 서울: 대한기독교출판사, 1993.

_____. 이신건 역.『삼위일체와 하나님의 역사』. 서울: 대한기독교서회, 1998.

_____. 김균진 역.『십자가에 달리신 하나님 (기독교 신학의 근거와 비판으로서의 예수의 십자가)』. 서울: 한국신학연구소, 1979.

_____. 이신건 역.『희망의 신학』. 서울: 대한기독교서회, 2002.

_____. 김균진 역.『오시는 하나님』. 서울: 대한기독교서회, 2002.

Rahner, Karl. Bemerkungen zum dogmatischen Traktat 'De Trinitate.' in *Schriften zur Theologie IV*.

Schleiermacher, F. *Der Christliche Glaube*. Berlin: Walter De Gryter & Co., 1960.

Thielicke, Helmut. *Theologische Ethik*. vol. 1: *Foundations*. edited by Lazareth, William H. Philadelphia: Fortress Press, 1966.

_____. *The Evangelical Faith*. vol. 2: *The Doctrine of God and of Christ*. trans. and ed. Bromiley, Geoffrey W. Grand Rapids: Eerdmans, 1991.

Tillich, P. 김경수 역.『조직신학 III 상』. 서울: 성광문화사, 1986.

_____. 송기득 역.『19-20세기 프로테스탄트 사상사』. 서울: 한국신학연구소, 1980.

Weber, Otto. 김광식 역.『칼 바르트의 교회교의학』. 서울: 대한기독교출판사, 1976.

_____. *Foundation of Dogmatics*. vol. 2. trans. Guder, Darrell L. Grand Rapids: Eerdmans, 1983.

[국내 서적]

간하배(Conn, Harvie M.).『현대신학 해설』. 서울: 개혁주의신행협회, 1992.

김광식.『조직신학 I』. 서울: 대한기독교서회, 19934.

김균진.『헤겔 철학과 현대신학』. 서울: 대한기독교서회, 1987.

김명용.『칼 바르트의 신학』. 서울: 이레서원, 2007.

김영한.『바르트에서 몰트만까지』. 서울: 대한기독교출판사, 1982.

박아론.『현대신학연구』. 서울: 기독교문서선교회, 1989.

_____.『현대신학 속의 보수신학』. 서울: 기독교문서선교회, 1999.

박형룡.『박형룡 박사 저작 전집 VIII (현대신학선평 上)』. 서울: 한국기독교교육연구원, 1988.

서철원. 『기독론』. 서울: 은혜문화사, 1997.
_____. 『신학서론』. 서울: 은혜문화사, 1997.
이장식. 『기독교 신조사』. 서울: 컨콜디아사, 1979.
이형기. 『알기 쉽게 간추린 몰트만 신학』. 서울: 대한기독교서회, 2002.
조성노 편. 『현대신학 개관』. 서울: 현대신학연구소, 1994.
차영배. 『삼위일체론』. 서울: 총신대 출판부, 1990.

[논문집 외 기타]

김영한. "개혁신학의 삼위일체론." 『제9차 기독교 학술원 심포지움』. 기독교학술원, 1994.

서철원. "현대신학의 동향." 『총신대 신학대학원 심령수련회』. 1995.

신문철. "이승구 교수의 '존재론적 삼위일체와 경륜적 삼위일체의 관계'에 대한 논평." 『개혁신학의 현대적 조명』(한국개혁신학회 논문집 제5권). 서울: 한들출판사, 1999.

이승구. "존재론적 삼위일체와 경륜적 삼위일체의 관계." 『개혁신학의 현대적 조명』(한국개혁신학회 논문집 제5권). 서울: 한들출판사, 1999.

이영헌. "삼위일체 신관의 교리사적 고찰." 『신학지남 제1집』.

『제2차 바티칸 공의회 문헌』. 서울: 한국천주교 중앙협의회, 1969.

Elwell, Walter A. ed. *Evangelical Dictionary of Theology*. Grand Rapids, Michigan: Baker Book House, 1994.